# Cálculo

## EM UMA VARIÁVEL



www.saraivauni.com.br

*Flávio Ulhoa Coelho*

# Cálculo
## EM UMA VARIÁVEL

Editora Saraiva

Editora Saraiva

Rua Henrique Schaumann, 270
Pinheiros – São Paulo – SP – CEP: 05413-010
Fone PABX: (11) 3613-3000 • Fax: (11) 3611-3308
Televendas: (11) 3613-3344 • Fax vendas: (11) 3268-3268
Site: http://www.saraivauni.com.br

**Filiais**

AMAZONAS/RONDÔNIA/RORAIMA/ACRE
Rua Costa Azevedo, 56 – Centro
Fone/Fax: (92) 3633-4227 / 3633-4782 – Manaus

BAHIA/SERGIPE
Rua Agripino Dórea, 23 – Brotas
Fone: (71) 3381-5854 / 3381-5895 / 3381-0959 – Salvador

BAURU/SÃO PAULO (sala dos professores)
Rua Monsenhor Claro, 2-55/2-57 – Centro
Fone: (14) 3234-5643 – 3234-7401 – Bauru

CAMPINAS/SÃO PAULO (sala dos professores)
Rua Camargo Pimentel, 660 – Jd. Guanabara
Fone: (19) 3243-8004 / 3243-8259 – Campinas

CEARÁ/PIAUÍ/MARANHÃO
Av. Filomeno Gomes, 670 – Jacarecanga
Fone: (85) 3238-2323 / 3238-1331 – Fortaleza

DISTRITO FEDERAL
SIA/SUL Trecho 2, Lote 850 – Setor de Indústria e Abastecimento
Fone: (61) 3344-2920 / 3344-2951 / 3344-1709 – Brasília

GOIÁS/TOCANTINS
Av. Independência, 5330 – Setor Aeroporto
Fone: (62) 3225-2882 / 3212-2806 / 3224-3016 – Goiânia

MATO GROSSO DO SUL/MATO GROSSO
Rua 14 de Julho, 3148 – Centro
Fone: (67) 3382-3682 / 3382-0112 – Campo Grande

MINAS GERAIS
Rua Além Paraíba, 449 – Lagoinha
Fone: (31) 3429-8300 – Belo Horizonte

PARÁ/AMAPÁ
Travessa Apinagés, 186 – Batista Campos
Fone: (91) 3222-9034 / 3224-9038 / 3241-0499 – Belém

PARANÁ/SANTA CATARINA
Rua Conselheiro Laurindo, 2895 – Prado Velho
Fone: (41) 3332-4894 – Curitiba

PERNAMBUCO/ ALAGOAS/ PARAÍBA/ R. G. DO NORTE
Rua Corredor do Bispo, 185 – Boa Vista
Fone: (81) 3421-4246 / 3421-4510 – Recife

RIBEIRÃO PRETO/SÃO PAULO
Av. Francisco Junqueira, 1255 – Centro
Fone: (16) 3610-5843 / 3610-8284 – Ribeirão Preto

RIO DE JANEIRO/ESPÍRITO SANTO
Rua Visconde de Santa Isabel, 113 a 119 – Vila Isabel
Fone: (21) 2577-9494 / 2577-8867 / 2577-9565 – Rio de Janeiro

RIO GRANDE DO SUL
Av. A. J. Renner, 231 – Farrapos
Fone: (51) 3371- 4001 / 3371-1467 / 3371-1567 – Porto Alegre

SÃO JOSÉ DO RIO PRETO/SÃO PAULO (sala dos professores)
Av. Brig. Faria Lima, 6363 – Rio Preto Shopping Center – V. São José
Fone: (17) 3227-3819 / 3227-0982 / 3227-5249 – São José do Rio Preto

SÃO JOSÉ DOS CAMPOS/SÃO PAULO (sala dos professores)
Rua Santa Luzia, 106 – Jd. Santa Madalena
Fone: (12) 3921-0732 – São José dos Campos

SÃO PAULO
Av. Antártica, 92 – Barra Funda
Fone PABX: (11) 3613-3666 – São Paulo

304.786.001.001

**ISBN 978-85-02-19749-7**

**CIP-BRASIL. CATALOGAÇÃO NA FONTE**
**SINDICATO NACIONAL DOS EDITORES DE LIVROS, RJ.**

C616c

Coelho, Flávio Ulhoa.
Cálculo em uma variável / Flávio Ulhoa Coelho. - São Paulo : Saraiva, 2013.

ISBN 978-85-02-19749-7

1. Cálculo 2. Estratégia. I. Título.

13-0398 CDD-515
CDU-517.2/.3



| | |
|---|---|
| **Direção editorial** | Flávia Alves Bravin |
| **Coordenação editorial** | Rita de Cássia da Silva |
| **Aquisições** | Ana Paula Matos |
| **Editorial universitário** | Luciana Cruz<br>Patricia Quero |
| **Editorial técnico** | Alessandra Borges |
| **Editorial de negócios** | Gisele Folha Mós |
| **Produção editorial** | Daniela Nogueira Secondo<br>Rosana Peroni Fazolari |
| **Produção digital** | Nathalia Setrini Luiz |
| **Suporte editorial** | Najla Cruz Silva |
| **Arte e produção** | ERJ Composição Editorial |
| **Capa** | Leandro Correia |
| **Produção gráfica** | Liliane Cristina Gomes |
| **Impressão e acabamento** | RR Donnelley |

**Contato com o editorial**
editorialuniversitario@editorasaraiva.com.br

SaraivaUni

# Sobre o Autor

*Flávio Ulhoa Coelho* é professor titular do Instituto de Matemática e Estatística da Universidade de São Paulo (IME-USP) e, atualmente, o seu diretor (2010-2014).

Doutorou-se pela Universidade de Liverpool, Inglaterra, e é pesquisador nível I do CNPq. Sua principal área de pesquisa é a Álgebra, sendo que possui mais de 65 publicações em revistas especializadas de circulação internacional. É também autor de outros livros na área de Álgebra Linear.

Além de matemático, é também escritor, tendo publicado 4 livros de contos.

Contato com o autor:
**flaviocoelho@editorasaraiva.com.br**

# Prefácio

Este texto foi desenvolvido a partir de nossa experiência em ministrar disciplinas de Cálculo aos alunos dos cursos de graduação da Escola Politécnica e da Faculdade de Economia e Administração da USP. Nosso objetivo é oferecer um texto que mostre a utilidade das ferramentas do Cálculo Diferencial e Integral no tratamento de diversas questões, muitas delas de cunho econômico. Para tanto, é preciso explorar bem as técnicas envolvidas mas, ao mesmo tempo, não é essencial, em um primeiro momento, ser extremamente formal em suas conceituações. É exatamente na busca do equilíbrio entre o domínio da técnica e o não excesso de formalização que se procurou fazer aqui um texto no qual os resultados são trabalhados principalmente por meio de exemplos.

Esperamos que o aluno, após a leitura deste texto, tenha bem fundamentados os conceitos intuitivos que envolvam limites, derivadas e integrais de funções de uma variável e que saiba utilizá-los em situações básicas do cotidiano. Apesar de o objetivo não ser aprofundar formalmente os conceitos aqui discutidos, é de se esperar que, ao final, o aluno tenha adquirido conhecimento suficiente para fazê-lo sem dificuldades.

Sabemos todos que muitos dos problemas do nosso cotidiano envolvem mais do que uma variável e que um tratamento a eles deve levar isto em consideração. Ao se modelar matematicamente tais problemas chegaríamos inevitavelmente a funções com várias variáveis. A opção pelo tratamento de funções de uma única variável se justifica com base em dois argumentos. O primeiro é de ordem didática. Ao estudarmos funções com uma única variável, os conceitos envolvidos aparecerão todos, mas de uma forma mais simples auxiliando assim a sua precisa assimilação. Essa *simplicidade* tem se mostrado muito útil quando se trata de introduzirmos novos conceitos. Espera-se que, com isso, a passagem para o estudo de funções de várias variáveis seja feito de maneira muito natural, apesar das dificuldades técnicas que aparecerão nessas últimas.

O segundo motivo para começar o estudo restringindo-o a funções de uma variável é que, apesar de tudo, muitas questões de ordem prática podem ser equacionadas em função de uma variável principal. Não é o caso de se negligenciar outros fatores que influenciem o tratamento de uma questão mas sim que, muitas vezes, concentrando-se em uma única variável, o problema fica obviamente mais simples, tecnicamente falando, possibilitando chegar a uma solução que, mesmo aproximada, é suficientemente boa.

Nossa experiência nos levou a organizar o texto trabalhando inicialmente e de forma intuitiva o conceito de limite e de continuidade de funções. A partir de um bom entendimento disso, o conceito de derivada pode ser naturalmente explicitada. Trabalhamos, então, as técnicas básicas de derivação da seguinte maneira: calcula-se certas derivadas pela definição e, depois, com o auxílio de regras de derivação, pode-se alargar significativamente o número de funções que se pode derivar. A grosso modo, tentaremos ser *minimalista* neste aspecto. Não é nosso objetivo exaurir todas as possíveis derivadas e sim municiar os alunos das técnicas básicas para trabalhar conceitualmente as questões envolvidas e, ao mesmo tempo, ter o conhecimento técnico para fazê-lo. Aplicaremos essas questões todas (limites, derivadas etc.) ao estudo de funções, com particular interesse em buscar valores que as maximizem ou minimalizem. Com esse mesmo enfoque, iremos ao final estudar o conceito de integral, aplicando-o, principalmente, ao cálculo de áreas e interpretando tais aplicações no contexto que nos interessa.

Gostaríamos de agradecer aos colegas e alunos que, ao longo dos últimos anos, nos ajudaram, em suas várias versões, a aperfeiçoar esse texto. Em particular, um agradecimento especial a Marcia Aguiar.

São Paulo, outubro de 2012.

# Sumário


Capítulo 1 | PRELIMINARES 1

1.1 Notações Matemáticas 1
  1.1.1 Conjuntos 1
  1.1.2 Símbolos Lógicos 2
1.2 Números 3
  1.2.1 Números Naturais 3
  1.2.2 Números Inteiros 3
  1.2.3 Números Racionais 3
  1.2.4 Números Reais 5
  1.2.5 Módulos 6
1.3 Intervalos 7
1.4 Polinômios, Equações e Inequações 9
  1.4.1 Polinômios 9
  1.4.2 Equações 11
  1.4.3 Equações Lineares 12
  1.4.4 Equações de Segundo Grau 13
  1.4.5 Inequações 15
1.5 O Produto Cartesiano $\mathbb{R}^2$ 17
  1.5.1 Equação de uma reta em $\mathbb{R}^2$ 19

Capítulo 2 | FUNÇÕES 23

2.1 Funções 23
  2.1.1 Gráficos 27
2.2 Algumas Funções Importantes 39
  2.2.1 Função linear ou afim 39
  2.2.2 Funções quadráticas 41
  2.2.3 Funções polinomiais 44
  2.2.4 Funções racionais 45
2.3 Funções Trigonométricas 48
  2.3.1 Função seno 50
  2.3.2 Função cosseno 51

2.3.3 Função tangente ........ 51
2.3.4 Algumas fórmulas trigonométricas ........ 52
2.4 Funções da Economia ........ 54
2.4.1 Função de demanda ........ 56
2.4.2 Função de oferta ........ 58
2.4.3 Ponto de equilíbrio entre oferta e demanda ........ 59
2.4.4 Função custo ........ 60
2.4.5 Função receita ........ 61
2.4.6 Função lucro ........ 62
2.5 Operações em Funções ........ 65
2.5.1 Adição ........ 65
2.5.2 Multiplicação por escalar ........ 65
2.5.3 Multiplicação ........ 66
2.5.4 Divisão ........ 66
2.5.5 Composição ........ 66
2.6 Injetividade e Sobrejetividade ........ 70
2.6.1 Injetividade ........ 70
2.6.2 Sobrejetividade ........ 72
2.6.3 Funções inversas ........ 72

**Capítulo 3 | LIMITES** ........ 79
3.1 Um Limite Especial ........ 79
3.1.1 O Problema do Agiota e do Idiota ........ 79
3.2 Limites Laterais ........ 84
3.2.1 Limites laterais ........ 89
3.2.2 Pontos de acumulação de um conjunto ........ 94
3.2.3 Pontos de acumulação laterais ........ 98
3.3 Limites ........ 101
3.3.1 Limites de funções trigonométricas ........ 105
3.3.2 Assíntotas verticais ........ 106
3.4 Limites nos Extremos ........ 110
3.4.1 Assíntotas horizontais ........ 113
3.5 Propriedades Operatórias de Limites ........ 114
3.5.1 Limites de funções polinomiais ........ 117
3.5.2 Limites de funções racionais ........ 117
3.5.3 Limites de funções compostas ........ 119
3.6 Teorema do Confronto ........ 121

3.7 Operatória com Infinitos ........ 124
3.7.1 Limites de funções polinomiais ........ 127
3.7.2 Limites de funções racionais ........ 129
3.8 A Função Exponencial e sua Inversa Logarítmica ........ 135
3.9 Limites Fundamentais ........ 140
3.9.1 Limite fundamental trigonométrico ........ 140
3.9.2 Limite fundamental exponencial ........ 143

Capítulo 4 | CONTINUIDADE ........ 145
4.1 Limites e Continuidade ........ 145
4.2 Funções Contínuas ........ 154
4.3 Operações em Funções Contínuas ........ 156
4.4 Teorema do Valor Intermediário ........ 160
4.5 Pontos de Máximo e de Mínimo e o Teorema de Weierstruss ........ 167

Capítulo 5 | DERIVADAS ........ 173
5.1 Alguns Exemplos ........ 173
5.1.1 Exemplo de deslocamento ........ 173
5.1.2 Custo marginal ........ 177
5.1.3 Retas tangentes ........ 179
5.2 O Conceito de Derivada ........ 184
5.2.1 A função derivada ........ 189
5.2.2 Derivadas sucessivas ........ 191
5.3 Propriedades Operatórias da Derivada ........ 195
5.3.1 Regra para a derivada de soma de funções ........ 195
5.3.2 Regra para a derivada do produto por escalar ........ 197
5.3.3 Derivada de funções polinomiais ........ 197
5.3.4 Regra de derivação para o produto de funções ........ 198
5.3.5 Regra de derivação para o quociente de funções ........ 201
5.3.6 Derivada de funções racionais ........ 204
5.4 Derivada de Funções Trigonométricas ........ 206
5.4.1 Derivadas das funções seno e cosseno ........ 206
5.4.2 Derivada da função tangente ........ 208
5.5 Derivada de Funções Logaritmo ........ 210
5.5.1 Derivada da função logaritmo neperiano ........ 210
5.5.2 Derivada da função logaritmo ........ 213
5.6 Regra da Cadeia ........ 215

5.7 Derivada de Funções Exponenciais ........ 218
5.7.1 Derivada da função $f(x) = a^x$ ........ 219
5.7.2 Derivada da função $f(x) = x^\alpha$ ........ 221
5.8 Derivada da Função Inversa ........ 223
5.9 Regras de L'Hôpital ........ 226
5.9.1 Regra de L'Hôpital para limites do tipo $\frac{0}{0}$ ........ 227
5.9.2 Regra de L'Hôpital para limites do tipo $\frac{\infty}{\infty}$ ........ 228
5.10 Resumo ........ 230

**Capítulo 6 | ESTUDO DE FUNÇÕES** 233
6.1 Teorema do Valor Médio ........ 233
6.2 Intervalos de Crescimento e Decrescimento ........ 238
6.3 Concavidades ........ 245
6.4 Pontos de Máximo e de Mínimo Locais ........ 250
6.5 Estudo de Funções ........ 256

**Capítulo 7 | INTEGRAÇÃO** 267
7.1 Primitivas ........ 267
7.2 Propriedades Básicas da Integração ........ 271
7.2.1 Integração da soma de funções ........ 271
7.2.2 Integração de um produto de uma função por escalar ........ 272
7.2.3 Integração de funções polinomiais e afins ........ 273
7.3 Integração por Partes ........ 274
7.4 Integral Definida ........ 280
7.5 Integral Definida e Áreas ........ 282
7.6 Integração por Substituição ........ 297
7.7 Integração de Funções Racionais ........ 302

# Capítulo 1

# Preliminares

Como já mencionado na introdução, os objetos de estudo deste livro são as funções de uma variável real. Iremos, nesta seção, desenvolver o material básico antes de entrar especificamente no estudo das funções (limites, derivadas, integrais, etc). De início, serão relembradas algumas notações matemáticas, enfatizando, principalmente, as que estão relacionadas com os números reais.

## 1.1 Notações Matemáticas

### 1.1.1 Conjuntos

Sejam $A$ e $B$ dois conjuntos.

- $x \in A$: o elemento $x$ pertence ao conjunto $A$. Por exemplo, como Itu é uma cidade brasileira, podemos dizer que Itu é um elemento que pertence ao conjunto das cidades brasileiras. Quando um elemento $x$ não pertence ao conjunto $A$, indicamos $x \notin A$.
- $A \subset B$: o conjunto $A$ está contido no conjunto $B$ (isto é, todos os elementos pertencentes a $A$ também pertencem a $B$). Por exemplo, se $A$ indicar o conjunto das cidades paranaenses e $B$ for o conjunto das cidades brasileiras, é claro que $A \subset B$, pois toda cidade paranaense é também uma cidade brasileira.
- $A \cap B$: intersecção dos conjuntos $A$ e $B$ (os elementos de $A \cap B$ são os que pertencem simultaneamente a $A$ e a $B$). Por exemplo, se $A$ indicar o conjunto dos estados nordestinos e $B$ indicar o conjunto de todos os

estados começando com a letra "R", então a intersecção $A \cap B$ será o conjunto (unitário) formado pelo estado do Rio Grande do Norte.

- $A \cup B$: união dos conjuntos $A$ e $B$ (os elementos de $A \cup B$ são os que pertencem ou a $A$ ou a $B$ (ou a ambos)). Por exemplo, se $A$ for o conjunto dos estados do sul do Brasil e $B$ for o conjunto dos estados começando com a letra "S", então a união $A \cup B$ será o conjunto formado pelos estados do Rio Grande do Sul, de Santa Catarina, do Paraná, de São Paulo e Sergipe.
- $A \setminus B$: diferença de conjuntos (os elementos de $A \setminus B$ são os elementos que pertencem a $A$, mas não pertencem a $B$). Por exemplo, se $A$ for o conjunto dos países da América do Sul e $B$ for o conjunto dos países banhados pelo Oceano Atlântico, então o conjunto $A \setminus B$ será formado por Equador, Peru, Bolívia, Paraguai e Chile (isto é, o conjunto formado pelos países da América do Sul que não são banhados pelo Oceano Atlântico).
- $\varnothing$ indica o conjunto vazio.

### 1.1.2 Símbolos Lógicos

- $\mathcal{P}_1 \Rightarrow \mathcal{P}_2$: propriedade $\mathcal{P}_1$ implica a propriedade $\mathcal{P}_2$.
- $\mathcal{P}_1 \Leftrightarrow \mathcal{P}_2$: propriedade $\mathcal{P}_1$ é equivalente à propriedade $\mathcal{P}_2$ (isto é, $\mathcal{P}_1 \Rightarrow \mathcal{P}_2$ e $\mathcal{P}_2 \Rightarrow \mathcal{P}_1$). Também podemos dizer que a propriedade $\mathcal{P}_1$ vale se e somente se a propriedade $\mathcal{P}_2$ vale.
- $\forall x \in A$ : para todo elemento $x$ pertencente a $A$. Usado para especificar a existência de um elemento com alguma propriedade, isto é, para todo $x$ pertencente ao conjunto $A$, vale uma determinada propriedade. Por exemplo, se dissermos que todo estado brasileiro tem uma capital, podemos esquematizar essa expressão da seguinte maneira: se $A$ for o conjunto formado pelos estados brasileiros, então para todo elemento $x$ de $A$ (quer dizer, $x$ é um estado brasileiro), vale a propriedade: $x$ tem uma capital ($\forall x \in A$, $x$ tem uma capital).
- $\exists x \in A$: existe um elemento $x$ em $A$. Usado para especificar a existência de um elemento em um conjunto com alguma dada propriedade. Por

exemplo, podemos esquematizar a expressão *existe uma cidade brasileira chamada Itu* da seguinte maneira: se $A$ denotar o conjunto formado por todas as cidades brasileiras, então existe um elemento $x \in A$ (quer dizer, $x$ é uma cidade brasileira) tal que $x$ tem o nome de Itu ($\exists x \in A$ tal que $x$ se chama Itu).

## 1.2 Números

### 1.2.1 Números Naturais

$$\mathbb{N} = \{0, 1, 2, \ldots\}; \mathbb{N}^* = \{1, 2, \ldots\} = \mathbb{N} \setminus \{0\}$$

### 1.2.2 Números Inteiros

$$\mathbb{Z} = \{\ldots, -2, -1, 0, 1, 2, \ldots\}; \quad \mathbb{Z}^* = \mathbb{Z} \setminus \{0\}$$

Usaremos aqui os conceitos de soma e produto de números inteiros e também o fato de termos uma ordem em $\mathbb{Z}$: dados dois números distintos $a$ e $b$ em $\mathbb{Z}$, sempre podemos dizer qual deles é o maior, isto é, ou vale que $a < b$ ou vale que $b < a$.

### 1.2.3 Números Racionais

O conjunto dos números racionais $\mathbb{Q}$ é formado por todos os possíveis quocientes $\frac{a}{b}$ de números inteiros $a$ e $b$, tomando-se o cuidado de estabelecer que o número $b$ seja diferente de zero. Nesse caso, o valor $a$ é chamado de *numerador de* $\frac{a}{b}$ e $b$ é chamado de *denominador* de $\frac{a}{b}$. Em suma, esse conjunto é representado por:

$$\mathbb{Q} = \left\{ \frac{a}{b} : a,\ b \in \mathbb{Z},\ b \neq 0 \right\}$$

(lê–se que $\mathbb{Q}$ é o conjunto de todos os quocientes $\frac{a}{b}$ nos quais $a$ e $b$ são números inteiros e $b$ é não nulo).

Cabe ressaltar que um número racional pode ser representado de inúmeras maneiras como quociente de inteiros. Por exemplo, $\frac{2}{3}$ e $\frac{10}{15}$ representam o mesmo número pois, como $10 = 2 \times 5$ e $15 = 3 \times 5$, ao *simplificarmos* o quociente $\frac{10}{15} = \frac{2\times 5}{3\times 5} =$ chegamos a $\frac{2}{3}$. Em geral, dois quocientes $\frac{a}{b}$ e $\frac{c}{d}$ representam o mesmo número quando os produtos $a \times d$ e $b \times c$ forem iguais. Formalizando matematicamente, a frase acima pode ser traduzida como:

$$\frac{a}{b} = \frac{c}{d} \Leftrightarrow a \times d = b \times c$$

(isto é, a igualdade $\frac{a}{b} = \frac{c}{d}$ implica a igualdade $a \times d = b \times c$ e vice-versa).

A *forma primitiva* de um número racional $\frac{a}{b}$ é, então, definida como sendo o quociente em que não se pode mais simplificar os termos $a$ e $b$, isto é, quando eles não têm divisores em comum diferentes de 1 e de $-1$. Ou ainda, quando o *máximo divisor em comum* a $a$ e a $b$ é 1 (indica-se $\text{mdc}(a, b) = 1$). Dizendo de outra maneira, tem-se que $a$ e $b$ são primos entre si.

A soma e o produto de números racionais são descritos como:

$$\frac{a}{b} + \frac{c}{d} = \frac{ad + bc}{bd} \quad \text{e} \quad \frac{a}{b} \times \frac{c}{d} = \frac{ac}{bd}$$

Incentivamos o leitor a mostrar que essas operações não dependem dos representantes escolhidos, isto é, se considerarmos:

$$\frac{a}{b} = \frac{a'}{b'} \text{ e } \frac{c}{d} = \frac{c'}{d'} \quad \text{então} \quad \frac{a}{b} + \frac{c}{d} = \frac{a'}{b'} + \frac{c'}{d'} \text{ e } \frac{a}{b} \cdot \frac{c}{d} = \frac{a'}{b'} \cdot \frac{c'}{d'}$$

A ordem dos elementos do conjunto $\mathbb{Z}$ pode ser estendida naturalmente a $\mathbb{Q}$ utilizando-se a seguinte regra: dados dois números racionais $\frac{a}{b}$ e $\frac{c}{d}$, com $b$ e $d$ positivos, definimos $\frac{a}{b} \leq \frac{c}{d}$ quando o número inteiro $ad$ for menor ou igual ao número $bc$, isto é, quando $ad \leq bc$. Observe que é sempre possível achar um representante de um número racional $\frac{p}{q}$ com $q > 0$.

Apesar da simplicidade com que escrevemos os números racionais e da facilidade de operá-los, o conjunto $\mathbb{Q}$ não contém todos os números com os quais queremos trabalhar. Para citar alguns, $\sqrt{2}$, $\sqrt{5}$, $\frac{\sqrt{3}}{2}$, $\pi$ ou $e$ (ver Capítulo 3) são números que não são racionais (no Exercício 1.2, colocamos um roteiro para se demonstrar que, por exemplo, $\sqrt{2}$ não é racional). Iremos trabalhar com um conjunto maior, o dos números reais, que contém todos esses números.

## 1.2.4 Números Reais

Não daremos uma definição formal do conjunto $\mathbb{R}$ dos números reais, pois isso fugiria aos objetivos deste texto. Iremos, no entanto, tentar explorar propriedades de $\mathbb{R}$ que nos ajudem a intuí-lo.

O objetivo é relacionar o conjunto $\mathbb{R}$ com uma reta onde marcamos inicialmente dois pontos distintos: 0 e 1.Tomando-se a distância entre os pontos 0 e 1 como unidade de medida, pode-se associar a cada ponto $p$ dessa reta um valor real relacionado à distância de 0 (a origem) a $p$. É usual, se a reta for desenhada na horizontal, marcarmos o ponto 1 à direita do ponto 0 e induzir, assim, uma orientação na reta: a direção de 0 a 1. Com isso, podemos representar o conjunto dos números reais por meio de uma reta orientada, na qual essa orientação está diretamente relacionada com a ordem dos números em $\mathbb{R}$ (em que $a < b$ quando $b$ estiver à direita de $a$ nesta reta e, com isso, os números negativos estarão à esquerda do 0, enquanto que os positivos à sua direita):

Figura 1.1

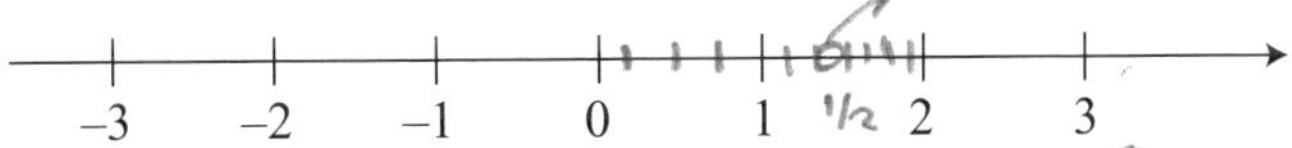


Só para enfatizar o que está por trás disso: imaginemos que, nessa reta, fossem marcados apenas os números racionais. Como mencionamos acima, haveria uma série de *buracos* na reta nos pontos correspondentes aos valores $\sqrt{2}$, $\sqrt{5}$, $\frac{\sqrt{3}}{2}$ ou $\pi$, por exemplo. Na realidade, se marcássemos apenas os números racionais, haveria muito mais *buracos* (correspondentes aos números não racionais) do que pontos marcados (não mostraremos essa afirmação aqui, pois foge do escopo deste texto). Nesse sentido intuitivo, ao marcarmos todos os elementos de $\mathbb{R}$ numa reta, ela não irá conter *buracos* ou, em outras palavras, $\mathbb{R}$ é um conjunto *completo*.

Os números que estão em $\mathbb{R} \setminus \mathbb{Q}$, isto é, que são reais, mas não racionais, são chamados de *irracionais*. Tanto $\mathbb{Q}$ quanto o conjunto dos números irracionais têm propriedades interessantes e gostaríamos de destacar a seguinte:

> dados dois números reais $a$ e $b$, com $a < b$,
> sempre existe um número racional $c$ tal que $a < c < b$

Matematicamente, dizemos então que o conjunto $\mathbb{Q}$ é *denso* em $\mathbb{R}$. De forma similar, também o conjunto dos números irracionais é denso em $\mathbb{R}$, isto é, dados $a$, $b \in \mathbb{R}$,com $a < b$, sempre existe um número irracional $d$ tal que $a < d < b$. Todos esses fatos são bastante importantes na formalização dos conceitos de limites, derivadas e integrais, mas neste texto não teremos oportunidadede explorá-los a fundo.

Vale a seguinte inclusão (própria) de conjuntos:

$$\mathbb{N}^* \subset \mathbb{N} \subset \mathbb{Z} \subset \mathbb{Q} \subset \mathbb{R}$$

Usaremos em $\mathbb{R}$ (e em seus subconjuntos $\mathbb{Q}$ e $\mathbb{Z}$) as operações usuais de soma e produto, assim como a relação de ordem $\leq$ em seus elementos. Com relação a esta última, valem as seguintes propriedades (para $a, b, c, d \in \mathbb{R}$):

- Se $a \geq 0$ e $b \geq 0$, então $a + b \geq 0$.
- Se $a \leq b$ e $c > 0$, então $ac \leq bc$.
- Se $a \leq b$ e $c < 0$, então $ac \geq bc$.
- Se $0 < a < b$; então $0 < \frac{1}{b} < \frac{1}{a}$.

## 1.2.5 Módulos

Dado um número real $a$, o seu módulo $|a|$ é definido como sendo o número:

$$|a| = \begin{cases} a & \text{se } a \geq 0 \\ -a & \text{se } a < 0 \end{cases}$$

Por exemplo, $|-1| = |1| = 1$, $|0| = 0$, $|-5| = 5$, $|\pi| = \pi$, etc. Observe que $|a|$ é sempre um número positivo.

Aproveitamos para recordar uma notação a mais. Quando extraímos a raiz quadrada de um número real positivo $a \in \mathbb{R}$, o símbolo $\sqrt{a}$ representa sempre o número real positivo $b$ tal que $b^2 = a$. Por exemplo, o número $\sqrt{4}$ tem duas raízes quadradas, 2 e $-2$, mas o símbolo $\sqrt{4}$ representa o número 2. Dessa forma, $\sqrt{(-2)^2}$ é igual a 2 e não a $-2$. Em geral, teremos $\sqrt{a^2} = |a|$. Observe também que só poderemos extrair raiz quadrada de números positivos (pois estamos trabalhando com números reais). Por isso, vale que $(\sqrt{a})^2 = a$, para todo real positivo $a$.

## Exercícios

**(1.1)** Mostre que os conjuntos $\mathbb{N}^*$, $\mathbb{N}$, $\mathbb{Z}$, $\mathbb{Q}$ e $\mathbb{R}$ são distintos entre si.

**(1.2)** Mostre que $\sqrt{2}$ não é um número racional. Siga o seguinte roteiro: suponha que $\sqrt{2} = \frac{p}{q}$ com $\mathrm{mdc}(p, q) = 1$ (justifique por que se pode assumir isso!). Elevando ao quadrado essa expressão, conclua que $p$ tem que ser um número par. Escrevendo então $p = 2m$ e voltando à equação inicial, eleve de novo ao quadrado e conclua que q também é par. Dá para concluir, então, que esses dados levam a uma contradição. Por quê?

**(1.3)** Mostre que $\sqrt{7}$ não é um número racional.

**(1.4)** Descreva os conjuntos:

**(a)** $\mathbb{R} \setminus \mathbb{Q}$; **(b)** $\mathbb{N}^* \cup \{0\}$; **(c)** $\mathbb{Q} \cap \mathbb{Z}$; **(d)** $(\mathbb{Q} \setminus \{0\}) \cap \mathbb{Z}$

# 1.3 Intervalos

Neste texto, trataremos basicamente de conjuntos que são subconjuntos de $\mathbb{R}$. Importantes subconjuntos são os intervalos que descreveremos a seguir. Dados $a$, $b \in \mathbb{R}$, definimos os intervalos e os representamos da seguinte maneira:

- $[a, b] = \{x \in \mathbb{R} \text{ tais que } x \geq a \text{ e } x \leq b\}$:

- $[a, b[\ = \{x \in \mathbb{R} \text{ tais que } x \geq a \text{ e } x < b\}$:

- $]a, b] = \{x \in \mathbb{R} \text{ tais que } x > a \text{ e } x \leq b\}$:

- $]a, b[\ = \{x \in \mathbb{R} \text{ tais que } x > a \text{ e } x < b\}$:

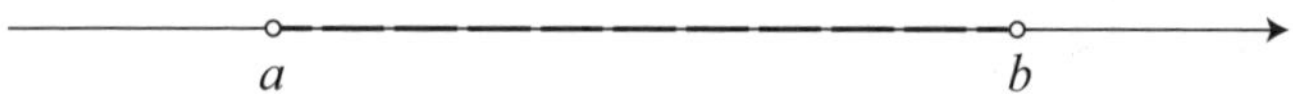


- $[a, +\infty[\ = \{x \in \mathbb{R} \text{ tais que } x \geq a\}$:

- $]a, +\infty[\ = \{x \in \mathbb{R} \text{ tais que } x > a\}$:

- $]-\infty, b] = \{x \in \mathbb{R} \text{ tais que } x \leq b\}$:

- $]-\infty, b[\ = \{x \in \mathbb{R} \text{ tais que } x < b\}$:

- $\mathbb{R}^* = \mathbb{R} \setminus \{0\} = \{x \in \mathbb{R} \text{ tais que } x \neq 0\}$:

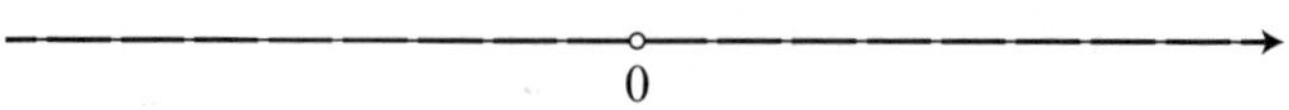


- $\mathbb{R}_+ = [0, +\infty[\ = \{x \in \mathbb{R} \text{ tais que } x \geq 0\}$:

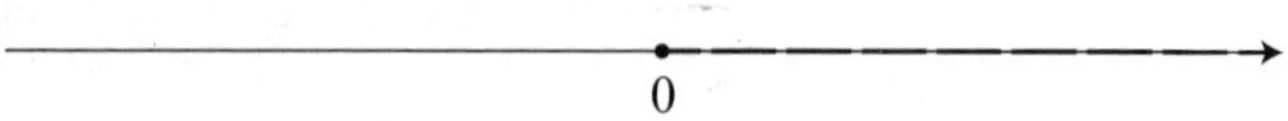

- $\mathbb{R}_+^* = ]0, +\infty[ = \{x \in \mathbb{R}$ tais que $x > 0\}$:

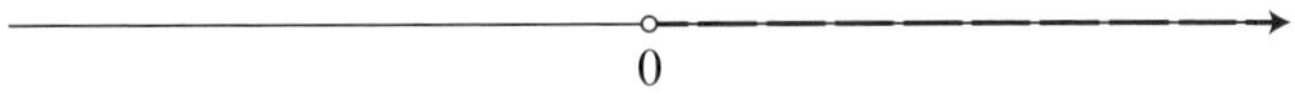

- $\mathbb{R}_- = ]-\infty, 0] = \{x \in \mathbb{R}$ tais que $x \leq 0\}$:

- $\mathbb{R}_-^* = ]-\infty, 0[ = \{x \in \mathbb{R}$ tais que $x < 0\}$:

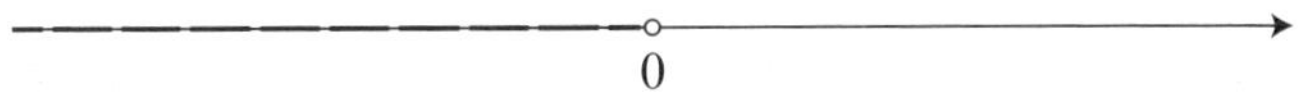

$|a, b|$ indica qualquer uma das possibilidades: $[a, b]$, $]a, b]$, $[a, b[$ ou $]a, b[$.

## Exercícios

**(1.5)** Desenhe na reta real os seguintes conjuntos:

**(a)** $[0, 2] \cup ]-2, 1[$

**(b)** $[0,2] \setminus ]-2, 1[$

**(c)** $[0, 2] \cap ]-2, 1[$

**(d)** $\mathbb{R}_+ \cup \mathbb{R}_-$

**(e)** $\mathbb{R}_+ \cap \mathbb{R}_-$

**(f)** $]-\infty, 1] \setminus [-2, 3[$

**(g)** $[-1, +\infty[ \cap \{[2, 15[ \cup [-3, 0[\}$

**(h)** $\mathbb{Z} \cap [-5, 6[$

**(i)** $\mathbb{R} \setminus \mathbb{Z}$.

# 1.4 Polinômios, Equações e Inequações

## 1.4.1 Polinômios

Um *polinômio real* (ou simplesmente *polinômio* neste texto) é uma expressão do tipo

$$p(x) = a_n x^n + \cdots + a_1 x + a_0$$

,

em que a letra $x$ indica uma variável e os valores $a_0, a_1, \ldots, a_n$ são números reais. Quando $a_n \neq 0$, diremos que o *grau de* $p(x)$ é $n$ (observe que não definimos grau para o polinômio nulo). Por exemplo:

$$x^7 - 8x^2 + \pi x + 4,\ x^3 - 1,\ x \text{ e } -1$$

são polinômios de graus 7, 3, 1 e 0, respectivamente. Podemos somar, multiplicar e dividir polinômios da maneira usual, como exemplificado a seguir.

**EXEMPLO 1.1** Considere os polinômios:

$$p(x) = x^5 - 4x^3 - \frac{1}{3} \quad \text{e} \quad q(x) = x^3 - 1$$

A soma de $p(x)$ e $q(x)$ será:

$$(p+q)(x) = \left(x^5 - 4x^3 - \frac{1}{3}\right) + \left(x^3 - 1\right) = x^5 - 3x^3 - \frac{4}{3}$$

O seu produto será:

$$(pq)(x) = \left(x^5 - 4x^3 - \frac{1}{3}\right) \cdot \left(x^3 - 1\right) = x^8 - 4x^6 - x^5 + \frac{11}{3}x^3 + \frac{1}{3}$$

A divisão de dois polinômios é bastante similar à feita para números inteiros. Dividir um polinômio $p(x)$ por outro $q(x)$ é conseguir polinômios $g(x)$ e $r(x)$ tais que $p(x) = q(x)g(x)+r(x)$, e no qual $r(x)$ é ou o polinômio nulo ou um polinômio de grau menor do que o de $q(x)$.

**EXEMPLO 1.2** Ao dividirmos o polinômio $x^5 + x^4 + x^3 - 3x^2 - x + 2$ pelo polinômio $x^3 - 3$, teremos:

$$x^5 + x^4 + x^3 - 3x^2 - x + 2 = (x^3 - 3) \cdot (x^2 + x + 1) + (2x + 5)$$

sendo que o termo $(2x + 5)$ é o *resto* da divisão. Sempre é possível dividir-se dois polinômios e conseguir um resto que seja 0 ou de grau menor do que o polinômio pelo qual se está dividindo (em nosso exemplo, o polinômio $(x^3 - 3)$). Dizemos que um polinômio $q$ *divide* um polinômio $p$ se o resto da divisão de $p$ por $q$ for o polinômio nulo. Por exemplo: $x^2 + 5$ divide $x^5 + 4x^3 + x^2 - 5x + 5$, pois:

$$x^5 + 4x^3 + x^2 - 5x + 5 = (x^2 + 5) \cdot (x^3 - x + 1)$$

## Exercícios

**(1.6)** Efetue a soma $p + q$, o produto $p \cdot q$ e a divisão de $p$ por $q$ para os polinômios $p$ e $q$ indicados abaixo.

(a) $p(x) = x^5 - 1$, $q(x) = x - 1$

(b) $p(x) = x^5 - 1$, $q(x) = x + 1$

(c) $p(x) = x^7 - 5x^3 + 4x$, $q(x) = x^2 + 2$

(d) $p(x) = -\frac{1}{3}x^3 + \frac{2}{3}x - \frac{4}{3}$, $q(x) = \frac{1}{2}x + 1$

**(1.7)** Dados os polinômios $p$ e $q$ com graus $m$ e $n$ distintos, respectivamente, quais são os graus da soma $p + q$ e do produto $p \cdot q$?

### 1.4.2 Equações

Ao longo deste texto, vamos trabalhar muitas vezes com equações em uma variável. Uma equação típica será uma expressão do tipo

$$a_n x^n + \cdots + a_1 x + a_0 = 0 \tag{1.1}$$

na qual a letra $x$ indica a variável e os valores $a_0, a_1, ..., a_n$ são números reais. Quando $a_n \neq 0$, dizemos que tal equação é de grau $n$. Resolver a equação acima, ou achar as suas raízes, é encontrar números reais $b$ tais que, ao substituirmos a variável $x$ por $b$, a igualdade resultante é verdadeira, isto é,

$$a_n b^n + \cdots + a_1 b + a_0 = 0$$

Não nos interessa aqui discutir em detalhes os métodos para a resolução de equações, queremos apenas recordar como fazê-lo com equações simples. Algumas observações preliminares:

- Se um valor $b \in \mathbb{R}$ for uma raiz da Equação 1.1, não é difícil perceber que o polinômio $(x - b)$ divide o polinômio $a_n x_n + ... + a_1 x + a_0$. Por exemplo, ao considerarmos a equação $x^3 + x^2 - 3x - 3 = 0$, podemos observar que $-1$ é uma de suas raízes, uma vez que temos $(-1)^3 + (-1)^2 -3(-1) -3 = 0$. Portanto $x + 1$ divide $x^3 + x^2 - 3x - 3$. Fazendo-se a divisão, teremos então que:

$$x^3 + x^2 - 3x - 3 = (x + 1)(x^2 - 3).$$

- Complementando a observação acima, suponha que $b$ seja raiz de uma equação:

$$x^n + a_{n-1}x^{n-1} + \cdots + a_1 x + a_0 = 0 \qquad n \geq 1$$

No caso em que $b = 0$, é fácil ver que $a_0 = 0$ e o polinômio correspondente pode ser escrito como:

$$x^n + a_{n-1}x^{n-1} + \ldots + a_1 x = x(x^{n-1} + a_{n-1}x^{n-2} + \cdots + a_1)$$

- Agora, se $b$ for um número inteiro não nulo, então $b$ será um divisor de $a_0$. Isto facilita a procura de raízes (ver exemplo mais abaixo).

**Atenção:** Não estamos dizendo que os divisores de $a_0$ são raízes, mas sim que se houver uma raiz inteira, então ela será um divisor de $a_0$. Por exemplo, as raízes de $x^2 - 2$ são $-\sqrt{2}$, $\sqrt{2}$ e nenhuma das duas é um inteiro divisor de $-2$.

- Um valor real $b$ pode ser raiz de uma equação mais de uma vez. Por exemplo, o valor 1 aparece como raiz de $x^3 - x^2 - x + 1 = 0$ duas vezes, pois $x^3 + x^2 - x - 1 = (x - 1)^2(x + 1)$. Nesse caso, o número de vezes que tal valor aparece como raiz é chamado de *multiplicidade* dessa raiz.
- Uma equação de grau $n$ tem no máximo $n$ raízes, contando todas as possíveis multiplicidades.

### 1.4.3 Equações Lineares

Equações lineares são equações de grau 1, isto é, equações do tipo:

$$ax + b = 0, a \neq 0$$

Nesse caso, é fácil ver que $-\frac{b}{a}$ é a única raiz pois

$$a\left(-\frac{b}{a}\right) + b = 0$$

Por exemplo, se a equação for $-2x + 3 = 0$, então $\frac{3}{2}$ é a sua única raiz, e se a equação for $\pi x = 0$, então 0 é a única raiz.

### 1.4.4 Equações de Segundo Grau

Dada uma equação de segundo grau:

$$ax^2 + bx + c = 0, a \neq 0$$

pode se utilizar a fórmula de Bhaskara para se descobrir as suas duas raízes. Primeiro calculamos o discriminante da equação dado por:

$$\Delta = b^2 - 4ac$$

Se $\Delta < 0$, então a equação não terá raízes reais (as raízes serão números complexos, caso que não trataremos aqui).

Caso $\Delta = 0$, a única raiz será $r = -\frac{b}{2a}$ e, nesse caso, a equação poderá ser decomposta como:

$$ax^2 + bx + c = a\left(x + \frac{b}{2a}\right)^2$$

Caso $\Delta > 0$, a equação terá duas raízes, as saber:

$$r' = \frac{-b + \sqrt{b^2 - 4ac}}{2a} \quad \text{e} \quad r'' = \frac{-b - \sqrt{b^2 - 4ac}}{2a}$$

e, nesse caso, podemos decompor a equação da seguinte maneira:

$$ax^2 + bx + c = a(x - r')(x - r'')$$

Também, é fácil ver que dada uma equação $ax^2 + bx + c = 0$, com $a \neq 0$, o produto de suas raízes (quando existirem) será $\frac{c}{a}$ e a soma delas será $-\frac{b}{a}$. Todas essas observações nos ajudam na hora de acharmos tais raízes.

**EXEMPLO 1.3** Consideremos a equação $-13x^2 + 26x + 39 = 0$. Primeiro observemos que $-13$ divide todos os seus termos e, portanto, podemos escrever $-13x^2 + 26x + 39 = -13(x^2 - 2x - 3)$. Achar as raízes de $-13x^2 + 26x + 39$ é o mesmo que achar as raízes de $x^2 - 2x - 3$. São equações distintas, porém com as mesmas raízes. Usando-se a fórmula de Bhaskara para essa segunda equação, teremos:

$$\frac{-(-2) \pm \sqrt{(-2)^2 - 4 \cdot 1 \cdot (-3)}}{2 \cdot 1} = \frac{2 \pm \sqrt{16}}{2} = \frac{2 \pm 4}{2}$$

o que nos leva às raízes $-1$ e $3$. É claro que poderíamos ter usado a fórmula de Bhaskara para a equação inicial e chegaríamos ao mesmo resultado, mas as contas ficam mais simples da maneira que fizemos.

Existem fórmulas para se resolver equações de terceiro e quarto graus, mas não as utilizaremos aqui. No entanto, faremos abaixo alguns exemplos específicos, para indicar certos caminhos que podem ser úteis. Mais adiante, no texto, iremos voltar à questão de achar *raízes aproximadas* para certas equações.

**EXEMPLO 1.4** Vamos encontrar as raízes da equação $x^4 - 5x^2 + 6 = 0$. Apesar de ser uma equação de quarto grau, observamos que só aparecem os termos em $x^4$, $x^2$ e o independente. Nesse caso, podemos substituir $x^2$ por $y$, chegando à equação: $y^2 - 5y + 6 = 0$. Agora, temos uma equação de segundo grau que pode ser resolvida facilmente usando-se Bhaskara. Dessa forma, concluímos que as raízes de $y^2 - 5y + 6$ são 2 e 3 (Calcule). Como estamos interessados na equação $x^4 - 5x^2 + 6 = 0$ e $y = x^2$, temos que suas raízes serão $-\sqrt{3}$, $-\sqrt{2}$, $\sqrt{2}$, $\sqrt{3}$.

**EXEMPLO 1.5** Considere agora a equação $x^3 + 2x^2 - 3x - 6 = 0$. Como vimos acima, se esta equação tiver uma raiz inteira, então será um divisor de $-6$. Os divisores inteiros de $-6$ são: $-1, 1, -2, 2, -3, 3, -6$ e $6$. A nossa primeira tentativa será, então, substituir esses valores na equação para verificar se encontramos alguma raiz. Ao fazer isso, descobrimos que −2 é uma raiz (verifique!). Ao efetuar a divisão de $x^3 + 2x^2 - 3x - 6$ por $(x + 2)$, chegamos a:

$$x^3 + 2x^2 - 3x - 6 = (x + 2)(x^2 - 3).$$

Basta agora encontrar as raízes de $x^2 - 3$, que serão $-\sqrt{3}$ e $\sqrt{3}$. Ao final, as raízes de $x^3 + 2x^2 - 3x - 6$ serão $-2$, $-\sqrt{3}$, $\sqrt{3}$.

## Exercícios

**(1.8)** Encontre as raízes reais das seguintes equações:

(a) $x^4 - 2x^2 - 3 = 0$ (b) $x^3 - 4x^2 + 3x + 8 = 0$

(c) $x^4 + 7x^2 + 10 = 0$ (d) $x^3 + x^2 - 8x - 12 = 0$

(e) $-17x^2 - 68x + 68 = 0$ (f) $x^2 + x + 7 = 0$

**(1.9)** Verifique para quais valores de $b$, a equação $x^2 + bx + 1 = 0$ possui:

(a) 2 raízes reais; (b) uma única raiz real; (c) nenhuma raiz real.

**(1.10)** Mostre que uma equação de terceiro grau não pode ter quatro raízes.

### 1.4.5 Inequações

Por vezes, será importante resolver certas inequações, que são expressões do tipo:

$$a_n x^n + \ldots + a_1 x + a_0 \leq 0$$

ou

$$a_n x^n + \ldots + a_1 x + a_0 \geq 0$$

em que $a_0, \ldots, a_n$ são números reais e $x$ é a variável.

Muitas vezes aparecerão também os símbolos > e < em vez de ≥ e ≤. Resolver uma inequação é encontrar os valores $b$ em $\mathbb{R}$ que a satisfaçam. Como temos uma desigualdade, é comum chegar a uma solução que seja formada por intervalos de valores.

**EXEMPLO 1.6** Consideremos a inequação $4x^2 - 8 \geq 0$. Somando-se 8 dos dois lados da inequação e dividindo-os por 4, chegamos a $x^2 \geq 2$. Observe que, como dividimos por um número positivo, a desigualdade não se inverte. A solução de $x^2 \geq 2$ será o conjunto de valores reais $b$ tais que $b^2 \geq 2$. Não é difícil ver que para $b \geq \sqrt{2}$, teremos $b^2 \geq 2$ e, portanto, os valores do intervalo $[\sqrt{2}, \infty[$ serão soluções. Mas também os valores do intervalo $]-\infty, -\sqrt{2}]$ serão soluções pois, se $b \leq -\sqrt{2}$, também vale que $b^2 \geq 2$. Com isso, o conjunto solução será $]-\infty, -\sqrt{2}] \cup [\sqrt{2}, \infty[$.

**EXEMPLO 1.7** Consideremos a inequação $x^2 + 7x + 10 \leq 0$. Ao analisarmos a equação correspondente $x^2 + 7x + 10 = 0$, observamos que suas raízes são $-2$ e $-5$ (verifique!) e, portanto, $x^2 + 7x + 10 = (x + 2)(x + 5)$. Vamos analisar esse produto. Quando $x < -5$, é claro que $x + 2 < 0$ e $x + 5 < 0$ e, portanto, o produto $(x + 2)(x + 5)$ tem que ser positivo (regra dos sinais). Da mesma forma, quando $x > -2$, tanto $x + 2$ quanto $x + 5$ são positivos e, novamente, $(x + 2)(x + 5)$ é positivo. Falta analisar o que ocorre no intervalo $[-5, -2]$. Para valores nesse intervalo, temos que $x + 2 \leq 0$ e $x + 5 \geq 0$ e, portanto, o produto $(x + 2)(x + 5)$ será negativo. Com isso, o conjunto solução dessa inequação será o intervalo $[-5, -2]$. Mais uma observação: se quisermos resolver a inequação $x^2 + 7x + 10 < 0$, chegaremos ao conjunto solução $]-5, -2[$ (basta desconsiderar as raízes da equação correspondente).

**EXEMPLO 1.8** Seja agora a inequação $(x + 1)(x - 1)(x - 2) \geq 0$. Para achar a sua solução, basta analisarmos o sinal dos termos $x + 1$, $x - 1$ e $x + 2$ em intervalos convenientes. Como as raízes da equação correspondente $(x + 1)(x - 1)(x - 2) = 0$ são $-1$, $1$ e $2$, os intervalos que irão interessar são: $]-\infty, -1]$, $[-1, 1]$, $[1, 2]$ e $[2, \infty[$. Vamos analisar o que ocorre, por exemplo, em $[-1, 1]$. Se $x$ pertencer a esse intervalo, então $x + 1 \geq 0$, $x - 1 \leq 0$ e $x - 2 \leq 0$. Com isso, o produto $(x + 1)(x - 1)(x - 2)$ será positivo (pois estaremos multiplicando um número positivo por dois números negativos o que dá, ao final, um número positivo) e, portanto, esse intervalo estará no conjunto solução da inequação. Deixamos ao leitor verificar que, ao final, o conjunto solução será $[-1, 1] \cup [2, \infty[$.

**Exemplo 1.9** Vamos resolver a inequação $|x| \leq 5$. Pela definição de módulo, $|x| = x$ se $x \geq 0$ e $|x| = -x$ se $x < 0$. Logo $|x| \leq 5$ se traduz em $x \leq 5$ se $x \geq 0$ e $-x \leq 5$ se $x < 0$. O segundo caso equivale a $x \geq -5$ (multiplicamos $-x \leq 5$ por $-1$ nos dois lados e a desigualdade se inverte, pois multiplicamos por um número negativo). Em resumo, $|x| \leq 5$ equivale a $-5 \leq x \leq 5$ ou, dito de outra maneira, o conjunto solução de $|x| \leq 5$ é o intervalo $[-5, 5]$. Se considerarmos uma inequação do tipo $|2x - 3| \leq 5$, isso equivale a ter:

$$|2x - 3| \leq 5 \quad \Leftrightarrow \quad -5 \leq 2x - 3 \leq 5 \quad \Leftrightarrow \quad -1 \leq x \leq 4$$

Portanto, o conjunto solução será o intervalo $[-1, 4]$.

## Exercícios

**(1.11)** Resolva as inequações:

(a) $-4x^2 - 8 \geq 0$ (b) $|x + 1| \leq 3$ (c) $|x + 1| \geq 3$

(d) $x^2 + 2x + 1 \leq 0$ (e) $x^2 + 2x + 1 < 0$ (f) $x^3 + 2x^2 - x - 2 \geq 0$

(g) $-|x^2 + 2x + 1| < 0$ (h) $9x^3 - 27 \geq 0$ (i) $9x^3 - 27 \leq 0$

**(1.12)** Considere as inequações $x^2 - 1 \leq 0$ e $x^3 - 4x > 0$. Encontre o conjunto dos valores reais que satisfazem (a) as duas inequações e (b) ao menos uma das inequações.

# 1.5 O Produto Cartesiano $\mathbb{R}^2$

Dado $n \in \mathbb{N}^*$, definimos o *produto cartesiano* $\mathbb{R}^n$ como sendo o conjunto $\{(x_1, \ldots, x_n): x_i \in \mathbb{R}\}$. Os elementos de $\mathbb{R}^n$ serão, então, $n$-uplas de números reais. Dados um elemento $x = (x_1, \ldots, x_n) \in \mathbb{R}^n$ e $1 \leq i \leq n$, a $i$-ésima coordenada de $x$ é o elemento $x_i$. Não é difícil perceber que as operações de adição e produto de $\mathbb{R}$ podem ser feitas coordenada a coordenada em $\mathbb{R}^n$.

De particular interesse em nosso curso é o produto cartesiano $\mathbb{R}^2$ devido à sua utilidade para se esboçar gráficos de funções de uma variável, o que veremos a seguir. É comum representar $\mathbb{R}^2$ e seus elementos da seguinte maneira:

Figura 1.2

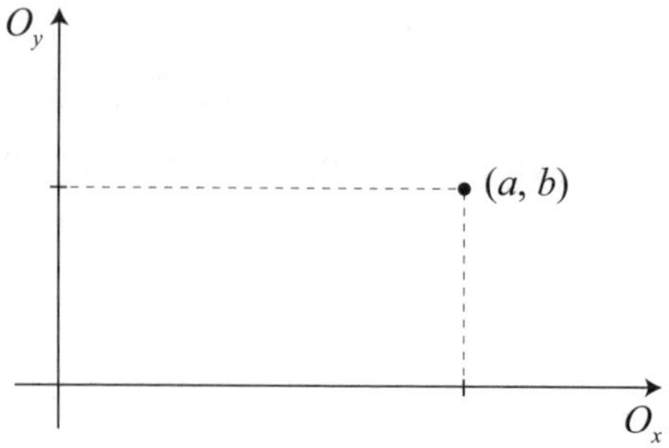


Os valores sobre a reta $O_x$ (chamada de *eixo* $O_x$) representam as primeiras coordenadas dos elementos de $\mathbb{R}^2$ e são também chamadas de *abscissas*, enquanto os valores sobre a reta $O_y$ (chamada de *eixo* $O_y$) representam as segundas coordenadas dos elementos de $\mathbb{R}^2$ e são também chamadas de *ordenadas*.

A *distância* entre dois pontos $(a_1, b_1)$ e $(a_2, b_2)$ pertencentes a $\mathbb{R}^2$ é dada, usando-se o teorema de Pitágoras, pela fórmula:

$$d((a_1, b_1),(a_2, b_2)) = \sqrt{(b_2 - b_1)^2 + (a_2 - a_1)^2}$$

Em particular, a distância de um elemento $(a_1, b_1) \in \mathbb{R}^2$ à origem $(0, 0)$ é dada por $\|(a_1, b_1)\| = \sqrt{b_1^2 + a_1^2}$. Esse valor é também chamado de a *norma* do elemento $(a_1, b_1)$.

Figura 1.3

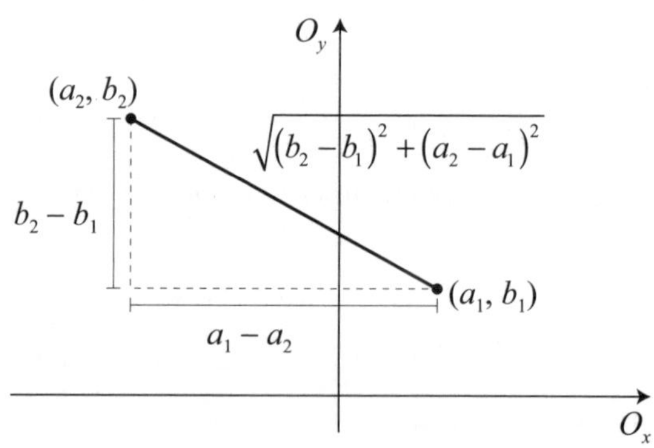

## 1.5.1 Equação de uma reta em $\mathbb{R}^2$

Sabemos que dois pontos $(x_0, y_0)$ e $(x_1, y_1)$ em $\mathbb{R}^2$ determinam uma reta $r$. Vejamos como escrever a sua equação. Primeiro, lembramos que a inclinação de tal reta $r$ será o quociente:

$$m_r = \frac{y_1 - y_0}{x_1 - x_0}$$

Agora, utilizando-se a inclinação $m_r$ e um de seus pontos, digamos $(x_0, y_0)$, a equação da reta será dada por:

$$y - y_0 = m_r(x - x_0) \quad \text{ou} \quad y = m_r x + (y_0 - m_r x_0)$$

A cada valor de $x$, temos associado o valor de $y$ tal que $(x, y)$ pertence à reta $r$.

Figura 1.4

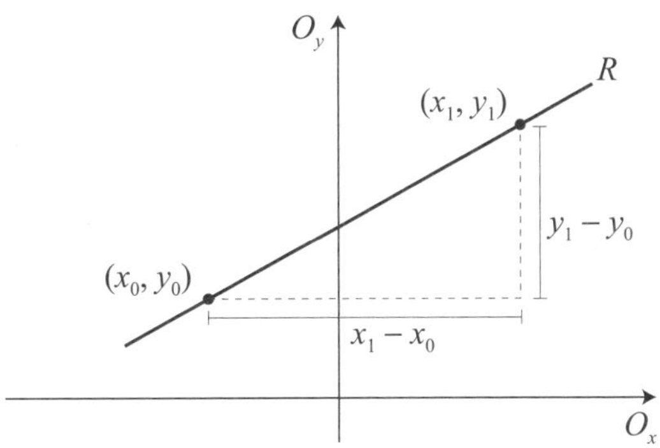


**EXEMPLO 1.10** Vamos calcular a equação da reta $r$ que passa por $(1, -2)$ e por $(0, 2)$. A inclinação dessa reta será:

$$m_r = \frac{-2-2}{1-0} = -4$$

Logo, sua equação será:

$$y - 2 = -4(x - 1) \quad \text{ou} \quad y = -4 + 2$$

O plano cartesiano $\mathbb{R}^2$ é normalmente dividido em quadrantes para podermos identificar quando os valores das coordenadas são positivos ou negativos.

- **Quadrante I:** $\{(x, y) \in \mathbb{R}^2 : x \geq 0 \text{ e } y \geq 0\}$
- **Quadrante II:** $\{(x, y) \in \mathbb{R}^2 : x \leq 0 \text{ e } y \geq 0\}$
- **Quadrante III:** $\{(x, y) \in \mathbb{R}^2 : x \leq 0 \text{ e } y \leq 0\}$
- **Quadrante IV:** $\{(x, y) \in \mathbb{R}^2 : x \geq 0 \text{ e } y \leq 0\}$

Figura 1.5

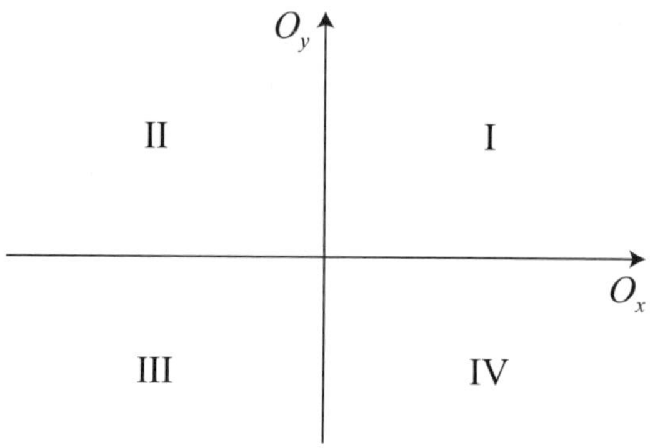


## Exercícios

**(1.13)** Desenhe em $\mathbb{R}^2$ os seguintes conjuntos:

**(a)** $A_1 = \{(x, y) \in \mathbb{R}^2 : x \in [-1, 1[, y \in [1, 3]\}$

**(b)** $A_2 = \{(x, y) \in \mathbb{R}^2 : \|(x, y)\| \leq 1\}$

**(c)** $A_3 = \{(x, y) \in \mathbb{R}^2 : \|(x, y)\| = 1\}$

**(d)** $A_4 = \{(x, y) \in \mathbb{R}^2 : x \geq 0, y \in ]-\infty, 2]\}$

**(e)** $A_1 \cap A_2$

**(f)** $A_2 \setminus A_4$

**(g)** $A_2 \cup A_3$

**(h)** $(A_1 \cap A_2) \setminus (A_3 \cup A_4)$

**(1.14)** Calcule a distância dos seguintes pontos em $\mathbb{R}^2$:

**(a)** $(-2, 1)$ e $(1, 1)$

**(b)** $(0, 0)$ e $(3, 5)$

**(c)** $(-3, -1)$ e $(3, 1)$

**(d)** $(\pi, 2\pi)$ e $(\pi + 3, \pi)$

**(1.15)** Encontre as equações das retas $r$ com as características abaixo:

**(a)** $r$ passa pelos pontos $(-1, 5)$ e $(2, 3)$;

**(b)** $r$ passa pelos pontos $(0, -1)$, $(1, -1)$;

**(c)** $r$ passa por $(1, 1)$ e tem inclinação igual a $-2$;

**(d)** $r$ passa pela origem e é paralela à reta que passa por $(0,1)$ e $(1,0)$ (lembre que duas retas paralelas têm a mesma inclinação);

**(e)** $r$ passa pela origem e é ortogonal à reta que passa por $(0, 1)$ e $(1, 0)$ (lembre que se $r$ é ortogonal a $s$ e se $m_s \neq 0$, então $m_r = -\dfrac{1}{m_s}$).

# Capítulo 2

# Funções

Neste capítulo, iniciaremos a nossa discussão estabelecendo os conceitos básicos envolvendo funções de uma variável que serão necessários mais adiante no texto. Em particular, vamos discutir alguns tipos especiais de funções: as lineares, as quadráticas, as trigonométricas, as relacionadas a problemas da economia, entre outras. Nossa expectativa é que uma parte do conteúdo deste capítulo não se constitua em novidade para o leitor, mesmo que sob uma *roupagem* um pouco mais formal. Particular atenção deve ser dada aos conceitos de injetividade, sobrejetividade e à composição de funções.

## 2.1 Funções

Uma função é essencialmente uma regra de associação de elementos de um conjunto a elementos de outro. Quando pensamos, por exemplo, na regra de elevar ao quadrado um número real, podemos escrever isso como sendo uma função $f$ que associa um número real $x$ o seu quadrado $x^2$, ou, escrevendo de outra maneira, $f(x) = x^2$. Observe que na expressão acima está implícito que podemos considerar qualquer valor real como sendo $x$. No entanto, dependendo da regra que escolhermos, será preciso restringir o conjunto onde são considerados os valores aos quais aplicaremos a regra que temos em mente. Vamos exemplificar: se agora considerarmos a regra que associa a cada número real a sua raiz quadrada real, isso não poderá ser feito para qualquer número, pois sabemos, por exemplo, que os números negativos não têm raízes quadradas reais. Por isso, quando quisermos explicitar a regra "extrair a raiz quadrada" é importante dizermos que os valores a serem considerados não podem ser negativos. Esse conjunto onde os valores irão ser considerados para uma determinada regra (e que, portanto, precisa fazer sentido a aplicação da tal regra) é chamado de *domínio da função*. Em geral, iremos considerar o domínio de uma função como sendo o maior conjunto onde a regra a ser considerada faz sentido, mas, às vezes, iremos considerar algum subconjunto menor desse (mas nunca maior!).

Além do domínio de uma função, também devemos considerar o chamado *contradomínio* da função, isto é, o conjunto de valores que são assumidos depois de aplicarmos a regra definidora da função em questão. Usualmente, iremos utilizar o conjunto real todo $\mathbb{R}$, mas, às vezes, será importante considerarmos um subconjunto menor (veremos o porquê mais adiante nessa seção).

Em resumo, ao considerarmos uma função teremos que ter em mente três coisas: (i) a regra de associação; (ii) o conjunto de partida dessa regra, chamado de domínio da função; e (iii) o conjunto de chegada dessa regra, chamado de contra-domínio da função. Matematicamente, dizemos que uma função é dada, então, por uma terna $(f, A, B)$ onde $f$ indica uma relação entre os elementos do conjunto $A$ e os do conjunto $B$. É importante termos em mente que a cada elemento $x$ de $A$ a relação $f$ está associando um único elemento de $B$ que denotaremos por $f(x)$. A notação normalmente utilizada é:

$$\begin{aligned} f\colon\ & A \rightarrow B \\ & x \mapsto f(x) \end{aligned}$$

Em resumo, *definir uma função* é dizer qual o seu domínio, qual o seu contradomínio e qual a relação que associa a cada $x \in A$, o elemento $f(x) \in B$. Veremos alguns exemplos a seguir. Como dissemos anteriormente, nosso principal objetivo neste texto é trabalhar com funções onde o domínio e o contradomínio são subconjuntos de $\mathbb{R}$.

**EXEMPLO 2.1** Seja $f$ a função cujo domínio é $\mathbb{R}$, o contradomínio é $\mathbb{R}$, que associa a cada elemento $x \in \mathbb{R}$, o valor $2x$. Na notação usual, teríamos:

$$\begin{aligned} f\colon\ & \mathbb{R} \rightarrow \mathbb{R} \\ & x \mapsto f(x) = 2x \end{aligned}$$

A Tabela 2.1 mostra-nos a regra de associação dessa função para alguns valores em seu domínio.

Tabela 2.1

| $x$ | $f(x)$ |
|---|---|
| $0$ | $2 \times 0 = 0$ |
| $1$ | $2 \times 1 = 2$ |
| $\frac{1}{2}$ | $2 \times \frac{1}{2} = 1$ |
| $\pi$ | $2 \times \pi = 2\pi$ |
| $-3$ | $2 \times (-3) = -6$ |

**EXEMPLO 2.2** Seja $f: \mathbb{R} \to \mathbb{R}_+$ a função que associa a cada elemento $x \in \mathbb{R}$ o seu quadrado $x^2 = x \cdot x$. Esquematicamente, temos:

$$\begin{aligned} f:\ \mathbb{R} &\to \mathbb{R}_+ \\ x &\mapsto f(x) = x^2 \end{aligned}$$

A Tabela 2.2 nos mostra o que ocorre para alguns valores do domínio.

Tabela 2.2

| $x$ | $f(x)$ |
|---|---|
| $0$ | $0^2 = 0$ |
| $1$ | $1^2 = 1$ |
| $-1$ | $(-1)^2 = 1$ |
| $\sqrt{2}$ | $(\sqrt{2})^2 = 2$ |
| $100$ | $100^2 = 10.000$ |

Observe que, como o quadrado de cada número é um valor positivo, então $f(x) = x^2 \geq 0$, para todo valor $x \in \mathbb{R}$. Desse modo, temos que $f(x) \in \mathbb{R}_+$ para todo $x \in \mathbb{R}$, o que está coerente com a nossa escolha para o contradomínio.

**EXEMPLO 2.3** Considere agora a função $f: \mathbb{R}^* \to \mathbb{R}$ dada por $f(x) = \frac{1}{x}$. Como não é possível dividir por zero, temos que necessariamente excluir esse ponto do domínio, o que está coerente com a nossa escolha para ele, no caso $\mathbb{R}^*$. Na Tabela 2.3, calculamos essa função em alguns valores:

Tabela 2.3

| $x$ | $f(x) = \frac{1}{x}$ |
|---|---|
| 1 | $\frac{1}{1}$ |
| −1 | $-\frac{1}{1}$ |
| 2 | $\frac{1}{2}$ |
| 3 | $\frac{1}{3}$ |
| 10 | $\frac{1}{10}$ |
| −10 | $-\frac{1}{10}$ |
| 100 | $\frac{1}{100}$ |
| 1.000 | $\frac{1}{1.000}$ |
| $\frac{1}{2}$ | 2 |
| $-\frac{1}{2}$ | −2 |
| $\frac{1}{3}$ | 3 |
| $\frac{1}{10}$ | 10 |
| $-\frac{1}{10}$ | −10 |
| $\frac{1}{100}$ | 100 |
| $-\frac{1}{100}$ | −100 |
| $\frac{1}{1.000}$ | 1.000 |

Mais uma observação. É claro que poderíamos ter escolhido como domínio nessa, e em outras funções, um conjunto diferente, dependendo da conveniência do problema que estivermos estudando (isso deverá ficar claro ao longo do texto). Nessa última função, poderíamos ter escolhido como domínio o conjunto $\mathbb{R}_+^* = \{x \in \mathbb{R} : x > 0\}$ se estivéssemos interessados, por exemplo, apenas em números positivos, ou outros intervalos. Temos, no entanto, que tomar alguns cuidados em excluir do domínio os pontos problemáticos. No caso do Exemplo 2.3, o zero é o ponto que traria problemas no cálculo do inverso $\frac{1}{x}$, portanto, ele não pode nunca estar no domínio de uma função com essa regra de associação.

## 2.1.1 Gráficos

Dada uma função $f: A \rightarrow B$, onde $A$ e $B$ são subconjuntos de $\mathbb{R}$, é muitas vezes útil representá-la por meio de seu gráfico. Formalmente, o gráfico de uma função é o subconjunto de $\mathbb{R}^2$ formado pelos elementos do tipo $(a, f(a))$, onde na primeira coordenada aparecem os elementos $a$ do domínio $A$ de $f$ e, na segunda coordenada, os correspondentes valores $f(a)$. Por exemplo, os gráficos das funções dos exemplos 2.1 e 2.2 serão, respectivamente, dados pelas figuras 2.1 e 2.2:

Figura 2.1 | $f(x) = 2x$

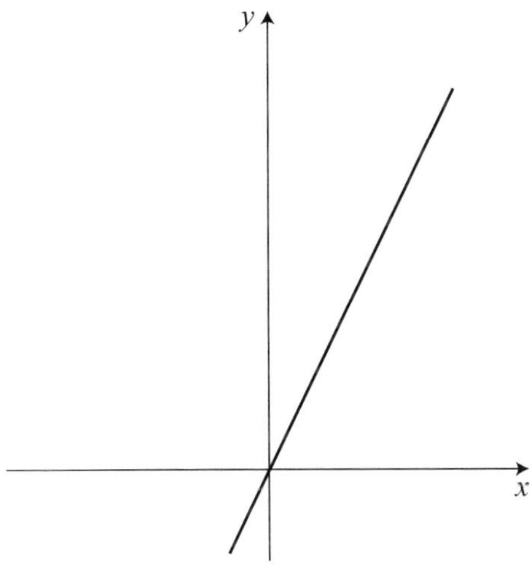

Figura 2.2 | $f(x) = x^2$

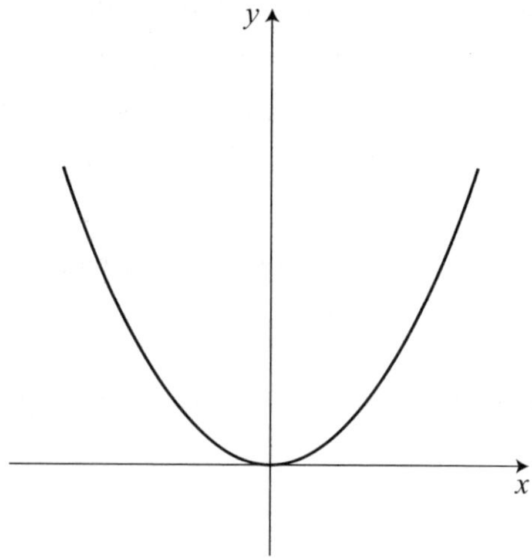


Para uma função $f: A \to \mathbb{R}$, onde $A \subset \mathbb{R}$, denote por $G_f$ o seu gráfico, isto é, o subconjunto:

$$G_f = \{(x, f(x)) \in \mathbb{R}^2 : x \in A\} \text{ de } \mathbb{R}^2.$$

Vale a pena agora enfatizar um ponto: por definição, a cada elemento $x \in A$ é associado **um único** elemento $f(x) \in \mathbb{R}$. Ou seja, dados dois pontos $(a_1, b_1)$ e $(a_2, b_2)$ pertencentes ao gráfico de uma função tais que $a_1 = a_2$, então **necessariamente** $b_1 = b_2$. Geometricamente, isso quer dizer que cada reta paralela ao eixo $O_y$ cruza o gráfico de uma função no máximo em um ponto. Compare as figuras 2.3 e 2.4.

Figura 2.3 | Pode ser gráfico de uma função

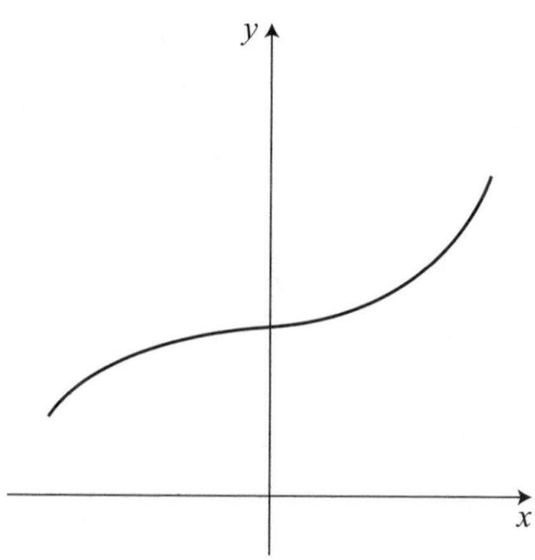

Figura 2.4 | Não pode ser gráfico de uma função

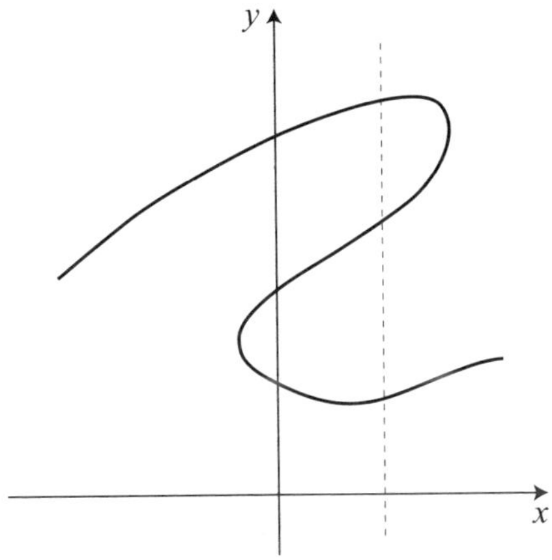


Observe que a regra que associa, a cada elemento $a \in \mathbb{R}_+$ os valores $b \in \mathbb{R}$ tais que $b^2 = a$, não define uma função, pois, por exemplo, ao elemento 1 teríamos que associar dois valores, a saber, tanto o valor 1 quanto o valor $-1$ e, pelo comentado acima, a cada ponto do domínio, precisamos associar um único no contradomínio. Observe o subconjunto $E \subset \mathbb{R}^2$ formado pelos pontos $(a, b)$ tais que $a \in \mathbb{R}_+$ e $b$ é tal que $b^2 = a$:

Figura 2.5

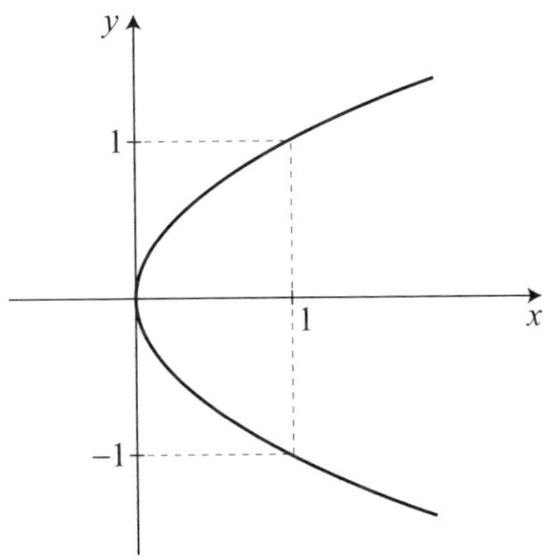


Vemos facilmente que isso não pode representar o gráfico de uma função. Como tínhamos mencionado anteriormente, para $a \in \mathbb{R}_+$, denotamos por $\sqrt{a}$ a raiz quadrada positiva de $a$. Com isso em mente, $f: \mathbb{R}_+ \to \mathbb{R}$ dada por $f(x) = \sqrt{x}$, para cada $x \in \mathbb{R}_+$, é uma função com o gráfico representado a seguir:

Figura 2.6 | $f(x) = \sqrt{x}$

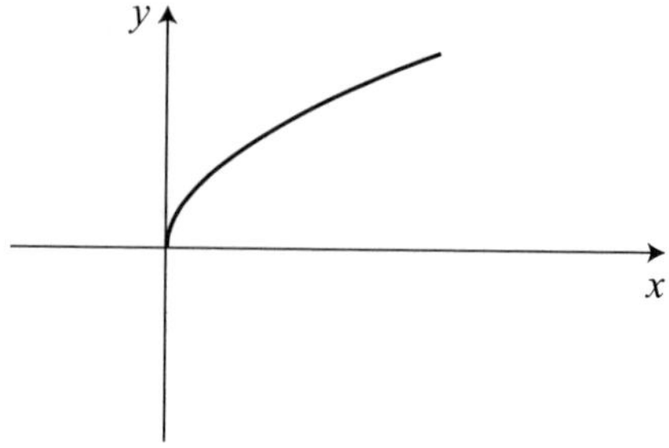


Antes de prosseguirmos, gostaríamos de enfatizar mais um ponto: normalmente, dada uma função $f\colon A \to B$, prestamos mais atenção à regra de associação dos elementos. No entanto, é igualmente importante levar em conta os conjuntos $A$ e $B$. Consideremos, por exemplo, as seguintes funções:

$$\begin{aligned} f\colon \mathbb{R} &\to \mathbb{R} \\ x &\mapsto f(x) = 2x \end{aligned} \tag{2.1a}$$

$$\begin{aligned} f\colon \mathbb{R}_+ &\to \mathbb{R} \\ x &\mapsto f(x) = 2x \end{aligned} \tag{2.1b}$$

$$\begin{aligned} f\colon \mathbb{Z} &\to \mathbb{R} \\ x &\mapsto f(x) = 2x \end{aligned} \tag{2.1c}$$

São obviamente três funções distintas a despeito de termos a mesma *regra de associação* de elementos, qual seja, $f(x) = 2x$. Por isso, enfatizamos que definir uma função é determinar claramente 3 elementos: o domínio, o contradomínio e a regra de associação.

Figura 2.7

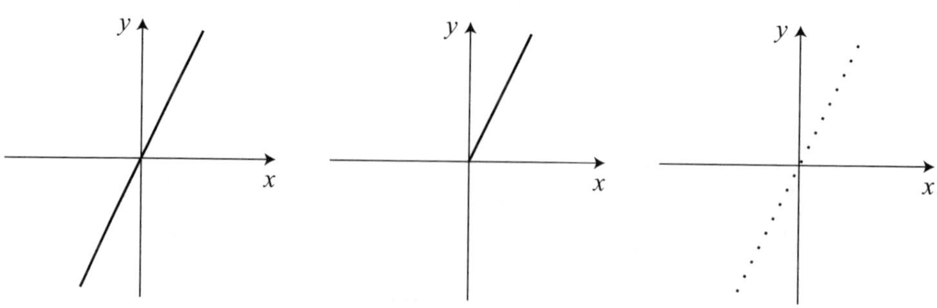


(a) Gráfico da função (2.1a) (b) Gráfico da função (2.1b) (c) Gráfico da função (2.1c)

## Exercícios

**(2.1)** Desenhe em $\mathbb{R}^2$ os conjuntos abaixo e verifique se eles podem ser gráficos de uma função.

(a) $\{(x, y) \in \mathbb{R}^2 : y = x \text{ ou } y = -x\}$

(b) $\{(x, y) \in \mathbb{R}^2 : y^3 = x\}$

(c) $\{(x, y) \in \mathbb{R}^2 : x = y^2 + y + 2\}$

(d) $\{(x, y) \in \mathbb{R}^2 : x = -1\}$

(e) $\{(x, y) \in \mathbb{R}^2 : y = -1\}$

(f) $\{(x, y) \in \mathbb{R}^2 : ax + b = y\}$

(g) $\{(x, y) \in \mathbb{R}^2 : -2x + 4y = 0\}$

(h) $\{(x, y) \in \mathbb{R}^2 : x^2 + y^2 = 5\}$

(i) $\{(x, y) \in \mathbb{R}^2 : x^2 + y^2 = -5\}$

(j) $\{(x, y) \in \mathbb{R}^2 : -2x + 1 = 0\}$

**EXEMPLO 2.4** Uma aplicação financeira paga 1% ao mês e recebe aportes mínimos de R$ 1.000,00. Vamos descrever por meio de uma função (e seu gráfico) a seguinte situação: qual será o valor final da aplicação após um ano em função do valor aplicado inicialmente?

Digamos que fulano aplicou $\alpha$ reais em janeiro de 2013. Após um mês, o valor será $\alpha$ mais o rendimento de um mês, isto é, será $\alpha + \alpha(0{,}01) = \alpha(1{,}01)$. Após mais um mês, o valor será $\alpha(1{,}01)$ mais o rendimento do segundo mês, isto é,

$$\alpha(1{,}01) + (\alpha(1{,}01))(0{,}01) = \alpha(1{,}01)^2 = \alpha(1{,}0201)$$

Prosseguindo dessa maneira, teremos o seguinte (nessa aplicação, os juros são sempre pagos no primeiro dia do mês):

Tabela 2.4

| Dia | Valor |
|---|---|
| 01/01/2013 | $\alpha$ |
| 01/02/2013 | $\alpha(1{,}01)$ |
| 01/03/2013 | $\alpha(1{,}01)^2 = \alpha(1{,}0201)$ |
| 01/04/2013 | $\alpha(1{,}01)^3 = \alpha(1{,}030301)$ |
| 01/05/2013 | $\alpha(l, 01)^4 = \alpha(1{,}04060401)$ |
| 01/06/2013 | $\alpha(1{,}01)^5 \sim \alpha(1{,}501005)$ |
| 01/07/2013 | $\alpha(1{,}01)^6 \sim \alpha(1{,}06152015)$ |
| 01/08/2013 | $\alpha(1{,}01)^7 \sim \alpha(1{,}07213535)$ |
| 01/09/2013 | $\alpha(1{,}01)^8 \sim \alpha(1{,}08285670)$ |
| 01/10/2013 | $\alpha(1{,}01)^9 \sim \alpha(1{,}09368527)$ |
| 01/11/2013 | $\alpha(1{,}01)^{10} \sim \alpha(1{,}10462212)$ |
| 01/12/2013 | $\alpha(1{,}01)^{11} \sim \alpha(1{,}11566834)$ |
| 01/01/2014 | $\alpha(1{,}01)^{12} \sim \alpha(1{,}12682503)$ |

Como o valor dos juros e o prazo estão fixados, a única *variável* é o valor da aplicação inicial. A função pode ser escrita da seguinte forma, em que $x$ indicará o valor da aplicação. De acordo com o estabelecido, a aplicação inicial deve ter valor mínimo de R$ 1.000,00 e sem limite máximo, logo devemos escolher como domínio o intervalo $[1.000, \infty[$.

$$\begin{aligned} f_1 : [1.000, \infty[ &\to \mathbb{R} \\ x &\mapsto f_1(x) = (1{,}12682503)x \end{aligned} \qquad (2.2)$$

Figura 2.8 | Gráfico da função (2.2)

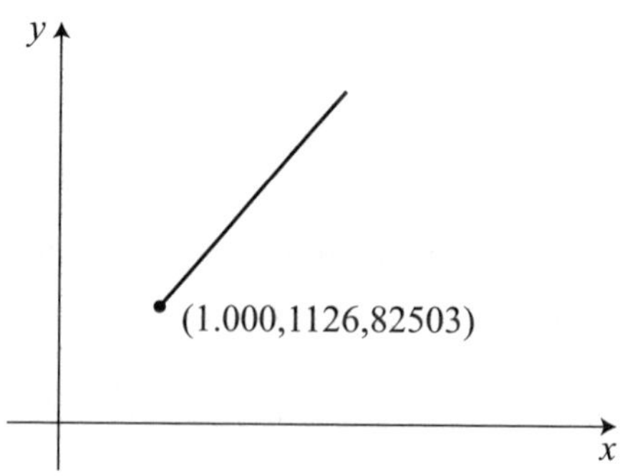

**EXEMPLO 2.5** Vamos considerar agora uma variação desse problema: vamos fixar o valor inicial da aplicação, digamos R$ 1.000,00, e variar a taxa entre 0,5% e 4% e ver o quanto renderia a aplicação após um ano com uma taxa nesse intervalo. Teremos então a seguinte situação:

Tabela 2.5

| Taxa em % | Valor final |
|---|---|
| 0,5 | $1.000(1.005)^{12}$ = 1.061,68 |
| 1,0 | $1.000(1,01)^{12}$ = 1.126,83 |
| 1,5 | $1.000(1,015)^{12}$ = 1.195,62 |
| 2,0 | $1.000(1,02)^{12}$ = 1.268,24 |
| 2,5 | $1.000(1,025)^{12}$ = 1.344,89 |
| 3,0 | $1.000(1,03)^{12}$ = 1.425,76 |
| 3,5 | $1.000(1,035)^{12}$ = 1.511,07 |
| 4,0 | $1.000(1,04)^{12}$ = 1.601,03 |

A função correspondente será:

$$\begin{aligned} f_2 : [1{,}005,\ 1{,}03] &\to \mathbb{R} \\ x &\mapsto f_2(x) = 1000x^{12} \end{aligned} \qquad (2.3)$$

Aqui, a variável $x$ está indicando a taxa de juros (escrita na forma $1+\dfrac{i}{100}$ para uma taxa de $i$ %).

Figura 2.9 | Gráfico da função (2.3)

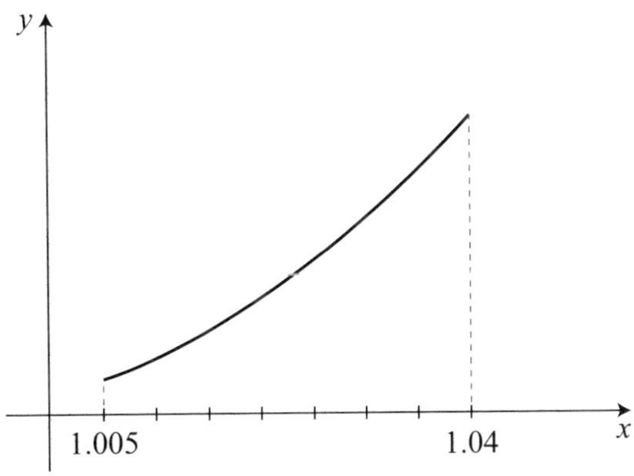

**EXEMPLO 2.6** Outra variação do mesmo problema básico acima. Vamos agora variar o tempo da aplicação e manter os juros fixos, digamos a 1%, assim como o valor inicial, digamos R$ 1.000,00 (vamos considerar que o valor se mantém fixo ao longo do mês e que os juros de um mês são pagos no primeiro dia do mês seguinte, como é comum na caderneta de poupança). Utilizando a tabela que já tínhamos, podemos esquematizar o nosso problema por meio da função abaixo. Indicamos os meses por números entre 1 e 12 e vamos denotar por $[x]$ o maior inteiro que é menor ou igual a $x$ (por exemplo, temos que $[1] = 1$, $[1{,}21111] = 1$, $[1{,}99999] = 1$, $[-1{,}21111] = -2$ e assim por diante).

$$\begin{aligned} f_3\colon [0,12] &\to \mathbb{R} \\ x &\mapsto f_3(x) = 1.000 \cdot (1.01)^{[x]} \end{aligned} \tag{2.4}$$

Figura 2.10 | Gráfico da função (2.4)

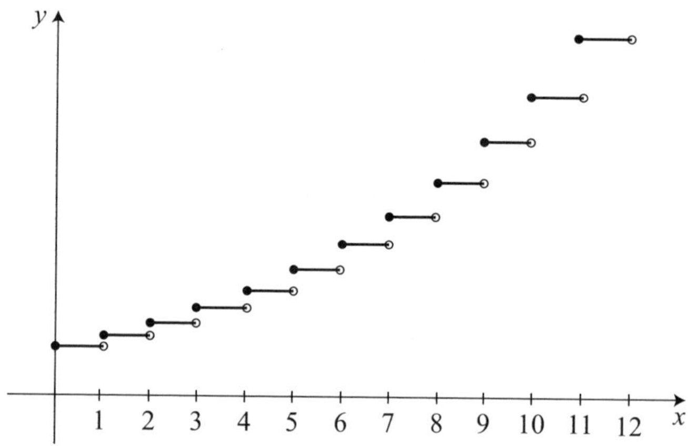


Nessa última situação, assumimos que os juros são pagos uma vez ao mês. Com as mesmas hipóteses iniciais, mas imaginando que o valor investido é atualizado *constantemente*, então a função que devemos considerar será

$$\begin{aligned} f_4\colon [0,12] &\to \mathbb{R} \\ x &\mapsto f_4(x) = 1.000 \cdot (1.01)^{x} \end{aligned} \tag{2.5}$$

Figura 2.11 | Gráfico da função (2.5)

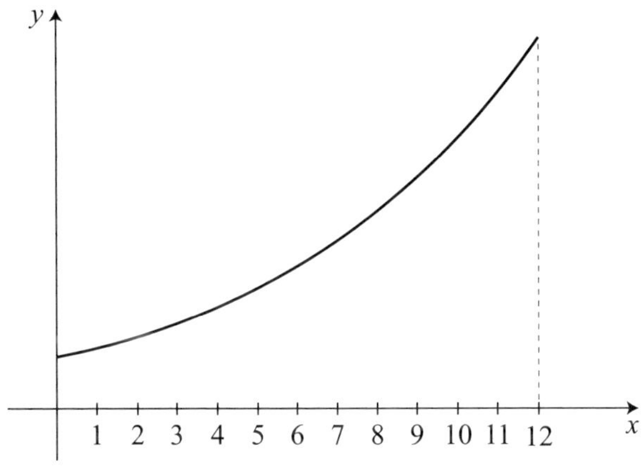


Esses exemplos, baseados em uma única situação, são bastante significativos, pois nos possibilita esquematizar três tipos de funções muito úteis: a linear, a polinomial e a exponencial. E o que veremos mais adiante.

**Convenção** Muitas vezes é conveniente, ao definir uma função, exibirmos apenas a regra de associação. Quando estivermos fazendo isso, estaremos utilizando a seguinte convenção: (i) o contradomínio dessa função será sempre $\mathbb{R}$; e (ii) o domínio dessa função será o maior subconjunto de $\mathbb{R}$ no qual a regra de associação fizer sentido. Por exemplo, ao mencionar a função $f(x) = \dfrac{1}{x}$, na realidade estaremos pensando na função:

$$\begin{aligned} f\colon \mathbb{R}^* &\to \mathbb{R} \\ x &\mapsto f(x) = \frac{1}{x} \end{aligned}$$

(o único ponto onde tal função não pode estar definida é o ponto 0).

Ao considerarmos agora a função $f(x) = \sqrt{x}$, com essa convenção estaremos pensando na função:

$$\begin{aligned} f\colon \mathbb{R}_+ &\to \mathbb{R} \\ x &\mapsto f(x) = \sqrt{x} \end{aligned}$$

(o domínio é $\mathbb{R}_+$ pois só podemos extrair a raiz quadrada de um número positivo).

Seja $f: A \to B$ uma função. Além do domínio (conjunto $A$) e do contradomínio (conjunto $B$), o chamado conjunto imagem de $f$ também nos será bastante útil.

**Definição 2.1** O *conjunto imagem de $f$* é definido como sendo o seguinte conjunto:

$$\text{Im}\, f = \{y \in B \text{ tais que existe } x \in A \text{ com } f(x) = y\}$$

Geometricamente, a imagem de uma função $f$ é o conjunto dos pontos $b \in B$, tais que a reta paralela ao eixo $O_x$ passando pelo ponto $(0, b)$, intersecta o gráfico de $f$.

Figura 2.12

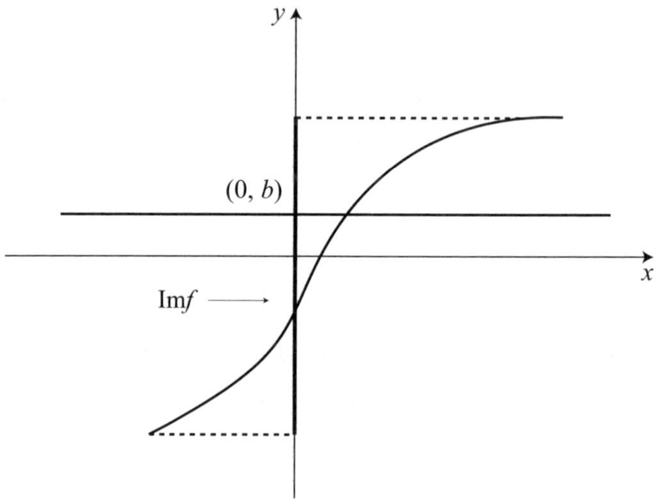


**EXEMPLO 2.7** Vamos ver quais são os conjuntos imagens das funções discutidas nos exemplos 2.4, 2.5 e 2.6.

- $\text{Im}\, f_1 = [1.126{,}83, +\infty[$
- $\text{Im}\, f_2 = [1.061{,}68, 1.601{,}03]$
- $\text{Im}\, f_3 = \{1.000{,}00, 1.010{,}00, 1.020{,}10, \cdots, 1.126{,}83\}$
- $\text{Im}\, f_4 = [1.000{,}00, 1.126{,}83]$

**EXEMPLO 2.8** Seja $f(x) = \dfrac{x^2 + 2}{x^2 + 1}$. Por nossa convenção, o domínio de $f$ será $\mathbb{R}$ (pois $x^2 + 1 \neq 0$ para todos os valores de $x$) e o contradomínio será $\mathbb{R}$. Vamos ver qual o seu conjunto imagem. Observe que:

$$\frac{x^2+2}{x^2+1}=\frac{x^2+1+1}{x^2+1}=\frac{x^2+1}{x^2+1}+\frac{1}{x^2+1}=1+\frac{1}{x^2+1}$$

Vamos verificar, em primeiro lugar, quais valores o quociente $\frac{1}{x^2+1}$ irá assumir. Não é difícil perceber que $x^2 + 1 \geq 1$ (a cada valor $x \in \mathbb{R}$ temos $x^2 \geq 0$ e portanto $x^2 + 1 \geq 1$). Segue então que $\frac{1}{x^2+1} \leq 1$. Como, por outro lado, $\frac{1}{x^2+1} > 0$, segue que $0 < \frac{1}{x^2+1} \leq 1$. Logo, $1 < 1 + \frac{1}{x^2+1} \leq 2$. Dessa forma, a imagem de $f$ está contida no intervalo $]1, 2]$. Deixamos ao leitor a verificação de que a imagem é exatamente o intervalo $]1, 2]$.

## Exercícios

**(2.2)** Esboce os gráficos das seguintes funções $f$: $\mathbb{R} \to \mathbb{R}$ dadas a seguir e descreva as suas imagens:

**(a)** $f(x)=|x|=\begin{cases} x & \text{se} \quad x>0 \\ -x & \text{se} \quad x<0 \end{cases}$

**(b)** $f(x)=\sqrt{x^2}$

**(c)** $f(x)=\begin{cases} \sqrt{x} & \text{se } x>0 \\ 2-3x & \text{se } x \leq 0 \end{cases}$

**(d)** $f(x)=|x|$

**(e)** $f(x)=x^3$

**(f)** $f(x)=x^4-5x^2+4$

**(2.3)** Para cada função $f$ abaixo, ache o maior subconjunto $A$ de $\mathbb{R}$ no qual ela pode estar definida.

**(a)** $f(x)=\sqrt{x-2}$

**(b)** $f(x)=\sqrt{-x^2-x+6}$

(c) $f(x)=\dfrac{(x-2)}{(x^2+x-6)}$

(d) $f(x)=\dfrac{1}{(\sqrt{-x^2-x+6})}$

(e) $f(x)=\dfrac{(x^5-1)}{(x^2-1)}$

(f) $f(x)=\sqrt{-x^2-2x-1}$

**(2.4)** Determine uma taxa de juros mensal que deve ser paga a uma aplicação, para que ao final de um ano o valor aplicado tenha sido acrescido entre 15% e 18%.

**(2.5)** A tabela do cálculo do Imposto de Renda devido mensalmente (2012) é:

Tabela 2.6

| Base de Cálculo (R$) | Alíquota (%) | Parcela a deduzir |
|---|---|---|
| Até 1.637,11 | – | Isento |
| De 1.637,12 a 2.453,50 | 7,5 | 122,78 |
| De 2.453,51 a 3.271,38 | 15 | 306,80 |
| De 3.271,39 a 4.087,65 | 22,5 | 552,15 |
| Acima de 4.087,66 | 27,5 | 756,53 |

(a) Desenhar o gráfico da função que associa a cada rendimento recebido o imposto devido.

(b) Calcule o valor da função do item acima nos valores R$ 2.000,00, R$ 4.000,00 e R$ 10.000,00.

(c) Em uma situação hipotética e alternativa, suponha que o imposto de renda seja sempre 20% dos rendimentos. Desenhe, no mesmo plano cartesiano utilizado no item (a), o gráfico de uma função que descreva essa situação hipotética.

(d) A partir de que salário o trabalhador irá pagar ao menos 20% de seus rendimentos em imposto de renda? A partir de quanto pagará ao menos 25%? E a partir de quanto pagará ao menos 27,5%?

**(2.6)** Suponha que um funcionário público receba um salário de R$ 1.000,00 e que, mensalmente, sejam descontados 11% para a previdência. Vamos supor que tais valores se mantenham fixos ao longo do tempo e que o dinheiro recolhido seja aplicado com rendimento de 0,5% ao mês.

(a) Descreva a função $f$ em que a variável $n$ indique o número de meses desde o primeiro salário e $f(n)$ informe o valor acumulado desse recolhimento após $n$ meses, já incorporados os juros.

(b) Após 35 anos, qual o valor acumulado?

(c) Em sua opinião, esse valor acumulado é suficiente para pagar uma aposentadoria integral a esse funcionário? E se as contas forem refeitas com um rendimento de 0,6% ao mês?

## 2.2 Algumas Funções Importantes

### 2.2.1 Função linear ou afim

Sejam $a$ e $b$ dois números reais e $f: \mathbb{R} \to \mathbb{R}$ uma função dada por $f(x) = ax + b$, para cada $x \in \mathbb{R}$. Calculando-se $f$ no ponto $x = 0$, teremos que $f(0) = b$ e, portanto, o gráfico de $f$ cruza o eixo $O_y$ no ponto $(0, b)$. Para acharmos o ponto onde o gráfico cruza o eixo $O_x$, basta encontrar o valor $x$ tal que $f(x) = 0$, isto é, tal que $ax + b = 0$. Se $a = 0$, é claro que essa última equação implica que $b = 0$ também e $f$ é a função nula. Se $a \neq 0$, então a solução da equação acima será $x = -\dfrac{b}{a}$. Com isso, o gráfico de $f$ será uma reta passando pelos pontos $(0, b)$ e $\left(-\dfrac{b}{a}, 0\right)$. Não é difícil ver que a inclinação dessa reta é o valor $a$ (lembramos que a inclinação de uma reta que passa pelos pontos $(x_0, y_0)$ e $(x_1, y_1)$ de $\mathbb{R}^2$, com $x_0 \neq x_1$ é $\dfrac{y_1 - y_0}{x_1 - x_0}$). Por exemplo, se $a = 3$ e $b = -1$, então o gráfico de $f$ será:

Figura 2.13 | $f(x) = 3x - 1$

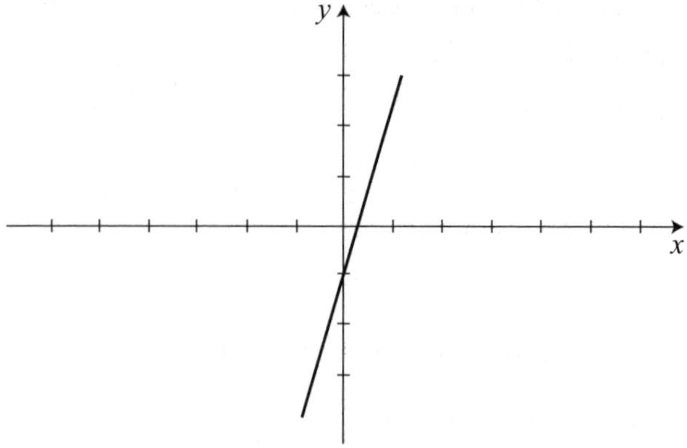


O gráfico dessa função cruza o eixo $O_x$ no ponto $\left(\frac{1}{3}, 0\right)$ e o eixo $O_y$ no ponto $(0, -1)$. Observe que qualquer reta em $\mathbb{R}^2$ que não seja uma reta vertical, é o gráfico de uma função do tipo $ax + b$, para certos $a, b \in \mathbb{R}$.

## Exercícios

**(2.7)** Dados dois pontos $(x_0, y_0)$ e $(x_1, y_1)$ em $\mathbb{R}^2$, com $x_0 \neq x_1$, descreva a função cujo gráfico é a reta passando por eles.

**(2.8)** Justifique por que uma reta vertical em $\mathbb{R}^2$ não pode ser o gráfico de uma função.

**(2.9)** Desenhe os gráficos das funções $f: \mathbb{R} \to \mathbb{R}$ dadas por:

**(a)** $f(x) = 3x$;

**(b)** $f(x) = 6x - 5$;

**(c)** $f(x) = -3x + 2$;

**(d)** $f: [-1, 0] \cup ]2, 4] \to \mathbb{R}$, dada por $f(x) = -2x + 1$.

**(2.10)** Seja $f: \mathbb{R} \to \mathbb{R}$ a função dada por $f(x) = ax + b$. Sob quais condições em $a$ e $b$, o gráfico de $f$ cruza o eixo $O_x$? Descreva tal ponto, se existir.

**Definição 2.2** Sejam $a, b \in \mathbb{R}$. e $A \subset \mathbb{R}$. Dizemos que a função $f: A \to \mathbb{R}$ dada por $f(x) = ax + b$ é uma *função linear ou afim*.

A função $f_1$ discutida no Exemplo 2.4 é linear. Outro exemplo de função linear é a função identidade id: $\mathbb{R} \to \mathbb{R}$ que associa a cada valor $x \in \mathbb{R}$ o seu próprio valor $x$, isto é, id$(x) = x$. Como vimos anteriormente, o gráfico de uma função linear é sempre uma reta.

## 2.2.2 Funções quadráticas

Depois das funções lineares, talvez as mais simples de serem descritas são as funções quadráticas, isto é, funções do tipo:

$$f(x) = ax^2 + bx + c$$

onde $a$, $b$ e $c$ são números reais e $a \neq 0$. Vimos no Exemplo 2.2 a função quadrática dada por $f(x) = x^2$. Em geral,o gráfico de uma função quadrática é uma parábola e não é difícil esboçá-lo. Consideremos, por exemplo, a função quadrática $f: \mathbb{R} \to \mathbb{R}$ dada por $f(x) = x^2 - x - 2$. Um dado útil para se construir um gráfico é saber em que pontos tal gráfico cruza o eixo $O_x$. Na função em questão, isso se dará nos valores de $x$ tais que $x^2 - x - 2 = 0$. Precisamos achar as raízes de uma equação de segundo grau, o que não é difícil usando-se a fórmula de Bhaskara (veja a Seção 1.4 — equações de segundo grau):

$$x' = \frac{-b + \sqrt{b^2 - 4ac}}{2a} \text{ e } x'' = \frac{-b - \sqrt{b^2 - 4ac}}{2a}$$

são as raízes (eventualmente complexas) de uma equação

$$ax^2 + bx + c = 0 \text{ com } a \neq 0$$

No nosso caso (para $f(x) = x^2 - x - 2$), as raízes serão $-1$ e $2$. Teremos então uma parábola que passa pelos pontos $(-1, 0)$ e $(2, 0)$:

Figura 2.14

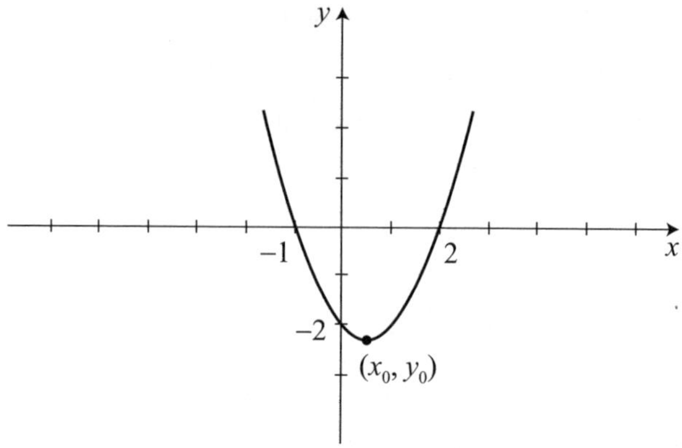


Não é difícil achar o ponto $(x_0,y_0)$ onde $y_0$ é o menor valor da imagem da função correspondente $f$. Como a parábola é uma curva simétrica, então o valor de $x_0$ será o ponto intermédio entre $-1$ e 2, isto é, $x_0 = \frac{1}{2}$ e portanto, $y_0$ será igual a $\left(\frac{1}{2}\right)^2 - \left(\frac{1}{2}\right) - 2 = -\frac{9}{4}$. Observe que o conjunto imagem da função $f$ será $\operatorname{Im} f = \left[-\frac{9}{4}, \infty\right[$.

Antes do próximo exemplo, vamos observar que a função quadrática acima tem o valor $a$ positivo e, com isso, podemos ver facilmente na figura que a *concavidade* do gráfico de $f$ é para cima. Se o valor $a$ fosse negativo, então a *concavidade* do gráfico correspondente seria para baixo. Por exemplo, se $f(x) = -2x^2 + 4x - 2$, então o seu gráfico será.

Figura 2.15

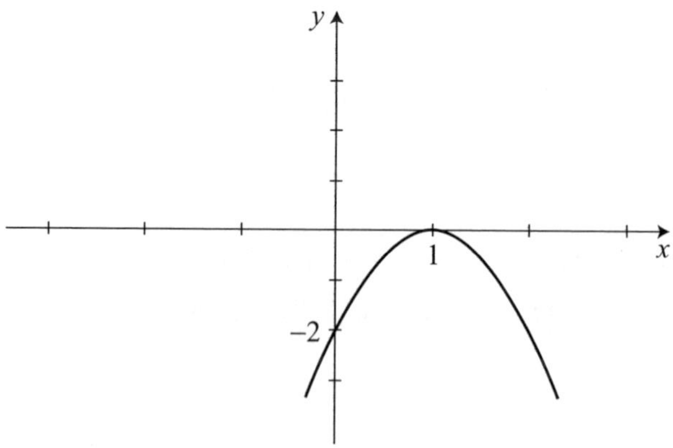

A equação quadrática correspondente terá uma única raiz, a saber, $-1$ (calcule usando a formula de Bhaskara). Nesse caso, esse também será o ponto máximo da função.

Em resumo, se $f$ for a função dada por $f(x) = ax^2 + bx + c$, com $a \neq 0$, teremos então:

- Se $a > 0$, então o gráfico de $f$ será uma parábola com a concavidade para cima e ponto de mínimo para $x = -\dfrac{b}{2a}$.
- Se $a < 0$, então o gráfico de $f$ será uma parábola com a concavidade para baixo e ponto de máximo para $x = -\dfrac{b}{2a}$.

**Exemplo 2.9** Um certo vendedor deu as seguintes opções de compra de uma bicicleta: (a) à vista por R$ 200,00 ou (b) entrada de R$ 80,00 e mais duas prestações mensais de R$ 70,00. Qual a taxa de juros embutida na venda a prazo?

**Resolução.** Vamos comparar as duas situações. Seja $x$ a taxa de juros da compra a prazo. Vamos escrever essa variável da seguinte maneira $x$: $x = 1 + \dfrac{i}{100}$; para $i\%$. Vamos supor que um fulano fez a compra a prazo no dia 8/03. Nesse dia, ao pagar a entrada de R$ 80,00, o fulano ficou devendo R$ 120,00 à loja. Então, no dia 8/04, a dívida será de $120x$ reais já incluídos aí os juros correspondentes ao primeiro mês. Pagando a primeira prestação de R$ 70,00, o fulano ficou devendo naquele momento $120x - 70$. No dia 8/05, cobrando-se os juros de mais um mês, a dívida sobe para $(120x - 70)\,x = 120x^2 - 70x$. Ao pagar a segunda prestação (de R$ 70,00), a dívida estará quitada, isto é, deverá valer $120x^2 - 70x - 70 = 0$. Em resumo:

Tabela 2.7

| Dia | Dívida antes | Pagamento | Dívida depois |
|---|---|---|---|
| 8/03 | 200 (valor à vista) | 80 | 120 |
| 8/04 | $120x$ | 70 | $120x - 70$ |
| 8/05 | $(120x - 70)x$ | 70 | $120x^2 - 70x - 70 = 0$ |

Precisamos achar o valor de $x$ que satisfaça a equação de segundo grau $120x^2 - 70x - 70 = 0$, ou, equivalentemente, que satisfaça $12x^2 - 7x - 7 = 0$. Usando a fórmula de Bhaskara, teremos as raízes:

$$x = \frac{7 \pm \sqrt{49 + 336}}{24} = \frac{7 \pm \sqrt{385}}{24}$$

resultando nos seguintes valores:

$$x' = 1{,}109225703 \quad \text{e} \quad x'' = -0{,}52589237$$

É claro que a única raiz que serve ao problema é $x'$ por ser a única raiz positiva, o que significa uma taxa de 10,9% ao mês (um tanto quanto alta!).

**Observação** O exemplo acima é, de certa forma, bastante simples. Se tivermos um problema envolvendo, por exemplo, o pagamento em 12 prestações (o que não é incomum em nosso cotidiano), achar a taxa de juros da maneira acima é o mesmo que achar as raízes de um polinômio de grau 12. O que facilitou as nossas contas no exemplo acima foi o fato de termos disponível uma fórmula (a de Bhaskara) para as raízes de uma equação de segundo grau nos termos dos coeficientes dessa equação. Infelizmente, não podemos contar com fórmulas desse tipo para equações de grau $n$ em geral. Na realidade, foi mostrado por um matemático chamado Galois, no século XIX, que **não** existem fórmulas para resolução de equações de graus maiores do que 4. Mas nem tudo está perdido, pois, atualmente, existem métodos para achar, com boa precisão, as raízes de qualquer equação. Isso foge um pouco de nosso objetivo por ora e, portanto, não o discutiremos aqui.

### 2.2.3 Funções polinomiais

Sejam agora $n \in \mathbb{N}$ e $a_0, a_1, \cdots, a_n \in \mathbb{R}$, com $a_n \neq 0$. A função $f: \mathbb{R} \to \mathbb{R}$ dada por:

$$p(x) = a_n x^n + \cdots + a_1 x + a_0$$

para cada $x \in \mathbb{R}$ é chamada de *função polinomial* (de grau $n$). Observe que as funções lineares e as quadráticas estudadas acima são polinomiais (com $n = 0, 1, 2$). São exemplos de funções polinomiais:

$$f: \mathbb{R} \to \mathbb{R} \qquad x \mapsto f(x) = x^3 - 2x + 1$$

$$f: \mathbb{R} \to \mathbb{R} \qquad x \mapsto f(x) = x^{15} + 1$$

$$f: \mathbb{R} \to \mathbb{R} \qquad x \mapsto f(x) = -x^4 - x^3 - x^2 - x - \pi$$

A função $f_2$ do Exemplo 2.5 é polinomial. Outros exemplos irão aparecer no decorrer do texto devido à importância desse tipo de funções em nosso cotidiano.

## 2.2.4 Funções racionais

Sejam $p$: $\mathbb{R} \to \mathbb{R}$ e $q$: $\mathbb{R} \to \mathbb{R}$ duas funções polinomiais dadas, respectivamente por:

$$p(x) = a_n x^n + \cdots + a_1 x + a_0 \quad \text{e} \quad q(x) = b_m x^m + \cdots + b_1 x + b_0$$

Se $x_0 \in \mathbb{R}$ é tal que $q(x_0) \neq 0$, podemos definir então o quociente $\dfrac{p(x_0)}{q(x_0)} \in \mathbb{R}$. Com isso, se $A$ for o conjunto $\{x \in \mathbb{R}: q(x) \neq 0\}$, podemos definir uma função chamada de *função racional* $f$: $A \to \mathbb{R}$ dada por $f(x) = \dfrac{p(x)}{q(x)}$ para cada $x \in A$. Enfatizamos que o domínio de tal função quociente tem que excluir as raízes de $q(x)$.

**EXEMPLO 2.10** Seja $f$: $A \to \mathbb{R}$ a função dada por $f(x) = \dfrac{1}{x}$, para $x \in A$. Observe que podemos definir $f$ para qualquer valor $x$ diferente de zero e, portanto, pela nossa convenção, iremos escolher o domínio $A$ igual a $\mathbb{R}^*$. Não é difícil ver que à medida que tomamos valores positivos cada vez maiores de $x$, os valores de $f(x)$ diminuem aproximando-se de zero (compare com as tabelas feitas no Exemplo 2.3).

Por exemplo, $f(2) = \dfrac{1}{2}$, $f(10) = \dfrac{1}{10}$, $f(1000) = \dfrac{1}{1.000}$ etc. Ao tomarmos valores positivos $x$ cada vez mais próximos de zero, os valores de $f(x)$ crescem: por exemplo $f\left(\dfrac{1}{2}\right) = 2$, $f\left(\dfrac{1}{4}\right) = 4$, $f\left(\dfrac{1}{100}\right) = 100$, etc. Ao tomarmos valores negativos para $x$, a situação é a seguinte: quanto menor o valor de $x$, mais próximo $f(x)$

estará do valor zero, e quanto mais próximo de zero $x$ estiver, menor será o valor de $f(x)$ (ver Tabela 2.3). O gráfico de $f$ está representado abaixo.

Figura 2.16 | $\text{Im}f = \mathbb{R}^*$

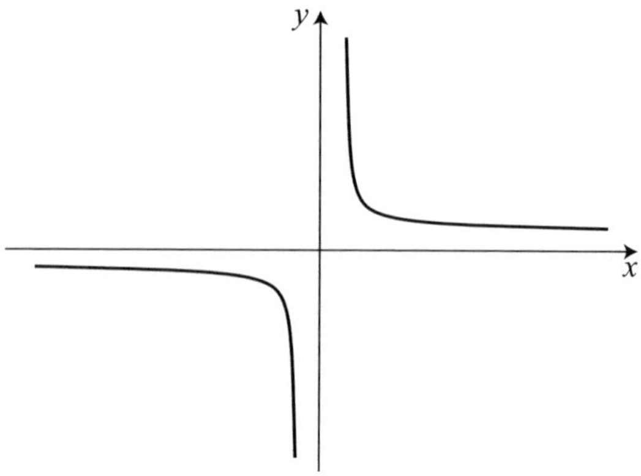


**EXEMPLO 2.11** Seja $f: A \to \mathbb{R}$ a função dada por $f(x) = \dfrac{x-1}{x^2+2x-3}$. O domínio $A$ de $f$ será o conjunto dos pontos onde faz sentido definir esse quociente. Para tanto, temos que excluir as raízes da equação de segundo grau $x^2 + 2x - 3 = (x-1)(x+3)$, isto é, $A = \mathbb{R} \setminus \{1, -3\}$. Observe que, a cada valor $a \in A$,

$$f(a) = \frac{a-1}{a^2+2a-3} = \frac{a-1}{(a-1)(a+3)} = \frac{1}{a+3}$$

Figura 2.17 | $\text{Im}f = \mathbb{R} \setminus \{-3, 1\}$

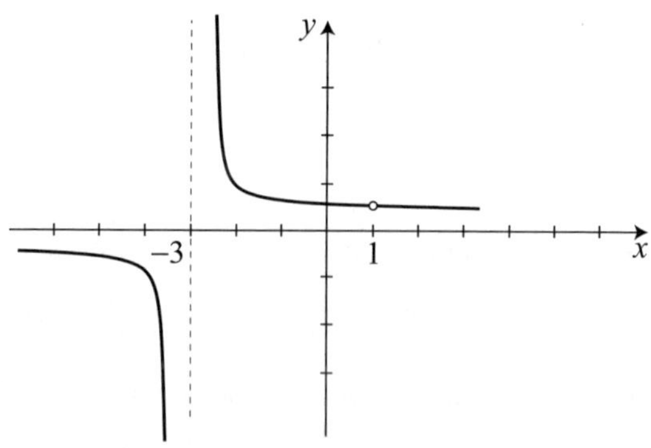

Enfatizamos que tivemos que excluir o ponto 1 do domínio dessa função, pois ele é uma raiz de $x^2 + 2x - 3$. Nos outros pontos do domínio, a função se comporta como se fosse a função $g(x) = \dfrac{1}{(x+3)}$

## Exercícios

**(2.11)** Ache o maior conjunto $A$ em que as seguintes funções estão definidas, tente desenhar os seus gráficos e ache as suas imagens:

(a) $f(x) = \dfrac{1+3x}{x}$

(b) $f(x) = \dfrac{1}{x^2}$

(c) $f(x) = \dfrac{1}{(x^2-4)}$

(d) $f(x) = \dfrac{(x^2-1)}{(x^2-1)(x^2-4)}$

(e) $f(x) = -\dfrac{2}{(x^2+1)}$

(f) $f(x) = \dfrac{(x^2+2)}{(x^2+1)}$

**(2.12)** Uma certa mercadoria custa R$ 250,00, se paga à vista, mas poderá ser comprada com uma entrada de R$ 80,00 e mais duas prestações de R$ 90,00. Qual a taxa de juros mensal embutida nessa compra a prazo?

**(2.13)** Encontre um valor aproximado para a taxa de juros mensal cobrada no seguinte plano de pagamento de uma mercadoria que, à vista, custe R$ 350,00, que pode ser paga com uma entrada e mais três prestações de R$ 100,00.

**(2.14)** Um *software* custa, à vista, R$ 500,00, mas pode ser comprado com uma entrada de 40% desse valor e o restante parcelado em $n$ prestações. Qual deve ser o valor da prestação a ser cobrada, se $n = 2$ e os juros são de 5% ao mês? E se $n = 10$ e a taxa de juros for a mesma?

## 2.3 Funções Trigonométricas

Vamos agora relembrar as chamadas *funções trigonométricas*, isto é, funções que estão associadas a ângulos entre retas. Elas são bastante importantes no equacionamento de situações práticas que tenham caráter periódico. Como supomos que o leitor já tenha estudado um pouco de trigonometria, iremos fazer apenas um apanhado geral, enfatizando pontos que serão mais explorados neste texto. Consideremos, inicialmente, duas retas em $\mathbb{R}^2$ (retas $r$ e $s$) que se cruzam em um ponto $O$ (mas que não sejam perpendiculares) e seja $\alpha$ o menor ângulo entre elas. Se escolhermos um ponto qualquer $P$ na reta $s$ e traçarmos uma reta perpendicular à reta $r$ passando por $P$, teremos um triângulo retângulo $OPQ$ (em que $Q$ é a intersecção de $r$ com a última reta traçada). Ao escolher outro ponto $P'$ sobre $s$ e repetirmos o procedimento, teremos outro triângulo retângulo $OP'Q'$.

Figura 2.18

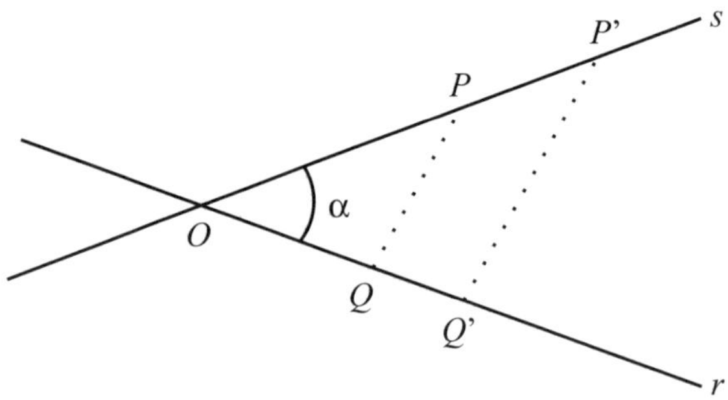


Por semelhança de triângulos, teremos:

$$\frac{\overline{PQ}}{\overline{OP}} = \frac{\overline{P'Q'}}{\overline{OP'}}, \quad \frac{\overline{OQ}}{\overline{OP}} = \frac{\overline{OQ'}}{\overline{OP'}} \quad \text{e} \quad \frac{\overline{PQ}}{\overline{OQ}} = \frac{\overline{P'Q'}}{\overline{OQ'}}$$

(em que $\overline{XY}$ indica o comprimento da semi-reta entre os pontos $X$ e $Y$).

Logo, podemos dizer que os quocientes $\overline{PQ}/\overline{OP}$, $\overline{OQ}/\overline{OP}$ e $\overline{PQ}/\overline{OQ}$ são invariantes com relação ao ângulo $\alpha$. Esses quocientes indicarão o seno de $\alpha$, o cosseno de $\alpha$ e a tangente de $\alpha$, respectivamente. Por facilidade, é comum escolhermos a reta $r$ como sendo o eixo $O_x$ do $\mathbb{R}^2$ e o comprimento da semi-reta $\overline{OP}$ como sendo 1.

Se $P = (a, b)$, então teremos $\operatorname{sen}(\alpha) = b$, $\cos(\alpha) = a$ e $\operatorname{tg}(\alpha) = \dfrac{b}{a}$, quando $a \neq 0$.

Figura 2.19

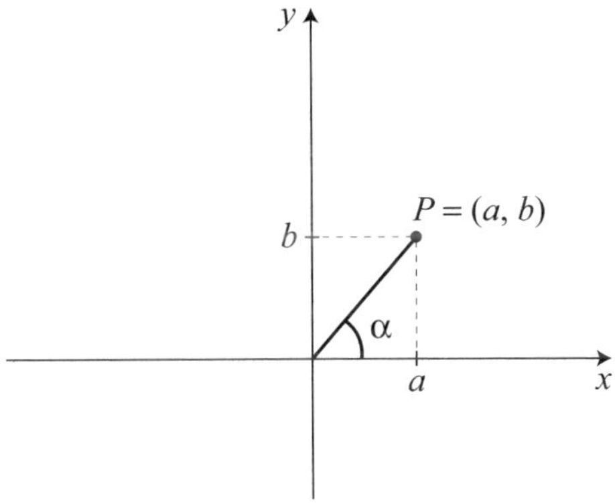


Existem duas maneiras tradicionais de se medir o ângulo $\alpha$: em graus ou em radianos. Para se medir em graus, divide-se a circunferência em 360 partes iguais e cada parte será chamada, então, de 1 grau.

Por outro lado, sabe-se que o comprimento de uma circunferência de raio 1 é $2\pi$. Observemos que cada ângulo está univocamente determinado por um *segmento* da circunferência, ou, equivalentemente, pelo comprimento do arco correspondente.

Figura 2.20

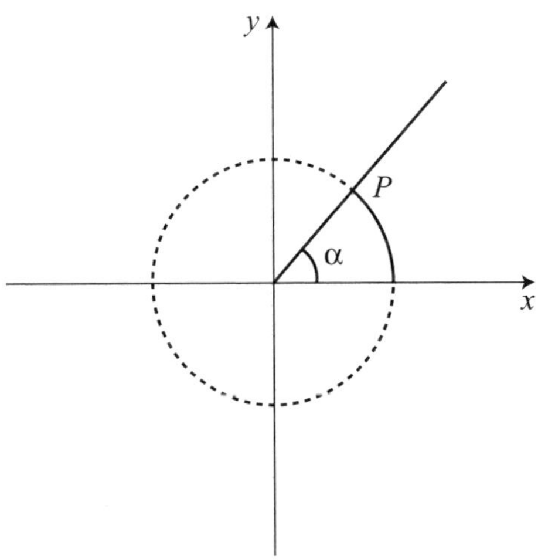

Podemos então indicar o ângulo por esse comprimento de arco que é um valor entre 0 e $2\pi$ (identificando-se 0 e $2\pi$, pois ambos representam o mesmo ângulo nulo). Por convenção, medimos um ângulo no sentido anti-horário a partir do eixo $O_x$ com um valor positivo, e um ângulo no sentido horário a partir do eixo $O_x$ com um valor negativo. Estendendo isso a todos os valores reais, teremos um *comportamento periódico*, pois os valores $x$ e $y$ em $\mathbb{R}$ representam o mesmo ângulo quando a diferença $x - y$ for, por exemplo, $2\pi$, $-2\pi$, $4\pi$, etc., isto é, se $x - y$ for um múltiplo de $2\pi$. Escrevemos isso da seguinte forma: $x - y = 2k\pi$, para algum $k \in \mathbb{Z}$. É isso que nos proporciona o caráter periódico das funções trigonométricas.

**Observação** A menos que seja mencionado o contrário, usaremos sempre radianos para indicar um ângulo.

Para as funções a seguir, usaremos a seguinte notação: dado um ângulo $\alpha$ representado como na figura acima, as coordenadas do ponto $P$ (intersecção da circunferência $C$ com a reta s cujo ângulo com o eixo $O_x$ seja $\alpha$) serão $(\cos(\alpha), \operatorname{sen}(\alpha))$.

## 2.3.1 Função seno

A função seno é definida como

$$\begin{aligned} \operatorname{sen}\colon \mathbb{R} &\to \mathbb{R} \\ x &\mapsto \operatorname{sen}(x) \end{aligned}$$

Figura 2.21 | Gráfico de função $\operatorname{sen}(x)$, onde $\operatorname{Im}(\operatorname{sen}) = [-1, 1]$

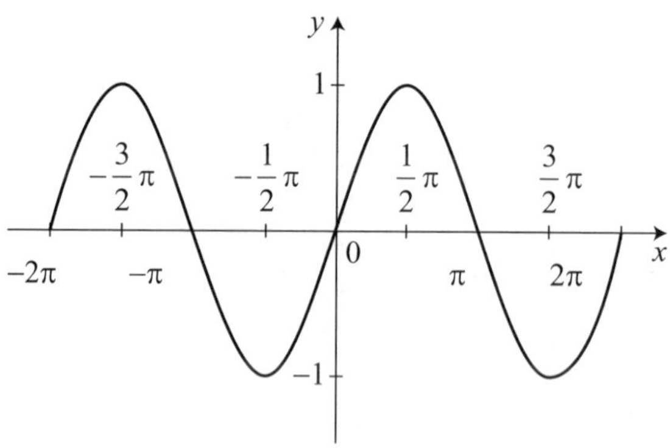

## 2.3.2 Função cosseno

A função cosseno é definida como

$$\begin{aligned} \cos\colon \mathbb{R} &\to \mathbb{R} \\ x &\mapsto \cos(x) \end{aligned}$$

Figura 2.22 | A imagem da função cosseno também é [−1, 1]

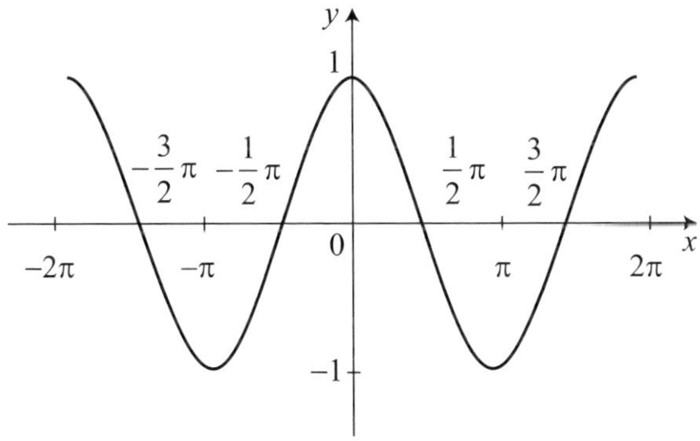


# Exercícios

**(2.15)** Mostre que $\text{sen}^2(\alpha) + \cos^2(\alpha) = 1$ para todo $\alpha \in \mathbb{R}$.

**(2.16)** Mostre que dado $(a, b) \in \mathbb{R}^2$, tal que $a^2 + b^2 = 1$, existe um ângulo $\alpha$, tal que $a = \cos(\alpha)$ e $b = \text{sen}(\alpha)$.

**(2.17)** Desenhe os gráficos das funções abaixo e encontre as suas imagens:

**(a)** $\text{sen}(|x|)$;

**(b)** $1 - \cos(x)$;

**(c)** $3\,\text{sen}(x)$;

**(d)** $\cos(3x)$.

## 2.3.3 Função tangente

A função tangente é definida como sendo o quociente da função seno pela função cosseno.

É claro que a função tangente está definida nos valores $x$ onde $\cos(x)$ não se anula, isto é, o seu domínio será:

$$A = \text{Dom}(\text{tg}) = \{x \in \mathbb{R}: \cos(x) \neq 0\} = \{x \in \mathbb{R}: x \neq \frac{\pi}{2} + k\pi, k \in \mathbb{Z}\}.$$

Além disso, como tal função pode assumir qualquer valor real, a sua imagem será $\text{Im}(\text{tg}) = \mathbb{R}$. A Tabela 2.8 nos traz os valores das funções trigonométricas já vistas para alguns ângulos notáveis.

Tabela 2.8 | Valores de funções trigonométricas para alguns ângulos

| | $0$ | $\frac{\pi}{6}$ | $\frac{\pi}{4}$ | $\frac{\pi}{3}$ | $\frac{\pi}{2}$ | $\pi$ | $\frac{3\pi}{2}$ |
|---|---|---|---|---|---|---|---|
| $\text{sen}(x)$ | $0$ | $\frac{1}{2}$ | $\frac{\sqrt{2}}{2}$ | $\frac{\sqrt{3}}{2}$ | $1$ | $0$ | $-1$ |
| $\cos(x)$ | $1$ | $\frac{\sqrt{3}}{2}$ | $\frac{\sqrt{2}}{2}$ | $\frac{1}{2}$ | $0$ | $-1$ | $0$ |
| $\text{tg}(x)$ | $0$ | $\frac{\sqrt{3}}{3}$ | $1$ | $\sqrt{3}$ | – | $0$ | – |

Observe que $\text{tg}(x)$ não está definida nos pontos $\frac{\pi}{2}$ e $\frac{3\pi}{2}$, por exemplo, pois nesses pontos os cossenos se anulam.

## 2.3.4 Algumas fórmulas trigonométricas

Mais adiante, utilizaremos algumas fórmulas trigonométricas. Iremos enunciá-las a seguir, mas deixaremos a cargo do leitor sua verificação.

- $\text{sen}^2(\alpha) + \cos^2(\alpha) = 1$, para todo $\alpha \in \mathbb{R}$.
- $\text{sen}(\alpha \pm \beta) = \text{sen}(\alpha)\cos(\beta) \pm \text{sen}(\beta)\cos(\alpha)$, para todos $\alpha, \beta \in \mathbb{R}$.
- $\cos(\alpha \pm \beta) = \cos(\alpha)\cos(\beta) \mp \text{sen}(\beta)\,\text{sen}(\alpha)$, para todos $\alpha, \beta \in \mathbb{R}$.
- $\text{tg}(\alpha \pm \beta) = \dfrac{\text{tg}(\alpha) \pm \text{tg}(\beta)}{1 \mp \text{tg}(\alpha)\text{tg}(\beta)}$, para todos $\alpha, \beta \in \mathbb{R}$

Vamos aproveitar esta discussão sobre funções trigonométricas para abordar algumas noções gerais sobre funções.

**Definição 2.3** Seja $f: A \to \mathbb{R}$ uma função.

**(a)** Dizemos que $f$ é *par* se para todo $x \in A$, temos que $-x \in A$ e vale $f(-x) = f(x)$.

**(b)** Dizemos que $f$ é *impar* se para todo $x \in A$, temos que $-x \in A$ e vale $f(-x) = -f(x)$.

**(c)** Dizemos que $f$ é *periódica* se existir um valor $\alpha$ e $\mathbb{R}$ tal que $f(x + \alpha) = f(x)$, para todo $x \in A$. O *período* de uma função periódica é o menor valor $\alpha$ com a propriedade acima.

**EXEMPLO 2.12** Temos que:

**(a)** A função seno é uma função ímpar e periódica com período $2\pi$.

**(b)** A função cosseno é uma função par e periódica com período $2\pi$.

**(c)** A função tangente é uma função ímpar e periódica com período $\pi$.

**(d)** A função $f(x) = |x|$ é uma função par (mas não periódica).

**(e)** A função identidade $f(x) = x$ é uma função ímpar (mas não periódica).

**Observação** Usando-se a tabela de valores notáveis (Tabela 2.8) e a paridade da função seno, podemos facilmente calcular o valor dessa função para alguns outros valores. Por exemplo, se quisermos achar o valor de $\text{sen}\left(-\frac{\pi}{3}\right)$, basta observar que:

$$\text{sen}\left(-\frac{\pi}{3}\right) = -\text{sen}\left(\frac{\pi}{3}\right) = -\frac{\sqrt{3}}{2}$$

(na primeira igualdade usamos que o seno é uma função ímpar e na segunda utilizamos a Tabela 2.8).

## Exercícios

**(2.18)** Construir uma tabela com os valores de seno, cosseno e tangente para $-\frac{\pi}{6}, -\frac{\pi}{4}, -\frac{\pi}{3}, \frac{2\pi}{3}, \frac{3\pi}{4}, \frac{5\pi}{6}$

**(2.19)** Para cada uma das funções abaixo, encontre o seu domínio, desenhe o seu gráfico, indique a sua imagem e decida se elas são pares ou ímpares e periódicas.

(a) $\sec(x) = \dfrac{1}{\cos(x)}$ (é a função *secante*)

(b) $\text{cossec}(x) = \dfrac{1}{\text{sen}(x)}$ (é a função *cossecante*)

(c) $\text{cotg}(x) = \dfrac{1}{\text{tg}(x)} = \dfrac{\cos(x)}{\text{sen}(x)}$ (é a função *cotangente*)

**(2.20)** Mostre que $\sec^2(\alpha) = 1 + \text{tg}^2(\alpha)$, para todo $\alpha \in A$, onde

$$A = \left\{x \in \mathbb{R} : x \neq \frac{\pi}{2} + k\pi, k \in \mathbb{Z}\right\}.$$

**(2.21)** Seja $f$: $[-a, a] \to \mathbb{R}$ ($a \in \mathbb{R}_+^*$) uma função ímpar. Mostre que $f(0) = 0$.

**(2.22)** Decida se cada uma das funções abaixo é par ou ímpar e se é periódica, desenhe o seu gráfico e indique o seu conjunto imagem.

(a) $f$: $\mathbb{R} \to \mathbb{R}$ dada por $f(x) = x - [x]$ (lembre que para um valor $x \in \mathbb{R}$, $[x]$ denota o maior inteiro que é menor ou igual a $x$, veja o Exemplo 2.6)

(b) $f$: $\mathbb{R} \to \mathbb{R}$ dada por $f(x) = x^2$

(c) $f$: $\mathbb{R} \to \mathbb{R}$ dada por $f(x) = x^3$

(d) $f$: $\mathbb{R}^* \to \mathbb{R}$ dada por $f(x) = \dfrac{1}{x}$

**(2.23)** Exiba, se existir, uma função $f$: $\mathbb{R} \to \mathbb{R}$ que seja simultaneamente par e ímpar.

**(2.24)** Exiba uma função $f$: $\mathbb{R} \to \mathbb{R}$ que seja periódica com período igual a 10 e cuja imagem seja o intervalo [0, 6].

## 2.4 Funções da Economia

Existem várias funções que são naturalmente associadas a problemas econômicos e, em geral, elas são bastante complexas. Por exemplo, para se decidir o preço de uma mercadoria são levados em conta não só seus custos de produção (os fixos e os variáveis), mas também uma análise de oferta e demanda que pode depender de fatores geográficos e/ou temporais (a demanda de um certo produto pode muito bem depender da época do ano). Tendo em mente que o objetivo é otimizar os lucros e, para tanto, análises de marketing podem e devem ser também levadas em consideração, como baratear inicialmente o produto para conquistar o mercado. Todos esses fatores levam, ao final, a funções envolvendo muitas variáveis.

Foge, e muito, ao escopo deste texto fazer análises profundas de todos esses aspectos. É, no entanto, parte do nosso objetivo, considerar certas relações simples entre, por exemplo, preço e oferta, preço e demanda, lucro e preço entre outros (assumindo que as outras variáveis envolvidas não irão interferir na análise). Ao estudar funções de uma variável, muitos dos conceitos gerais irão surgir. É claro que uma análise de funções de várias variáveis envolverá problemas técnicos e soluções mais sofisticadas do que as que faremos aqui e deixaremos isso para um outro texto.

Antes de analisar essas questões, vamos introduzir mais alguns conceitos gerais sobre funções.

**Definição 2.4** Seja $f: A \to \mathbb{R}$ uma função e seja $B$ um subconjunto de $A$.

**(a)** Dizemos que $f$ é *crescente* em $B$ se dados $x_1, x_2 \in B$ tais que $x_1 < x_2$, temos que $f(x_1) \leq f(x_2)$.

**(b)** Dizemos que $f$ é *estritamente crescente em B* se dados $x_1, x_2 \in B$ tais que $x_1 < x_2$, temos que $f(x_1) < f(x_2)$.

**(c)** Dizemos que $f$ é *decrescente em B* se dados, $x_1, x_2 \in B$ tais que $x_1 < x_2$, temos que $f(x_1) \geq f(x_2)$.

**(d)** Dizemos que $f$ é *estritamente decrescente em B* se dados $x_1, x_2 \in B$ tais que $x_1 < x_2$, temos que $f(x_1) > f(x_2)$.

Quando estivermos falando em crescimento e decrescimento de uma função, sem mencionar explicitamente o conjunto $B$ como na definição acima, vamos assumir que $B$ é o domínio da função.

**EXEMPLO 2.13** Por exemplo, temos que:

(a) A função $f: \mathbb{R} \to \mathbb{R}$ dada por $f(x) = 2x + 3$ é estritamente crescente.

(b) A função $f: \mathbb{R} \to \mathbb{R}$ dada por $f(x) = \alpha$ ($\alpha$ fixo) é crescente e decrescente.

(c) A função $f: \mathbb{R} \to \mathbb{R}$ dada por $f(x) = -x^3$ é estritamente decrescente.

(d) A função $f: \mathbb{R}_+^* \to \mathbb{R}$ dada por $f(x) = \frac{1}{x}$ é estritamente decrescente.

(e) A função $f: \mathbb{R}_-^* \to \mathbb{R}$ dada por $f(x) = \frac{1}{x}$ é estritamente decrescente. Observe, no entanto, que a função $f: \mathbb{R}^* \to \mathbb{R}$ dada por $f(x) = \frac{1}{x}$ não é decrescente.

(f) A função tangente não é crescente em seu domínio, mas se o restringirmos a certos intervalos, ela o será. Por exemplo, é (estritamente) crescente em $\left]-\frac{\pi}{2}, \frac{\pi}{2}\right[$ ou no intervalo $\left]\frac{\pi}{2}, \frac{3\pi}{2}\right[$, dentre outros.

## Exercícios

**(2.25)** Mostre que toda função linear é crescente ou decrescente. Essa afirmação é verdadeira para as quadráticas?

**(2.26)** Seja $f: [-a, a] \to \mathbb{R}$ uma função periódica de período $b < a$. Mostre que ela não pode ser nem estritamente crescente nem estritamente decrescente.

**(2.27)** Exiba um conjunto $B \subset \mathbb{R}$ em que a função seno seja crescente e um conjunto $C \subset \mathbb{R}$ em que ela seja decrescente.

### 2.4.1 Função de demanda

Uma função de demanda relaciona o preço de uma mercadoria e a quantidade demandada dessa mercadoria. Indicando-se por $x$ a quantidade demandada da mercadoria e por $p$, o seu preço, podemos escrever essa relação como sendo $p = f(x)$. Em geral, quanto maior a demanda, menor o preço, portanto, essa é uma função decrescente.

Figura 2.23

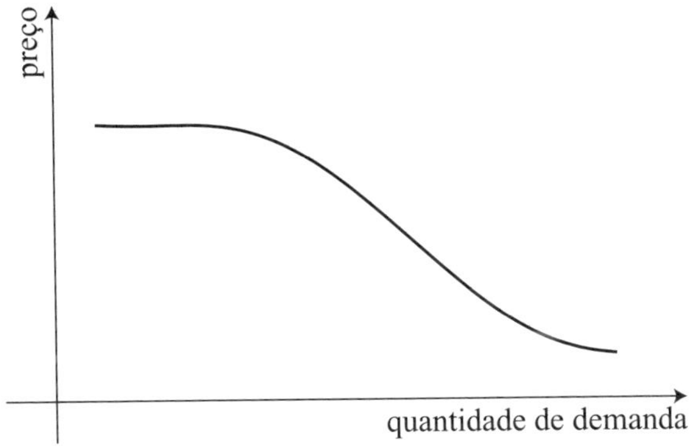


**Exemplo 2.14** Seja a função de demanda dada por $p = -\frac{1}{2}x + 12$. O seu gráfico será:

Figura 2.24

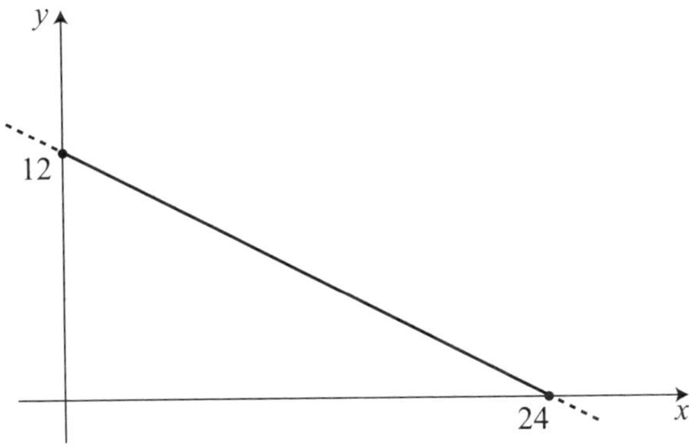


**Observação** É usual representarmos a função de demanda apenas no primeiro quadrante. Dentro da nossa análise, não faz sentido considerar preços negativos ou quantidade demandada negativa (se bem que podemos *interpretar* essas situações em termos mercadológicos, mas não estaremos preocupados com isso aqui). O gráfico de uma função de demanda é chamado também de *curva de demanda*. Igualmente, é comum nos referirmos à *equação de demanda* em que os valores $p$ e $x$ estão relacionados por meio de uma equação. No exemplo acima, a equação de demanda é $p + 2x - 12 = 0$ (ou $p + 2x = 12$).

## 2.4.2 Função de oferta

A quantidade $x$ de uma certa mercadoria colocada à venda relaciona-se claramente ao seu preço $p$. Em geral, quanto maior o preço, maior a quantidade oferecida. Com isso, a função $p = f(x)$ que indica o preço em função da variável $x$ é, em geral, uma função crescente:

Figura 2.25

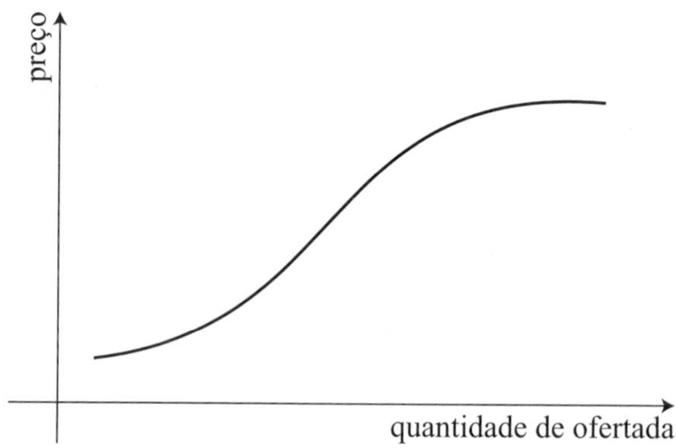


De modo análogo ao comentado acima, pode-se falar em *curva de oferta* (para o gráfico da função de oferta) e *equação de oferta*.

**Exemplo 2.15** Suponha que a equação de oferta de uma certa mercadoria seja $p - x^2 = 4$. A sua curva de oferta será então:

Figura 2.26

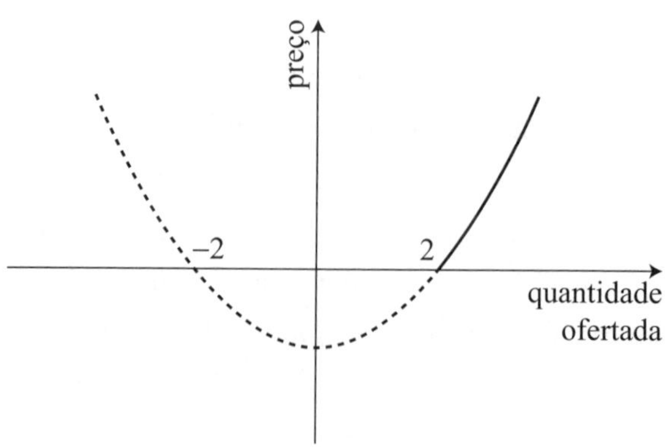

## 2.4.3 Ponto de equilíbrio entre oferta e demanda

Normalmente, a informação mais importante que se consegue obter a partir das funções de demanda e de oferta é comparando-as em um mesmo plano cartesiano. A intersecção das duas curvas será chamada de *ponto de equilíbrio entre oferta e demanda.*

Figura 2.27 | $E$: ponto de equilíbrio

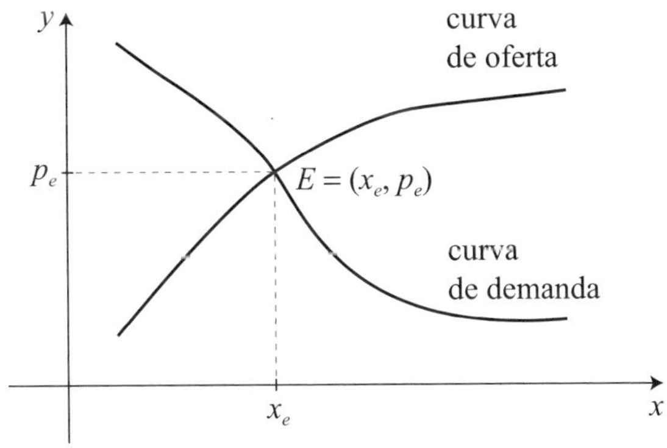


O ponto de equilíbrio $E = (x_e, p_e)$ indica qual a quantidade de mercadoria $x_e$ em que a demanda é igual à oferta e o seu preço correspondente $p_e$. Observe que, se a mercadoria estiver sendo vendida a um preço menor do que $p_e$, a oferta é menor do que a demanda e o preço tende a subir. Por outro lado, se a mercadoria estiver sendo vendida a um preço maior do que $p_e$, então a oferta é maior do que a demanda e o preço tende a cair.

**EXEMPLO 2.16** Suponha que as equações $x^2 + p^2 = 100$ e $p - x = -2$ sejam as equações de demanda e de oferta, respectivamente, de um certo produto (digamos que a variável $x$ esteja em 1.000 unidades e o preço em reais). Queremos achar o ponto de equilíbrio $E = (x_e, p_e)$

Isolando-se o valor de $p$ na equação de oferta e substituindo-se na equação de demanda, teremos a equação $x^2 + (x - 2)^2 = 100$ ou ainda, $2x^2 - 4x - 96 = 0$. Resolvendo-se esta equação chegamos às raízes $x_1 = -6$ e $x_2 = 8$. Descartando o valor negativo $x_1$ teremos que o ponto de equilíbrio será $E = (8, 6)$, isto é, o equilíbrio se dá quando são ofertadas (e demandadas) 8.000 unidades dessa mercadoria ao preço unitário de R$ 6,00. Veja o gráfico seguinte:

Figura 2.28

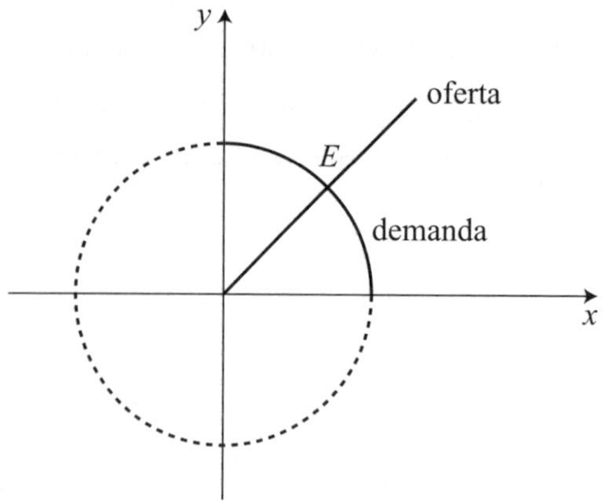


## 2.4.4 Função custo

Para esquematizar quanto custa produzir certa quantidade de uma mercadoria, é bastante útil lançar mão da chamada *função custo*. Em geral, em uma análise de custo, irão aparecer custos fixos como pagamento de aluguel, de funcionários, seguros etc. (que estarão presentes, quer se produza uma quantidade grande de produtos ou nenhum), que, portanto, não dependem da quantidade produzida e dos custos variáveis que dependem dessa quantidade. Em outras palavras, o custo variável é uma função cuja variável $x$ indica a quantidade produzida. Podemos escrever, então, a função custo da seguinte maneira: $C(x) = C_f + C_v(x)$, em que $C_f$ indica o custo fixo de produção e, para uma quantidade produzida $x$, $C_v(x)$ denota o custo variável e $C(x)$ denota o custo total. Observe que, quando $x = 0$ (isto é, quando nada é produzido), então $C(0) = C_f$ e, portanto, a função $C_v$ deve satisfazer $C_v(0) = 0$.

**Exemplo 2.17** Suponha que uma empresa fabrica uma certa mercadoria ao custo unitário de R$ 5,00 e tenha um gasto mensal de R$ 5.000,00 fixos. A função custo será, nesse caso, em termos da quantidade produzida $x$: $C(x) = 5.000 + 5x$ (em reais). Se essa empresa tiver condições de produzir no máximo 10.000 peças por mês, então podemos escrever a função custo como:

$$C: [0,10.000] \to \mathbb{R}$$
$$x \mapsto C(x) = 5.000 + 5x$$

Sendo seu gráfico representado abaixo:

Figura 2.29

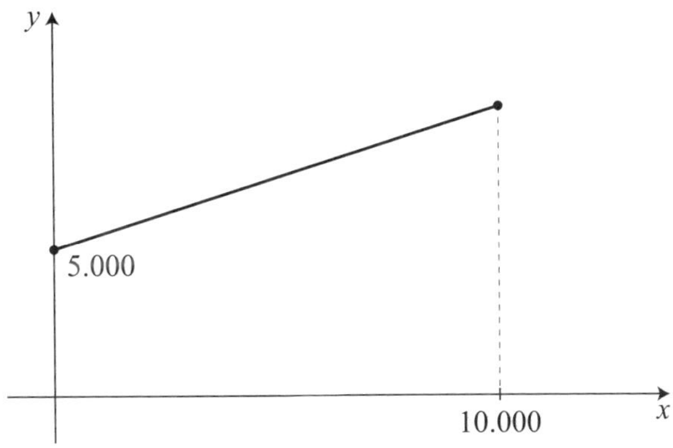


Ao produzir, por exemplo, 5.000 peças em um mês, o custo final será de R$ 30.000,00 naquele mês. A função custo é, em geral, uma função (estritamente) crescente.

Outra função bastante útil relacionada ao custo é a função *custo médio* que mede o quanto custa, em média, produzir um certo produto. O custo médio será, por definição, igual a $C_m(x) = \dfrac{C(x)}{x}$, onde $C(x)$ indica o custo de produção de $x$ mercadorias. No exemplo acima, teremos o custo médio igual a:

$$C_m(x) = \frac{5.000 + 5x}{x} = \frac{5.000}{x} + 5$$

Note que, em geral, quanto mais se produz, mais próximo o valor $C_m(x)$ estará do custo de produção unitário. No exemplo acima, isso é fácil de ver, pois $\dfrac{5.000}{x}$ se aproxima de zero quando $x$ cresce, logo, o valor $C_m(x)$ se aproxima de 5 quando $x$ cresce.

## 2.4.5 Função receita

A função receita é uma função que, em geral, depende exclusivamente da quantidade de produtos vendidos. Se $x$ indicar a quantidade de mercadoria vendida ao preço unitário $p$, então a receita será, obviamente, $R = p \cdot x$. A partir de certas condições, podemos impor que o preço seja invariável com relação a $x$. No entanto, como vimos acima, pode existir uma relação entre $p$ e $x$ dada pela equação de demanda e, com isso, o preço na equação acima não é fixo. Intuitivamente, não é razoável esperar que se venda tanto quanto se queira, sem limites, sem depender da demanda do mercado. Vamos exemplificar essa situação.

**EXEMPLO 2.18** Seja $p + 2x = 20$ a equação de demanda de um certo produto, vamos calcular a função receita correspondente (com $x$ em mil unidades e $p$ em reais). Isolando-se $p$ na equação acima, teremos que $p = 20 - 2x$ e aí: $R(x) = p \cdot x = (20 - 2x) \cdot x = 20x - 2x^2$ ou $R(x) = -2x(x - 10)$.

Nesse exemplo, a função receita é quadrática, cujo gráfico é uma parábola com a concavidade para baixo e com raízes 0 e 10.

Figura 2.30

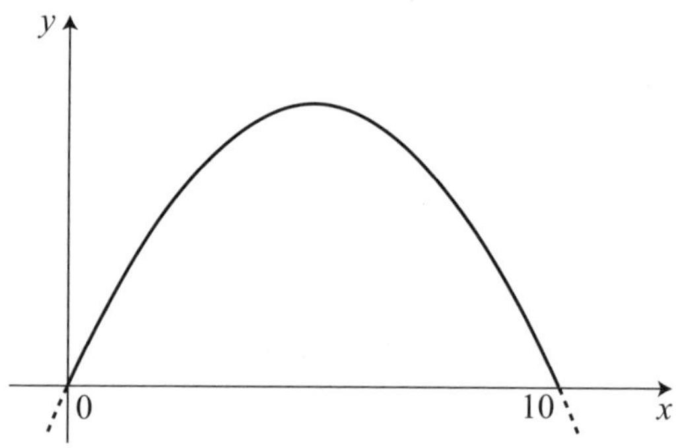


Como vimos quando discutimos funções quadráticas na Seção 2.2, o seu ponto máximo pode ser facilmente determinado. Será $x = 5$. No problema em questão, isso significa que a receita máxima se consegue ao vender 5.000 unidades.

## 2.4.6 Função lucro

O lucro aferido após uma venda vale a diferença entre a receita obtida e o custo de produção das mercadorias vendidas:

$$L(x) = R(x) - C(x)$$

Desenhando-se os gráficos da receita $R$ e do custo $C$ no mesmo plano cartesiano, teremos:

Figura 2.31

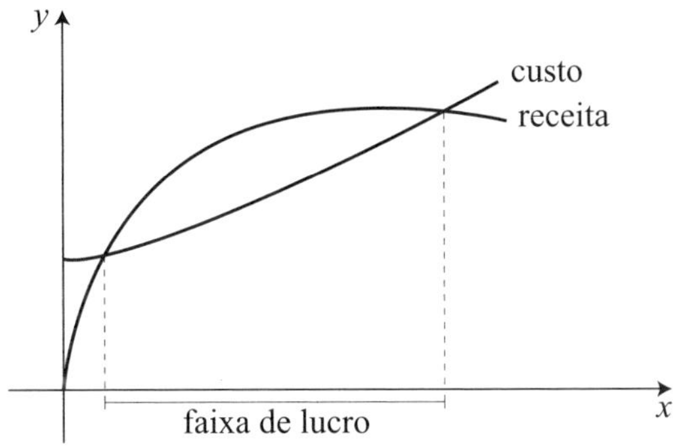


Portanto, haverá lucro para os valores de $x$ quando $R(x) > C(x)$ e prejuízo quando $R(x) < C(x)$. Ao comparar os gráficos das funções receita e custo, podemos estabelecer intervalos em que o gráfico da receita está acima do gráfico do custo e, com isso, verifica-se que há lucro. Esses intervalos são chamados de faixas de lucro.

**EXEMPLO 2.19** O custo de produção de uma certa mercadoria $x$ (em 1.000 unidades) é $C(x) = 20 + 3x$ enquanto a equação de demanda desse produto é $p + 2x = 25$ ($x$ em 1.000 unidades e $p$ em reais). Queremos achar o preço a ser cobrado para maximizar o lucro e o intervalo em que deve variar o preço para que haja lucro na venda. Com esses dados, a receita será $R(x) = p \cdot x = (25 - 2x)x = 25x - 2x^2$ e o lucro será então:

$$L(x) = 25x - 2x^2 - (20 + 3x) = -2x^2 + 22x - 20 = -2(x - 1)(x - 10)$$

O gráfico da função lucro será:

Figura 2.32

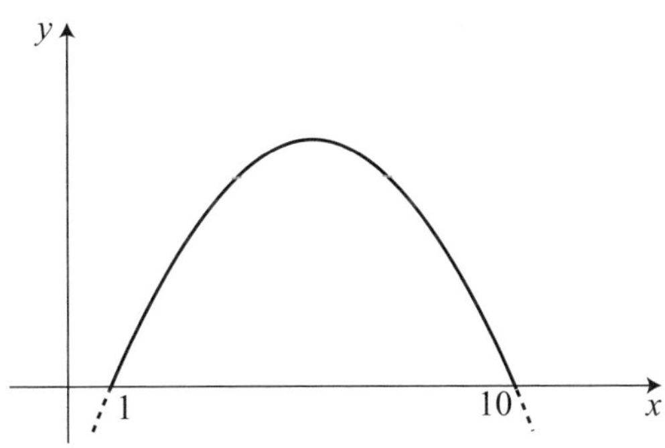

A faixa de lucro estará entre 1.000 e 10.000 unidades vendidas e a quantidade a ser vendida que maximiza o lucro é $x = 5.500$. O preço correspondente será $p = 14$ reais.

## Exercícios

**(2.28)** Considere a equação de demanda $p + 2x = 15$ de um determinado produto e suponha que o custo unitário de produção seja $3x$ (sem contar o custo fixo!). Qual o maior custo fixo admissível para que a faixa de lucro contenha o intervalo $[3,5]$?

**(2.29)** Achar o ponto de equilíbrio entre oferta e demanda dadas as equações:

(a) equação de demanda: $2p + 3x = 10$; equação de oferta: $p - x + 2 = 0$.

(b) equação de demanda: $p + 7x = 79$; equação de oferta: $2p - x + 7 = 0$.

**(2.30)** Ache uma possível equação de demanda de uma mercadoria que tenha equação de oferta $p - x = -10$, com ponto de equilíbrio $(17, 27)$.

**(2.31)** Seja $p = -x^2 + 15x - 12$ a equação de demanda de uma mercadoria ($p$ em reais e $x$ em mil unidades). Sabendo-se que o custo fixo de produção é 1.000 reais e o custo de produção é de 15 reais para cada 1.000 unidades, encontre a quantidade $x$ a ser vendida para maximizar o lucro.

**(2.32)** Uma sorveteria vende 200 sorvetes de pistache por semana a um preço unitário de RS 4,00. Reduzindo-se o preço unitário em 20%, verifica-se que a venda será 25% maior. Obtenha a equação de demanda, supondo-a linear.

**(2.33)** Obtenha a equação de oferta de um certo produto (assumindo-a linear) a partir da seguinte tabela que relaciona preço unitário do produto e unidades colocadas à venda.

| Preço (R$) | Unidade (milhares) |
|---|---|
| 20,00 | 100 |
| 23,00 | 150 |

**(2.34)** Considere as funções de demanda $p = 18 - 3x$ e a função custo total $C = 12 + 3x$.

**(a)** Obtenha o valor de $x$ que maximiza a receita.

**(b)** Obtenha o valor de $x$ que maximiza o lucro.

**(2.35)** Considere as funções de demanda $p = 30 - 2x$ e a função custo total $C(x) = 40 + 6x$.

**(a)** Obtenha o valor de $x$ que maximiza a receita.

**(b)** Obtenha o valor de $x$ que maximiza o lucro.

## 2.5 Operações em Funções

Vamos agora definir a soma, produto, quociente e composta de funções. Veremos que tais operações serão bem úteis no decorrer do texto.

### 2.5.1 Adição

Sejam $f, g: A \to \mathbb{R}$ duas funções (definidas no mesmo conjunto domínio $A$). Define-se a *soma de $f$ e $g$* como sendo a função

$$\begin{aligned} f+g&: A \to \mathbb{R} \\ x &\mapsto (f+g)(x) = f(x) + g(x) \end{aligned}$$

Por exemplo, a função $f(x) = x^2 + \text{sen}(x)$ é a soma da função quadrática $f(x) = x^2$ com a função trigonométrica $g(x) = \text{sen}(x)$. Observe que cada função polinomial é a soma de funções mais simples.

### 2.5.2 Multiplicação por escalar

Sejam $f: A \to \mathbb{R}$ uma função e $\lambda \in \mathbb{R}$. Define-se o *produto de $f$ pelo escalar $\lambda$* como sendo a função:

$$\begin{aligned} \lambda f&: A \to \mathbb{R} \\ x &\mapsto (\lambda f)(x) = \lambda f(x) \end{aligned}$$

Por exemplo, a função $-2\cos(x)$ é o produto do escalar $-2$ pela função trigonométrica $\cos(x)$.

## 2.5.3 Multiplicação

Sejam $f, g: A \to \mathbb{R}$ duas funções (definidas no mesmo conjunto domínio $A$). Define-se o *produto de f e g* como sendo a função:

$$f \cdot g: A \to \mathbb{R}$$
$$x \mapsto (f \cdot g)(x) = f(x) \cdot g(x)$$

A função $x^3 \operatorname{tg}(x)$ é obviamente o produto das funções $x^3$ e $\operatorname{tg}(x)$. Observe também que qualquer função polinomial pode ser escrita a partir da função identidade $f(x) = x$ usando-se as operações acima de soma, de produto por escalar e produto de funções.

## 2.5.4 Divisão

Sejam $f, g: A \to \mathbb{R}$ duas funções (definidas no mesmo conjunto domínio $A$). Define-se o *quociente de f por g* como sendo a função:

$$\frac{f}{g}: B \to \mathbb{R}$$
$$x \mapsto \left(\frac{f}{g}\right)(x) = \frac{f(g)}{g(x)}$$

na qual $B = \{x \in A : g(x) \neq 0\}$.

As funções racionais (veja a Seção 2.2) são bons exemplos de quociente de funções. Verifique também que a função tangente é o quociente das funções seno e cosseno.

## 2.5.5 Composição

Além das operações acima, é possível, também, sob certas condições, compor funções. A ideia por trás da composição de uma função $g$ com uma função $f$ é aplicar a regra de associação dada por $f$ e, depois, no resultado conseguido, aplicar $g$, isto é, calcular $g\ (f(x))$ para um valor $x$ no domínio da função $f$. Para tanto, é necessário que o valor $f(x)$ (que está na imagem de $f$) esteja no domínio da função $g$. Vamos formalizar essa ideia.

**Definição 2.5** Sejam $f: A \to \mathbb{R}$ e $g: B \to \mathbb{R}$ (em que $A$ e $B$ são subconjuntos de $\mathbb{R}$) duas funções. Se $\text{Im}\, f \subset \text{Dom}\, g = B$, então, podemos calcular, para cada $x \in A$, o valor $g(f(x))$. Nesse caso, podemos definir a *função composta*:

$$\begin{aligned} g \circ f \colon A &\to \mathbb{R} \\ x &\mapsto (g \circ f)(x) = g(f(x)) \end{aligned}$$

Observe que o domínio da função $g \circ f$ é o mesmo da função $f$.

**EXEMPLO 2.20** Sejam $f: \mathbb{R} \to \mathbb{R}$ e $g: \mathbb{R} \to \mathbb{R}$, duas funções dadas, respectivamente, por $f(x) = \text{sen}(x)$ para todo $x \in \mathbb{R}$ e $g(y) = y^2$, para todo $y \in \mathbb{R}$. A imagem $\text{Im}(f)$ de $f$ é $[-1, 1]$ que está, claramente, contida no domínio de $g$ (pois $\text{Dom}(g) = \mathbb{R}$). Logo, podemos definir a função composta:

$$\begin{aligned} g \circ f \colon \mathbb{R} &\to \mathbb{R} \\ x &\mapsto (g \circ f)(x) = g(f(x)) = g(\text{sen}(x)) = (\text{sen}(x))^2 \end{aligned}$$

Esquematicamente, teremos:

$$\begin{array}{ccccc} \mathbb{R} & \xrightarrow{\text{sen}(x)} & \mathbb{R} & \xrightarrow{y^2} & \mathbb{R} \\ x & \longrightarrow & \text{sen}(x) & \longrightarrow & (\text{sen}(x))^2 \end{array}$$

Nesse exemplo, temos que $\text{Im}(g) \subset \mathbb{R}$ $(\text{Dom}(f) = \mathbb{R})$ e aqui podemos também calcular a composta $f \circ g$:

$$\begin{aligned} f \circ g \colon \mathbb{R} &\to \mathbb{R} \\ x &\mapsto (f \circ g)(y) = f(g(y)) = f(y^2) = \text{sen}(y^2) \end{aligned}$$

Esquematicamente, teremos:

$$\begin{array}{ccccc} \mathbb{R} & \xrightarrow{y^2} & \mathbb{R} & \xrightarrow{\text{sen}(x)} & \mathbb{R} \\ y & \longrightarrow & y^2 & \longrightarrow & \text{sen}(y^2) \end{array}$$

Observe que, nesse exemplo, as funções $f \circ g$ e $g \circ f$ são distintas. Por isso, é importante ter em mente a ordem em que calculamos a composta de duas funções.

**EXEMPLO 2.21** Sejam $f(x) = x^2 + 1$ e $g(x) = -2x + 3$. Um cálculo simples nos dá:

$$(f \circ g)(x) = f(g(x)) = f(-2x + 3) = (-2x + 3)^2 + 1 = 4x^2 - 12x + 10$$

$$(g \circ f)(x) = g(f(x)) = g(x^2 + 1) = -2(x^2 + 1) + 3 = -2x^2 - 2 + 3 = -2x^2 + 1$$

**EXEMPLO 2.22** Sejam $f\colon \mathbb{R} \to \mathbb{R}$ a função constante igual a 1, isto é, a função dada por $f(x) = 1$, para todo $x \in \mathbb{R}$ e $g\colon \mathbb{R} \setminus \{1\} \to \mathbb{R}$ dada por $g(x) = \dfrac{1}{x-1}$. Observe que a imagem de $g$ é $\mathbb{R}^*$ que está contida no domínio de $f$ (pois $\text{Dom}(f) = \mathbb{R}$) e, portanto, é possível definir-se a composta $f \circ g\colon \mathbb{R} \setminus \{1\} \to \mathbb{R}$ que será dada por:

$$(f \circ g)(x) = f(g(x)) = f\left(\frac{1}{x-1}\right) = 1, \text{ para todo } x \in \mathbb{R} \setminus \{1\}.$$

Por outro lado, a imagem de $f$ é o conjunto unitário $\{1\}$ que, obviamente, não está contido no domínio da função $g$ (que é $\mathbb{R} \setminus \{1\}$). Dessa forma, não é possível definir-se a composta $g \circ f$.

**EXEMPLO 2.23** Seja $f\colon \mathbb{R}^* \to \mathbb{R}$ a função $f(x) = \dfrac{1}{x}$. Como vimos no Exemplo 2.10, a imagem da $f$ é o conjunto $\mathbb{R}^*$, que está contida no domínio de $f$. Logo, é possível calcular-se $f \circ f\colon \mathbb{R}^* \to \mathbb{R}$. Tal composta será $(f \circ f)(x) = f\left(\dfrac{1}{x}\right) = x$, para todo $x \in \mathbb{R}^*$.

Como veremos mais adiante, muitas vezes será conveniente analisar certas funções como compostas de outras mais simples. Isso será particularmente útil quando quisermos derivar funções mais complexas e o faremos a partir de derivadas dessas funções mais simples. Nos próximos exemplos, iremos mostrar como *decompor* algumas funções.

**EXEMPLO 2.24** Seja a função $f\colon \mathbb{R} \to \mathbb{R}$ dada por $f(x) = \cos(x^2 - 3)$, para $x \in \mathbb{R}$. É claro que para se calcular o valor $f(x)$ para um valor $x$, precisamos primeiramente calcular $x^2 - 3$ e, só depois, calculamos cos no valor resultado. Por isso, podemos olhar $f$ como sendo a composta de duas funções: $g\colon \mathbb{R} \to \mathbb{R}$ dada por $g(x) = x^2 - 3$ e $h\colon \mathbb{R} \to \mathbb{R}$ dada por $h(y) = \cos(y)$.

De fato, ao calcular a composta $h \circ g$ (verifique que é possível defini-la), teremos para cada:

$$(h \circ g)(x) = h(g(x)) = h(x^2 - 3) = \cos(x^2 - 3) = f(x)$$

**Exemplo 2.25** Considere a função $f(x) = \sqrt{x^2 - 2}$. Observemos que o domínio dessa função será a união $]-\infty, -\sqrt{2}] \cup [\sqrt{2}, \infty[$, pois só nessa união de intervalos teremos que $x^2 - 2 \geq 0$. Tal função é, naturalmente, a composta da função $g(x) = x^2 - 2$ com a função $h(y) = \sqrt{y}$, isto é, $f(x) = h(g(x))$, para todo $x \in ]-\infty, -\sqrt{2}] \cup [\sqrt{2}, \infty[$. Cabe aqui uma observação: ao olhar a função $g$ percebemos que ela está definida em todo o conjunto real $\mathbb{R}$ mas, ao compor com $h$, teremos que restringir o valor do $x$ para evitar os valores negativos de $x^2 - 2$. Assim, é preciso sempre estar atento com o domínio quando quisermos decompor uma função.

Terminamos essa seção observando que é possível se compor mais do que duas funções. Por exemplo, se considerarmos as funções $f(x) = x^3$, $g(y) = \cos(y)$ e $h(z) = 2z - 1$, a composta $h \circ g \circ f$ será:

$$h \circ g \circ f(x) = h(g(f(x))) = h(g(x^3) = h(\cos(x^3)) = 2\cos(x^3) - 1$$

## Exercícios

**(2.36)** Considere as funções: $f(x) = x^3 - 1$, $g(y) = \cos(y)$ e $h(z) = \operatorname{tg}(z)$. Verifique se as seguintes compostas podem ser definidas e calcule-as: $f \circ g$, $g \circ f$, $h \circ f$ e $g \circ h$.

**(2.37)** Considere as funções: $f(x) = x^4 + x^2$, $g(y) = \operatorname{sen}(y)$ e $h(z) = 2z$. Calcule as compostas: $f \circ g \circ h$ e $h \circ f \circ g$.

**(2.38)** Decomponha as seguintes funções como compostas de duas ou mais funções (atenção com os domínios das funções envolvidas):

(a) $f(x)=\sqrt{x^3+2}$

(b) $f(x)=\operatorname{sen}\sqrt{x^2+5}$

(c) $f(x)=\dfrac{1}{\sqrt{2x+1}}$

## 2.6 Injetividade e Sobrejetividade

Nesta seção, iremos discutir as noções de injetividade e sobrejetividade de uma função e ver como elas se relacionam com a existência de inversas de funções. Vamos retornar à função quadrática $f(x) = x^2$ por um momento. Vimos que $\operatorname{Im} f = \mathbb{R}_+$ e que dado um valor $y \in \operatorname{Im} f$ pode existir mais de um elemento $x$, de tal forma que $f(x) = x^2$ seja igual a $y$. Por exemplo, se $y = 4$, tanto $x = 2$ quanto $x = -2$ satisfazem a equação $x^2 = 4$. Na realidade, para qualquer $y \in \mathbb{R}_+^*$ sempre existem dois elementos distintos $x_1$ e $x_2$, tais que $x_1^2 = x_2^2 = y$. Com isso, teremos dificuldade em definir uma função que *inverta a regra* de associação (*inverter* a regra $f(x) = x^2$ é definir uma regra tal que a cada $y \in \mathbb{R}_+$ associe-se *um único x* tal que $x^2 = y$).

Em suma, para poder inverter uma certa regra de associação de uma função $f$ é importante considerar que a cada elemento $y$ da imagem de $f$ exista um único elemento $x$ no domínio de $f$, tal que $f(x) = y$. Por trás dessa propriedade, está o conceito de injetividade que faremos a seguir.

Antes de prosseguir, observamos que, dentro do mesmo propósito de se tentar *inverter* uma função $f$, o que queremos é que o contradomínio de $f$ se torne o domínio de sua *inversa*. Mas para que isso faça sentido, é preciso que a imagem seja igual ao contradomínio e isso é o que está por trás do conceito de sobrejetividade, que será discutido mais adiante.

### 2.6.1 Injetividade

**Definição 2.6** Dizemos que uma função $f\colon A \to \mathbb{R}$ é *injetora* se toda vez que tivermos $f(x_1) = f(x_2)$, para $x_1, x_2 \in A$ tivermos, então $x_1 = x_2$ (ou, equivalentemente, dados $x_1, x_2 \in A$, se $x_1 \neq x_2$, então $f(x_1) \neq f(x_2)$).

Como vimos acima, $f(x) = x^2$ não é injetora (basta ver que $1^2 = (-1)^2$). Veremos agora outros exemplos.

**EXEMPLO 2.26** Seja $f$: $\mathbb{R} \to \mathbb{R}$ a função linear $f(x) = 2x - 1$. Para mostrar que $f$ é injetora, consideramos $x_1$, $x_2 \in \mathbb{R}$ e assumimos que $f(x_1) = f(x_2)$. Então, $2x_1 - 1 = 2x_2 - 1$. Com isso,

$$2x_1 - 1 = 2x_2 - 1 \Rightarrow 2x_1 = 2x_2 \Rightarrow x_1 = x_2$$

e $f$ é injetora.

**EXEMPLO 2.27** A função $f(x) = \dfrac{(x^2 - 1)}{(x + 2)}$ não é injetora, pois $f(-1) = 0 = f(1)$.

Por vezes, é conveniente restringir o domínio de uma função para conseguir, ao menos em intervalos menores, uma regra de associação que seja injetora. Veremos exemplos disso a seguir, quando discutirmos funções inversas.

**Observação** Para verificar geometricamente se uma função é injetora ou não, devemos traçar retas paralelas ao eixo $O_x$ passando por cada valor $y \in \mathbb{R}$. Se alguma dessas retas cruzar o gráfico em dois ou mais pontos, a função não será injetora. Caso contrário, isto é, se todas essas retas cruzarem o gráfico em, no máximo, um ponto, então a função será injetora:

Figura 2.33

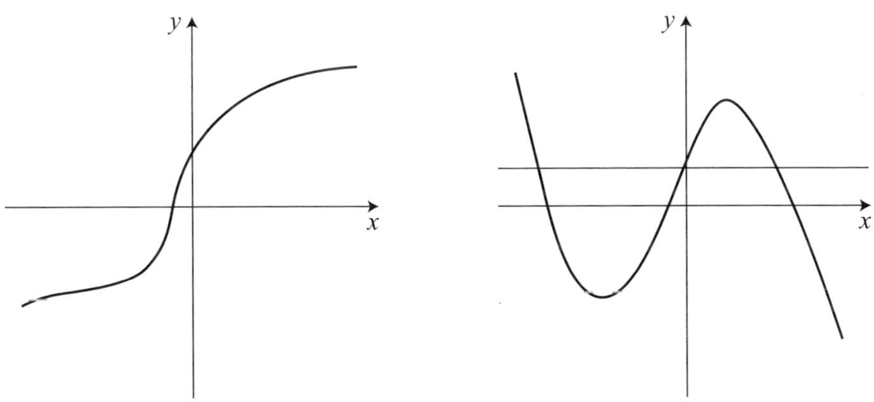


(a) Função injetora (b) Função não injetora

## 2.6.2 Sobrejetividade

**Definição 2.7** Dizemos que uma função $f$: $A \to B$ é *sobrejetora* se a sua imagem Im $f$ for igual ao seu contradomínio $B$.

**Exemplo 2.28** A função linear $f(x) = 2x - 1$também é sobrejetora. De fato, dado um valor $c \in \mathbb{R}$, devemos achar $x$ tal que $f(x) = c$. Observe que:

$$2x - 1 = c \Leftrightarrow 2x = c + 1 \Leftrightarrow x = \frac{c+1}{2}$$

e, portanto, $f\left(\frac{(c+1)}{2}\right) = c$. Como o valor de c é arbitrário, segue que $f$ é sobrejetora.

**Exemplo 2.29** A função cosseno cos: $\mathbb{R} \to \mathbb{R}$ não é sobrejetora. Bastaria observar que os valores que cosseno assume estão no intervalo $[-1, 1]$ e, portanto, não existe um ângulo $\alpha$ tal que $\cos(\alpha)$ seja, por exemplo, igual a 2.

**Observação** Dada uma função $f$: $A \to \mathbb{R}$, podemos sempre *transformá-la* em sobrejetora. Basta definir uma outra função $g$: $A \to$ Im $f$, dada por $g(x) = f(x)$, para todo $x \in A$. Se Im $f \neq \mathbb{R}$, então as funções $f$ e $g$ são formalmente distintas (pois têm contradomínios distintos), mas, como ambas estão definidas no mesmo domínio e têm a mesma regra de associação, para todos os efeitos práticos, podemos substituir uma pela outra. Por exemplo, a função $f$: $\mathbb{R} \to [-1, 1]$ dada por $f(x) = \cos(x)$ é sobrejetora.

## 2.6.3 Funções inversas

Uma propriedade importante que algumas funções têm é o fato de serem *invertíveis*, isto é, permitirem que uma outra função desfaça o que foi feito pela função inicial. De modo mais formal, para algumas funções $f$: $A \to B$ existem funções $g$: $B \to A$ tais que as compostas $g \circ f$ e $f \circ g$ são as funções identidade em $A$ e em $B$, respectivamente, isto é, que valha $(g \circ f)(x) = x$, para todos os $x \in A$ e $(f \circ g)(y) = y$, para todos $y \in B$. Intuitivamente, o que $f$ faz, a $g$ desfaz e vice-versa, o que a $g$ faz, a $f$ desfaz. É o caso do Exemplo 2.23, (com $g=f$!). Vamos ver agora o que é necessário para que isso aconteça.

**EXEMPLO 2.30** Seja $f$: $\mathbb{R} \to \mathbb{R}$ a função quadrática $f(x) = x^2$. Gostaríamos de definir, se possível, $g$: $A \to \mathbb{R}$ para que $(f \circ g)(y) = y$, para todo $y \in A$ e $(g \circ f)(x) = x$, para todo $x \in \mathbb{R}$. O candidato natural é a função $g(y) = \sqrt{y}$. Mas isso traz problemas, pois, ao calcular, por exemplo, $(g \circ f)(-2)$ resulta em:

$$(g \circ f)(-2) = g((-2)^2) = g(4) = \sqrt{4} = 2 \text{ e não } (g \circ f)(-2) = -2,$$

como gostaríamos. Isto acontece pois existem dois valores, no caso 2 e $-2$, cujas imagens pela $f$ são iguais a 4. Em outras palavras, porque a função $f$ não é injetora.

Para aproveitar esse exemplo, poderíamos restringir o domínio para que a função inicial seja injetora (é claro que, com essa restrição, teremos outra função). Por exemplo, se definirmos $h$: $\mathbb{R}_+ \to \mathbb{R}_+$ a função dada por $h(x) = x^2$, então a função $g$: $\mathbb{R}_+ \to \mathbb{R}_+$ dada por $g(y) = \sqrt{y}$ é a *inversa* de $h$, isto é, satisfaz $(f \circ g)(y) = y$, para todo $y \in \mathbb{R}_+$ e $(g \circ f)(x) = x$, para todo $x \in \mathbb{R}_+$.

**Definição 2.8** Uma função $f$: $A \to B$ é *invertível* se existir uma função $g$: $B \to A$ tal que $(f \circ g)(y) = y$, para todo $y \in B$ e $(g \circ f)(x) = x$, para todo $x \in A$. A função $g$, nesse caso, será chamada de *inversa de $f$*.

**Proposição 2.1** Uma função $f$: $A \to B$ é invertível se e somente se for injetora e sobrejetora.

**Demonstração** Vamos supor inicialmente que $f$ é uma função injetora e sobrejetora e mostrar que ela é invertível. Para tanto, vamos definir uma função $g$: $B \to A$ que satisfaça a condição da definição acima. Para um dado $y \in B$, precisamos definir $g(y)$. Como $f$ é sobrejetora, $y$ está na imagem de $f$, isto é, existe $x \in A$ tal que $f(x) = y$. Em princípio, poderia haver várias possibilidades para a escolha de um $x$ tal que $f(x) = y$. Mas como $f$ é injetora, se $f(x_1) = f(x_2)$, então $x_1 = x_2$. Em resumo, dado $y \in B$, existe um único $x \in A$, tal que $f(x) = y$. Definimos então $g(y)$ como sendo $x$. Não é difícil verificar agora que $(g \circ f)(x) = x$, para todo $x \in A$ e $(f \circ g)(y) = y$, para todo $y \in B$, portanto, $g$ é a inversa de $f$.

Deixaremos como exercício ao leitor mostrar que uma função invertível é injetora e sobrejetora, o que concluiria a demonstração do resultado.

Antes de fazer mais alguns exemplos, vamos observar que se duas funções $f$ e $g$ são inversas uma da outra, os gráficos delas serão *simétricos* em relação à reta $y = x$.

Figura 2.34

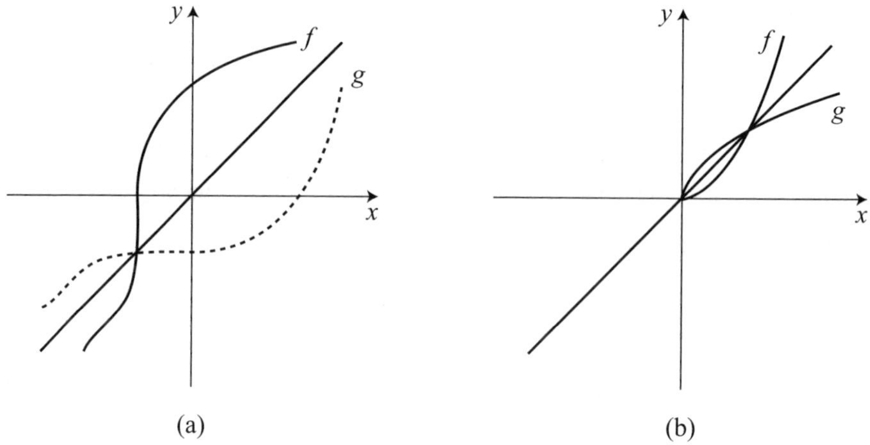


Para exemplificar, inserimos na Figura 2.36(b) os gráficos das funções $f(x) = x^2$ e $g(x) = \sqrt{x}$, os dois com domínio $\mathbb{R}_+$. Dessa forma $f$ e $g$ são inversas uma da outra.

**EXEMPLO 2.31** Como vimos no Exemplo 2.23, se $f$ for a função $f(x) = \dfrac{1}{x}$ como $(f \circ f)(x) = x$, então a inversa de $f$ é a própria função $f$.

**EXEMPLO 2.32** Seja agora $f: \mathbb{R} \to \mathbb{R}$ a função seno. E claro que essa função não é injetora (e nem sobrejetora), portanto, não é invertível. Mas devido ao seu caráter periódico, é bastante razoável restringir-se o domínio a um intervalo de $\mathbb{R}$, no qual a função seja injetora e tal que o comportamento da função esteja *bem representado*. Consideremos então a restrição (que chamaremos também de função seno).

$$\text{sen} : \left[-\frac{\pi}{2}, \frac{\pi}{2}\right] \to [-1,1]$$
$$x \mapsto \text{sen}(x)$$

Figura 2.35

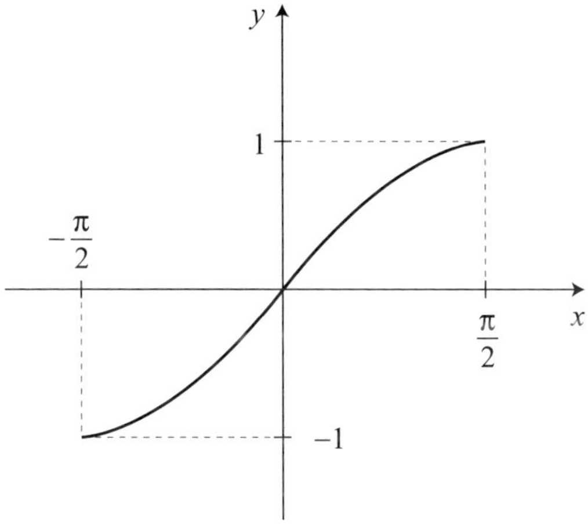


Observe que, do modo que está definido, a função é injetora e sobrejetora. Como já observado acima, é possível definir-se a inversa de seno (com as restrições acima). Tal inversa é chamada de arcoseno e é definida como sendo:

$$\text{arcsen}: [-1,1] \to \left[-\frac{\pi}{2}, \frac{\pi}{2}\right]$$
$$y \mapsto \text{arcsen}(y)$$

Figura 2.36

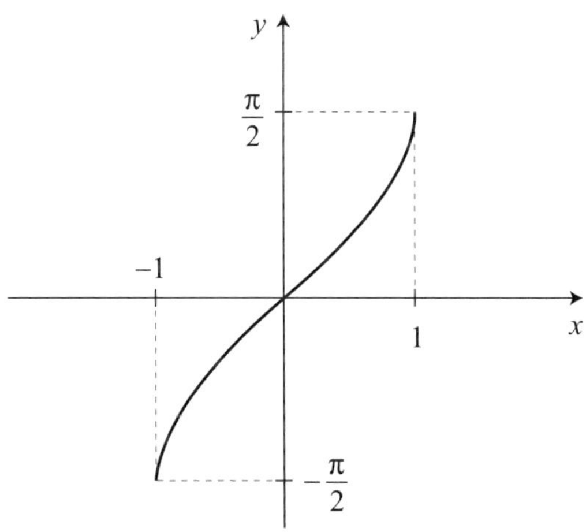

Para cada $y \in [-1,1]$, $\text{arcsen}(y)$ indicará o (único) ângulo $x$ no intervalo $\left[-\frac{\pi}{2},\frac{\pi}{2}\right]$ tal que $\text{sen}(x) = y$. Por exemplo, $\text{arcsen}(0) = 0$, $\text{arcsen}(-1) = -\frac{\pi}{2}$, $\text{arcsen}\left(\frac{\sqrt{2}}{2}\right) = \frac{\pi}{4}$, e assim por diante para a escolha acima do domínio de seno.

Só para enfatizar alguns pontos, poderíamos ter iniciado a nossa discussão com outro domínio. Deixamos ao leitor refazer o exemplo acima, mas assumindo como domínio o intervalo $\left[\frac{\pi}{2},\frac{3\pi}{2}\right]$.

Da mesma forma que fizemos anteriormente, podemos também definir as funções arcocosseno (arccos) e arcotangente (arctg), inversas das funções cosseno e tangente em intervalos apropriados. Deixamos ao leitor como exercício a formalização dessas funções.

## Exercícios

**(2.39)** Seja $f$ a função dada por $f(x) = ax + b$. Sob que condições em $a$ e $b$ essa função é invertível? Em caso positivo, defina a sua inversa.

**(2.40)** Para cada uma das funções a seguir, defina um domínio no qual tais funções sejam invertíveis e defina as suas inversas nestas situações.

**(a)** $f(x) = \cos(x)$ (nesse caso, o inverso é denotado por arccos)

**(b)** $f(x) = \text{tg}(x)$ (nesse caso, o inverso é denotado por arctg)

**(c)** $f(x) = x^3$

**(d)** $f(x) = x^2 - 4$

**(e)** $f(x) = x^2 + 1$

**(2.41)** Encontre as funções inversas (se existirem) das seguintes funções:

**(a)** $f\colon \mathbb{R}_- \to \mathbb{R}$ dada por $f(x) = x^2$.

**(b)** $f\colon \left[\frac{\pi}{2},\frac{3\pi}{2}\right] \to [-1,1]$, dada por $f(x) = \text{sen}(x)$.

**(2.42)** Sejam $f: \mathbb{R} \to \mathbb{R}$ e $g: \mathbb{R} \to \mathbb{R}$ duas funções e $\lambda \in \mathbb{R}_+$. Complete o quadro abaixo com par, ímpar ou indefinido.

| $f$ | $g$ | $\lambda f$ | $-\lambda f$ | $f+g$ | $f \cdot g$ | $\frac{f}{g}$ |
|---|---|---|---|---|---|---|
| par | par | | | | | |
| par | ímpar | | | | | |
| ímpar | par | | | | | |
| ímpar | ímpar | | | | | |

**(2.43)** Exiba uma função polinomial de grau 3 que seja invertível. É possível encontrar todas as funções nessas condições? E se o grau for 5?

**(2.44)** Mostre que uma função invertível é injetora e sobrejetora.

**(2.45)** Sejam $f$ e $g$ funções tais que exista a composta $f \circ g$. Mostre que se $f \circ g$ for injetora, então $g$ será injetora e se $f \circ g$ for sobrejetora, então $f$ será sobrejetora.

# LIMITES

Capítulo 3

Iremos discutir, neste capítulo, o conceito de limites, fundamental para o estudo de funções. A partir dele, serão introduzidos os conceitos de continuidade (Capítulo 4), de derivada (Capítulo 5) e de integral (Capítulo 7).

Iremos abordar os limites de maneira intuitiva por acreditar que, assim, poderemos alcançar mais rapidamente o objetivo principal deste texto, qual seja, o de instrumentalizar o leitor com as ferramentas básicas para o estudo de uma função e, em particular, para a construção de seu gráfico. No apêndice B, o leitor interessado poderá encontrar uma pequena discussão mais formal de limites.

Iniciaremos nossa discussão com um exemplo motivado por um problema concreto de economia, e, a partir dele, iremos olhar para o limite de funções, tanto os limites laterais (à esquerda e à direita) quanto o geral. Uma boa parte deste capítulo será, então, dedicada ao desenvolvimento de técnicas para o cálculo de limites. Teremos, com isso, esquematizado as maneiras de se calcular os limites de funções polinomiais, de muitas funções racionais, das trigonométricas, entre outras importantes funções do cotidiano. Ao final, iremos estudar dois limites fundamentais, chamados assim por sua importância no estudo de vários problemas concretos (e, em particular, fecharemos um ciclo ao regressar ao limite que aparece na primeira seção).

## 3.1 Um Limite Especial

### 3.1.1 O Problema do Agiota e do Idiota

Vamos começar a nossa discussão sobre limites com a história do agiota e do idiota. O agiota emprestou ao idiota R$ 1.000,00 por um ano a uma taxa anual de

100% de juros. Dessa maneira, depois de um ano, o agiota iria receber do idiota R$ 2.000,00 (R$ 1.000,00 do empréstimo mais R$ 1.000,00 dos juros).

Após pensar um pouco, o agiota propôs ao idiota que, em vez de se atualizar a dívida calculando-se os juros só ao final, poder-se-ia atualizá-la duas vezes, a cada seis meses, com metade dos juros (nominalmente) a cada vez. Dessa forma, depois de seis meses, a dívida seria então de $1.000 + (1.000) \cdot \frac{1}{2} = 1.500$, onde a primeira parcela da soma corresponde ao valor emprestado em reais e a segunda, aos juros. De acordo com a proposta do agiota, ao final do ano, atualizando-se novamente com 50% de juros, a dívida seria de $1.500 + (1.500) \cdot \frac{1}{2} = 2.250$ (a primeira parcela da soma correspondendo ao valor atualizado depois de seis meses e a segunda aos juros, já contados no valor atualizado). Juntando-se as contas acima, chega-se a:

$$1.000+(1.000)\cdot\frac{1}{2}+\left(1.000+(1.000)\cdot\frac{1}{2}\right)\cdot\frac{1}{2}=$$

$$1.000\left(1+\frac{1}{2}+\frac{1}{2}+\left(\frac{1}{2}\right)^2\right)=1.000\left(1+1\cdot\frac{1}{2}\right)^2$$

Não deve surpreender o fato de que, nesse segundo cálculo, o valor final resulte maior do que no primeiro, pois foram utilizados juros compostos. É claro que o agiota fez essas contas (mas o idiota não) e o agiota percebeu (mas o idiota não) o quanto ele receberia a mais fazendo-as dessa maneira. Já que essa pequena variação no cálculo deu um bom resultado a seu favor, o agiota resolveu arriscar um passo a mais: a dívida seria atualizada três vezes no período, a cada quatro meses, pela taxa correspondente a um terço da taxa total (*afinal de contas, seis meses é um prazo muito longo*! argumentou o agiota). Dessa forma, teríamos o seguinte (para facilitar as contas, vamos escrever $\alpha = 1.000{,}00$):

- Valor emprestado: $\alpha$
- Valor atualizado depois de 4 meses: $\alpha+\alpha\cdot\frac{1}{3}$
- Valor atualizado depois de 8 meses: $\alpha+\alpha\cdot\frac{1}{3}+\left(\alpha+\alpha\cdot\frac{1}{3}\right)\cdot\frac{1}{3}$

- Valor atualizado depois de 1 ano:

$$\alpha+\alpha\cdot\frac{1}{3}+\left(\alpha+\alpha\cdot\frac{1}{3}\right)\cdot\frac{1}{3}+\left(\alpha+\alpha\cdot\frac{1}{3}+\left(\alpha+\alpha\cdot\frac{1}{3}\right)\cdot\frac{1}{3}\right)\cdot\frac{1}{3}=\alpha\left(1+\frac{1}{3}\right)^3$$

Ao final, a dívida seria igual $\alpha \cdot 2,370370370\ldots \sim 2.370,37$ reais. Ao perceber que o idiota (que não fez as contas) não via muita diferença nessas variações, o agiota foi propondo, sucessivamente, diminuir o intervalo de tempo da atualização da dívida para trimestral (com juros de 25% a cada intervalo), bimestral (com juros de 16,66 ...% a cada intervalo), mensal (com juros de 8,33... % a cada mês), diário, a cada hora, a cada minuto... Dessa forma, um cálculo similar aos feitos acima nos indicaria que, nesses casos, as dívidas seriam ao final do ano iguais $\alpha\left(1+\frac{1}{4}\right)^4$, $\alpha\left(1+\frac{1}{6}\right)^6$, $\alpha\left(1+\frac{1}{12}\right)^{12}$, e assim por diante. A tabela a seguir nos mostra que esses valores são crescentes e se aproximam de um número que é chamado de número *e*.

Tabela 3.1

| **Número de intervalos $n$** | $\left(1+\frac{1}{n}\right)^n$ |
|---|---|
| 1 (ano) | **2** |
| 2 (semestres) | **2**,25 |
| 3 (quadrimestres) | **2**,37037037037... |
| 4 (trimestres) | **2**,44140625 |
| 6 (bimestres) | **2**,52162637174... |
| 12 (meses) | **2**,61303529022... |
| 365 (dias) | **2,71**456748202... |
| 8.760 (horas) | **2,718**12669162... |
| 525.600 (minutos) | **2,7182**7924257... |
| 31.536.000 (segundos) | **2,718281**7856... |
| 315.360.000 (décimos de segundos) | **2,71828182**412... |
| | |
| "atualização instantânea" | e = **2,71828182845904523**... |

À medida que o número de intervalos $n$ cresce, o número $\left(1+\frac{1}{n}\right)^n$ se aproxima de:

$$e = 2{,}71828182845904523536\ldots,$$

um número irracional que é chamado de *número de Neper*. A interpretação de nosso problema é que se a divida fosse atualizada *instantaneamente* com a tal taxa nominal de 100% ao ano, então ao final do período de um ano, a dívida seria de R$ 2.718,28 (com uma boa diferença em relação ao valor de R$ 2.000,00 calculado inicialmente). É o melhor que o agiota conseguiria com essa taxa nominal, é o *limite* que se conseguiria (qualquer coisa a mais do que isso, o idiota poderia reclamar de assalto...). Matematicamente, escrevemos:

$$\lim_{n\to\infty}\left(1+\frac{1}{n}\right)^n = e$$

e lemos: o limite da sequência $\left(1+\frac{1}{n}\right)^n$ quando $n$ cresce arbitrariamente, ou quando $n$ tende ao infinito, é o valor $e$. Dito de outra maneira, à medida que $n$ cresce, a diferença entre o valor $\left(1+\frac{1}{n}\right)^n$ e o número $e$ fica cada vez menor. Essa é a noção intuitiva de limite de uma sequência de números.

Observe que podemos olhar uma sequência de números usando a noção de função discutida no capítulo anterior. A sequência do exemplo acima pode ser vista como a imagem da função $f$: $\mathbb{N}^* \to \mathbb{R}$ dada por $f(n)=\left(1+\frac{1}{n}\right)^n$ para cada valor $n \in \mathbb{N}^*$. Observe que o domínio dessa função é $\mathbb{N}^*$. Dessa maneira, poderíamos escrever o limite acima como $\lim\limits_{n\to\infty} f(n)$.

Limites, principalmente de funções, serão o principal objeto de estudos deste capítulo. Usaremos o exemplo acima e mais alguns para motivar a sua conceituação.

**EXEMPLO 3.1** Considere a função $f$: $\mathbb{N}^* \to \mathbb{R}$ dada por $f(n)=\frac{1}{n}$ para cada valor $n \in \mathbb{N}^*$ (alternativamente, podemos olhar tal função como sendo a sequência de números $1, \frac{1}{2}, \frac{1}{3}, \frac{1}{4}, \frac{1}{5}, \ldots$). Queremos calcular $\lim\limits_{n\to\infty} f(n)$, isto é, queremos saber de qual valor $f(n)$ se aproxima quando $n$ cresce indefinidamente (quando $n$ tende ao infinito). Não é difícil ver que, nesse caso, $\lim_{n\to\infty}\frac{1}{n}=0$ (compare com o feito no Exemplo 2.3)

**EXEMPLO 3.2** Seja a função $f: \mathbb{N} \to \mathbb{R}$ dada por $f(n) = (-1)^n$. Escrito de outra maneira,

$$f(n)=\begin{cases} 1 \text{ se } n \text{ for par} \\ -1 \text{ se } n \text{ for ímpar}\end{cases}$$

Portanto, à medida que $n$ cresce, o valor $f(n)$ fica oscilando entre os valores 1 e $-1$. Dessa forma, $f(n)$ não se aproxima de nenhum valor específico. Nesse caso, dizemos que o limite $\lim_{n\to\infty} f(n)$ não existe.

**EXEMPLO 3.3** Seja agora $f: \mathbb{N} \to \mathbb{R}$ dada por $f(n)=\frac{n}{(n+1)}$ para cada valor $n \in \mathbb{N}$. Veja a Tabela 3.2.

Tabela 3.2

| $n$ | $f(n)=\frac{n}{n+1}$ |
|---|---|
| 1 | $\frac{1}{2}=0,5$ |
| 2 | $\frac{2}{3}=0,666...$ |
| 3 | $\frac{3}{4}=0,75$ |
| 9 | $\frac{9}{10}=0,9$ |
| 99 | $\frac{99}{100}=0,99$ |
| 999 | $\frac{999}{1.000}=0,999$ |

É fácil ver então que, à medida que $n$ cresce, $f(n)$ se aproxima do valor 1. Usando a nossa notação, teremos:

$$\lim_{n\to\infty} \frac{n}{n+1} = 1$$

Gostaríamos de enfatizar aqui que não estamos sendo muito precisos nessa formulação. Como dissemos acima, nosso interesse é o de instrumentalizar o leitor com técnicas de cálculo lançando mão, muitas vezes, de nossa intuição. No Apêndice B[1], iremos justificar formalmente, por exemplo, os exemplos 3.1 e 3.3 para mostrarmos como o conceito de limite pode ser mais preciso.

## Exercícios

**(3.1)** Encontre os seguintes limites:

(a) $\lim_{n\to\infty} \frac{n}{2n-1}$ (b) $\lim_{n\to\infty} \frac{n^2+n}{n^2+2n}$ (c) $\lim_{n\to\infty} \frac{n-1}{n^2-1}$ (d) $\lim_{n\to\infty} \frac{n^2+1}{n}$

# 3.2 Limites Laterais

A ideia de limite, como vimos por meio de exemplos na seção anterior, está ligada à noção de proximidade. Dados uma função $f: A \to \mathbb{R}$, onde $A \subset \mathbb{R}$, e um ponto *conveniente* $a \in A$, queremos saber de qual valor a imagem $f(x)$ se aproxima quando $x$ se aproxima de $a$. Por exemplo, no problema do agiota, o valor $f(n) = \left(1 + \frac{1}{n}\right)^n$ se aproxima cada vez mais do valor $e$ à medida que $n$ cresce indefinidamente (ou, informalmente, à medida que *$n$ se aproxima de $\infty$*). O objetivo principal deste capítulo é explorar essa noção de limites. Vamos inicialmente trabalhar tais conceitos por meio de exemplos.

**EXEMPLO 3.4** Seja $f: \mathbb{R} \to \mathbb{R}$ a função linear dada por $f(x) = 2x - 3$. Vamos calculá-la em valores próximos a 0 (maiores e menores que 0, mas distintos de 0). Observe as tabelas 3.3 e 3.4:

[1] O Apêndice B encontra-se no site do livro: www.saraivauni.com.br.

Tabela 3.3

| $x < 0$ | $f(x) = 2x - 3$ |
|---|---|
| –1 | –5 |
| –0,5 | –4 |
| –0,3 | –3,6 |
| –0,1 | –3,2 |
| –0,01 | –3,02 |
| –0,001 | –3,002 |

Tabela 3.4

| $x > 0$ | $f(x) = 2x - 3$ |
|---|---|
| 1 | –1 |
| 0,5 | –2 |
| 0,3 | –2,4 |
| 0,1 | –2,8 |
| 0,01 | –2,98 |
| 0,001 | –2,998 |

Com isso, podemos ver intuitivamente que $f(x)$ se aproxima do valor –3 tanto quando $x$ se aproxima de 0 por valores menores do que 0, quanto por valores maiores do que 0. Observemos também que –3 é exatamente o valor de $f$ em 0, isto é, $f(0) = -3$. Veremos, mais adiante, que essa é uma situação muito boa (o *limite* coincidir com o valor da função no ponto desejado). Porém, nem sempre isso acontece, como veremos nos próximos exemplos.

**EXEMPLO 3.5** Seja $f$ a função dada por:

$$f: \mathbb{R} \rightarrow \mathbb{R}$$

$$x \rightarrow f(x) = \begin{cases} 3x - 1 & \text{se } x \leq 1 \\ -x + 5 & \text{se } x > 1 \end{cases}$$

Observemos que, em torno do ponto 1, a função tem comportamento distinto, dependendo se considerarmos valores maiores ou menores do que 1.

Figura 3.1 | Gráfico da Função (3.1)

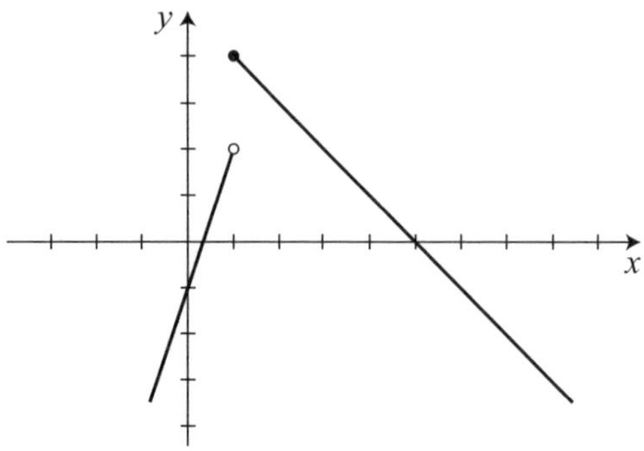


Em outras palavras, se considerarmos apenas valores $x$ maiores do que 1, a função seguirá a regra de associação $-x + 5$ e, ao considerar valores $x$ menores ou iguais a 1, a regra será $3x - 1$. Deve estar também claro que isso deverá ser levado em consideração ao pensarmos no que acontece com $f(x)$ quando $x$ se aproxima do valor 1. Por causa disto, iremos analisar separadamente essas duas situações, representadas nas tabelas abaixo:

Tabela 3.5

| $x < 1$ | $f(x) = 3x - 1$ |
|---|---|
| 0 | −1 |
| 0,5 | 0,5 |
| 0,8 | 1,4 |
| 0,9 | 1,7 |
| 0,99 | 1,97 |
| 0,999 | 1,997 |
| 0,9999 | 1,9997 |

Tabela 3.6

| $x > 1$ | $f(x) = -x + 5$ |
|---|---|
| 2 | 3 |
| 1,5 | 3,5 |
| 1,2 | 3,8 |
| 1,1 | 3,9 |
| 1,01 | 3,99 |
| 1,001 | 3,999 |
| 1,0001 | 3,9999 |

Na Tabela 3.5, quando $x$ se aproxima de 1 por valores menores do que 1, podemos ver que $f(x)$ se aproxima do valor 2. Escrevemos essa situação da seguinte maneira:

$$\lim_{x \to 1^-} f(x) = 2$$

onde a notação $x \to 1^-$ indica que estamos nos aproximando de 1 por valores menores do que 1. Lemos essa expressão assim: o limite de $f(x)$, quando $x$ se aproxima *pela esquerda* de 1 é 2. É *pela esquerda* pois $x$ se aproxima de 1 por valores menores do que 1 (portanto, à esquerda de 1 em nossa convenção sobre a reta real).

A Tabela 3.6 nos mostra que $f(x)$ se aproxima do valor 4 quando $x$ se aproxima de 1 por valores maiores do que 1.De maneira análoga, escrevemos:

$$\lim_{x \to 1^+} f(x) = 4$$

onde a notação $x \to 1^+$ indica que estamos nos aproximando de 1 por valores maiores do que 1 e lemos como: o limite de $f(x)$, quando $x$ se aproxima *pela direita* de 1 é 4.

Como o comportamento da função $f$ é distinto para valores maiores ou menores que 1, não deve surpreender que os chamados limites laterais sejam distintos. Na realidade, temos que:

$$\lim_{x \to 1^-} f(x) \neq \lim_{x \to 1^+} f(x) \quad \text{e que} \quad \lim_{x \to 1^-} f(x) = f(1) = 2$$

**EXEMPLO 3.6** Considere agora a função:

$$\begin{array}{llll} f\colon & \mathbb{R} & \to & \mathbb{R} \\ & x & \to & f(x) = \begin{cases} 3x - 1 & \text{se } x \neq 1 \\ -1 & \text{se } x = 1 \end{cases} \end{array}$$

Figura 3.2

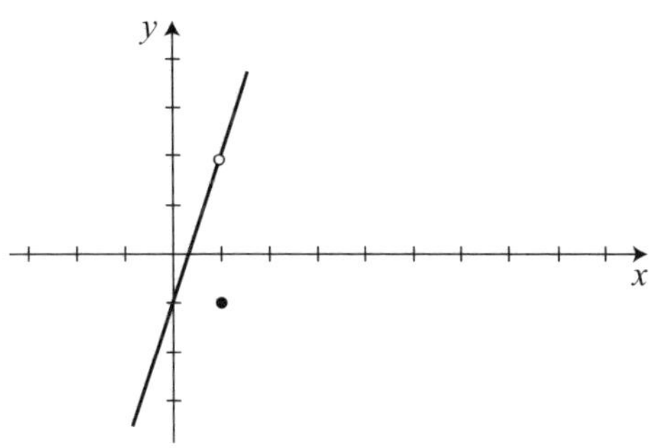

Da mesma maneira que fizemos acima, obtemos as tabelas 3.7 e 3.8.

Tabela 3.7

| $x < 1$ | $f(x) = 3x - 1$ |
|---|---|
| 0 | –1 |
| 0,5 | 0,5 |
| 0,8 | 1,4 |
| 0,9 | 1,7 |
| 0,99 | 1,97 |
| 0,999 | 1,997 |
| 0,9999 | 1,9997 |

Tabela 3.8

| $x > 1$ | $f(x) = 3x - 1$ |
|---|---|
| 2 | 5 |
| 1,5 | 3,5 |
| 1,2 | 2,6 |
| 1,1 | 2,3 |
| 1,01 | 2,03 |
| 1,001 | 2,003 |
| 1,0001 | 2,0003 |

Nesse caso, o valor $f(x)$ se aproxima de 2 quando $x$ se aproxima de 1 tanto por valores menores quanto por valores maiores que 1 (mas distintos de 1). Com isso,

$$\lim_{x \to 1^-} f(x) = 2 \quad \text{e} \quad \lim_{x \to 1^+} f(x) = 2$$

mas os dois limites laterais são diferentes do valor de $f$ no ponto 1, isto é, diferentes de $f(1) = -1$.

**EXEMPLO 3.7** Seja $f: \mathbb{R} \to \mathbb{R}$ a função quadrática $f(x) = x^2 - 4$.

Figura 3.3 | Gráfico de $f(x) = x^2 - 4$

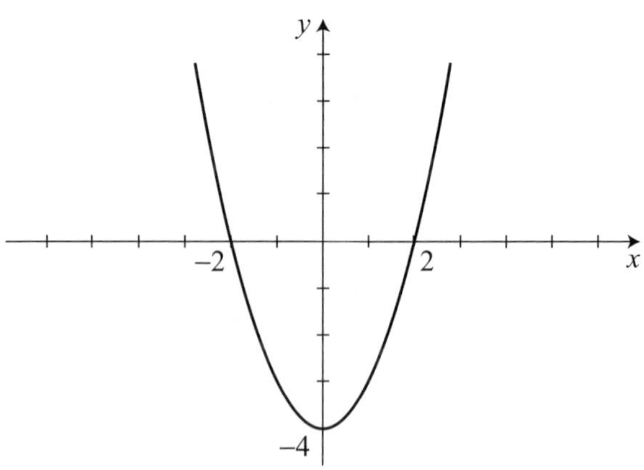

Ao analisar o que ocorre na proximidade do ponto $-1$, chegamos ao seguinte:

$$\lim_{x \to -1^{-1}} x^2 - 4 = \lim_{x \to -1^+} x^2 - 4 = -3 = f(-1)$$

(faça tabelas como acima para se convencer intuitivamente desse fato). Na realidade, nesse exemplo, sempre teremos para qualquer $a \in \mathbb{R}$, a seguinte igualdade:

$$\lim_{x \to a^-} x^2 - 4 = \lim_{x \to a^+} x^2 - 4 = a^2 - 4 = f(a)$$

## Exercícios

**(3.2)** Encontre os limites $\lim_{x \to a^-} f(x)$ e $\lim_{x \to a^+} f(x)$ para as funções $f$ e pontos $a$ abaixo:

(a) $f(x) = 3x^2 - 8x$ e $a = -1$

(b) $f(x) = \begin{cases} x^2 + 1 & \text{se } x \leq 2 \\ -x + 7 & \text{se } x > 2 \end{cases}$ e $a = 2$

(c) $f(x) = \begin{cases} x^3 & \text{se } x \leq 1 \\ x^2 + 2 & \text{se } x > 1 \end{cases}$ e $a = 1$

(d) $f(x) = \begin{cases} \text{sen}(x) & \text{se } x \neq \dfrac{\pi}{2} \\ -2 & \text{se } x = \dfrac{\pi}{2} \end{cases}$ e $a = \dfrac{\pi}{2}$

### 3.2.1 Limites laterais

Para uma função $f: A \to \mathbb{R}$, onde $A \subset \mathbb{R}$, considere um ponto $a \in \mathbb{R}$ tal que existam pontos do domínio de $f$ (isto é, no conjunto $A$) tanto maiores quanto menores do que $a$, mas tão próximos a ele quanto se queira (ver mais detalhes na discussão a seguir). Os limites acima $\lim_{x \to a^-} f(x)$ e $\lim_{x \to a^+} f(x)$ são chamados de *limites laterais à esquerda e à direita de* $f(x)$ *quando* $x$ *se aproxima de* $a$, respectivamente.

Observe que, diferentemente do discutido nos exemplos da Seção 3.1 em que analisamos valores em $\mathbb{N}$, aqui estamos interessados na situação em que $x$ se aproxima de um número real. Veremos mais adiante a situação de crescimento e decrescimento arbitrário (indicados por $x \to \infty$ e $x \to -\infty$, respectivamente). Em outras palavras:

- Se $f(x)$ se aproximar de um valor $\alpha \in \mathbb{R}$ quando $x$ se aproximar de $a$ por valores estritamente menores do que $a$ ($x \to a^-$), indicamos $\lim_{x \to a^-} f(x) = \alpha$.
- Se $f(x)$ se aproximar de um valor $\alpha \in \mathbb{R}$ quando $x$ se aproximar de $a$ por valores estritamente maiores do que $a$ ($x \to a^+$), indicamos $\lim_{x \to a^+} f(x) = \alpha$.

Observe que, como vimos nos exemplos anteriores, esses limites irão indicar o comportamento da função *perto de um ponto considerado*, mas não necessariamente no ponto em questão. Vamos ver agora mais alguns exemplos.

**EXEMPLO 3.8** Consideremos a função $f : \mathbb{R}^* \to \mathbb{R}$ dada por $f(x) = \frac{1}{x}$ para cada $x \in \mathbb{R}^*$. Vimos no Exemplo 2.10 que seu gráfico é:

Figura 3.4 | $\text{Im} f = \mathbb{R}^*$

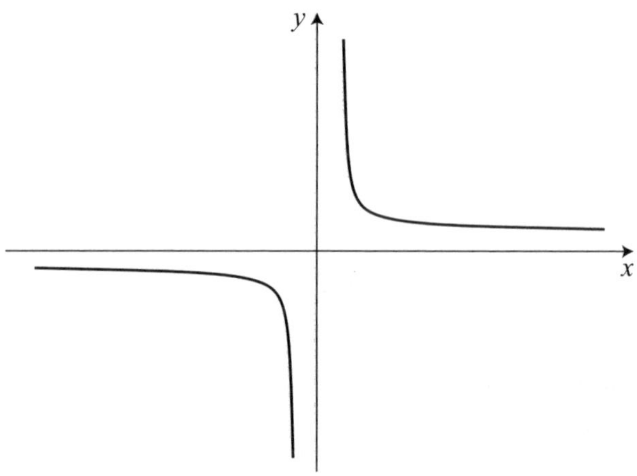


Vamos analisar o que acontece com $f$ em torno do ponto 0, separadamente, para valores positivos e negativos.

Tabela 3.9

| $x > 0$ | $f(x) = \frac{1}{x}$ |
|---|---|
| 1 | 1 |
| 0,5 | 2 |
| 0,33... | 3 |
| 0,1 | 10 |
| 0,01 | 100 |
| 0,001 | 1.000 |
| 0,0001 | 10.000 |

Tabela 3.10

| $x < 0$ | $f(x) = \frac{1}{x}$ |
|---|---|
| −1 | −1 |
| −0,5 | −2 |
| −0,33... | −3 |
| −0,1 | −10 |
| −0,01 | −100 |
| −0,001 | −1.000 |
| −0,0001 | −10.000 |

Os valores evidenciam que, à medida que $x$ se aproxima do valor 0 por valores positivos, a sua imagem $f(x)$ cresce indefinidamente. Dizemos, nesse caso, que $f(x)$ tende a $+\infty$ quando $x$ tende a 0 pela direita. Por sua vez, quando $x$ se aproxima de 0 por valores negativos, $f(x)$ decresce indefinidamente e, nesse caso, dizemos que $f(x)$ tende a $-\infty$ quando $x$ tende a 0 pela esquerda. Escrevemos essas duas situações, respectivamente, como:

$$\lim_{x \to 0^-} f(x) = -\infty \quad \text{e} \quad \lim_{x \to 0^+} f(x) = +\infty$$

Esse exemplo traz duas novidades. A primeira é que o ponto considerado para o qual a variável se aproxima (no caso o valor 0) não está no domínio da função. No entanto, esse ponto *está próximo* de valores do domínio. Voltaremos a essa questão proximamente.

A segunda novidade são os símbolos $+\infty$ e $-\infty$ que apareceram e que indicam o crescimento e decrescimento arbitrário, respectivamente. Com isso,

- Se $f(x)$ crescer arbitrariamente quando $x$ se aproximar de $a$ por valores estritamente menores do que $a$ ($x \to a^-$), indicamos $\lim_{x \to a^-} f(x) = \infty$.
- Se $f(x)$ decrescer arbitrariamente quando $x$ se aproximar de $a$ por valores estritamente maiores do que $a$ ($x \to a^+$), indicamos $\lim_{x \to a^+} f(x) = -\infty$.

**EXEMPLO 3.9** Podemos considerar uma pequena variação do exemplo acima da seguinte maneira. Seja a função $f: \mathbb{R}^* \to \mathbb{R}$ dada por $f(x) = \dfrac{1}{|x|}$ para cada $x \in \mathbb{R}^*$. O gráfico de $f$ será:

Figura 3.5 | $\lim_{x \to 0^-} f(x) = \lim_{x \to 0^+} f(x) = +\infty$

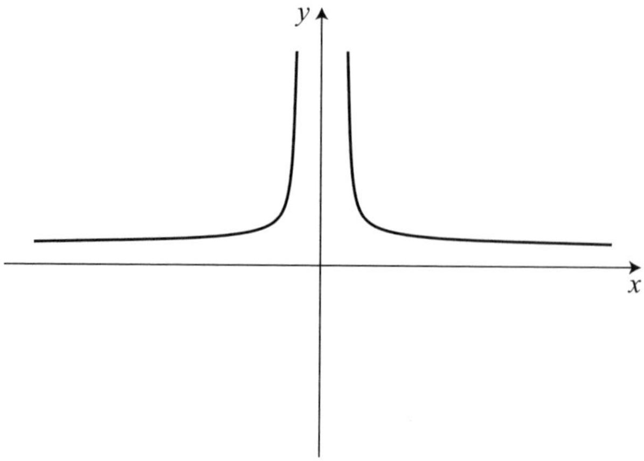


Uma análise similar à feita no exemplo anterior nos leva a:

$$\lim_{x \to 0^-} f(x) = \lim_{x \to 0^+} f(x) = +\infty$$

Aqui, os limites laterais coincidem (ao contrário do que ocorre no Exemplo 3.8), mas é claro que, como $f$ não está definida no ponto 0, não podemos comparar tais limites com a imagem de $f$ em 0.

**EXEMPLO 3.10** Antes de continuar a nossa discussão geral, vamos explorar um pouco o que acontece com funções do tipo $f(x) = \dfrac{1}{x - a}$, para algum $a \in \mathbb{R}$. O Exemplo 3.8 pode ser visto como um caso particular dessas funções, quando tomamos $a = 0$. É claro que o domínio da função $f(x) = \dfrac{1}{x - a}$ é $\mathbb{R} \setminus \{a\}$, pois o (único) ponto problemático é $a$ (não podemos dividir por 0!). Se observarmos bem, o gráfico de $f(x) = \dfrac{1}{x - a}$ é bem parecido com o de $\dfrac{1}{x}$, mas deslocado do valor $a$ para a direita ou para a esquerda dependendo desse valor ser positivo ou negativo. Consideremos, por exemplo, $a = 2$, isto é, a função $f: \mathbb{R} \setminus \{2\} \to \mathbb{R}$ dada por $f(x) = \dfrac{1}{x-2}$.

Tabela 3.11

| $x > 2$ | $f(x) = \dfrac{1}{x-2}$ |
|---|---|
| 3 | 1 |
| 2,5 | 2 |
| 2,3 | 3 |
| 2,1 | 10 |
| 2,01 | 100 |
| 2,001 | 1.000 |
| 2,0001 | 10.000 |

Tabela 3.12

| $x < 2$ | $f(x) = \dfrac{1}{x-2}$ |
|---|---|
| 1 | –1 |
| 1,5 | –2 |
| 1,7 | –3 |
| 1,9 | –10 |
| 1,99 | –100 |
| 1,999 | –1.000 |
| 1,9999 | –10.000 |

O seu gráfico será então:

Figura 3.6 | $\text{Im} f = \mathbb{R}^*$

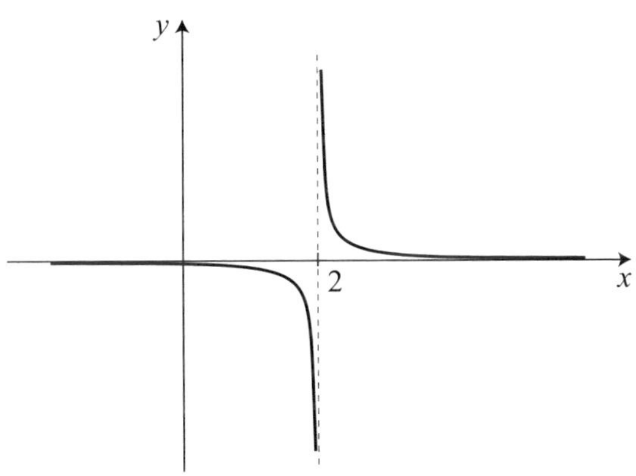


Também, a partir desses dados, podemos inferir que:

$$\lim_{x \to 2^-} f(x) = -\infty \quad \text{e} \quad \lim_{x \to 2^+} f(x) = +\infty .$$

Em geral, para a função $f(x) = \dfrac{1}{x - a}$, onde $a \in \mathbb{R}$, teremos:

$$\lim_{x \to a^-} f(x) = -\infty \qquad \text{e} \qquad \lim_{x \to a^+} f(x) = +\infty$$

E o gráfico de $f$ será uma das figuras abaixo.

Figura 3.7

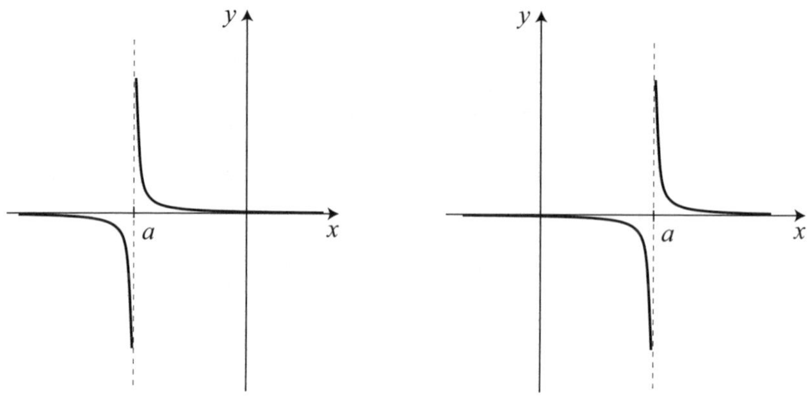


## Exercícios

**(3.3)** Desenhe os gráficos das funções abaixo e encontre os limites laterais aos pontos fora do domínio.

**(a)** $f(x) = \dfrac{1}{|x - a|}$ **(b)** $f(x) = \dfrac{1}{x^2}$ **(c)** $f(x) = \dfrac{1}{x^2 - 1}$

**(d)** $f(x) = \dfrac{3}{x - 1}$ **(e)** $f(x) = \dfrac{-3}{x - 1}$

## 3.2.2 Pontos de acumulação de um conjunto

Nos exemplos anteriores, vimos que é possível considerar-se limites de funções quando $x$ se aproxima de um ponto $a$ que não está no domínio dessas funções. Mas a escolha do valor $a$ não pode ser arbitrária. Por exemplo, se definirmos $f: [0, 1] \to \mathbb{R}$ por $f(x) = x^3$, não faz sentido calcular $\lim_{x \to 2^-} f(x)$ ou $\lim_{x \to 2^+} f(x)$, visto que só definimos a função no intervalo $[0, 1]$. Em outras palavras, $f$ não está definida em nenhum ponto próximo ao valor 2 e, dessa forma, como poderíamos então analisar para qual valor $f(x)$ se aproxima quando $x$ se aproxima de 2?

Para especificar quais pontos podem ser escolhidos no cálculo dos limites, vamos lançar mão do importante conceito de ponto de acumulação de um conjunto. Seja $A \subset \mathbb{R}$ um subconjunto de $\mathbb{R}$. Um *ponto de acumulação do conjunto A* é um ponto $a$ que, mesmo não estando no conjunto $A$, tem pontos de $A$ tão próximos a ele quanto se queira.

Consideremos, por exemplo, o intervalo $]1, 2[ \subset \mathbb{R}$. O ponto 1 não pertence a $]1, 2[$ mas todos os intervalos a seguir $\left]1, 1+\frac{1}{2}\right[$, $\left]1, 1+\frac{1}{3}\right[$, $\left]1, 1+\frac{1}{4}\right[$ ... interseptam $]1, 2[$. De forma geral, para todo $n \in \mathbb{N}^*$ a intersecção $\left]1, 1+\frac{1}{n}\right[ \cap ]1, 2[$ é não vazia, isto é, existe um ponto que pertence tanto a $\left]1, 1+\frac{1}{n}\right[$ quanto a $]1, 2[$. Em outras palavras, todos os intervalos do tipo $\left]1, 1+\frac{1}{n}\right[$, com $n \in \mathbb{N}^*$ (que portanto podem ser tão pequenos quanto se queira, basta considerarmos $n$ suficientemente grande) conterá pontos do conjunto $]1, 2[$. Isso nos motiva a seguinte definição.

**Definição 3.1** Seja $A \subset \mathbb{R}$ um subconjunto de $\mathbb{R}$. Um valor $a \in \mathbb{R}$ é chamado de *ponto de acumulação de A* se para todo $n \in \mathbb{N}^*$, o intervalo $\left]a-\frac{1}{n}, a+\frac{1}{n}\right[$ intersecta o conjunto $A$ em um ponto distinto de $a$, isto é, existe $b \neq a$ tal que $b \in A \cap \left]a-\frac{1}{n}, a+\frac{1}{n}\right[$.

**Exemplo 3.11** Voltemos ao intervalo $]1,2[$.

**(a)** Vimos que o ponto 1 satisfaz a propriedade de que, para todo $n \in \mathbb{N}^*$, a intersecção $\left]1, 1+\frac{1}{n}\right[ \cap ]1, 2[$ é não vazia. Daí concluímos que, para todo $n \in \mathbb{N}^*$, a intersecção $\left]1-\frac{1}{n}, 1+\frac{1}{n}\right[ \cap ]1, 2[$ contém um valor distinto de 1.

Logo, pela nossa definição, 1 é um ponto de acumulação de ]1, 2[. Observe que 2 também é um ponto de acumulação desse mesmo intervalo pois, também, para cada $n \in \mathbb{N}^*$, a intersecção $\left]2-\frac{1}{n},\ 2+\frac{1}{n}\right[ \cap ]1,\ 2[$ contém um valor distinto de 2.

**(b)** Por outro lado, observe que o valor 3 não é ponto de acumulação de ]1, 2[. Para se ver isso, basta considerar algum $n \geq 2$ e observar que $\left]3-\frac{1}{n},\ 3+\frac{1}{n}\right[ \cap ]1,\ 2[ = \varnothing$.

**(c)** Em geral, se $b > 2$, então $b$ não é ponto de acumulação de ]1, 2[. Para nos convencermos disso, observe que se $b > 2$, então $b - 2 > 0$. Basta, então, considerar um valor $m \in \mathbb{N}^*$ tal que $\frac{1}{m} < b-2$. Com isso, $b > 2+\frac{1}{m}$ e consequentemente, a intersecção $\left]2-\frac{1}{m},\ 2+\frac{1}{m}\right[ \cap ]1,\ 2[ = \varnothing$.

**(d)** Conclua, a partir do que foi feito acima, que o conjunto dos pontos de acumulação de ]1, 2[ é o intervalo (fechado) [1, 2].

**Exemplo 3.12*** Consideremos o conjunto $A = \left\{\frac{1}{m} : m \in \mathbb{N}^*\right\}$. Dado $n \in \mathbb{N}^*$ arbitrário, o intervalo $\left]0-\frac{1}{n},\ 0+\frac{1}{n}\right[$ intersecta o conjunto $A = \left\{\frac{1}{m} : m \in \mathbb{N}^*\right\}$: basta observar que $0 < \frac{1}{(n+1)} < \frac{1}{n}$ e, portanto $\frac{1}{n+1}$ pertence à intersecção $\left]-\frac{1}{n},\ \frac{1}{n}\right[ \cap A$ como queríamos.

Figura 3.8

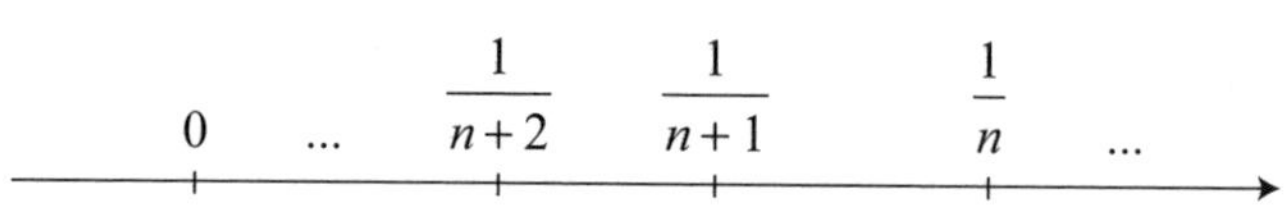


A asserção de que 0 é um ponto de acumulação de $A$ segue da arbitrariedade da escolha de $n$, pois o intervalo $\left]-\frac{1}{n},\ \frac{1}{n}\right[$ intersecta $A$ para todo $n \in \mathbb{N}^*$. Observe também que 0 é o único ponto de acumulação do conjunto $A = \left\{\frac{1}{m} : m \in \mathbb{N}^*\right\}$. Deixamos ao leitor mostrar essa última afirmação. Por outro lado, é claro que 0 não pertence ao conjunto $A$.

Para calcular limites, vamos usar pontos de acumulação do domínio da função considerada. Em geral, pode não ser sempre simples identificar pontos de acumulação de um dado conjunto. Mas isso fica simplificado em nosso caso, pois estamos trabalhando, em geral, com domínios de funções que são uniões de intervalos. Nesses casos, é fácil identificar quais são os seus pontos de acumulação. Vamos relembrar uma notação. Sejam $c, d \in \mathbb{R}$ com $c < d$. Indicaremos por $|c, d|$ qualquer um dos seguintes intervalos: $[c, d]$, $]c, d]$, $[c, d[$ ou $]c, d[$.

**Proposição 3.1** Sejam $c, d \in \mathbb{R}$ com $c < d$. Então os pontos de acumulação de $|c, d|$ são os pontos de $[c, d]$.

Em outras palavras, os pontos de acumulação de qualquer um dos intervalos $[c, d]$, $]c, d]$, $[c, d[$ ou $]c, d[$ (com $c < d$) são todos os pontos do conjunto $[c, d] = \{x : c \leq x \leq d\}$. Para se convencer disso, basta se inspirar nos argumentos usados no Exemplo 3.11 acima.

## Exercícios

**(3.4)** Encontre os pontos de acumulação dos seguintes conjuntos:

**(a)** $\left\{\dfrac{n}{n+1} : n \in \mathbb{N}\right\}$ **(b)** $\left\{\dfrac{n}{2n-1} : n \in \mathbb{N}\right\}$

**(c)** $\left\{\dfrac{n-1}{n^2-1} : n \in \mathbb{N}\right\}$ **(d)** $\left\{-\dfrac{n}{n+1} : n \in \mathbb{N}\right\}$

**(3.5)** Encontre os pontos de acumulação dos seguintes conjuntos:

**(a)** $]0, 1[ \cup ]1, 2[$ **(b)** $\mathbb{R} \setminus \mathbb{Z}$

**(c)** $A = \left\{x \in \mathbb{R} : x \neq \dfrac{\pi}{2} + k\pi,\ k \in \mathbb{Z}\right\}$ ($A$ é o domínio da função tangente).

***(3.6)** **(a)** Mostre que, se $A$ for um conjunto finito, então $A$ não possui pontos de acumulação.

**(b)** Exiba um conjunto infinito sem pontos de acumulação.

## 3.2.3 Pontos de acumulação laterais

Uma vez compreendido esse conceito, iremos sofisticá-lo um pouco. Se considerarmos uma função $f: [0, 1[ \to \mathbb{R}$, pelo que vimos acima, o ponto 1 é um ponto de acumulação de $[0, 1[$. No entanto, não faz sentido calcular o limite lateral à direita $\lim_{x \to 1^+} f(x)$, pois não existem pontos do domínio que sejam estritamente maiores que 1. Podemos refinar a nossa análise da maneira a seguir.

**Definição 3.2** Seja $A \subset \mathbb{R}$ um subconjunto e seja $a \in \mathbb{R}$.

**(a)** O ponto $a$ é chamado de *ponto de acumulação à esquerda* de $A$ se para todo $n \in \mathbb{N}^*$, o intervalo $\left]a, a + \frac{1}{n}\right[$ intersecta o conjunto $A$.

**(b)** O ponto $a$ é chamado de *ponto de acumulação à direita* de $A$ se para todo $n \in \mathbb{N}^*$, o intervalo $\left]a - \frac{1}{n}, a\right[$ intersecta o conjunto $A$.

Observe que um ponto $a$ é de acumulação de um conjunto $A$ se for ou um ponto de acumulação à direita ou à esquerda de $A$ (ou até ambos).

**EXEMPLO 3.13** O ponto 0 é um ponto de acumulação à esquerda do conjunto $A = \left\{\frac{1}{m} : m \in \mathbb{N}^*\right\}$, mas não é um ponto de acumulação à direita de $A$. De forma análoga, 0 é um ponto de acumulação à direita do conjunto $B = \left\{-\frac{1}{m} : m \in \mathbb{N}^*\right\}$, mas não é ponto de acumulação à esquerda de $B$. Por fim, 0 será ponto de acumulação à direita e à esquerda da união $A \cup B = \left\{\frac{1}{m} : m \in \mathbb{Z}^*\right\}$.

**EXEMPLO 3.14** Seja $f: ]-1, 2] \cup [3, 5[ \to \mathbb{R}, f(x) = x^2 - 1$. Vamos ver inicialmente quais são os pontos $a$ do domínio da função para os quais se podem calcular o limite à direita $\lim_{x \to a^+} f(x)$. É claro que, para tanto, precisamos ter números pertencentes ao domínio maiores do que $a$ e tão próximos quanto possível dele, isto é, $a$ tem que ser um ponto de acumulação à esquerda de $]-1, 2] \cup [3, 5[$. Isso acontece com os pontos nos intervalos $[-1, 2[$ e $[3, 5[$. Não faz sentido calcular, por exemplo, $\lim_{x \to 2^+} f(x)$, pois não existem pontos no domínio da função à direita de 2 e que (precisamos disso também) estejam próximos a 2 (os pontos de [3, 5[

estão longe para efeito de cálculo de limites). De maneira análoga, só podemos pensar em calcular o limite $\lim_{x \to a^-} f(x)$ para os pontos nos intervalos ]−1, 2] e ]3, 5]. O próximo resultado descreve o que discutimos nesse exemplo. Quanto aos limites em questão, deixamos o cálculo efetivo para o leitor.

**Proposição 3.2** Sejam $c, d \in \mathbb{R}$ com $c < d$.

**(a)** *Os pontos de acumulação à esquerda de* $|c, d|$ *são os pontos de* $[c, d[$ .

**(b)** *Os pontos de acumulação à direita de* $|c, d|$ *são os pontos de* $]c, d]$.

Em resumo, para se calcular $\lim_{x \to a^+} f(x)$, o ponto $a$ tem que ser um ponto de acumulação à esquerda do domínio da função $f$. De maneira análoga, para se calcular $\lim_{x \to a^-} f(x)$, o ponto $a$ tem que ser um ponto de acumulação à direita do domínio da função $f$.

**EXEMPLO 3.15** O conjunto dos pontos de acumulação à esquerda de ]−1, 1[ é o conjunto ]−1, 1] enquanto que o conjunto de seus pontos de acumulação à direita é [−1, 1[.

Vamos terminar esta seção com exemplos que mostrem que limites laterais nem sempre existem.

**EXEMPLO 3.16** Seja $f\colon \mathbb{R}^* \to \mathbb{R}$ a função dada por $f(x) = \operatorname{sen}\left(\frac{1}{x}\right)$ para cada $x \in \mathbb{R}^*$. Veja o que acontece com $f$ calculado em certos pontos na tabela abaixo:

Tabela 3.13

| $x$ | $\frac{1}{x}$ | $\operatorname{sen}\left(\frac{1}{x}\right)$ |
|---|---|---|
| $\frac{1}{\pi}$ | $\pi$ | 0 |
| $\frac{2}{3\pi}$ | $\frac{1}{\pi}$ | −1 |
| $\frac{1}{2\pi}$ | $2\pi$ | 0 |
| $\frac{2}{5\pi}$ | $\frac{5\pi}{2}$ | 1 |

continua

continuação

| $x$ | $\frac{1}{x}$ | $\text{sen}\left(\frac{1}{x}\right)$ |
|---|---|---|
| $\frac{1}{3\pi}$ | $3\pi$ | 0 |
| $\frac{2}{7\pi}$ | $\frac{7\pi}{2}$ | $-1$ |
| $\frac{1}{4\pi}$ | $4\pi$ | 0 |
| $\vdots$ | $\vdots$ | $\vdots$ |
| 0 | $\infty$ | ? |

Na coluna da esquerda da tabela colocamos valores para $x$ que se aproximam de 0 (pela direita). Observe que, à medida que $x$ se aproxima do ponto 0 por valores positivos (isto é, quando $x \to 0^+$), o valor de $f(x)$ cresce indefinidamente. Usando-se o comportamento periódico da função seno, pode-se observar, então, que $\text{sen}\left(\frac{1}{x}\right)$ oscila no intervalo $[-1, 1]$ quando $x \to 0^+$ e, portanto, não se aproxima de nenhum valor específico. Concluímos dessa forma que o limite $\lim_{x\to 0^+} \text{sen}\left(\frac{1}{x}\right)$ não existe. De maneira análoga, o limite $\lim_{x\to 0^-} \text{sen}\left(\frac{1}{x}\right)$ não existe (tente se convencer disso fazendo uma tabela análoga à feita acima).

**EXEMPLO 3.17*** Seja $f:\mathbb{R} \to \mathbb{R}$ a função dada por:

$$f(x) = \begin{cases} 0 & \text{se } x \text{ for um número racional} \\ 1 & \text{se } x \text{ não for um número racional} \end{cases}$$

e seja $a$ $\mathbb{R}$. Observe que qualquer intervalo em torno do ponto $a$ contém números racionais e números irracionais (pelo comentado no Capítulo 1). Logo, quando $x$ se aproxima de $a$, o valor $f(x)$ oscila entre os valores 0 e 1 (lembre da observação feita na Seção 1.2). Com isso, não podem existir os limites $\lim_{x\to a^+} f(x)$ ou $\lim_{x\to a^-} f(x)$

.

## Exercicios

**(3.7)** Calcule os seguintes limites:

(a) $\lim_{x \to 0^+} x^3 - 1$ (b) $\lim_{x \to 0^-} x^3 - 1$ (c) $\lim_{x \to 1^+} x^3 - 1$

(d) $\lim_{x \to 1^+} \frac{1}{x-1}$ (e) $\lim_{x \to 1^-} \frac{1}{x-1}$ (f) $\lim_{x \to 2^-} \frac{1}{x-1}$

**(3.8)** Encontre os pontos de acumulação à direita e à esquerda dos seguintes conjuntos:

(a) $]-1, 2]$ (b) $]-\infty, 3] \cup ]4, \infty[$ (c) $]-\infty, 0[ \cup ]0, \infty[$

**(3.9)** Para quais valores $a \in \mathbb{R}$, os limites $\lim_{x \to a^+} f(x)$ e $\lim_{x \to a^-} f(x)$ existem, dadas as funções $f$ abaixo:

(a) $f$: $]-1, 1] \to \mathbb{R}$ dada por $f(x) = 3x^2+4$

(b) $f: ]-\frac{\pi}{2}, 0[ \cup ]0, 2\pi] \to \mathbb{R}$ dada por $f(x) = \cos(x)$

# 3.3 Limites

Até agora, analisamos os limites laterais $\lim_{x \to a^+} f(x)$ e $\lim_{x \to a^-} f(x)$ de uma função $f$, quando $x$ se aproxima de $a$ por valores maiores ou menores que $a$, respectivamente. Vimos que tais limites podem existir ou não. Caso ambos existam, eles podem ou não coincidir. Por fim, mesmo quando coincidirem, esse valor em comum pode ser ou não igual a $f(a)$ e pode até acontecer que a função $f$ nem esteja definida no valor $a$. Vamos avançar um pouco a nossa discussão explorando um pouco essas diferenças. Comecemos com o caso em que os limites laterais coincidem.

**Definição 3.3** Sejam $f: A \to \mathbb{R}$ uma função e $a \in \mathbb{R}$ um ponto de acumulação de $A$. Dizemos que o *limite* $\lim_{x \to a} f(x)$ *existe* se acontecer algum dos seguintes casos:

**(i)** Os limites $\lim_{x \to a^+} f(x)$ e $\lim_{x \to a^-} f(x)$ existem e são iguais. Nesse caso, escrevemos $\lim_{x \to a} f(x) = \lim_{x \to a^+} f(x) = \lim_{x \to a^-} f(x)$.

**(ii)** O ponto $a$ é de acumulação à esquerda de $A$, mas não à direita, e o limite $\lim_{x \to a^-} f(x)$ existe. Nesse caso, $\lim_{x \to a} f(x) = \lim_{x \to a^-} f(x)$.

**(iii)** O ponto $a$ é de acumulação à direita de $A$, mas não à esquerda e o limite $\lim_{x \to a^+} f(x)$ existe. Nesse caso, $\lim_{x \to a} f(x) = \lim_{x \to a^+} f(x)$.

**Exemplo 3.18** Seja $f: \mathbb{R} \to \mathbb{R}$ a função dada por $f(x) = 2x - 3$. O gráfico de $f$ é, como vimos na Seção 1.5, uma reta como inclinação 2 e passando pelo ponto $(0, -3)$. Não é difícil ver que os limites laterais

$$\lim_{x \to 2^-} 2x - 3 \quad \text{e} \quad \lim_{x \to 2^+} 2x - 3$$

valem $2 \cdot 2 - 3 = 1$ e, portanto, o limite

$$\lim_{x \to 2} 2x - 3$$

existe e vale também 1. Em geral, se $f: \mathbb{R} \to \mathbb{R}$ for uma função linear dada por $f(x) = mx + n$ ( com $m,n \in \mathbb{Z}$) e $a \in \mathbb{R}$ for um número real, então o limite $\lim_{x \to a} f(x)$ existe e vale $ma + n$. Retorne ao Exemplo 3.4 e compare com o feito acima.

**Exemplo 3.19** Seja $f: \mathbb{R} \to \mathbb{R}$ dada por

$$f(x) = \begin{cases} x^2 - 4 & \text{se} \quad x \neq 2 \\ 2 & \text{se} \quad x = 2 \end{cases}$$

Ao calcular os limites laterais $\lim_{x \to 2^+} f(x)$ e $\lim_{x \to 2^-} f(x)$, observamos que ambos são iguais a 0, mas, também, esse valor é distinto de $f(2) = 2$. Ao observar o gráfico da função $f$ abaixo notamos que no ponto 2 existe um salto, que o comportamento dele não é suave em torno desse ponto.

Figura 3.8 | Gráfico da função $f(x)=\begin{cases} x^2-4 & \text{se} \quad x \neq 2 \\ 2 & \text{se} \quad x=2 \end{cases}$

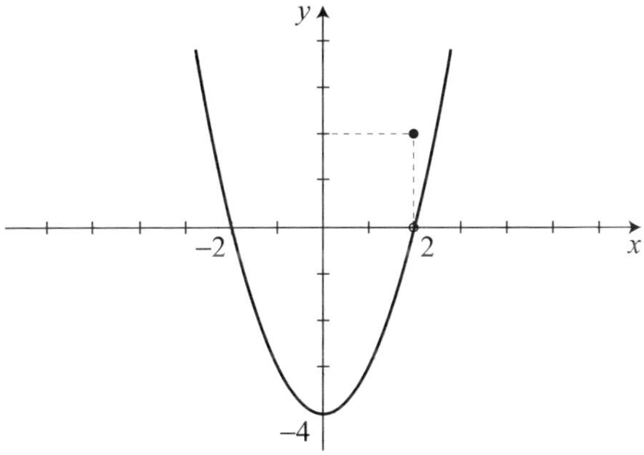


**EXEMPLO 3.20** Consideremos a função seno e seja $a \in \mathbb{R}$. Acreditamos que não deva ser difícil ao leitor se convencer de que os limites laterais $\lim_{x \to a^+} \operatorname{sen}(x)$ e $\lim_{x \to a^-} \operatorname{sen}(x)$ existem e coincidem com o valor $\operatorname{sen}(a)$. Com isso, $\lim_{x \to a} \operatorname{sen}(x)$ existe e vale,

$$\lim_{x \to a} \operatorname{sen}(x) = \operatorname{sen}(a).$$

Como não impusemos nenhuma restrição a valor $a$, a observação acima vale para todos os pontos do domínio da função seno. A mesma observação pode ser feita para a função cosseno, isto é, que, para todo $a \in \mathbb{R}$, $\lim_{x \to a} \cos(x)$ existe e é igual a $\cos(a)$. Ao contrário do exemplo anterior, as funções seno e cosseno têm o comportamento suave em todos os seus pontos, não existem *saltos*.

**EXEMPLO 3.21** Considere a função tangente (ver Seção 2.3):

$$\begin{aligned} \operatorname{tg}: \; & A \to \mathbb{R} \\ & x \mapsto \operatorname{tg}(x) = \frac{\operatorname{sen}(x)}{\cos(x)} \end{aligned}$$

em que $A = \left\{ x \in \mathbb{R} : x \neq \frac{\pi}{2} + k\pi, k \in \mathbb{Z} \right\}$ O seu gráfico é:

Figura 3.9 | Gráfico da função tangente

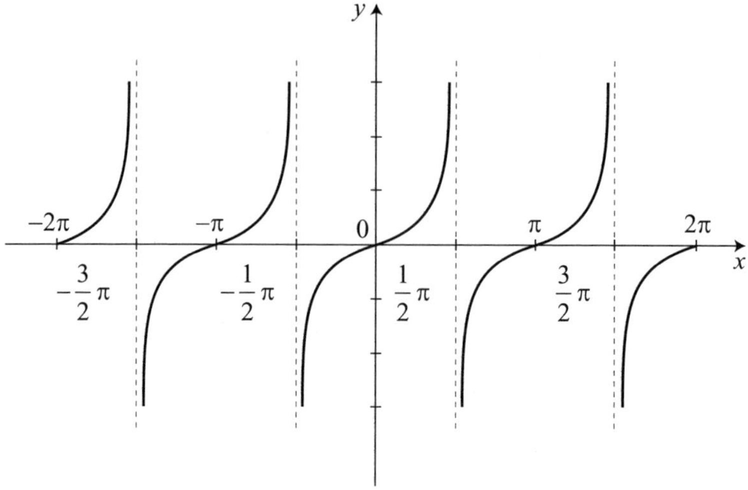


Observemos que:

$$\lim_{x \to \frac{\pi}{2}^+} \operatorname{tg}(x) = -\infty \quad \text{e} \quad \lim_{x \to \frac{\pi}{2}^-} \operatorname{tg}(x) = \infty$$

e, portanto, o limite $\lim_{x \to \frac{\pi}{2}} \operatorname{tg}(x)$ não existe. Na realidade, trocando-se $\frac{\pi}{2}$ por qualquer valor $b$ da forma $\frac{\pi}{2} + k\pi$ , para algum $k \in \mathbb{Z}$, teremos a mesma situação, isto é,

$$\lim_{x \to b^+} \operatorname{tg}(x) = -\infty \quad \text{e} \quad \lim_{x \to b^-} \operatorname{tg}(x) = \infty$$

e o limite $\lim_{x \to b} \operatorname{tg}(x)$ não existe. Observe, no entanto, que se $a \in A$, teremos:

$$\lim_{x \to a^+} tg(x) = \lim_{x \to a^-} tg(x) = tg(a) = f(a)$$

Portanto, para tais valores de $a$, o limite $\lim_{x \to a} tg(x)$ existe (e é igual a $\operatorname{tg}(a)$).

**EXEMPLO 3.22** Consideremos a função do Exemplo 2.11, isto é, a função,

$$\begin{aligned} f : \mathbb{R} \setminus \{1, -3\} &\to \mathbb{R} \\ x &\to f(x) = \frac{(x-1)}{(x-1)(x+3)} \end{aligned}$$

Observemos que, para pontos distintos de 1, o termo $(x - 1)$ que aparece tanto no numerador quanto no denominador se anula e, portanto, o valor de $f(x)$ será igual a $\frac{1}{x+3}$. Com isso, $\lim_{x\to 1^+} f(x) = \lim_{x\to 1^-} f(x) = \frac{1}{4}$. Logo, o limite $\lim_{x\to 1} f(x)$ existe e é igual a $\frac{1}{4}$. Enfatizamos que $f$ não está definida no ponto 1.

## Exercícios

**(3.10)** Calcule os limites (se existirem):

**(a)** $\lim_{x\to 1^-} f(x), \lim_{x\to 1^+} f(x)$ e $\lim_{x\to 1} f(x)$ para $f(x) = \begin{cases} 2x+2 & \text{se } x \geq 1 \\ x^2 & \text{se } x < 1 \end{cases}$

**(b)** $\lim_{x\to 1^-} f(x), \lim_{x\to 1^+} f(x)$ e $\lim_{x\to 1} f(x)$ para $f(x) = \begin{cases} -x^3 & \text{se } x \geq 1 \\ 2x^2 - 3 & \text{se } x < 1 \end{cases}$

**(c)** $\lim_{x\to -2^-} f(x), \lim_{x\to -2^+} f(x)$ e $\lim_{x\to 2} f(x)$ para $f(x) = \frac{(x+2)}{(x^2-4)}$

### 3.3.1 Limites de funções trigonométricas

Nos exemplos anteriores, consideramos as funções trigonométricas seno, cosseno e tangente e vimos que elas têm um bom comportamento com relação aos limites. No resultado a seguir, vamos resumir como é o comportamento das funções trigonométricas, nas quais estamos interessados, e vamos utilizar esses fatos de agora em diante.

**Proposição 3.3** *Se $f$ indicar* qualquer uma das funções seno, cosseno, tangente, secante, cossecante ou cotangente e $a$ for um ponto no domínio da $f$, então $\lim_{x\to a} f(x)$ existe e vale:

$$\lim_{x\to a} f(x) = f(a)$$

Enfatizamos que a relação acima vale se $a$ for um ponto do domínio.

### 3.3.2 Assíntotas verticais

Analisamos, no Exemplo 3.8, o comportamento da função $\frac{1}{x}$ perto do ponto 0. Vimos que $\lim_{x\to 0^-}\frac{1}{x}=-\infty$ e $\lim_{x\to 0^+}\frac{1}{x}=\infty$. Vimos também que $\lim_{x\to 0^-}\frac{1}{|x|}=\lim_{x\to 0^+}\frac{1}{|x|}=\infty$ (Exemplo 3.9). Acima, observamos que $\lim_{x\to\frac{\pi}{2}^+}\operatorname{tg}(x)=-\infty$ e $\lim_{x\to\frac{\pi}{2}^-}\operatorname{tg}(x)=\infty$. Todos esses exemplos têm um "comportamento em comum" perto de um ponto: ou a função cresce ou decresce indefinidamente quando $x$ se aproxima lateralmente de um dado ponto não pertencente ao domínio da função. Em outras palavras,

$$\lim_{x\to a^+} f(x)=\pm\infty \quad \text{e} \quad \lim_{x\to a^-} f(x)=\pm\infty$$

Vamos nomear essa situação para referência futura.

**Definição 3.4** Sejam $f: A \to \mathbb{R}$ uma função e $a \in \mathbb{R}$ um ponto de acumulação do domínio $A$, mas que não pertença a $A$. Dizemos que a reta (vertical) $x = a$ é uma *assíntota vertical de f* se os limites laterais $\lim_{x\to a^+} f(x)$ e $\lim_{x\to a^-} f(x)$ forem $\infty$ ou $-\infty$.

**Exemplo 3.23** Sejam $a \in \mathbb{R}$ e as funções dadas por $f(x)=\frac{1}{(x-a)}$, $g(x)=-\frac{1}{(x-a)}$, $h(x)=\frac{1}{|x-a|}$ e $l(x)=-\frac{1}{|x-a|}$.

Os seus gráficos serão (compare com o Exemplo 3.10):

Figura 3.10

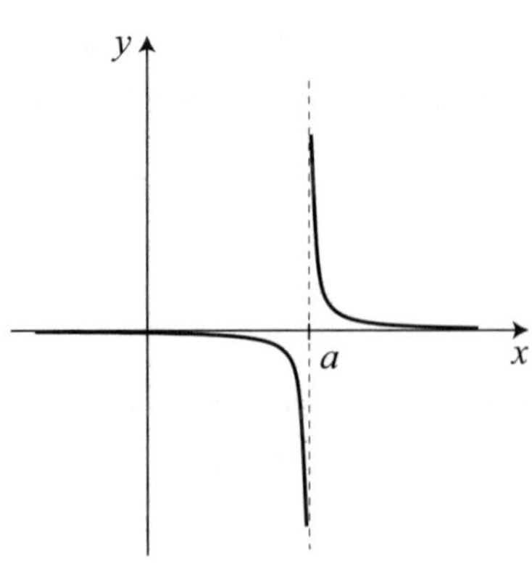


Figura 3.11

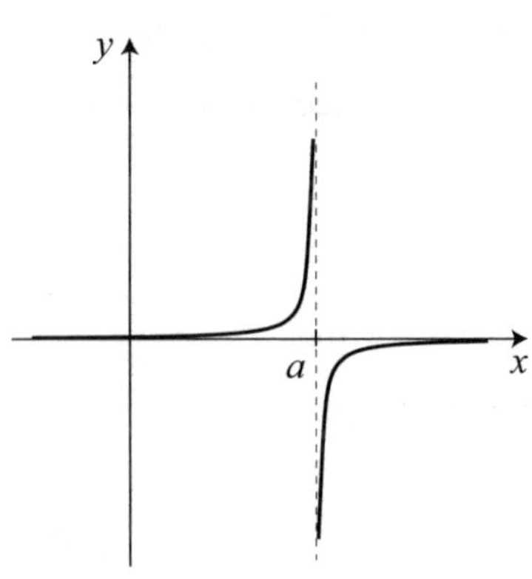

Figura 3.12

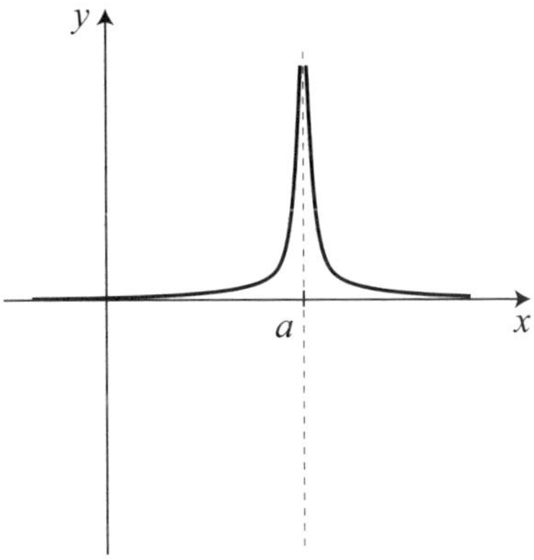


Figura 3.13

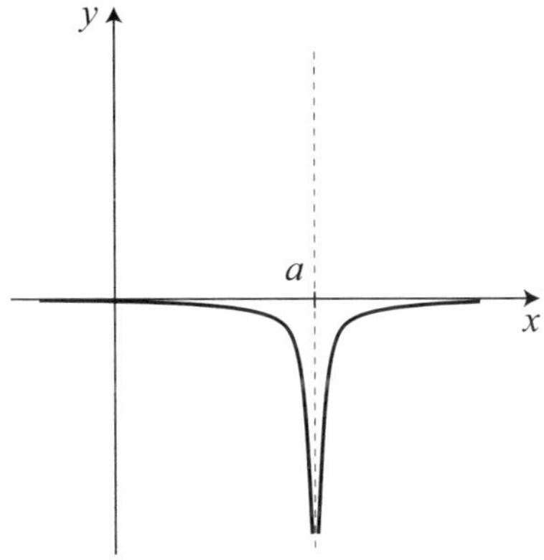


(consideramos, para efeito de ilustração, que $a > 0$). Em todos esses casos, a reta $x = a$ é uma assíntota vertical.

Ao olhar o que ocorre com a função tangente (ver Exemplo 3.21), é fácil perceber que as retas do tipo $a = \frac{\pi}{2} + k\pi$ (com $k \in \mathbb{Z}$) são assíntotas verticais.

**EXEMPLO 3.24** Seja $f$: $\mathbb{R} \setminus \{-1, 1, 2\} \to \mathbb{R}$ a função dada por $f(x) = \frac{(x-1)}{(x-1)(x+1)(x-2)}$. Vamos olhar o limite $\lim_{x \to -1^-} f(x)$. Para valores $x$ próximos a $-1$, podemos assumir que $x \neq 1$ e, portanto, para tais valores $f(x)$ vale $\frac{1}{(x+1)(x-2)}$ (cancelamos a parcela $(x - 1)$ no numerador e no denominador). Também, para tais valores, o valor de $x - 2$ está próximo a $-3$, portanto, $\frac{1}{(x-2)}$ se aproxima de $-\frac{1}{3}$. Agora, quando $x$ se aproxima de $-1$ por valores menores do que $-1$, $\frac{1}{(x+1)}$ decresce indefinidamente (veja o Exemplo 3.10). Por outro lado, $\frac{1}{(x-2)}$ é um valor negativo (para valores menores do que $-1$) e, portanto, com essas duas informações, concluímos que $\frac{1}{(x+1)(x-2)}$ cresce arbitrariamente ou, em outras palavras,

$$\lim_{x \to -1^-} \frac{1}{(x+1)(x-2)} = \infty$$

De modo análogo, teremos também:

$$\lim_{x\to -1^+} \frac{1}{(x+1)(x-2)} = -\infty$$

$$\lim_{x\to 2^-} \frac{1}{(x+1)(x-2)} = -\infty \quad \text{e} \quad \lim_{x\to 2^+} \frac{1}{(x+1)(x-2)} = \infty$$

Em pontos $x$ perto de valor 1 mas distintos dele, a função também se comporta como $\frac{1}{(x+1)(x-2)}$. Com isso, podemos concluir que:

$$\lim_{x\to 1^-} \frac{1}{(x+1)(x-2)} = \lim_{x\to 1^+} \frac{1}{(x+1)(x-2)} = \frac{1}{6}$$

(compare com o Exemplo 3.22). O gráfico de $f$ será:

Figura 3.14

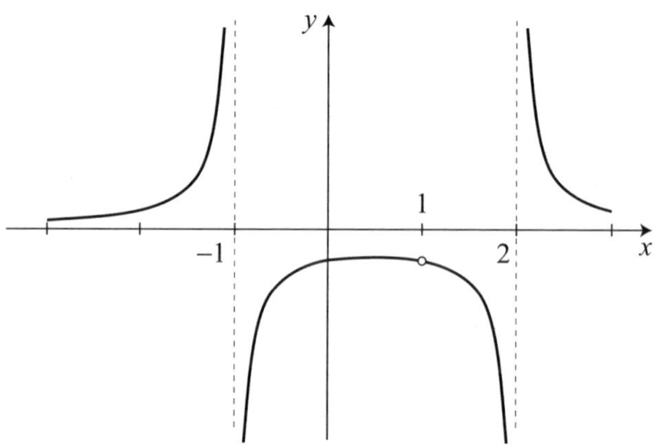


Não se preocupe por enquanto com a construção do gráfico, isso será feito com mais cuidado no Capítulo 6, com o auxílio de derivadas. Mas observe que as retas $x = -1$ e $x = 2$ são assíntotas verticais de $f$, enquanto que a reta $x = 1$ não é uma assíntota vertical (apesar do ponto 1 também não pertencer ao domínio de $f$).

## Exercícios

**(3.11)** Calcule (quando existirem) os limites $\lim_{x\to a^+} f(x)$, $\lim_{x\to a^-} f(x)$ e $\lim_{x\to a} f(x)$ para as funções $f$ e pontos $a$ abaixo:

**(a)** $f(x) = 3x - 2$ e $a = -1$

**(b)** $f(x) = \dfrac{x-6}{x+2}$ e $a = 0$

**(c)** $f(x) = \dfrac{x-6}{x+2}$ e $a = -2$

**(d)** $f(x) = \begin{cases} 2x-1 & \text{se } x \geq 1 \\ -x & \text{se } x < 1 \end{cases}$ e $a = 1$

**(e)** $f(x) = \begin{cases} 2x-1 & \text{se } x \neq 1 \\ -x & \text{se } x = 1 \end{cases}$ e $a = 1$

**(f)** $f(x) = \sqrt{4x-6}$ e $a=3$

**(g)** $f(x) = \dfrac{1}{x^3}$ e $a=0$

**(h)** $f(x) = \begin{cases} -3x & \text{se } x \geq 1 \\ 5 & \text{se } x < 1 \end{cases}$ para $a = 1$ e $a = -1$

**(3.12)** Identifique, se existirem, as assíntotas verticais das seguintes funções e tente desenhar os seus gráficos.

**(a)** $f(x) = \dfrac{1}{|x|}$

**(b)** $f(x) = \dfrac{x^2-1}{x(x^2-1)}$

**(c)** $f(x) = \dfrac{x+3}{(x-1)(x+2)}$

**(d)** $f(x) = \dfrac{x}{x(x^2-1)}$

**(e)** $f(x) = \dfrac{(x+3)(x^2-1)}{(x^2-1)(x+3)}$

**(f)** $f(x) = \dfrac{x^3-2x^2+1}{x}$

## 3.4 Limites nos Extremos

Na primeira seção deste capítulo, analisamos o exemplo do agiota em que a variável da função ($n$ no caso) cresce indefinidamente e tal crescimento foi indicado com a notação $n \to \infty$. Nas seções 3.2 e 3.3 consideramos funções mais gerais que as sequências da Seção 3.1, mas consideramos a variável se aproximando de um dado valor real fixado $a$ (aproximação pela direita, pela esquerda ou aproximação em geral que foram indicadas por $x \to a^+$, $x \to a^-$ e $x \to a$, respectivamente). Vamos agora voltar à questão do crescimento ou decrescimento arbitrário. Usaremos as seguintes definições:

- Se $f(x)$ se aproximar de um valor $\alpha \in \mathbb{R}$ quando $x$ crescer arbitrariamente ($x \to \infty$), indicamos $\lim\limits_{x \to \infty} f(x) = \alpha$.
- Se $f(x)$ crescer (ou decrescer) arbitrariamente quando $x$ crescer arbitrariamente ($x \to \infty$), indicamos $\lim\limits_{x \to \infty} f(x) = \infty$ (ou , $\lim\limits_{x \to \infty} f(x) = -\infty$ respectivamente).
- Se $f(x)$ se aproximar de um valor $\alpha \in \mathbb{R}$ quando $x$ decrescer arbitrariamente ($x \to -\infty$), indicamos $\lim\limits_{x \to -\infty} f(x) = \alpha$.
- Se $f(x)$ crescer (ou decrescer) arbitrariamente quando $x$ decrescer arbitrariamente ($x \to -\infty$), indicamos $\lim\limits_{x \to -\infty} f(x) = \infty$ (ou $\lim\limits_{x \to -\infty} f(x) = -\infty$, respectivamente).

**Observação** Dadas as características de nossas funções, para ser possível se calcular o limite $\lim\limits_{x \to \infty} f(x)$, podemos assumir que o domínio de $f$ contém um intervalo de tipo $[c, \infty[$, para algum valor $c > 0$. Uma observação semelhante pode ser feita para o limite $\lim\limits_{x \to -\infty} f(x)$, isto é, que o domínio deve conter, nesse caso, um intervalo do tipo $]-\infty, d[$ para algum $d < 0$.

**Exemplo 3.25** Vamos voltar à função $f(x) = \dfrac{1}{x}$ (cujo domínio é $\mathbb{R}^*$). Observe as tabelas a seguir:

Tabela 3.14

| $x > 0$ | $f(x) = \frac{1}{x}$ |
|---|---|
| 1 | 1 |
| 2 | 0,5 |
| 3 | 0,3333... |
| 10 | 0,1 |
| 100 | 0,01 |
| 1.000 | 0,001 |
| 10.000 | 0,0001 |
| ⋮ | ⋮ |

Tabela 3.15

| $x < 0$ | $f(x) = \frac{1}{x}$ |
|---|---|
| −1 | −1 |
| −2 | −0,5 |
| −3 | −0,333... |
| −10 | −0,1 |
| −100 | −0,01 |
| −1.000 | −0,001 |
| −10.000 | −0,0001 |
| ⋮ | ⋮ |

À medida que se considera valores cada vez maiores para $x$ (isto é, com $x$ tendendo a $\infty$, $x \to \infty$), o seu inverso $\frac{1}{x}$ decresce aproximando-se do valor 0.

De modo semelhante, quando $x$ decresce tendendo a $-\infty$, $(x \to -\infty)$, o valor $f(x)$ também se aproxima de 0. Dessa forma,

$$\lim_{x \to \infty} \frac{1}{x} = 0 \qquad \text{e} \qquad \lim_{x \to -\infty} \frac{1}{x} = 0$$

**EXEMPLO 3.26** Uma pequena modificação com relação ao exemplo anterior: considere a função $f(x) = \frac{1}{x} + 2$. Não deve ser difícil perceber que essa função é bem parecida à do Exemplo 3.25, apenas *transladada* do valor 2 para cima. Uma análise similar à feita acima nos leva aos limites:

$$\lim_{x \to \infty} \frac{1}{x} + 2 = 2 \qquad \text{e} \qquad \lim_{x \to -\infty} \frac{1}{x} + 2 = 2$$

Em geral, se $f(x)=\frac{1}{x}+b$ onde $b \in \mathbb{R}$, a situação se repete. Essa função é bem parecida à do Exemplo 3.25, apenas *transladada* do valor $b$ para cima ou para baixo, dependendo de $b$ ser positivo ou negativo (desenhe o seu gráfico nesses dois casos). Uma análise similar à feita acima nos leva a:

$$\lim_{x\to\infty}\frac{1}{x}+b=b \quad \text{e} \quad \lim_{x\to-\infty}\frac{1}{x}+b=b$$

**EXEMPLO 3.27** Seja $f(x) = x^3$. Observe que se $x \geq 1$, então $x^3 \geq x$, portanto, quando $x$ cresce arbitrariamente ($x \to \infty$), teremos que $x^3$ também o faz (isto é, $x^3 \to \infty$). Com isso, $\lim_{x\to\infty} x^3 = \infty$. De maneira análoga, se $x \leq -1$, então $x^3 \leq x$. Logo, quando $x \to -\infty$, $x^3 \to -\infty$ e, com isso, $\lim_{x\to-\infty} x^3 = -\infty$. Graficamente, teremos:

Figura 3.15

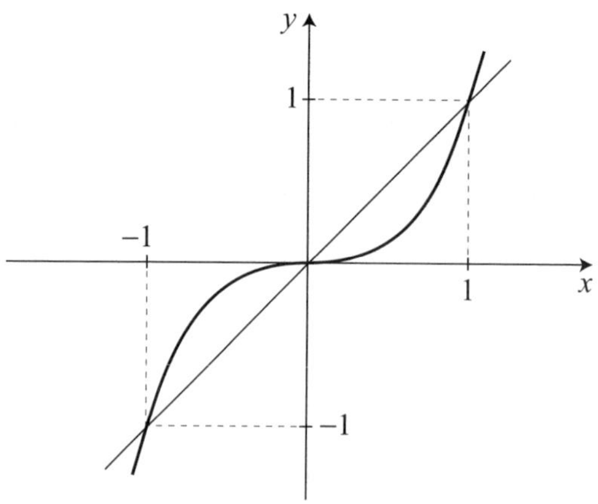


**EXEMPLO 3.28** Considere agora $f(x) = -x^2$. Se $x \geq 1$, temos que $x^2 \geq x$, portanto, $-x^2 \leq -x$. Com isso, se $x \to \infty$, então obviamente $-x \to -\infty$. Logo, como $-x^2 \leq -x$, temos que $\lim_{x\to\infty} -x^2 = -\infty$. De modo análogo, $\lim_{x\to-\infty} -x^2 = -\infty$.

**EXEMPLO 3.29** Consideremos, por fim, a função $f(x) = \text{sen}(x)$. Vimos que $\text{sen}(k\pi) = 0$, para todo $k \in \mathbb{Z}$ e $\text{sen}\left(\frac{\pi}{2}+2k\pi\right)=1$, para todo $k \in \mathbb{Z}$. Observe, então, que dado um valor $\alpha \in \mathbb{R}$ (não importa o quão grande), sempre existirão valores $\beta$ e $\gamma$ em $\mathbb{R}$, maiores do que $\alpha$ e tais que $\beta$ é do tipo $k\pi$ (portanto $\text{sen}(\beta) = 0$) e $\gamma$ é do tipo $\frac{\pi}{2} + 2k\pi$ (portanto, $\text{sen}(\gamma) = 1$). Com isso, à medida que $x$ cresce, $\text{sen}(x)$ não se aproxima de *nenhum* valor específico. Dizemos que o limite $\lim_{x\to\infty} \text{sen}(x)$ não existe. De forma semelhante, não existirá o limite $\lim_{x\to-\infty} sen(x)$ (compare com o discutido no Exemplo 3.16).

## 3.4.1 Assíntotas horizontais

Assim como existem assíntotas verticais que indicam um certo comportamento de $f(x)$ quando $x$ está próximo a um valor $a \in \mathbb{R}$, as assíntotas horizontais indicam o comportamento da função quando $x \to \infty$ ou $x \to -\infty$.

**Definição 3.5** Seja $f: A \to \mathbb{R}$ uma função. Se $\lim_{x\to\infty} f(x)$ ou $\lim_{x\to-\infty} f(x)$ existir e for igual a um valor real $c \in \mathbb{R}$, então dizemos que a reta $y = c$ é uma *assíntota horizontal* de $f$.

**Exemplo 3.30** A reta $y = 0$ é uma assíntota horizontal da função $f(x) = \frac{1}{x}$ pois $\lim_{x\to\infty} \frac{1}{x} = 0$. Nesse exemplo, vale também que o limite $\lim_{x\to-\infty} \frac{1}{x} = 0$.

**Exemplo 3.31** Seja $f(x) = \frac{2x+1}{x}$. Observe que podemos escrever:

$$\frac{2x+1}{x} = \frac{2x}{x} + \frac{1}{x} = 2 + \frac{1}{x}$$

portanto, quando $x \to \infty$, o valor $2 + \frac{1}{x}$ se aproxima de 2, isto é, $\lim_{x\to\infty} \frac{2x+1}{x} = 2$. Logo, a reta $y = 2$ é assíntota horizontal de $f$. De modo análogo, $\lim_{x\to-\infty} \frac{2x+1}{x} = 2$.

**Exemplo 3.32** Sejam $a, b \in \mathbb{R}$ e a função $f(x) = \frac{1}{(x-a)} + b$. Juntando-se as observações feitas nos exemplos 3.10 e 3.26, podemos concluir o seguinte:

- $\lim_{x\to a^+} \frac{1}{x-a} + b = \infty$ e $\lim_{x\to a^-} \frac{1}{x-a} + b = -\infty$
- $\lim_{x\to \infty} \frac{1}{x-a} + b = b$ e $\lim_{x\to \infty} \frac{1}{x-a} + b = b$
- A reta $x = a$ é uma assíntota vertical enquanto que a reta $y = b$ é uma assíntota horizontal.

## Exercicios

**(3.13)** Calcule os seguintes limites:

(a) $\lim_{x\to\infty} \frac{1}{x^3}$ (b) $\lim_{x\to-\infty} \frac{1}{x^3}$ (c) $\lim_{x\to\infty} 3x^3$

(d) $\lim_{x\to-\infty} 3x^3$ (e) $\lim_{x\to\infty} 2 + \frac{3}{x^2}$ (f) $\lim_{x\to-\infty} 2x + \frac{3}{x^2}$

**(3.14)** Identifique, caso existam, as assíntotas horizontais das funções abaixo e desenhe os seus gráficos:

(a) $f(x) = \frac{x}{x-1}$ (b) $f(x) = \frac{-x-5}{x+2}$

(c) $f(x) = \frac{x}{x-1}$ (d) $f(x) = \frac{x^2-2x+1}{x^2-x}$

# 3.5 Propriedades Operatórias de Limites

Muitas vezes, as funções podem ser vistas como soma, produto ou quociente de funções mais simples. Por exemplo, a função $f$: $\mathbb{R} \setminus \{\pm 2\} \to \mathbb{R}$ dada por $f(x) = \frac{(x^3+1)}{(x^2-4)}$ pode ser vista como o quociente da função $p(x) = x^3 + 1$ pela função $q(x) = x^2 - 4$. Por sua vez, a função $p$ pode ser vista como a soma da função cúbica $p_1(x) = x^3$ com a função constante $p_2(x) = 1$, enquanto $q$ pode ser vista como a diferença da função quadrática $q_1(x) = x^2$ pela função constante $q_2(x) = 4$.

A função $p_1$, por fim, pode ser vista como o cubo da função identidade $\text{id}(x) = x$ e $q_1$ como o quadrado dessa mesma função. Nesse caso, a função $f$ pode ser *reconstruída* (com os devidos cuidados no domínio), usando-se a função identidade e funções constantes e operações de soma, produto e quociente de funções.

Em decorrência desse fato de podermos escrever funções em termos de outras mais simples, é bastante útil o estabelecimento de regras para o cálculo de limites de somas, produtos e quocientes de funções em termos de limites de funções mais *básicas*.

A situação ideal, é claro, seria que limites de somas de funções fossem a soma dos limites das parcelas, valendo o mesmo para produtos e quocientes de funções. Isso, no entanto, não é regra geral, como será visto mais adiante. Nesta seção, veremos, no entanto, que, sob certas condições, os limites se comportam bem com relação à soma, ao produto e quociente e que esse bom comportamento será muito útil para nós.

**Teorema 3.4** Sejam $f$ e $g$ duas funções, $a \in \mathbb{R}$ um ponto de acumulação dos domínios de $f$ e de $g$ e $\lambda \in \mathbb{R}$. Vamos supor que os limites $\lim\limits_{x \to a} f(x)$ e $\lim\limits_{x \to a} g(x)$ existem e sejam iguais a valores reais $\alpha$ e $\beta$, respectivamente. Então:

**(a)** *O limite* $\lim\limits_{x \to a}(f+g)(x)$ *existe e vale que*

$$\lim_{x \to a}(f+g)(x) = \lim_{x \to a} f(x) + \lim_{x \to a} g(x) = \alpha + \beta$$

**(b)** *O limite* $\lim\limits_{x \to a}(\lambda f)(x)$ *existe e vale que*

$$\lim_{x \to a}(f+g)(x) = \lambda\left(\lim_{x \to a} f(x)\right) = \lambda\alpha$$

**(c)** *O limite* $\lim\limits_{x \to a}(f \cdot g)(x)$ *existe e vale que*

$$\lim_{x \to a}(f \cdot g)(x) = \lim_{x \to a} f(x) \cdot \lim_{x \to a} g(x) = \alpha\beta$$

**(d)** *O limite* $\lim\limits_{x \to a}\left(\dfrac{f}{g}(x)\right)$ *existe e vale que*

$$\lim_{x \to a}\left(\frac{f}{g}(x)\right) = \frac{\lim\limits_{x \to a} f(x)}{\lim\limits_{x \to a} g(x)} = \frac{\alpha}{\beta} \quad \textit{quando } \beta \neq 0$$

A verificação desse resultado foge ao escopo deste texto, mas incentivamos o leitor a fazê-la. Indicamos abaixo outras três propriedades operatórias que são consequências do Teorema 3.4.

**Corolário 3.5** Sejam $f$ e $g$ duas funções, $a \in \mathbb{R}$ um ponto de acumulação dos domínios de $f$ e de $g$ e $\lambda \in \mathbb{R}$. Vamos supor que os limites $\lim\limits_{x \to a} f(x)$ e $\lim\limits_{x \to a} g(x)$ existem e sejam iguais a valores reais $\alpha$ e $\beta$, respectivamente. Então:

**(a)** O limite $\lim\limits_{x \to a}(f - g)(x)$ existe e vale que

$$\lim_{x \to a}(f - g)(x) = \lim_{x \to a} f(x) - \lim_{x \to a} g(x) = \alpha - \beta$$

**(b)** O limite $\lim\limits_{x \to a}\big(f(x)\big)^n$ existe e vale que

$$\lim_{x \to a}(f)^n(x) = (\lim_{x \to a} f(x))^n = (\alpha)^n \text{, para todo } n \in \mathbb{N}$$

**(c)** O limite $\lim\limits_{x \to a}\dfrac{1}{g}(x)$ existe e vale que

$$\lim_{x \to a}\frac{1}{g}(x) = \frac{1}{\lim\limits_{x \to a} g(x)} = \frac{1}{\beta} \text{, para todo } \beta \neq 0$$

Observe que o item (a) do Corolário 3.5 é consequência dos itens (a) e (b) do Teorema 3.4, colocando-se $\lambda = 1$, enquanto o item (b) do Corolário 3.5 segue como iteração do item (c) do Teorema 3.4 e o item (c) do Corolário 3.5 é um caso particular do item (d) do Teorema 3.4, colocando-se a função $f$ como igual à função constante 1.

## Observações

**(a)** Enfatizamos que o teorema e o corolário citados acima valem se os limites $\lim\limits_{x \to a} f(x)$ e $\lim\limits_{x \to a} g(x)$ forem números reais finitos. Veremos mais adiante que, sem essas hipóteses, esses resultados podem não valer.

**(b)** Nos dois resultados acima, podemos substituir nos limites o valor $a$ por $a^+$, por $a^-$ ou por $\infty$ ou $-\infty$. Com isso, teremos outras versões desses mesmos resultados. Deixamos ao leitor, como exercício, enunciar essas variações.

## 3.5.1 Limites de funções polinomiais

Vamos exemplificar os resultados acima para o cálculo de limites de funções polinomiais quando $a \in \mathbb{R}$. Vamos assumir apenas os fatos facilmente verificáveis que $\lim_{x \to a} x = a$ e $\lim_{x \to a} \lambda = \lambda$, quando $\lambda \in \mathbb{R}$. Vamos considerar inicialmente a função polinomial $f(x) = 4x^3 - x^2 + 15$ e calcular $\lim_{x \to 2} f(x)$. Utilizando o teorema acima, teremos:

$$\begin{aligned}
\lim_{x \to 2}\left(4x^3 - x^2 + 15\right) &= \lim_{x \to 2} 4x^3 - \lim_{x \to 2} x^2 + \lim_{x \to 2} 15 \\
&= 4\lim_{x \to 2} x^3 - \lim_{x \to 2} x^2 + \lim_{x \to 2} 15 \\
&= 4(\lim_{x \to 2} x)^3 - (\lim_{x \to 2} x)^2 + \lim_{x \to 2} 15 \\
&= 4 \cdot 2^3 - 2^2 + 15 = 43
\end{aligned}$$

Observe também que $\lim_{x \to 2} f(x) = f(2)$.

Em geral, para uma função polinomial $p(x) = b_n x^n + \cdots + b_1 x + b_0$ e um valor qualquer $a$ em $\mathbb{R}$, teremos:

$$\lim_{x \to a} p(x) = b_n (\lim_{x \to a} x)^n + \cdots + b_1 \lim_{x \to a} x + \lim_{x \to a} b_0 = b_n a^n + \cdots + b_1 a + b_0 = p(a).$$

De agora em diante, todas as vezes que quisermos calcular os limites $\lim_{x \to a} p(x)$, $\lim_{x \to a^+} p(x)$ e $\lim_{x \to a^-} p(x)$ onde $p(x)$ for uma função polinomial, basta calcular o valor $p(a)$, o que simplifica muito esse cálculo.

## 3.5.2 Limites de funções racionais

Seja agora $f(x) = \dfrac{p(x)}{q(x)}$ uma função racional, isto é, na qual $p(x)$ e $q(x)$ são funções polinomiais. Observe, inicialmente, que, pelo visto acima, $q(a) = 0$ se e somente se $\lim_{x \to a} q(x) = 0$. Utilizando novamente o Teorema 3.4, teremos que se $a \in \mathbb{R}$ é tal que $q(a) \neq 0$, então $\lim_{x \to a} \dfrac{p(x)}{q(x)} = \dfrac{p(a)}{q(a)}$. Usaremos esse fato de agora em diante sempre que quisermos calcular os limites:

$$\lim_{x \to a} \frac{p(x)}{q(x)}, \ \lim_{x \to a^+} \frac{p(x)}{q(x)} \ \text{e} \ \lim_{x \to a^-} \frac{p(x)}{q(x)}$$

e tivermos, importante lembrar, $q(a) \neq 0$.

**EXEMPLO 3.33** Seja $f$ a função $f(x) = \dfrac{x^2 - 3x + 5}{x^4 - x^3}$. Observe que o domínio de $f$ é $\mathbb{R} \setminus \{0,1\}$. Com isso, se $a$ for distinto de 0 e de 1, então o cálculo do limite quando $x$ tende a $a$ é bem fácil, basta substituir a variável $x$ pelo valor $a$. Por exemplo,

$$\lim_{x \to 2} \frac{x^2 - 3x + 5}{x^4 - x^3} = \frac{2^2 - 3 \cdot 2 + 5}{2^4 - 2^3} = \frac{3}{8}$$

**EXEMPLO 3.34** Considere agora $f(x) = \dfrac{\left(x^2 - 1\right)}{\left(x^4 + 4\right)}$. Como $x^4 + 4$ nunca se anula (verifique!), então o domínio da $f$ é $\mathbb{R}$ e o cálculo do limite é fácil de ser feito para qualquer valor $a$ real. Por exemplo,

$$\lim_{x \to 1} \frac{x^2 - 1}{x^4 + 4} = \frac{1^2 - 1}{1^4 + 4} = \frac{0}{5} = 0 \ \text{ou} \ \lim_{x \to 2} \frac{x^2 - 1}{x^4 + 4} = \frac{2^2 - 1}{2^4 + 4} = \frac{3}{20}$$

**EXEMPLO 3.35** Se a função $f$ for dada por $f(x) = \dfrac{x^2 + 4}{x^2 - 1}$ então o limite $\lim\limits_{x \to 1} \dfrac{x^4 + 4}{x^2 - 1}$ não pode ser calculado como acima, pois 1 é raiz do polinômio $(x^2 - 1)$ (o denominador da função $f$). Para esse exemplo, e preciso uma análise mais direta (veremos mais adiante outros métodos que nos auxiliarão nesses casos). Como $x^4 + 4$ não se aproxima de 0 quando $x$ se aproxima de 1 (observe que $x^4 + 4 \geq 4$ para todo $x$), o comportamento de $\dfrac{x^2 + 4}{x^2 - 1}$ em torno do ponto 1 depende do comportamento de $\dfrac{1}{x^2 - 1}$ nas vizinhanças desse ponto. Repetindo-se um argumento já utilizado acima, não é difícil se convencer que:

$$\lim_{x \to 1^+} \frac{1}{x^2 - 1} = \infty \ \text{e} \ \lim_{x \to 1^-} \frac{1}{x^2 - 1} = -\infty$$

Portanto,

$$\lim_{x\to 1^+} \frac{x^2+4}{x^2-1} = \infty \quad \text{e} \quad \lim_{x\to 1^-} \frac{x^2+4}{x^2-1} = -\infty$$

e concluímos, nesse caso, que o limite $\lim_{x\to 1} \frac{x^4+4}{x^2-1}$ não existe. Observe, no entanto, que a reta $x = 1$ é uma assíntota vertical.

**EXEMPLO 3.36** Seja $f(x) = \dfrac{p(x)}{q(x)}$ onde $p(x)$ e $q(x)$ são funções polinomiais. Gostaríamos de observar que devemos estar atentos aos pontos $a \in \mathbb{R}$ que são raízes de $q$, isto é, tais que $q(a) = 0$. O Exemplo 2.11 é significativo pois 1 e $-3$ são raízes de $(x-1)(x+3)$, mas o comportamento da função $f(x) = \dfrac{(x-1)}{(x-1)(x+3)}$ perto do ponto 1 é distinto do comportamento perto do ponto -3. Especificamente, vimos no Exemplo 3.22 que:

$$\lim_{x\to 1} \frac{x-1}{(x-1)(x+3)} = \frac{1}{4}$$

enquanto que o limite $\lim_{x\to -3} f(x)$ não existe, pois, como visto anteriormente, os seus limites laterais diferem:

$$\lim_{x\to -3^-} \frac{x-1}{(x-1)(x+3)} = -\infty \quad \text{e} \quad \lim_{x\to -3^+} \frac{x-1}{(x-1)(x+3)} = \infty$$

## 3.5.3 Limites de funções compostas

Vamos terminar esta seção discutindo o limite de funções compostas. Quando quisermos calcular, por exemplo, o limite $\lim_{x\to\pi} \operatorname{sen}\left(x+\frac{\pi}{2}\right)$ é preciso verificar, em primeiro lugar, para onde o valor $x+\frac{\pi}{2}$ se aproxima quando $x$ se aproxima de $\pi$ e aí estudaremos o comportamento da função seno em torno desse ponto.

Se olharmos a $f(x) = \operatorname{sen}\left(x + \frac{\pi}{2}\right)$ função como sendo a composta de $g(x) = x + \frac{\pi}{2}$ com $h(y) = \operatorname{sen}(y)$, primeiro, devemos calcular $\lim_{x \to \pi} g(x) = \alpha$ e depois calcular $\lim_{x \to \alpha} h(y)$. O resultado abaixo garante que esse método funciona desde que os limites envolvidos existam e sejam finitos. A propósito, $\lim_{x \to \pi} \operatorname{sen}\left(x + \frac{\pi}{2}\right) = -1$ (verifique!)

**Teorema 3.6** Sejam $f$ e $g$ duas funções tais que $\operatorname{Im}(f) \subset \operatorname{Dom}(g)$ e seja $a$ um ponto do domínio de $f$. Se $\lim_{x \to a} f(x)$ existe e vale $b$ e $\lim_{x \to b} g(x)$ existe e vale $c$, então $\lim_{x \to a} (g \circ f)(x)$ existe e vale $c$.

**EXEMPLO 3.37** Seja $f(x) = (x + 1)^{100}$. Queremos calcular o limite $\lim_{x \to -1} f(x)$. Poderíamos desenvolver $(x + 1)^{100}$ como um polinômio de grau 100 e calcular o limite acima para esse polinômio. Por outro lado, podemos olhar $f$ como a composta de $g(x) = x + 1$ com $h(y) = y^{100}$. É fácil ver que $\lim_{x \to -1} g(x) = 0$ e que $\lim_{y \to 0} h(y) = 0$, portanto, utilizando o teorema acima, chegamos a $\lim_{x \to -1} (x+1)^{100} = 0$. De forma análoga, concluímos que:

$$\lim_{x \to 0} (x+1)^{100} = 1, \quad \text{pois} \quad \lim_{x \to 0} (x+1) = 1 \text{ e } \lim_{y \to 1} y^{100} = 1.$$

**EXEMPLO 3.38** Vamos calcular $\lim_{x \to 0} \sqrt[5]{x^3 + 32}$. Aqui também, podemos olhar a função $\sqrt[5]{x^3 + 32}$ como uma composta $(h \circ g)(x)$, onde $g(x) = x^3 + 32$ e $h(y) = \sqrt[5]{y}$. Pelo que vimos acima, segue que $\lim_{x \to 0} x^3 + 32 = 32$. Como $\lim_{y \to b} \sqrt[5]{y} = \sqrt[5]{b}$, ao substituirmos $b$ por 32 (que é o valor de $\lim_{x \to 0} x^3 + 32$), teremos que:

$$\lim_{y \to 32} \sqrt[5]{y} = \sqrt[5]{32} = 2$$

Segue, então, que:

$$\lim_{x \to 0} \sqrt[5]{x^3 + 32} = \lim_{y \to 32} \sqrt[5]{y} = \sqrt[5]{32} = 2$$

## Exercicios

**(3.15)** Calcule os seguintes limites, se existirem:

(a) $\lim_{x\to\infty} \frac{3x-1}{2x+6}+\frac{3x}{x-1}-\frac{2x^2-4}{x^4+1}$ (b) $\lim_{x\to-1} \frac{2x}{x+1}$

(c) $\lim_{x\to1^+} \frac{1}{2x(x+1)}$ (d) $\lim_{x\to-1} 2x(x+1)$

(e) $\lim_{x\to1^+} 3x-\frac{2}{x-1}$ (f) $\lim_{x\to1^-} 3x-\frac{2}{x-1}$

**(3.16)** Calcule os seguintes limites, se existirem:

(a) $\lim_{x\to3} \frac{x^2-9}{x-3}$ (b) $\lim_{x\to-1} \frac{x-3}{x^2-9}$ (c) $\lim_{x\to1} \frac{x^4-1}{x-1}$

(d) $\lim_{x\to-1} \frac{x-1}{x^4-1}$ (e) $\lim_{x\to0} \frac{x^4}{x^3-3x}$ (f) $\lim_{x\to-1} \frac{x-1}{x^2-3x+2}$

**(3.17)** Calcule os seguinte limites se existirem:

(a) $\lim_{x\to0} \operatorname{sen}\left(x^2-\frac{\pi}{2}\right)$ (b) $\lim_{x\to-1} \sqrt{x^3-4x^2-12x+1}$

(c) $\lim_{x\to-2} \sqrt{\frac{x^4-3x^2+3}{x^2-2x+7}}$ (d) $\lim_{x\to15} tg\left(\frac{\pi}{2}+\pi x^2\right)$

(e) $\lim_{x\to1}(x^2-2x+3)^5$ (f) $\lim_{x\to2}\left(\frac{1}{x^2-3}\right)^{43}$

# 3.6 Teorema do Confronto

Muitas vezes, é possível se calcular o limite de uma função a partir do relacionamento dela com outras. Em alguns casos, uma função pode estar *espremida* entre outras duas, e, nesse caso, os seus limites também estarão. Por exemplo, seja $f$ uma função tal que $\operatorname{sen}\left(\frac{\pi x}{2}\right) \le f(x) \le x^2-2x+2$ para todo $x \in \mathbb{R}$. Apesar de não sabermos muito sobre $f$, calcular o limite $\lim_{x\to1} f(x)$ será possível.

Observe que $\lim_{x\to 1} \operatorname{sen}\left(\frac{\pi x}{2}\right) = \operatorname{sen}\left(\frac{\pi}{2}\right) = 1$ e que $\lim_{x\to 1} x^2 - 2x + 2 = 1$. Dada a relação entre as funções acima, é natural que o limite $\lim_{x\to 1} f(x)$ esteja determinada por ela e que valha 1. É exatamente isso que nos garante o teorema do Confronto que enunciamos a seguir.

**Teorema 3.7 (Teorema do Confronto)** Sejam *f*, *g* e *h* três funções cujos domínios contenham os intervalos $]a, c[$ e $]c, b[$ (onde $a < c < b$ são números reais). Assuma $f(x) \leq g(x) \leq h(x)$, para todo $x \in ]a, c[ \cup ]c, b[$. Se $\lim_{x\to c} f(x) = \lim_{x\to c} h(x) = \alpha$, então $\lim_{x\to c} g(x) = \alpha$.

Podemos visualizar essa situação na figura abaixo.

Figura 3.16

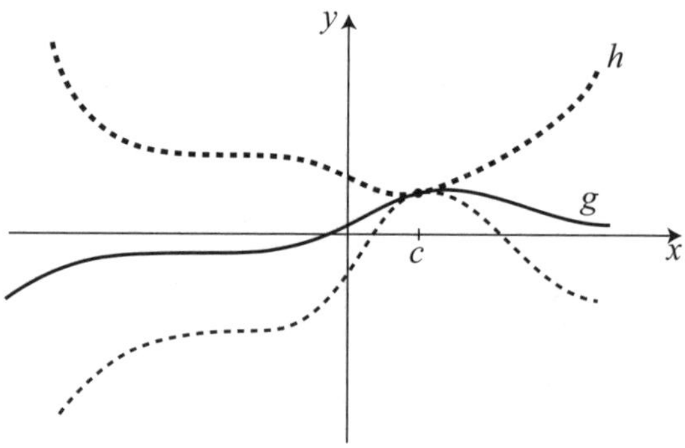


**EXEMPLO 3.39** Voltemos à função acima, isto é, à função $f$ tal que $\operatorname{sen}\left(\frac{\pi x}{2}\right) \leq f(x) \leq x^2 - 2x + 2$ para todo $x \in \mathbb{R}$ e vamos calcular $\lim_{x\to 1} f(x)$. Como observado, $\lim_{x\to 1} \operatorname{sen}\left(\frac{\pi x}{2}\right) = \operatorname{sen}\left(\frac{\pi}{2}\right) = 1$ e $\lim_{x\to 1} x^2 - 2x + 2 = 1$.

Utilizando agora o Teorema do Confronto, concluímos que $\lim_{x\to 1} f(x) = 1$.

**EXEMPLO 3.40** Seja *f* uma função tal que $|f(x)| \leq x^2$, para todo $x \in ]-1,1[$. Essa condição implica que $-x^2 \leq f(x) \leq x^2$ para valores de $x$ no intervalo em questão. Como $\lim_{x\to 0} -x^2 = 0$ e $\lim_{x\to 0} x^2 = 0$, concluímos, pelo teorema acima, que $\lim_{x\to 0} f(x) = 0$.

Uma consequência bastante útil do Teorema do Confronto é o seguinte resultado.

**Corolário 3.8** Sejam $f$ e $g$ duas funções com o mesmo domínio $A$ e seja $c$ um ponto de acumulação de $A$. Suponha que exista uma constante $\lambda > 0$ tal que $|g(x)| \leq \lambda$, para todo $x \in A$. Se $\lim_{x\to c} f(x) = 0$, então $\lim_{x\to c} f(x)g(x) = 0$.

**Demonstração** Não é difícil justificar esse resultado. De fato, como $|g(x)| \leq \lambda$, teremos:

$$|f(x)g(x)| = |f(x)||g(x)| \leq |f(x)|\lambda$$

Portanto,

$$-\lambda|f(x)| \leq f(x)g(x) \leq \lambda|f(x)|$$

Como $\lim_{x\to c} f(x) = 0$ por hipótese, então $\lim_{x\to c}|f(x)| = 0$ e $\lim_{x\to c} -\lambda|f(x)| = 0$ e o resultado segue utilizando-se do Teorema do Confronto.

Em outras palavras, esse resultado ajuda a calcular, em certos casos particulares, o limite de um produto de duas funções mesmo quando não conhecemos o limite de uma delas. Basta saber que uma das funções é limitada e a outra tem limite igual a zero para que o produto tenha limite também nulo. Vamos exemplificar.

**Exemplo 3.41** Vamos calcular $\lim_{x\to 0} x\,\text{sen}\left(\frac{1}{x}\right)$. Sabemos que a imagem da função seno é $[-1,1]$ e portanto $\left|\text{sen}\left(\frac{1}{x}\right)\right| \leq 1$ para todo $x \in \mathbb{R}^*$. Por outro lado, $\lim_{x\to 0} x = 0$. Pelo corolário acima, seguirá então que $\lim_{x\to 0} x\,\text{sen}\left(\frac{1}{x}\right) = 0$. Observe que não existe $\lim_{x\to 0} \text{sen}\left(\frac{1}{x}\right)$ (veja o Exemplo 3.16) mas, apesar disso, o limite $\lim_{x\to 0} x\,\text{sen}\left(\frac{1}{x}\right)$ existe e vale 0.

**Exemplo 3.42** Vamos calcular o limite $\lim_{x\to 0} \text{sen}(x)\left(\frac{x^2-1}{x^2+1}\right)$. Inicialmente, observemos que $\left|\frac{x^2-1}{x^2+1}\right| \leq 1$. De fato, como $x^2 - 1 \leq x^2 + 1$, segue que $\frac{x^2-1}{x^2+1} \leq 1$.

Também, de $x^2 - 1 \geq -x^2 - 1 = -(x^2 + 1)$, segue que $\frac{x^2-1}{x^2+1} \geq -1$. Logo, $\left|\frac{x^2-1}{x^2+1}\right| \leq 1$ como queríamos. Agora, $\lim_{x\to 0} \operatorname{sen}(x) = 0$ e portanto, pelo resultado acima,

$$\lim_{x\to 0} \operatorname{sen}(x)\left(\frac{x^2-1}{x^2+1}\right) = 0.$$

## Exercícios

**(3.18)** Calcule os seguintes limites:

(a) $\lim_{x\to 1}(x^2-1)\cos\left(\frac{1}{x-1}\right)$

(b) $\lim_{x\to 0} \operatorname{sen}(x)\cos\left(\frac{1}{x}\right)$

(c) $\lim_{x\to 0}\left(x\operatorname{sen}\left(\frac{1}{x}\right)\right)^2$

(d) $\lim_{x\to 0} \operatorname{sen}\left(\frac{x}{2}\right)\left(\frac{x^4-2}{x^4+2}\right)$

(e) $\lim_{x\to \pi} \cos\left(\frac{x}{2}\right)\left(\frac{x^2-1}{x^2+1}\right)$

**(3.19)** Seja $f: \mathbb{R} \to \mathbb{R}$ tal que $2x + 1 \leq f(x) \leq x^2 + 2$, para todo $x \in \mathbb{R}$. Calcule $\lim_{x\to 1} f(x)$.

**(3.20)** Seja $f: \mathbb{R} \to \mathbb{R}$ tal que $|f(x) - 1| \leq x^2$, para todo $x \in \mathbb{R}$. Calcule $\lim_{x\to 0} f(x)$.

# 3.7 Operatória com Infinitos

Vimos, na Seção 3.5, a importância das propriedades operatórias dos limites para somas, produtos e quocientes de funções. No Teorema 3.4, impusemos que os limites das funções dadas inicialmente tinham que ser valores reais. A rigor, $+\infty$ e $-\infty$ não são números, portanto, não podemos operar com eles. Daí a dificuldade em generalizar aquele teorema na forma em que está para limites que envolvam $\infty$. Nosso objetivo aqui é mostrar que, em alguns casos, é possível ter-se propriedades análogas às do Teorema 3.4. Em outros casos, teremos que lançar mão de outras técnicas, algumas a serem discutidas ao final desta seção, outras mais adiante, como a regra de *L'Hopital*, que utiliza a noção de derivada. Vamos começar com alguns exemplos.

**Exemplo 3.43** Sejam $f$ e $g$ as funções dadas por $f(x) = x + 2$ e $h(x) = x$, respectivamente. Não é difícil ver que $\lim_{x\to\infty} f(x) = \infty$ e que $\lim_{x\to\infty} h(x) = \infty$. Vamos calcular $\lim_{x\to\infty}(f - h)(x)$. Um cálculo simples nos dá $\lim_{x\to\infty}(f - h)(x) = \lim_{x\to\infty}(f(x) - h(x)) =$ $\lim_{x\to\infty}(x + 2 - x) = \lim_{x\to\infty} 2 = 2$.

Se tentássemos usar uma regra como a do Teorema 3.4 neste caso, teríamos o seguinte:

$$\lim_{x\to\infty}(f - h)(x) = \lim_{x\to\infty} f(x) - \lim_{x\to\infty} h(x) = \infty - \infty$$

o que não faz muito sentido pois, como comentamos acima, não podemos *operar* com o símbolo $\infty$. Nossa primeira reação seria escrever $\infty - \infty = 0$ e aí teríamos, ao comparar os dois cálculos acima, a igualdade $0 = 2$! É claro que essa igualdade errada vem do fato de se tentar fazer a conta $\infty - \infty$. Modificando-se um pouco as funções envolvidas, concluiríamos que a diferença $\infty - \infty$ poderia ser então qualquer número real! (incentivamos o leitor a mostrar tal observação, tendo como modelo o que fizemos acima para chegarmos à igualdade, falsa, 0=2). Logo, não pode existir um *valor natural* para $\infty - \infty$, Portanto, essa diferença não está definida.

**Exemplo 3.44** Sejam agora as funções $f(x) = 3x$ e $g(x) = x$. É fácil ver que $\lim_{x\to 0} 3x = 0$ e que $\lim_{x\to 0} x = 0$. Um cálculo simples fornece:

$$\lim_{x\to 0}\left(\frac{f}{g}(x)\right) = \lim_{x\to 0}\left(\frac{3x}{x}\right) = \lim_{x\to 0} 3 = 3$$

Mas é claro que não valerá a relação,

$$\lim_{x\to 0}\left(\frac{f}{g}\right) = \frac{\lim_{x\to 0} f(x)}{\lim_{x\to 0} g(x)}$$

que seria, nesse caso, igual a $\frac{0}{0}$ e nos levaria a uma contradição. Usando-se o mesmo par de funções, e calculando-se $\lim_{x\to\infty}\frac{f(x)}{g(x)}$ teríamos facilmente $\lim_{x\to\infty}\frac{3x}{x} = 3$.

Se, nesse caso, existisse uma relação como no Teorema 3.4, chegaríamos de novo a uma incongruência, especificamente a,

$$\lim_{x\to\infty}\left(\frac{f}{g}(x)\right)=\frac{\lim\limits_{x\to\infty} f(x)}{\lim\limits_{x\to\infty} g(x)}=\frac{\infty}{\infty}$$

(deixamos ao leitor explicitar a contradição!).

Os dois exemplos anteriores indicam que certas operações envolvendo o símbolo $\infty$ não podem ser facilmente esquematizadas. A tabela seguinte, no entanto, permite-nos fazer certos cálculos envolvendo funções cujos limites não estão nas condições do Teorema 3.4.

Tabela 3.16

| $\lim\limits_{x\to a} f(x)$ | $\lim\limits_{x\to a} g(x)$ | $\lim\limits_{x\to a}(f+g)(x)$ | $\lim\limits_{x\to a}(f\cdot g)(x)$ | $\lim\limits_{x\to a}\left(\frac{f}{g}(x)\right)$ |
|---|---|---|---|---|
| $\alpha\in\mathbb{R}$ | $\infty$ | $\infty$ | $\infty$ se $\alpha>0$<br>$-\infty$ se $\alpha<0$ | 0 |
| $\alpha\in\mathbb{R}$ | $-\infty$ | $-\infty$ | $-\infty$ se $\alpha>0$<br>$\infty$ se $\alpha<0$ | 0 |
| $\infty$ | $\alpha\in\mathbb{R}^*$ | $\infty$ | $-\infty$ se $\alpha>0$<br>$\infty$ se $\alpha<0$ | $\infty$ se $\alpha>0$<br>$-\infty$ se $\alpha<0$ |
| $-\infty$ | $\alpha\in\mathbb{R}^*$ | $-\infty$ | $\infty$ se $\alpha>0$<br>$-\infty$ se $\alpha<0$ | $-\infty$ se $\alpha>0$<br>$\infty$ se $\alpha<0$ |
| $\infty$ | $\infty$ | $\infty$ | $\infty$ | ? |
| $-\infty$ | $-\infty$ | $-\infty$ | $\infty$ | ? |
| $-\infty$ | $\infty$ | ? | $-\infty$ | ? |
| $\alpha\in\mathbb{R}$ | 0 | $\alpha$ | 0 | $\infty$ se $\alpha>0$<br>$-\infty$ se $\alpha<0$ |

O sinal de interrogação na tabela acima indica a indefinição quanto ao que pode ocorrer. Mais adiante, veremos algumas técnicas que podem nos auxiliar nesses casos. Aqui, também, $a$ pode ser substituído por $a^+$, $a^-$, $\infty$ e por $-\infty$ . A seguir, vamos ver como utilizar a tabela acima no cálculo de certos limites. Para começar, observe que segue diretamente dela que:

- $\lim_{x\to\infty} x^n = +\infty$ , para todo $n$.
- $\lim_{x\to-\infty} x^n = \begin{cases} +\infty & \text{se} \quad \text{se } n \text{ for par} \\ -\infty & \text{se} \quad \text{se } n \text{ for ímpar} \end{cases}$

## 3.7.1 Limites de funções polinomiais

Consideremos inicialmente alguns exemplos.

**EXEMPLO 3.45** Considere a função polinomial $f(x) = x^{13} - x^{12} - x^{11}$, vamos calcular $\lim_{x\to\infty} f(x)$. Como:

$$\lim_{x\to\infty} x^{13} = \lim_{x\to\infty} x^{12} = \lim_{x\to\infty} x^{11} = +\infty$$

não faz sentido fazer a seguinte conta:

$$\lim_{x\to\infty} x^{13} - x^{12} - x^{11} = \lim_{x\to\infty} x^{13} - \lim_{x\to\infty} x^{12} - \lim_{x\to\infty} x^{11}$$

No entanto, podemos colocar o termo $x^{13}$ em evidência (para $x \neq 0$) na expressão de $f(x)$, isto é,

$$f(x) = x^{13} - x^{12} - x^{11} = x^{13}\left(1 - \frac{1}{x} - \frac{1}{x^2}\right), \text{ para } x \neq 0$$

Escrevemos então $f(x)$ como o produto $g(x) \cdot h(x)$, em que:

(i) $g(x) = x^{13}$, cujo limite $\lim_{x\to\infty} x^{13}$ vale $\infty$

(ii) $h(x) = \left(1 - \frac{1}{x} - \frac{1}{x^2}\right)$, cujo limite $\lim_{x\to\infty}\left(1 - \frac{1}{x} - \frac{1}{x^2}\right)$ vale 1 $\left(\text{pois } \lim_{x\to\infty} \frac{1}{x} = \lim_{x\to\infty} \frac{1}{x^2} = 0\right)$

Portanto, pela tabela anterior,

$$\lim_{x\to\infty} f(x) = \lim_{x\to\infty} g(x)\cdot h(x) = \infty$$

O mesmo processo poderia ser usado para calcular $\lim_{x\to\infty} f(x)$ para chegarmos a:

$$\lim_{x\to-\infty} x^{13} - x^{12} - x^{11} = -\infty$$

**Exemplo 3.46** Consideremos agora a função polinomial dada por $f(x) = -x^3 + 4x$. Vamos calcular o limite $\lim_{x\to\infty} f(x)$. Como fizemos anteriormente, vamos colocar a maior potência de $x$ em evidência. Dessa forma, teremos:

$$\lim_{x\to\infty} - x^3 + 4x = \lim_{x\to\infty} x^3\left(-1 + \frac{4}{x^2}\right) = -\infty$$

pois $\lim_{x\to\infty} x^3 = \infty$ e $\lim_{x\to\infty} -1 + \frac{4}{x^2} = -1$. De forma similar, temos que $\lim_{x\to\infty} - x^3 + 4x = \infty$.

A ideia de se colocar em evidência a maior potência de $x$ pode ser usada em geral para todas as funções polinomiais. Seja $f(x) = a_n x^n + a_{n-1}x^{n-1} + \cdots + a_1 x + a_0$, com $a_n \neq 0$.

De modo semelhante ao feito acima, podemos escrever, para $x \neq 0$,

$$f(x) = x^n\left(a_n + \frac{a_{n-1}}{x} + \frac{a_{n-2}}{x^2} + \cdots + \frac{a_0}{x^n}\right)$$

Usando as mesmas ideias já utilizadas (na realidade, o Teorema 3.4), temos que:

$$\lim_{x\to\infty}\left(a_n x^n + a_{n-1}x^{n-1} + \cdots + a_0\right) = \lim_{x\to\infty} x^n\left(a^n + \frac{a_{n-1}}{x} + \cdots + \frac{a_0}{x^n}\right) = \lim_{x\to\infty} a_n x^n$$

que será $+\infty$ ou $-\infty$ dependendo de $a_n$ ser positivo ou negativo (consulte a tabela anterior). De maneira análoga, podemos calcular o limite

$\lim_{x \to -\infty} a_n x^n + \ a_{n-1}x^{n-1} + \cdots + a_1 x + a_0$. Ao final, teremos que, dado um polinômio seus limites serão:

$$\lim_{x\to\infty} a_n x^n + \cdots + a_1 x + a_0 = \begin{cases} \infty \text{ se } a_n > 0 \\ -\infty \text{ se } a_n < 0 \end{cases}$$

$$\lim_{x\to-\infty} a_n x^n + \cdots + a_1 x + a_0 = \begin{cases} \infty \text{ se } a_n > 0 \text{ e } n \text{ par ou } a_n < 0 \text{ e } n \text{ ímpar} \\ -\infty \text{ se } a_n > 0 \text{ e } n \text{ ímpar ou } a_n < 0 \text{ e } n \text{ par} \end{cases}$$

## 3.7.2 Limites de funções racionais

Seja agora $f(x) = \dfrac{p(x)}{q(x)}$ em que $p$ e $q$ são funções polinomiais. Vamos usar a mesma técnica para calcular $\lim_{x\to\infty} f(x)$ e $\lim_{x\to-\infty} f(x)$.

**EXEMPLO 3.47** Considere a função $f(x) = \dfrac{(x^3 - 2x^2 + 8)}{(-x^3 + 4)}$ e vamos calcular $\lim_{x\to-\infty} f(x)$.

$$\lim_{x\to\infty}\left(\frac{x^3 - 2x + 8}{-x^3 + 4}\right) = \lim_{x\to\infty}\left(\frac{x^3\left(1 - \frac{2}{x} + \frac{8}{x^3}\right)}{x^3\left(-1 + \frac{4}{x^3}\right)}\right)$$

$$= \lim_{x\to\infty}\left(\frac{1 - \frac{2}{x} + \frac{8}{x^3}}{-1 + \frac{4}{x^3}}\right) = -1$$

Observe que, no último passo, usamos os seguintes limites:

$$\lim_{x\to\infty}\left(1 - \frac{2}{x} + \frac{8}{x^3}\right) = 1 \quad \text{e} \quad \lim_{x\to\infty}\left(-1 + \frac{4}{x^3}\right) = -1$$

Vamos analisar o caso geral de funções racionais. Seja a função:

$$f(x) = \frac{p(x)}{q(x)}$$

em que $p(x)$ e $q(x)$ sao dadas por:

$$p(x) = a_n x^n + \cdots + a_1 x + a_0 \qquad \text{com } a_n \neq 0.$$

$$q(x) = b_m x^m + \cdots + b_1 x + b_0 \qquad \text{com } b_m \neq 0.$$

Temos então:

$$f(x) = \frac{p(x)}{q(x)} = \frac{a_n x^n + \cdots + a_1 x + a_0}{b_m x^m + \cdots + b_1 x + b_0} = \frac{x^n\left(a_n + \frac{a_{n-1}}{x} + \cdots + \frac{a_0}{x^n}\right)}{x^m\left(b_m + \frac{b_{m-1}}{x} + \cdots + \frac{b_0}{x^m}\right)}$$

Observe que:

$$\lim_{x\to\infty} a_n + \frac{a_{n-1}}{x} + \cdots + \frac{a_0}{x^n} = \lim_{x\to-\infty} a_n + \frac{a_{n-1}}{x} + \cdots + \frac{a_0}{x^n} = a_n$$

assim como:

$$\lim_{x\to\infty} b_m + \frac{b_{m-1}}{x} + \cdots + \frac{b_0}{x^m} = \lim_{x\to-\infty} b_m + \frac{b_{m-1}}{x} + \cdots + \frac{b_0}{x^m} = b_m$$

Precisamos agora dividir em três casos:

**Caso 1:** $n = m$. Aqui, teremos

$$f(x) = \frac{x^n\left(a_n + \frac{a_{n-1}}{x} + \cdots + \frac{a_0}{x^n}\right)}{x^n\left(b_n + \frac{b_{n-1}}{x} + \cdots + \frac{b_0}{x^n}\right)} = \frac{\left(a_n + \frac{a_{n-1}}{x} + \cdots + \frac{a_0}{x^n}\right)}{\left(b_n + \frac{b_{n-1}}{x} + \cdots + \frac{b_0}{x^n}\right)}$$

e portanto, pelo Teorema 3.4, segue que:

$$\lim_{x\to\infty} f(x) = \frac{a_n}{b_n} = \lim_{x\to-\infty} f(x)$$

Caso 2: $n > m$. Neste caso,

$$f(x) = \frac{x^n\left(a_n + \dfrac{a_{n-1}}{x} + \cdots + \dfrac{a_0}{x^n}\right)}{x^m\left(b_m + \dfrac{b_{m-1}}{x} + \cdots + \dfrac{b_0}{x^m}\right)}$$

$$= \frac{x^{n-m}\left(a_n + \dfrac{a_{n-1}}{x} + \cdots + \dfrac{a_0}{x^n}\right)}{\left(b_m + \dfrac{b_{m-1}}{x} + \cdots + \dfrac{b_0}{x^m}\right)}$$

e chegamos, usando a Tabela 3.16, a:

$$\lim_{x\to\infty} f(x) = \begin{cases} +\infty & \text{se } \dfrac{a_n}{b_m} > 0 \\ -\infty & \text{se } \dfrac{a_n}{b_m} < 0 \end{cases}$$

$$\lim_{x\to-\infty} f(x) = \begin{cases} +\infty & \text{se } \begin{cases} \dfrac{a_n}{b_m} > 0 \text{ e } n-m \text{ par ou} \\ \dfrac{a_n}{b_m} < 0 \text{ e } n-m \text{ ímpar} \end{cases} \\ -\infty & \text{se } \begin{cases} \dfrac{a_n}{b_m} > 0 \text{ e } n-m \text{ ímpar ou} \\ \dfrac{a_n}{b_m} < 0 \text{ e } n-m \text{ par} \end{cases} \end{cases}$$

Caso 3: $n < m$. Aqui,

$$f(x) = \frac{x^n\left(a_n + \frac{a_{n-1}}{x} + \cdots + \frac{a_0}{x^n}\right)}{x^m\left(b_m + \frac{b_{m-1}}{x} + \cdots + \frac{b_0}{x^m}\right)}$$

$$= \frac{\left(a_n + \frac{a_{n-1}}{x} + \cdots + \frac{a_0}{x^n}\right)}{x^{m-n}\left(b_m + \frac{b_{m-1}}{x} + \cdots + \frac{b_0}{x^m}\right)}$$

e, portanto, $\lim_{x\to\infty} f(x) = \lim_{x\to-\infty} f(x) = 0$.

Vamos exemplificar as contas acima.

**Exemplo 3.48** Considere a função $f(x) = \frac{(x^3 - 2x^2 + 8)}{(-x^3 + 4)}$. Calculamos acima o $\lim_{x\to\infty} f(x)$, vamos agora calcular $\lim_{x\to-\infty} f(x)$:

$$\lim_{x\to-\infty}\left(\frac{x^3 - 2x^2 + 8}{-x^3 + 4}\right) = \lim_{x\to\infty}\left(\frac{x^3\left(1 - \frac{2}{x} + \frac{8}{x^3}\right)}{x^3\left(-1 + \frac{4}{x^3}\right)}\right)$$

$$= \lim_{x\to\infty}\left(\frac{1 - \frac{2}{x} + \frac{8}{x^3}}{-1 + \frac{4}{x^3}}\right) = -1$$

Em particular, concluímos que $y = -1$ é uma assíntota horizontal da função em questão.

**Exemplo 3.49** Considere a função $f(x) = \frac{(-5x^4 - 13x^2)}{(x^2 + 1)}$ e vamos calcular $\lim_{x\to\infty} f(x)$:

$$\lim_{x\to\infty}\left(\frac{-5x^4-13x^2}{x^3+1}\right)=\lim_{x\to\infty}\left(\frac{x^4\left(-5-\frac{13}{x^2}\right)}{x^2\left(1+\frac{1}{x^2}\right)}\right)$$

$$=\lim_{x\to\infty}\left(\frac{x^2\left(-5-\frac{13}{x^2}\right)}{1+\frac{1}{x^3}}\right)=-\infty$$

Deixamos ao leitor calcular o limite $\lim_{x\to-\infty} f(x)$.

**EXEMPLO 3.50** Considere a função $f(x)=\frac{\left(-5x^4-13x^2\right)}{\left(x^3+1\right)}$ e vamos calcular $\lim_{x\to-\infty} f(x)$:

$$\lim_{x\to-\infty}\left(\frac{-5x^4-13x^2}{x^3+1}\right)=\lim_{x\to-\infty}\left(\frac{x^4\left(-5-\frac{13}{x^2}\right)}{x^3\left(1+\frac{1}{x^3}\right)}\right)$$

$$=\lim_{x\to-\infty}\left(\frac{x\left(-5-\frac{13}{x^2}\right)}{1+\frac{1}{x^3}}\right)=\infty$$

Deixamos ao leitor calcular o limite $\lim_{x\to\infty} f(x)$.

**EXEMPLO 3.51** Considere agora a função $f(x)=\frac{x^3+1}{-5x^4-13x^2}$ e vamos calcular $\lim_{x\to\infty} f(x)$:

$$\lim_{x\to\infty}\left(\frac{x^3+1}{-5x^4-13x^2}\right) = \lim_{x\to\infty}\left(\frac{x^3\left(1+\frac{1}{x^3}\right)}{x^4\left(-5-\frac{13}{x^2}\right)}\right)$$

$$= \lim_{x\to\infty}\left(\frac{1+\frac{1}{x^3}}{x\left(-5-\frac{13}{x^2}\right)}\right) = 0$$

Deixamos ao leitor calcular o limite $\lim_{x\to-\infty} f(x)$.

## Exercícios

**(3.21)** Calcule os seguintes limites, se existirem:

(a) $\lim_{x\to\infty} 3x^3 - 2x^2 - 15$

(b) $\lim_{x\to-\infty} 3x^3 - 2x^2 - 15$

(c) $\lim_{x\to\infty} -15x^9 + 857x^5 - 47x^2 + 1015$

(d) $\lim_{x\to-\infty} -15x^9 + 857x^5 - 47x^2 + 1015$

(e) $\lim_{x\to\infty} \frac{5x^4 - 3x + 2}{x^3 - 1}$

(f) $\lim_{x\to-\infty} \frac{5x^4 - 3x + 2}{x^3 - 1}$

(g) $\lim_{x\to\infty} \frac{x^3 - 1}{5x^4 - 3x + 2}$

(h) $\lim_{x\to-\infty} \frac{x^3 - 1}{5x^4 - 3x + 2}$

(i) $\lim_{x\to\infty} \frac{8x - 1}{5x + 2}$

(j) $\lim_{x\to-\infty} \frac{8x - 1}{5x + 2}$

**(3.22)** Calcule os limites abaixo e decida se as respectivas funções possuem assíntotas horizontais.

(a) $\lim_{x\to\infty} \frac{3x^3 - 5}{x^3 + 2x}$

(b) $\lim_{x\to-\infty} \frac{3x^3 - 5}{x^3 + 2x}$

(c) $\lim_{x\to\infty} \frac{3x^3 - 5}{2x + 1}$

(d) $\lim_{x\to-\infty} \frac{x^5 - 2x^3}{x^5 + 3x}$

(e) $\lim_{x\to\infty} \frac{2x - 1}{2x + 1}$

(f) $\lim_{x\to\infty} \frac{x^3 - 3x^2}{2x + 1}$

**(3.23)** Seja $f(x)=\dfrac{p(x)}{q(x)}$ uma função racional, em que $p$ e $q$ são funções polinomiais de mesmo grau. Mostre que $f$ tem uma assíntota horizontal e exiba-a.

## 3.8 A Função Exponencial e sua Inversa Logarítmica

A função exponencial, que veremos a seguir, é bastante útil e aparece naturalmente em muitos problemas (reveja, por exemplo, os problemas discutidos no Exemplo 2.6 e na Seção 3.1). Vamos considerar inicialmente dois valores reais $a$, $b$, com $a > 0$ e $a \neq 1$. Queremos definir o valor real $a^b$. É claro que, se $b$ for um número natural, então $a^b$ será a $b$-ésima potência de $a$, isto é, o produto $\underbrace{a\cdots a}_{\text{b vezes}}$

Quando $b$ não for natural, teremos as seguintes definições:

- Se $b \in \mathbb{Z}$, $b < 0$, definimos $a^b=\dfrac{1}{a^{-b}}=\dfrac{1}{\underbrace{a\cdots a}_{\text{b vezes}}}$.
- Se $b=\dfrac{1}{q}$, com $q \in \mathbb{N}^*$, definimos $a^b=\sqrt[q]{a}$.
- Se $b=\dfrac{1}{q}$, com $q \in \mathbb{Z}^*$, $q < 0$, definimos $a^b=\dfrac{1}{\sqrt[q]{a}}$.
- De modo geral, se $b=\dfrac{p}{q}>0$, definimos $a^b=\sqrt[q]{a^p}$ e se $b < 0$, definimos $a^b=\dfrac{1}{\sqrt[q]{a^p}}$.

Faltaria agora definirmos $a^b$ quando $b$ não for um número racional. Não daremos aqui todos os detalhes técnicos, pois isso foge do escopo desse texto, mas gostaríamos de dar uma ideia geral da construção, mesmo porque o que estará por trás dessa definição tem a ver com o que estamos discutindo aqui que é a questão de limites. A ideia é considerar uma função $f: \mathbb{N} \to \mathbb{Q}$, tal que $\lim_{x\to\infty} f(n)=b$ (ou, equivalentemente, considerar uma sequência de números racionais que se aproximam cada vez mais do ponto $b$). Isso é possível devido ao fato de $\mathbb{Q}$ ser uma conjunto *denso* em $\mathbb{R}$ (veja a observação feita na Seção 1.2). Com isso, podemos definir o valor $a^b$ como sendo o limite $\lim_{x\to\infty} a^{f(n)}$ (que existe e é finito).

Observemos que o conceito de limite (e de continuidade, a ser discutido no próximo capítulo) aparece fortemente nessa construção.

Como já dissemos, vamos omitir os detalhes técnicos dessa construção, mas se retomarmos o problema do agiota e do idiota, verificamos que a sequência $(1 + 1)^1$, $\left(1 + \frac{1}{2}\right)^2$, $\left(1 + \frac{1}{3}\right)^3$, $\left(1 + \frac{1}{4}\right)^4$, $\cdots$ é uma sequência de números racionais que se aproximam do número não racional $e$ (lembre que $\lim\limits_{n\to\infty}\left(1+\frac{1}{n}\right)^n = e$). Dessa forma, com as condições impostas nos valores $a$ e $b$, podemos definir o valor $a^b \in \mathbb{R}$.

A definição acima nos propicia conceituar uma função exponencial como segue. Para cada valor $a \in \mathbb{R}_+^*$, $a \neq 1$, definimos a *função exponencial* $f : \mathbb{R} \to \mathbb{R}$ dada por $f(x) = a^x$, para todo $x \in \mathbb{R}$. Por exemplo, para $a = 2$ e $a = \frac{1}{2}$, as tabelas 3.17 e 3.18 e a Figura 3.18 ilustram o que acontece.

Tabela 3.17

| $x$ | $f(x) = 2^x$ |
|---|---|
| $-10$ | $\frac{1}{1024}$ |
| $-2$ | $\frac{1}{4}$ |
| 0 | 1 |
| 1 | 2 |
| 2 | 4 |
| 10 | 1024 |

Tabela 3.18

| $x > 1$ | $f(x) = \left(\frac{1}{2}\right)^x$ |
|---|---|
| $-10$ | 1024 |
| $-1$ | 2 |
| 0 | 1 |
| 1 | $\frac{1}{2}$ |
| 2 | $\frac{1}{4}$ |
| 10 | $\frac{1}{1024}$ |

Figura 3.17 | Comportamento de $f(x) = a^x$

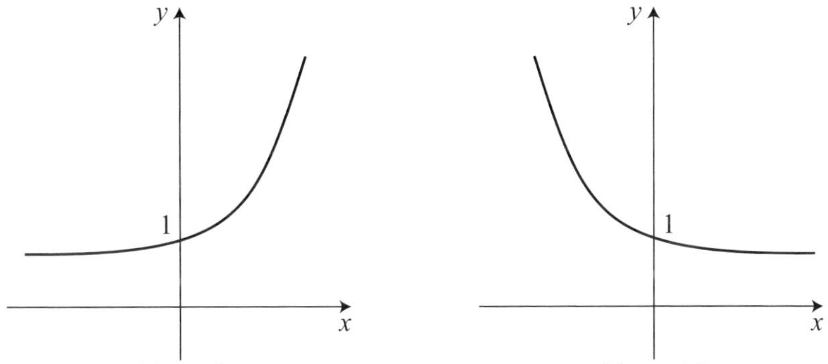


(a) $a = 2$ (b) $a = 1/2$

Observe que $f(0) = 1$ em ambos os casos. Em geral, o comportamento da função exponencial depende de $a$ ser maior do que 1 ou estar entre 0 e 1, como podemos verificar na Figura 3.19, a seguir.

Figura 3.18 | Comportamento de $f(x) = a^x$

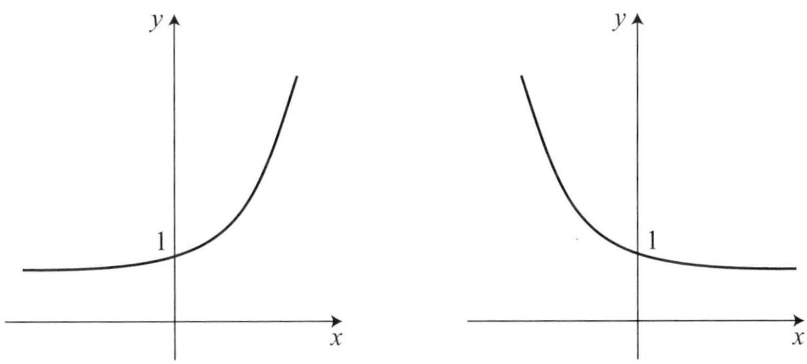


(a) a > 1: função crescente e injetora, $\lim\limits_{x\to-\infty} a^x = 0$, $\lim\limits_{x\to\infty} a^x = \infty$, $\text{Im} f = \mathbb{R}_+^*$ $y = 0$ é assíntota horizontal.

(b) $0 < a < 1$: função decrescente e injetora, $\lim\limits_{x\to-\infty} a^x = \infty$, $\lim\limits_{x\to\infty} a^x = 0$, $\text{Im} f = \mathbb{R}_+^*$, $y = 0$ é assíndota horizontal.

A função exponencial tem um bom comportamento com relação a limites, o que é natural de se esperar em vista da definição dada acima. Em outras palavras, para $b \in \mathbb{R}$, valerá $\lim\limits_{x\to b} a^x = a^b$.

**Exemplo 3.52** Vamos calcular $\lim\limits_{x\to 1} 3^{x^2+1}$. Observemos que a função $3^{x^2+1}$ é a composta da função $g : \mathbb{R} \to \mathbb{R}$ dada por $g(x) = x^2 + 1$ com a exponencial $h(y) = 3^y$.

Como $\lim_{x\to 1} g(x) = 1^2 + 1 = 2$ e $\lim_{y\to 2} h(y) = 3^2 = 9$, segue, então, utilizando-se do que foi visto na Seção 3.5, que $\lim_{x\to 1} 3^{x^2+1} = 9$.

Vamos, agora, olhar para a função inversa da função exponencial, a chamada *função logarítmica*. Comecemos relembrando a definição de logaritmo. Dados *a*, *c* em $\mathbb{R}_+^*$ e $a \neq 1$, dizemos que o logaritmo de *c* na base *a* é *b* (escreve-se $\log_a c = b$) se $a^b = c$. Em resumo:

$$\log_a c = b \Leftrightarrow a^b = c$$

Lembramos as seguintes propriedades do logaritmo que nos serão úteis mais adiante (deixamos como exercício a demonstração dessas propriedades):

- $\log_a (b \cdot c) = \log_a b + \log_a c$
- $\log_a (b^c) = c \log_a b$
- $\log_a c = \dfrac{\log_b c}{\log_b a}$

Com isso, podemos definir uma função para cada (base) *a* que será chamada de *função logaritmo* $f: \mathbb{R}_+^* \to \mathbb{R}$ dada por $f(x) = \log_a x$. O comportamento da função logaritmo também depende, obviamente, do valor *a* ser maior do que 1 ou estar no intervalo ]0, 1[ . Descrevemos na Figura 3.20 o comportamento de $\log_a$ para valores de *a* nesses intervalos.

Figura 3.19 | Comportamento de $f(x) = \log_a x$

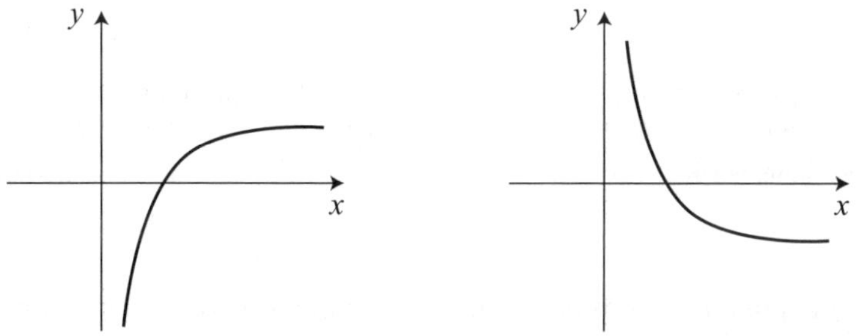


(a) $a > 1$: função crescente e injetora, $\lim_{x\to 0^+} \log_a x = -\infty$, $\lim_{x\to\infty} \log_a x = \infty$, Im (log) = $\mathbb{R}$, $y = 0$ é assíntota vertical.

(b) $0 < a < 1$: função decrescente e injetora, $\lim_{x\to 0^+} \log_a x = \infty$, $\lim_{x\to\infty} \log_a x = -\infty$, Im (log) = $\mathbb{R}$, $y = 0$ é assíntota vertical.

Observe que:

$$\log_a a^x = x \qquad \text{e} \qquad a^{\log_a x} = x$$

(com as restrições acima). Em outras palavras, a função logaritmo é a inversa da função exponencial, no sentido discutido na Seção 2.6.

A função logaritmo também é bem comportada com relação ao limite, isto é, se $b \in \mathbb{R}^*_+$, teremos:

$$\lim_{x \to b} \log_a x = \log_a b$$

**EXEMPLO 3.53** Vamos calcular o limite $\lim_{x \to 9} \log_3 x^3$. Observemos, inicialmente, que $\log_3 x^3 = 3 \log_3 x$. Logo,

$$\lim_{x \to 9} \log_3 x^3 = \lim_{x \to 9} 3 \log_3 x = 3 \lim_{x \to 9} \log_3 x = 3 \cdot 2 = 6$$

Poderíamos, também, ter considerado a função $\log_3 x^3$ como a composta da função $x^3$ com a logaritmo e usar a regra da cadeia. Incentivamos o leitor a refazer o cálculo acima usando a regra da cadeia como indicado.

## Exercícios

**(3.24)** Mostre que: $a^b \cdot a^c = a^{b+c}$.

**(3.25)** Mostre que:

**(a)** $\log_a(b \cdot c) = \log_a b$

**(b)** $\log_a(b^c) = c \log_a b$

**(c)** $\log_a c\left(b^c\right) = \dfrac{\log_b c}{\log_b a}$

**(3.26)** Calcule os seguintes limites:

(a) $\lim_{x\to -1} 5^{x^3}$

(b) $\lim_{x\to 0} 7^x(x^5-1)$

(c) $\lim_{x\to \frac{\pi}{2}} 2^{\operatorname{sen}(x)}$

(d) $\lim_{x\to \infty} e^x$

(e) $\lim_{x\to 5} \frac{\cos(\pi x)}{3^{x+2}}$

(h) $\lim_{x\to 4} \frac{\log_2 x^2}{2x-3}$

# 3.9 Limites Fundamentais

Vamos analisar, nesta seção, dois limites especiais, que são chamados de *fundamentais*, e ver como eles podem ser úteis. Em particular, eles serão usados no próximo capítulo para se calcular as derivadas das funções seno e logaritmo.

## 3.9.1 Limite fundamental trigonométrico

Consideremos a função $f(x)=\frac{\operatorname{sen}(x)}{x}$. É claro que $f$ não está definida no valor 0, mas, em princípio, faz sentido calcular o limite $\lim_{x\to 0} = \frac{\operatorname{sen}(x)}{x}$. Como $\lim_{x\to 0}\operatorname{sen}(x)=\lim_{x\to 0} x = 0$, não podemos usar as regras de limites estudadas até agora (quando tivermos a regra de *L'Hôpital* ao final do Capítulo 5, teremos uma outra maneira de justificar o cálculo que faremos a seguir). No entanto, vale o seguinte:

$$\lim_{x\to 0}\frac{\operatorname{sen}(x)}{x}=1$$

Vamos justificar geometricamente esse limite. Como estamos interessados em analisar o comportamento de $f(x)=\frac{\operatorname{sen}(x)}{x}$ em pontos próximos a 0, não perdemos nada se restringirmos o domínio de nossa função. Também podemos restringi-lo, inicialmente, a valores de $x$ positivos. Em suma, podemos olhar para o intervalo $\left]0,\frac{\pi}{3}\right]$. Observemos o que acontece com essa restrição.

Figura 3.20 | Círculo de raio 1

Figura 3.20 | Círculo de raio 1

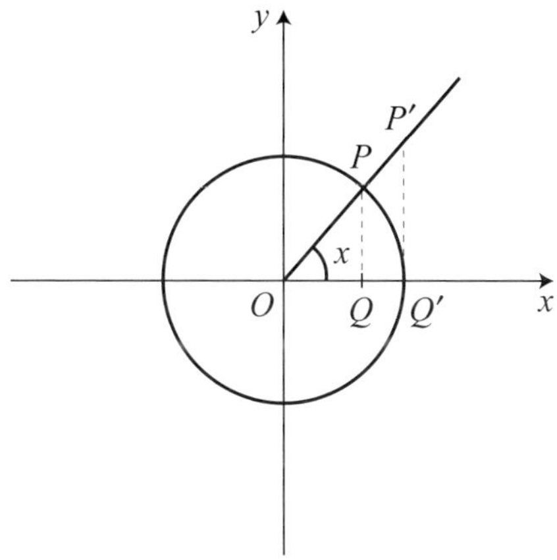


Vamos destacar dois triângulos *(OPQ* e *OP'Q'*) e um setor circular *OPQ'*. Se $A_1$ indicar a área de OPQ, $A_3$ a área de *OPQ* e $A_2$ a área do setor *OPQ'*, teremos facilmente a relação $A_1 < A_2 < A_3$. Por relações trigonométricas teremos:

- $A_1 = \dfrac{\text{base} \times \text{altura}}{2} = \dfrac{\text{sen}(x) \cdot \cos(x)}{2}$
- $A_2 = \dfrac{x}{2}$
- $A_3 = \dfrac{\text{base} \times \text{altura}}{2} = \dfrac{1 \cdot \text{tg}(x)}{2} = \dfrac{\text{tg}(x)}{2}$

Logo, teremos para $x \in \left]0, \dfrac{\pi}{3}\right]$

$$\frac{\text{sen}(x) \cdot \cos(x)}{2} < \frac{x}{2} < \frac{\text{tg}(x)}{2}$$

Dividindo-se os três termos por $\text{sen}(x)$ (que é positivo no intervalo considerado) e invertendo-se a relação chegamos a:

$$\frac{1}{\cos(x)} < \frac{\text{sen}(x)}{x} < \cos(x)$$

Como $\lim_{x\to 0} < \dfrac{1}{\cos(x)} = 1$ e $\lim_{x\to 0}\cos(x) = 1$, teremos, utilizando o teorema do Confronto, que:

$$\lim_{x\to 0}\frac{\text{sen}(x)}{x} = 1$$

Podemos refazer a conta acima utilizando, agora, valores $x$ negativos e chegaremos ao mesmo resultado (verifique!).

**EXEMPLO 3.54** Consideremos a função $f(x) = \dfrac{\text{sen}(-x)}{x}$, vamos calcular o limite $\lim_{x\to 0} f(x)$ utilizando o limite fundamental acima. Lembremos que a função seno é ímpar (ver a definição 2.3), portanto, vale que $\text{sen}(-x) = -\text{sen}(x)$ para todo $x \in \mathbb{R}$. Dessa forma,

$$\lim_{x\to 0}\frac{\text{sen}(-x)}{x} = \lim_{x\to 0}\frac{-\text{sen}(x)}{x} = -\lim_{x\to 0}\frac{\text{sen}(x)}{x} = -1$$

**EXEMPLO 3.55** Seja agora a função $f(x) = \dfrac{\text{sen}(2x)}{x}$. Para se calcular o limite $\lim_{x\to 0} f(x)$ utilizando o limite fundamental acima, precisamos fazer com que a função $f$ se pareça com a função $\dfrac{\text{sen}(x)}{x}$. Não estamos muito longe disso. Se, por exemplo, trocarmos $2x$ por $y$, teremos:

$$f(x) = \frac{\text{sen}(2x)}{x} = \frac{\text{sen}(y)}{\frac{y}{2}} = 2\frac{\text{sen}(y)}{y}$$

Assim, $\lim_{x\to 0}\dfrac{\text{sen}(2x)}{x} = \lim_{y\to 0} 2\dfrac{\text{sen}(y)}{y} = 2\lim_{y\to 0}\dfrac{\text{sen}(y)}{y} = 2$ (observe que quando $x \to 0$, também $y \to 0$, pois $y = 2x$).

## Exercícios

**(3.27)** Calcule o seguintes limites (em que $\alpha$, $\beta \in \mathbb{R}$)

(a) $\lim\limits_{x\to 0}\dfrac{\text{sen}(\alpha x)}{x}$ (b) $\lim\limits_{x\to 0}\dfrac{\text{sen}(2x)}{\text{sen}(3x)}$ (c) $\lim\limits_{x\to 0}\dfrac{\text{sen}(\alpha x)}{\text{sen}(\beta x)}$

(d) $\lim\limits_{x\to 0}\dfrac{\text{sen}(x)-x}{x}$ (e) $\lim\limits_{x\to 0}\dfrac{\text{tg}(x)}{x}$ (d) $\lim\limits_{x\to 0}\dfrac{\text{tg}(\alpha x)}{x}$

(g) $\lim\limits_{x\to 0}\dfrac{\text{tg}(4x)}{\text{tg}(3x)}$ (h) $\lim\limits_{x\to 0}\dfrac{\text{tg}(\alpha x)}{\text{tg}(\beta x)}$

## 3.9.2 Limite fundamental exponencial

Vimos no início deste capítulo o limite (de sequências):

$$\lim_{x\to\infty}\left(1+\frac{1}{n}\right)^n = e$$

a partir de um problema concreto de cálculo de juros compostos (de forma contínua). Na realidade, muitos problemas de crescimento (contínuos ou quase) podem ser modelados de forma parecida e chegaremos ao mesmo limite. Com isso, por vezes, é conveniente considerar-se a função $f: \mathbb{R} \to \mathbb{R}$ dada por $f(x)=\left(1+\dfrac{1}{x}\right)^x$ e calcular o seu limite quando $x$ *tende a infinito*. Da mesma forma como discutido para sequências, teremos o seguinte:

$$\lim_{x\to\infty} f(x) = \lim_{x\to\infty}\left(1+\frac{1}{x}\right)^x = e$$

De agora em diante, vamos assumir esse limite e o utilizaremos para o cálculo de outros limites similares e também para o cálculo da derivada da função exponencial no Capítulo 5.

**Exemplo 3.56** Vamos considerar basicamente o mesmo problema do agiota e do idiota, mas agora com juros de 200% ao ano. Repetindo o raciocínio desenvolvido na Seção 3.1, estaríamos interessados no limite $\lim\limits_{x\to\infty}\left(1+\frac{2}{x}\right)^x$ (justifique isto a partir do desenvolvido na Seção 3.1). Vamos calculá-lo usando o limite fundamental acima. Para tanto, precisamos verificar se conseguimos *eliminar* o número 2 que aparece dentro dos parênteses. A ideia aqui é *substituir* $\frac{2}{x}$ por algo do tipo $\frac{1}{y}$. Ao fazermos a substituição $y = \frac{x}{2}$, chegaremos a:

$$\lim_{x\to\infty}\left(1+\frac{2}{x}\right)^x = \lim_{x\to\infty}\left(1+\frac{1}{y}\right)^{2y} = \left(\lim_{x\to\infty}\left(1+\frac{1}{y}\right)^y\right)^2 = e^2$$

(observe que, como x $\to \infty$ e $y = \frac{x}{2}$, teremos que $y \to \infty$). Utilizamos, na penúltima igualdade, o Teorema 3.4.

**EXEMPLO 3.57** Em geral, podemos considerar o mesmo problema básico, mas com juros de $j$%. Se escrevemos $i = \frac{j}{100}$, o limite a ser considerado é $\lim_{x\to\infty}\left(1+\frac{i}{x}\right)^x = e^i$ (calcule-o como acima!). Por exemplo, com taxa de 10%, o resultado será $e^{0,1}$. Com taxa de 150%, teremos ao final o valor $e^{\frac{3}{2}} = \sqrt{e^3}$ e assim por diante. O valor $e^{\frac{3}{2}} \sim 4.48168907...$, por exemplo, pode ser interpretado como sendo o fator pelo qual se deve multiplicar o valor inicial de uma aplicação para se conhecer o valor final depois de um ano, dado que os juros são de 150% ao ano, contabilizados continuamente. Dessa forma, a função exponencial $f(x) = e^x$ nos fornecerá esses fatores, como visto acima, a partir de uma taxa de $100x$% anuais.

## Exercícios

**(3.28)** Calcule os seguintes limites:

**(a)** $\lim_{x\to 0^+}(1+x)^{\frac{1}{x}}$ **(b)** $\lim_{x\to\infty}\left(1+\frac{1}{x}\right)^{3x}$ **(c)** $\lim_{x\to\infty}\left(1+\frac{3}{x}\right)^x$

**(d)** $\lim_{x\to\infty}\left(1+\frac{1}{x}\right)^{\frac{x}{3}}$ **(e)** $\lim_{x\to\infty}\left(\frac{3x+2}{3x}\right)^x$ **(f)** $\lim_{x\to\infty}\left(1-\frac{1}{x}\right)^x$

**(3.29)** Calcule os limites: (a) $\lim_{x\to 2}\frac{\sqrt{x}-\sqrt{2}}{x-2}$; (b) $\lim_{x\to\infty}(\sqrt{x}-\sqrt{x+1})$

(Sugestão: $x-2 = (\sqrt{x}+\sqrt{2})(\sqrt{x}-\sqrt{2})$)

Capítulo

4

# Continuidade

Em nosso cotidiano, deparamo-nos muitas vezes com os chamados processos contínuos. Um exemplo simples de um tal processo poderia ser o pagamento de Imposto de Renda em função do salário recebido (vimos no Exercício 2.5 que não há saltos em tal cobrança quando variamos, por pouco que seja, o salário). Por outro lado, mesmo quando se contabiliza o resultado em números naturais (por exemplo, na produção de carros), é conveniente se pensar que não há grandes saltos quando se formaliza tal relação em termos de funções.

Nosso objetivo nesse capítulo será a discussão do conceito de função contínua. Iremos definir continuidade a partir do conceito de limites e, utilizando os resultados discutidos no Capítulo 3, apresentaremos diversas classes de funções contínuas. Nas seções 4.4 e 4.5, iremos discutir alguns resultados importantes na teoria na qual a condição de continuidade é essencial.

Assim como fizemos quando discutimos derivadas, deixaremos para o Apêndice B[1] a definição formal do conceito de continuidade, que pode ser feita diretamente.

## 4.1 Limites e Continuidade

Sejam $f: A \to \mathbb{R}$, onde $A \subset \mathbb{R}$, uma função e $a \in A$ um ponto do domínio de $f$. Suponha que o limite $\lim_{x \to a} f(x)$ exista, isto é, que os limites laterais $\lim_{x \to a^-} f(x)$ e $\lim_{x \to a^+} f(x)$ existam e coincidem. Vimos, no Capítulo 3, que o limite pode ou não coincidir com a imagem de $f$ no ponto $a$, isto é, com o valor $f(a)$. Por exemplo, se

[1] O Apêndice B encontra-se no site do livro: www.saraivauni.com.br.

$f$ for a função dada por $f(x) = 2x^2 + 1$ e, se escolhermos o ponto $a = 2$, então o limite $\lim_{x \to 2} 2x^2 + 1$ existe e vale:

$$\lim_{x \to 2} 2x^2 + 1 = 2 \cdot 2^2 + 1 = 5(= f(2)).$$

Observe que a função acima é polinomial e, como vimos em 3.5, se $p$ for uma função polinomial dada por $p(x) = b_n x^n + \cdots + b_1 x + b_0$, então:

$$\lim_{x \to a} p(x) = b_n x^n + \cdots + b_1 x + b_0 = b_n a^n + \cdots + b_1 a + b_0 = p(a)$$

para todo valor $a$ do domínio de $f$.

Por outro lado, sabemos que existem funções cujos limites em um dado ponto não coincidem com os valores das funções nesses pontos (ver a função do Exemplo 3.6). Considere, também, a função $f: \mathbb{R} \to \mathbb{R}$ dada por:

$$f(x) = \begin{cases} \dfrac{x}{3} & \text{se } x \neq 1 \\ 3 & \text{se } x = 1 \end{cases}$$

Um cálculo simples nos mostra que:

$$\lim_{x \to 1^+} f(x) = \lim_{x \to 1^-} f(x) = \frac{4}{3}$$

e, portanto, $\lim_{x \to 1} f(x) = \frac{4}{3}$. No entanto, pela definição de $f$, temos que $f(1) = 3$, valor que difere do limite calculado acima. Uma análise no gráfico dessa função sugere que, quando o limite $\lim_{x \to a} f(x)$ difere de $f(a)$ para algum valor $a$, então deve existir um *salto* nesse ponto, uma *falta de continuidade* no comportamento da função em pontos próximos ao valor $a$ e no próprio ponto $a$. É justamente esse comportamento relacionado à continuidade que queremos analisar nesse capítulo. Vamos começar com uma definição.

**Definição 4.1** Sejam $f: A \to \mathbb{R}$, onde $A \subset \mathbb{R}$, uma função e $a \in A$. Dizemos que $f$ é *contínua* em $a$ se o limite $\lim_{x \to a} f(x)$ existir e ele for igual a $f(a)$.

Antes de vermos alguns exemplos, gostaríamos de enfatizar que falar em continuidade de uma função em um ponto $a$ só faz sentido se esse ponto estiver no domínio da função. Por exemplo, ao considerar a função $f\colon \mathbb{R}^* \to \mathbb{R}$ dada por $f(x)=\dfrac{1}{x}$, o valor 0 deverá ser excluído, *a priori*, da discussão de continuidade dessa função pois, obviamente, tal $f$ não está definida nesse valor.

**Exemplo 4.1** Considere a função polinomial $f : \mathbb{R} \to \mathbb{R}$ dada por $f(x) = x^3 + x^2 - 2x$. Como:

$$f(x) = x^3 + x^2 - 2x = x(x^2 + x - 2) = x(x - 1)(x + 2),$$

segue que suas raízes são 0, 1 e $-2$ e o seu gráfico será:

Figura 4.1 | Gráfico da função (4.1)

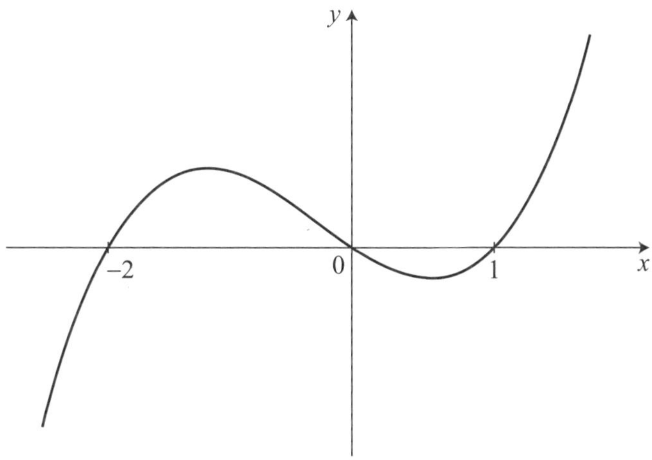


Vimos, na seção anterior, que, como $f$ é uma função polinomial, então, dado $a \in \mathbb{R}$, o limite $\lim\limits_{x\to a} f(x)$ será igual a $f(a)$ e, portanto, $f$ é contínua em todos os pontos de seu domínio.

**Exemplo 4.2** Considere a função $f : ]-\pi, 0[ \cup ]0, \pi[ \to \mathbb{R}$ dada por $f(x)=\dfrac{\cos(x)}{\operatorname{sen}(x)}$. Essa é a função cotangente restrita ao intervalo $]-\pi, 0[ \cup ]0, \pi[$. Seja $a$ um ponto nesse intervalo. Logo $\operatorname{sen}(a) \neq 0$. Além disso, $\lim\limits_{x\to a} \operatorname{sen}(x) =$

$\operatorname{sen}(a) \neq 0$ pelo que vimos em 3.3. Portanto, usando-se o Teorema 3.4, temos que:

$$\lim_{x \to a} f(x) = \lim_{x \to a} \frac{\cos(x)}{\operatorname{sen}(x)} = \frac{\lim_{x \to a} \cos(x)}{\lim_{x \to a} \operatorname{sen}(x)} = \frac{\cos(a)}{\operatorname{sen}(a)} = f(a)$$

Logo, a função $f$ é contínua em $a$. Observe agora que:

$$\lim_{x \to 0^-} f(x) = -\infty \quad \text{e} \quad \lim_{x \to 0^+} f(x) = \infty$$

e, portanto, não existe o limite $\lim_{x \to 0} f(x)$. É claro que houve um *salto* em torno do ponto 0, de valores arbitrariamente pequenos (quando são considerados valores perto do 0 mas menores do que ele) a valores arbitrariamente grandes (quando são considerados valores próximos a 0 mas maiores do que ele). No entanto, este *salto* ocorreu justamente no ponto 0 que não está no domínio da função.

Se considerarmos agora a função cotangente definida no conjunto $A$ dos pontos em que a função seno não se anula, isto é, em $A = \{x \in \mathbb{R} : x \neq k\pi, k \in \mathbb{Z}\}$. O gráfico da função cotangente é,

Figura 4.2 | Gráfico da função (4.2)

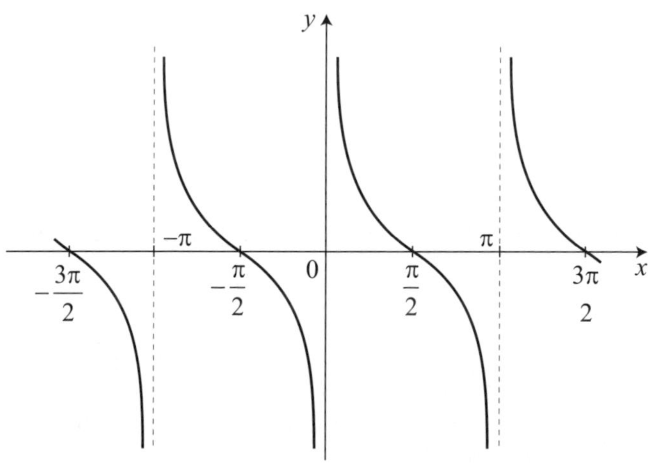

Não é difícil perceber que se $b \notin A$ (isto é, quando $b$ for da forma $k\pi$ para algum $k \in \mathbb{Z}$), então $\lim\limits_{x \to b^-} \text{cotg}(x) = -\infty$ e $\lim\limits_{x \to b^+} \text{cotg}(x) = \infty$ e, portanto, o $\lim\limits_{x \to b} \text{cotg}(x)$ não existe. Aqui também podemos observar um *salto* em torno do ponto $b$, de valores arbitrariamente pequenos a valores arbitrariamente grandes. Como acima, esses saltos ocorrem justamente em pontos que não estão no domínio da função. Em resumo, podemos dizer que a função cotg é contínua em todos o pontos (enfatizamos) de seu domínio.

**EXEMPLO 4.3** Considere a função:

$$\begin{array}{llll} f: & \mathbb{R} & \to & \mathbb{R} \\ & x & \mapsto & f(x) = \begin{cases} \dfrac{1}{|x|} & \text{se} \quad x \neq 0 \\ -1 & \text{se} \quad x = 0 \end{cases} \end{array}$$

Figura 4.3 | Gráfico da função (4.3)

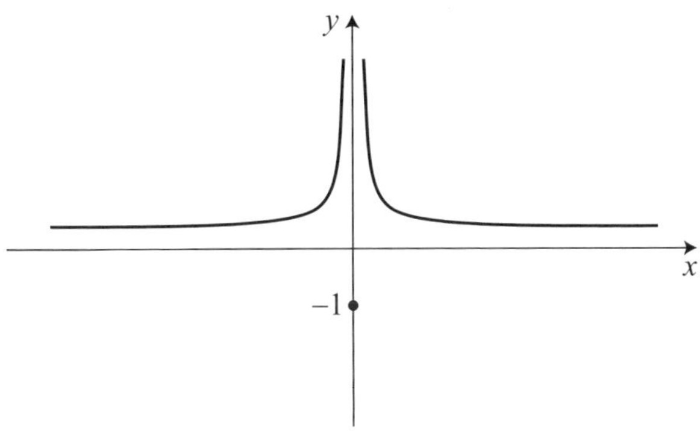


Já vimos, no Exemplo 3.9, que $\lim\limits_{x \to 0^+} f(x) = \lim\limits_{x \to 0^+} f(x) = \infty$ Nesse caso, os limites laterais coincidem. No entanto, tais limites são distintos do valor de $f$ no ponto 0, pois $f(0) = -1$. Logo, $f$ não é contínua em 0. Observe que $f$ é contínua em todos os pontos não nulos (use o Teorema 3.4 de novo!).

**EXEMPLO 4.4** Considere a função:

$$\begin{array}{llll} f: & \mathbb{R} & \to & \mathbb{R} \\ & x & \mapsto & f(x) = \begin{cases} x^2 - 2 & \text{se} \quad x \leq 3 \\ -2 & \text{se} \quad x > 3 \end{cases} \end{array}$$

cujo gráfico é,

Figura 4.4 | Gráfico da função (4.4)

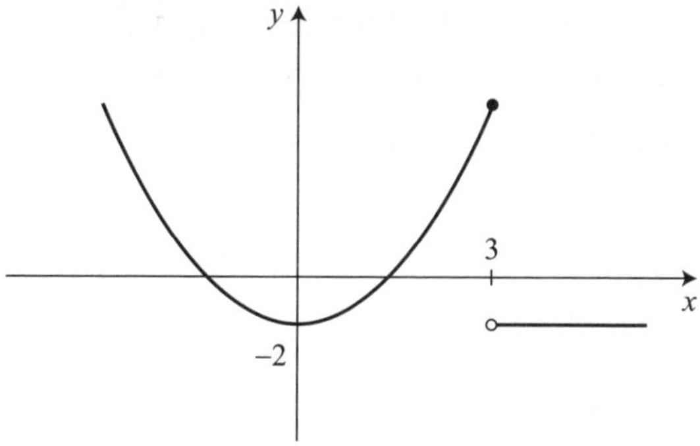


Vamos analisar em quais pontos a função $f$ é contínua. Seja $a \in \mathbb{R}$. Vamos supor inicialmente que $a \in ]3, \infty[$. Como, para qualquer ponto $x \in ]3, \infty[$, vale que $f(x) = -2$, segue que $\lim_{x \to a^+} f(x) = \lim_{x \to a^-} f(x) = -2$ e a função $f$ é contínua em $a$ nesse caso. Suponha agora que $a \in ]-\infty, 3[$. Como, nesse intervalo, a função $f$ segue a regra $f(x) = x^2 - 2$, que é uma função polinomial, teremos que $\lim_{x \to a^+} f(x) = \lim_{x \to a^-} f(x) = a^2 - 2$ e a função também é contínua em $a$ nesse caso. Por fim, para $a = 3$, teremos $\lim_{x \to 3^+} f(x) = -2$ (pois a função assume o valor –2 para valores maiores do que 3) e $\lim_{x \to 3^-} f(x) = 7$ (pois $f$ segue a regra $x^2 - 2$ para valores menores ou iguais a 3) e a função $f$ não será contínua em 3. Em resumo, $f$ é contínua em todos os pontos distintos de 3 e não é contínua no ponto 3.

**Exemplo 4.5** Vamos considerar uma pequena variação na função do exemplo anterior:

$$
\begin{array}{cccc}
f: & \mathbb{R} & \to & \mathbb{R} \\
 & x & \mapsto & f(x) = \begin{cases} x^2 - 2 & \text{se} \quad x \leq 3 \\ 7 & \text{se} \quad x > 3 \end{cases}
\end{array}
$$

Figura 4.5 | Gráfico da função (4.5)

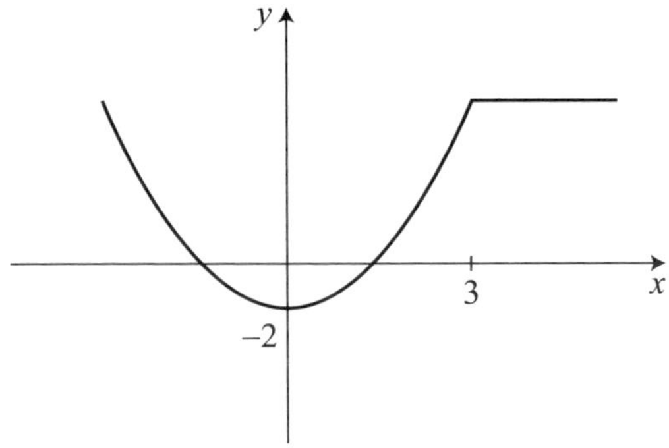


O mesmo argumento, usado no exemplo anterior, serve aqui para mostrar que a função $f$ é contínua em todos os pontos distintos de 3. No caso do valor 3, teremos agora:

$$\lim_{x \to 3^+} f(x) = 7 \text{ e } \lim_{x \to 3^-} f(x) = 7 = f(3)$$

Portanto, essa função $f$ é contínua também em 3.

**EXEMPLO 4.6** Sejam $\alpha \in \mathbb{R}_+$ e $f$ a função:

$$\begin{array}{llll} f\colon & \mathbb{R} & \to & \mathbb{R} \\ & x & \mapsto & \begin{cases} x^4 - 5x^2 + 6 & \text{se} \quad x \neq 3 \\ \alpha & \text{se} \quad x = 1 \end{cases} \end{array}$$

Figura 4.6 | Gráfico da função (4.6)

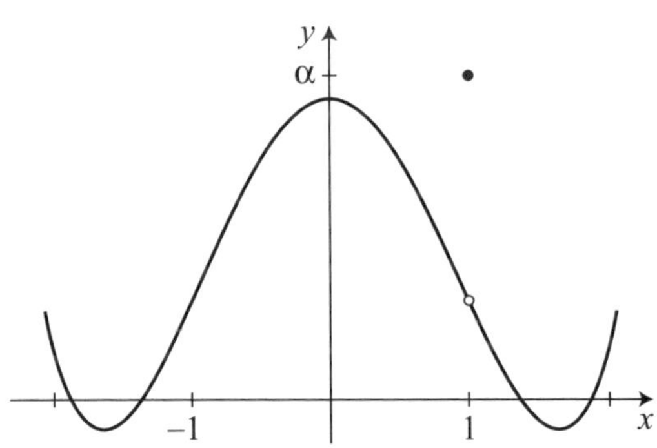

(como vimos no Exemplo 1.4, as raízes de $x^4 - 5x^2 + 6$ são $-\sqrt{3}$, $-\sqrt{2}$, $\sqrt{2}$ e $\sqrt{3}$).

Seja $a \in \mathbb{R}$. Observemos, em primeiro lugar, que se $a \neq 1$, então

$$\lim_{x \to a^+} f(x) = \lim_{x \to a^-} f(x) = a^4 - 5a^2 + 6 = f(a)$$

Logo, a função $f$ será contínua em todos os pontos $a \neq 1$. A questão que se coloca aqui é: para quais valores de $\alpha$ a função $f$ será contínua no ponto $a = 1$? Neste caso, temos:

$$\lim_{x \to 1^+} f(x) = \lim_{x \to 1^-} f(x) = 2$$

e a função será contínua no ponto 1 apenas se

$$\alpha = \lim_{x \to 1} f(x) = 2$$

Portanto, $f$ é contínua em todos os pontos distintos de 1 e será continua em 1 *se e somente se* o valor $\alpha$ for igual a 2.

**EXEMPLO 4.7** Considere a função $f\colon \mathbb{R} \to \mathbb{R}$ dada por:

$$f(x) = \begin{cases} x^2 + 1 & \text{se } x \leq 1 \\ \alpha x + \beta & \text{se } x > 1 \end{cases}$$

Vamos analisar para quais valores de $\alpha$ e $\beta$ a função $f$ é contínua em $x_0 = 1$. Para tanto, devemos impor que:

$$\lim_{x \to 1^-} f(x) = \lim_{x \to 1^+} f(x)$$

Agora,

$$\lim_{x \to 1^+} f(x) = \lim_{x \to 1^+} \alpha x + \beta = \alpha + \beta$$

$$\lim_{x \to 1^-} f(x) = \lim_{x \to 1^-} x^2 + 1 = 2$$

Logo, chegamos à relação $\alpha + \beta = 2$. Como a igualdade dos limites acima é a única restrição imposta, qualquer par de valores $\alpha$ e $\beta$ satisfazendo $\alpha + \beta = 2$ nos dará uma função contínua no ponto $x_0 = 1$. Por exemplo, se $\alpha = 0$, então necessariamente $\beta = 2$, ou se $\alpha = 5$, então $\beta = -3$, ou ainda se $\alpha = 2$, teremos $\beta = 0$. Esses valores corresponderão às funções:

$$f(x) = \begin{cases} x^2 + 1 & \text{se } x \leq 1 \\ 2 & \text{se } x > 1 \end{cases} \quad f(x) = \begin{cases} x^2 + 1 & \text{se } x \leq 1 \\ 5x - 3 & \text{se } x > 1 \end{cases} \quad f(x) = \begin{cases} x^2 + 1 & \text{se } x \leq 1 \\ 2x & \text{se } x > 1 \end{cases}$$

respectivamente. Teremos então infinitas possibilidades para que $f$ seja contínua no ponto $x_0 = 1$ (para cada valor de $\alpha$, teremos um valor correspondente de $\beta$).

## Exercícios

**(4.1)** Verifique se as funções $f$ abaixo são contínuas nos pontos $a$ considerados. Justifique.

**(a)** $f(x) = 3x - 2$ e $a = -1$

**(b)** $f(x) = \dfrac{x-6}{x+2}$ e $a = 0$

**(c)** $f(x) = \dfrac{x-6}{x+2}$ e $a = -2$

**(d)** $f(x) = f(x)\begin{cases} 2x - 1 & \text{se } x \geq 1 \\ -x & \text{se } x < 1 \end{cases}$ e $a = 1$

**(e)** $f(x) = f(x)\begin{cases} 2x - 1 & \text{se } x \neq 1 \\ 5 & \text{se } x = 1 \end{cases}$ e $a = 1$

**(f)** $f(x) = \sqrt{4x - 6}$ e $a = 3$

**(g)** $f(x) = \dfrac{1}{x^3}$ e $a = 0$

**(h)** $f(x) = f(x)\begin{cases} -3x & \text{se } x \geq 1 \\ 5 & \text{se } x < 1 \end{cases}$ e $a = 1$ e $a = -1$

**(4.2)** Descreva em quais pontos do domínio as funções $f$ abaixo são contínuas.

(a) $f(x)=\begin{cases} 2x^2+3 & \text{se} \quad x\geq 0 \\ 3 & \text{se} \quad x<0 \end{cases}$

(b) $f(x)=\begin{cases} x^4+1 & \text{se} \quad x\neq 1 \\ 3 & \text{se} \quad x=1 \end{cases}$

(c) $f(x)=\dfrac{\cos(x)}{\text{sen}(x)}=\text{cotg}(x)$

(d) $f(x)=\dfrac{1}{\text{sen}(x)}=\text{cossec}(x)$

**(4.3)** Determine os valores de $\alpha$ para que as funções:

(a) $f(x)=\begin{cases} 3x^2-1 & \text{se} \quad x\neq 1 \\ \alpha & \text{se} \quad x=1 \end{cases}$

(b) $g(x)=\begin{cases} 3x^2-1 & \text{se} \quad x\leq 1 \\ x+\alpha & \text{se} \quad x>1 \end{cases}$

(c) $f(x)=\begin{cases} \ln\left(x^2\right) & \text{se } x\neq 1 \\ \alpha & \text{se } x=1 \end{cases}$

sejam contínuas no ponto 1.

## 4.2 Funções Contínuas

A continuidade, vimos acima, é uma propriedade *local*, isto é, falamos em continuidade em um dado ponto do domínio a partir da noção de limites (que medem comportamentos locais em torno de pontos). Voltemos, por um momento, ao Exemplo 4.1 acima. Vimos que a função $f(x) = x^3 + x^2 - 2x$ é contínua em todos os pontos do domínio. Com isso, faz sentido falar em uma propriedade *global* de continuidade. Comecemos com a seguinte definição.

**Definição 4.2** Dizemos que uma função $f: A \to \mathbb{R}$, onde $A \subset \mathbb{R}$, é *contínua* se for contínua em todos os pontos $a \in A$, isto é, se existir o limite $\lim\limits_{x\to a} f(x)$ e ele for igual a $f(a)$ para todos os pontos $a$ do domínio $A$.

**Exemplo 4.8** As funções dos exemplos 4.1, 4.2 e 4.5 acima são contínuas.

Nosso próximo passo será descrever certas *famílias de funções contínuas* a partir do que fizemos no Capítulo 3. Por exemplo, vimos na Seção 3.5 que, se $p$: $\mathbb{R} \to \mathbb{R}$ dada por $p(x) = b_n x^n + \cdots + b_1 x + b_0$ for uma função polinomial e se $a \in \mathbb{R}$, então,

$$\lim_{x \to a} p(x) = \lim_{x \to a} b_n x^n + \cdots + b_1 x + b_0 = b_n a^n + \cdots + b_1 a + b_0 = p(a)$$

Com isto, concluímos a partir da definição dada acima que as funções polinomiais são contínuas em todos os pontos de seu domínio.

**Exemplo 4.9** Consideremos a função do Exemplo 4.7, isto é, a função $f: \mathbb{R} \to \mathbb{R}$ dada por:

$$f(x) = \begin{cases} x^2 + 1 & \text{se } x \leq 1 \\ \alpha x + \beta & \text{se } x > 1 \end{cases}$$

Vimos que $f$ será contínua no ponto $x_0 = 1$ se e somente se $\alpha + \beta = 2$. Agora, como vimos acima, a função polinomial $x^2 + 1$ é contínua nos pontos do intervalo $]-\infty, 1[$ enquanto que $\alpha x + \beta$ é contínua em todos os pontos de $]1, \infty[$. Logo, $f$ será uma função contínua se e somente se $\alpha + \beta = 2$.

Agora, como vimos em 3.3, se $f$ for uma função trigonométrica (e.g. seno, cosseno, tangente...) e se $a$ for um ponto do domínio de $f$, então $\lim_{x \to a} f(x) = f(a)$ e, pela definição, $f$ será contínua em $a$. Com isso, $f$ será contínua em todos os pontos de seu domínio.

De maneira análoga, podemos concluir que outras famílias de funções tais como as racionais ou as exponenciais também são contínuas. A seguir listamos as que são contínuas, mencionando entre parêntesis, a seção onde pode ser encontrada a justificativa para tal. A partir de agora, usaremos a continuidade destas funções sem entrarmos em maiores detalhes. Por isso, é importante que este fato esteja bem assimilado.

Tabela 4.1

| Famílias de Funções Contínuas |
| --- |
| Funções polinomiais (Seção 3.5) |
| Funções racionais (Seção 3.5) |
| Funções trigonométricas (Seção 3.3) |
| Funções exponenciais (Seção 3.8) |
| Funções logarítmicas (Seção 3.8) |

## Exercícios

**(4.4)** Determine, se existirem, os valores de $\alpha$ para que as funções abaixo sejam contínuas

(a) $f(x)=\begin{cases}\alpha x^2-2 & \text{se } x\neq 2\\ 6 & \text{se } x=2\end{cases}$

(b) $f(x)=\begin{cases}-5\cos\left(\dfrac{\pi x}{2}\right) & \text{se } x\leq 1\\ x^2-3x+\alpha & \text{se } x>1\end{cases}$

(c) $f(x)=\begin{cases}\text{sen}(x) & \text{se } x\neq k\pi\\ k\alpha & \text{se } x=k\pi\end{cases}\quad (k\in\mathbb{Z})$

(d) $f(x)=\begin{cases}\cos(x) & \text{se } x\neq k\pi\\ k\alpha & \text{se } x=k\pi\end{cases}\quad (k\in\mathbb{Z})$

**(4.5)** Mostre, utilizando dos resultados do Capítulo 3, que as funções da Tabela 4.1 são contínuas.

# 4.3 Operações em Funções Contínuas

Vimos no Teorema 3.4 que, sob certas condições, o limite se comporta bem com relação às operações de soma, produto, produto por escalar e quocientes. Vamos explorar (novamente) esse resultado para conseguir famílias de funções contínuas. Em particular, vamos refrasear, com a terminologia desta seção, o que foi feito na Seção 3.5. Comecemos com o seguinte resultado.

**Teorema 4.1** Sejam $f$ e $g$ duas funções, $a \in \mathbb{R}$ um elemento do domínio de ambas as funções e $\lambda \in \mathbb{R}$. Se $f$ e $g$ forem contínuas no ponto $a$, então as seguintes funções também serão contínuas em $a$:

(i) $f+g$

(ii) $\lambda f$

(iii) $f-g$

(iv) $f \cdot g$

(v) $f^n = f \cdot f \cdots f$ ($n$ vezes), onde $n \in \mathbb{N}^*$

(vi) $\dfrac{f}{g}$ se $g(a) \neq 0$

(vii) $\dfrac{1}{g}$ se $g(a) \neq 0$

**Demonstração** Para exemplificar, vamos mostrar que a função $f+g$ é contínua em $a$ e deixaremos a demonstração dos outros itens como exercício. Como $f$ e $g$ são contínuas em $a$, teremos, por definição, que os limites $\lim\limits_{x \to a} f(x)$ e $\lim\limits_{x \to a} g(x)$ existem e que $\lim\limits_{x \to a} f(x) = f(a)$ assim como $\lim\limits_{x \to a} g(x) = g(a)$. Agora, usando o Teorema 3.4,

$$\lim_{x \to a}(f+g)(x) = \lim_{x \to a} f(x) + \lim_{x \to a} g(x) = f(a) + g(a) = (f+g)(a)$$

e, portanto, o limite $\lim\limits_{x \to a}(f+g)(x)$ existe e vale $(f+g)(a)$. Logo $f+g$ é contínua em $a$.

**Corolário 4.2** Sejam $f$ e $g$ duas funções contínuas e $\lambda \in \mathbb{R}$. Então as seguintes funções são contínuas:

(i) $f+g$. (ii) $\lambda f$. (iii) $f-g$. (iv) $f \cdot g$ (v) $f^n = f \cdot f \cdots f$($n$ vezes), onde $n \in \mathbb{N}^*$. (vi) $\dfrac{f}{g}$. (vii) $\dfrac{1}{g}$.

**Demonstração** Basta utilizar o Teorema 4.1 acima e a definição de função contínua. Observe apenas que, nos itens (vi) e (vii), a continuidade se dará nos pontos $a$ onde $g(a) \neq 0$.

## EXEMPLOS 4.10

**(a)** A função $(\text{sen}(x))^3$ é contínua. Basta observar que a função seno é contínua (por 3.3) e utilizar o item (v) do teorema acima (com $n = 3$).

**(b)** Considere uma função racional $f$, isto é, uma função dada por $f(x) = \dfrac{p(x)}{q(x)}$, onde $p(x)$ e $q(x)$ são funções polinomiais. Lembre que o domínio de $f$ será o conjunto $A$ formado pelos valores reais onde $q$ não se anula, isto é, $A = \{x \in \mathbb{R} : q(x) \neq 0\}$. Vimos, na seção anterior, que $f$ é contínua em $A$ utilizando diretamente os resultados do Capítulo 3. Uma outra maneira de ver isso é usando o item (vi) do Corolário 4.2.

**(c)** Considere a função $f: \mathbb{R} \setminus \{-1,1\} \to \mathbb{R}$ dada por

$$f(x) = \frac{\text{sen}^2(x)}{x^2 - 1} + 3e^x \cos(x)$$

Essa função é a soma de duas funções dadas, respectivamente, por $f_1(x) = \dfrac{\text{sen}^2(x)}{x^2 - 1}$ e $f_2(x) = 3e^x \cos(x)$ Por sua vez, $f_1$ é o quociente da função seno elevada ao quadrado pela função polinomial $x^2 - 1$, enquanto que $f_2$ é o produto das funções $e^x$, $\cos(x)$ e o escalar 3. Pelo que vimos acima, cada uma das funções que *compõem* $f$ (as funções seno, $x^2 - 1$, a exponencial $e^x$ e a função cosseno) são contínuas. Utilizando-se agora os vários itens do teorema acima, concluímos que $f$ é contínua em todos os pontos em que $x^2 - 1$ não se anula, isto é, em todos os pontos de seu domínio $\mathbb{R} \setminus \{-1,1\}$.

Terminamos esta seção comentando que a composta de funções contínuas é também contínua. É importante, porém, formalizarmos esta observação como um teorema, que pode ser demonstrado de forma análoga à do Teorema 4.1.

**Teorema 4.3** Sejam $f$ e $g$ duas funções tais que $Im(f) \subset Dom(g)$ e $a \in Dom(f)$. Se $f$ for contínua em $a$ e $g$ for contínua em $f(a)$, então a composta $g \circ f$ será contínua em $a$.

## Exemplos 4.11

**(a)** Já tínhamos visto que as funções $g(x) = \text{sen}(x)$ e $f(x) = x^2$ são contínuas. Logo, por conta do teorema acima, a função $h(x) = (g \circ f)(x) = \text{sen}(x^2)$ será também contínua.

**(b)** Como as funções $g(x) = \ln(x)$ e $f(x) = x^3 - 1$ são contínuas, segue então que $(g \circ f) : A \to \mathbb{R}$ dada por $(g \circ f)(x) = \ln(x^3 - 1)$ será contínua em todos os pontos de seu domínio $A$. Observe que, como as funções logarítmicas só estão definidas nos valores reais positivos, o conjunto $A$ será formado pelos valores $x$ em que $x^3 - 1 > 0$, ou em outras palavras, os valores em que $x > 1$. Logo, $A = \{x \in \mathbb{R}: x > 1\}$.

# Exercícios

**(4.6)** Encontre os domínios das funções abaixo e verifique se elas são contínuas:

**(a)** $f(x)=\begin{cases} \dfrac{x^2+1}{x^2-1} & \text{se } x \neq 1 \\ 0 & \text{se } x = 1 \end{cases}$

**(b)** $f(x)=\begin{cases} \dfrac{\cos(x)}{3x^2} & \text{se } x \neq 0 \\ 1 & \text{se } x = 0 \end{cases}$

**(c)** $f(x)=\begin{cases} \dfrac{\text{sen}(x)}{x} & \text{se } x \neq 0 \\ 1 & \text{se } x = 0 \end{cases}$

**(d)** $f(x)=\begin{cases} \dfrac{\text{sen}(x)}{2x^2} & \text{se } x \neq 0 \\ \dfrac{1}{2} & \text{se } x = 0 \end{cases}$

**(4.7)** Encontre o domínio das funções abaixo e os pontos onde elas são contínuas.

**(a)** $f(x)=\sqrt{\text{sen}(x)}$

**(b)** $f(x)=\sqrt[3]{\cos(x)}$

(c) $f(x) = \ln(x^2 - 2)$

(d) $f(x) = \begin{cases} \dfrac{x-3}{x+1} & \text{se } x > -1 \\ \dfrac{x-3}{x-1} & \text{se } x \le -1 \end{cases}$

**(4.8)** Mostre as afirmações dos teoremas 4.1 e 4.3.

## 4.4 Teorema do Valor Intermediário

Vamos ver nessa seção um resultado que é bastante útil quando se quer achar as raízes de algumas funções, principalmente de funções polinomiais. Comecemos com um exemplo específico.

Considere a função $f: \mathbb{R} \to \mathbb{R}$ dada por $f(x) = x^3 + 2x^2 - 5x + 1$. Para podermos desenhar o gráfico de $f$, é muitas vezes útil determinar as suas raízes, isto é, os valores $a \in \mathbb{R}$ tais que $f(a) = 0$. Como estamos, na maioria das vezes, interessados em *esboçar* o gráfico, podemos determinar apenas o valor aproximado da raiz. Em outras palavras, estaremos satisfeitos em determinar intervalos (maiores ou menores, dependendo das características do problema considerado) onde as raízes estão. E é nesse ponto que o conceito de continuidade pode ser útil. Voltemos ao exemplo.

Observe inicialmente que:

$$\lim_{x \to \infty} x^3 + 2x^2 - 5x + 1 = \infty \quad \text{(ver 3.7)}$$

E, portanto, existirá um valor $b \in \mathbb{R}_+^*$ tal que $f(b) > 0$. Analogamente, temos que:

$$\lim_{x \to -\infty} x^3 + 2x^2 - 5x + 1 = -\infty \quad \text{(ver 3.7)}$$

Logo, existirá um valor $a \in \mathbb{R}_-^*$ tal que $f(a) < 0$. Pela escolha de $a$ e $b$, segue que $b - a > 0$ e $[a, b]$ é um intervalo. Agora, como $f$ é contínua, é razoável se esperar que, como $f(a) < 0$ e $f(b) > 0$, o gráfico de $f$ irá cruzar o eixo $O_x$ em algum ponto do intervalo $[a, b]$, isto é, que existirá um valor $c \in [a, b]$ tal que $f(c) = 0$. É claro que $c$ será então uma raiz de $f$ em $[a, b]$. A figura abaixo ilustra a situação que acabamos de discutir sem a preocupação de sermos precisos com o gráfico da função específica que estamos trabalhando.

Figura 4.7 | Função $x^3 + 2x^2 - 5x + 1$

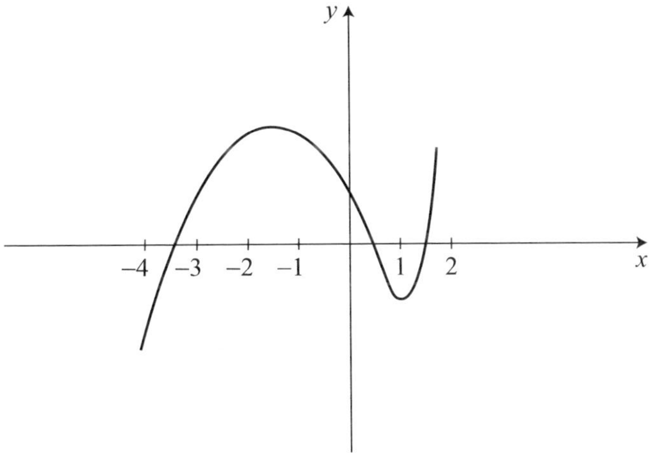


Em vista do discutido acima, podemos concluir que sempre que encontrarmos dois pontos $a$ e $b$ tais que $[a, b]$ esteja contido no domínio da função considerada $f$ e $f(a) < 0$ e $f(b) > 0$ e esse intervalo conterá uma raiz de $f$. Um raciocínio análogo também garantirá a existência de uma raiz se tivermos $f(a) > 0$ e $f(b) < 0$.

Retornemos ao exemplo específico acima. Vamos calcular o valor de $f(x) = x^3 + 2x^2 - 5x + 1$ em alguns pontos do domínio.

| $x$ | −4 | −3 | −2 | −1 | 0 | 1 | 2 |
|---|---|---|---|---|---|---|---|
| $f(x)$ | −11 | 7 | 11 | 7 | 1 | −1 | 7 |

Observemos que $f(-4) < 0$ e $f(-3) > 0$ . Logo, concluímos que há uma raiz no intervalo $[-4, -3]$. Da mesma forma, como $f(0) > 0$ e $f(1) < 0$ , resulta que outra raiz deve estar no intervalo $[0, 1]$. Por fim, vai existir uma terceira raiz no intervalo $[1, 2]$. Como a intersecção dos intervalos $[0, 1]$ e $[1, 2]$ é o ponto 1 e este ponto não é uma raiz, segue que as raízes encontradas nos intervalos $[0, 1]$ e $[1, 2]$ são distintas.

Antes de enunciarmos o resultado, vamos fazer uma discussão um pouco mais geral.

Consideremos a função $f$: $[1, 2] \to \mathbb{R}$ dada por $f(x) = 2 - x^2$.

Figura 4.8 | Função $2 - x^2$ no intervalo $[-1, 2]$

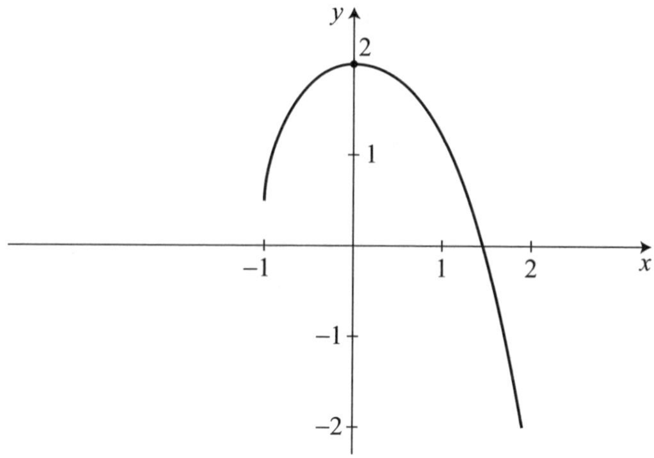


Observe que $f$ é contínua (apesar de restringirmos o domínio ao intervalo $[-1, 2]$, a regra da função é do tipo polinomial e, portanto, contínua). Considere então os valores $f(-1) = 1$ e $f(2) = -2$ que são os valores que $f$ assume nos extremos de seu domínio. Logo, a imagem de $f$ contém os valores $-2$ e $1$, mas o que acontece com possíveis valores intermediários entre $-2$ e $1$? De outra forma, podemos dizer que todos os pontos do intervalo $[-2, 1]$ estão na imagem de $f$? Olhando-se o gráfico, é bem plausível que a resposta seja sim. Geometricamente, isso pode ser interpretado da seguinte forma: qualquer reta paralela ao eixo $O_x$ passando por um ponto $(0, c)$, onde $c$ pertence ao intervalo $[-2, 1]$ cruza o gráfico da função $f$. Por exemplo, dado o valor $-1 \in [-2, 1]$, se fizermos $2 - x^2 = -1$, segue que $x^2 = 3$ e, portanto, $x = \sqrt{3}$ (observe que excluímos dessa conta o valor $-\sqrt{3}$ que é também raiz de $x^2 = 3$, pois ele não pertence ao domínio dessa função). Logo $\sqrt{3}$ é o valor que procurávamos, pois $f\left(\sqrt{3}\right) = -1$.

Da mesma forma, a conta acima pode ser repetida para todos os valores no intervalo $[-2, 1]$ (escolha arbitrariamente um valor $\alpha$ nesse intervalo e encontre o valor de $x$ que satisfaça $f\left(\sqrt{3}\right) = \alpha$). Em geral, se $f$: $[a, b] \to \mathbb{R}$ for uma função contínua, é natural que todos os valores intermediários entre $f(a)$ e $f(b)$ pertençam à imagem de $f$(para passarmos de $f(a)$ e $f(b)$ sem *saltos*, devemos poder percorrer todos os seus valores intermediários). É exatamente o que diz o nosso primeiro resultado dessa seção.

**Teorema 4.4** (***Teorema do Valor Intermediário – TVI***) Seja $f$ a função $f: [a, b] \to \mathbb{R}$, contínua em todos os pontos do domínio. Se $\alpha \in \mathbb{R}$ for um valor intermediário entre $f(a)$ e $f(b)$ então existirá $c \in [a, b]$ *tal* que $f(c) = \alpha$.

O resultado acima pode ser refraseado da seguinte maneira. Nas condições do enunciado e se $f(a) \leq f(b)$, então, o intervalo $[f(a), f(b)]$ estará contido na imagem $\mathrm{Im}(f)$ e caso $f(a) \geq f(b)$, o intervalo $[f(b), f(a)]$ estará contido em $\mathrm{Im}(f)$.

**Exemplo 4.12** Seja $f: [1, 4] \to \mathbb{R}$ a função dada por $f(x) = \dfrac{(x^2+3)}{(x+1)}$. Como $f(1) = 2$ e $f(4) = \dfrac{19}{5} = 3{,}8$, o TVI nos garante que qualquer valor no intervalo $\left[2, \dfrac{19}{5}\right]$ está na imagem de $f$. Vamos escolher $\alpha = 3 \left(\in \left[2, \dfrac{19}{5}\right]\right)$ e tentar achar o valor $c$ tal que $f(c) = \alpha = 3$. Deveremos, então, achar um valor que satisfaça $\dfrac{(x^2+3)}{(x+1)} = 3$ Resolvendo isso, teremos:

$$\frac{x^2+3}{x+1} = 3 \quad \Leftrightarrow \quad x^2+3 = 3x+3 \quad \Leftrightarrow \quad x^2 - 3x = 0$$
$$\Leftrightarrow \quad x = 0 \text{ ou } x = 3$$

O valor 0 está fora do domínio de nossa função, portanto, não nos interessa aqui. Logo, $c = 3$ é o único valor do domínio cuja imagem iguala 3, isto é, $f(3) = 3$. É lógico que se considerarmos a função $g: [0, 2] \to \mathbb{R}$ dada pela mesma regra de associação de $f$, isto é, tal que $g(x) = \dfrac{x^3+3}{x+1}$, uma conta similar nos levará ao valor 0 (que, nesse caso, está no domínio de $g$).

É importante enfatizar aqui a importância da continuidade da função envolvida. Por exemplo, considere a função $f [-1, 2\,] \to \mathbb{R}$ dada por:

$$f(x) = \begin{cases} x^2 - 4 & \text{se } x \in [-1, 1] \\ 3x + 1 & \text{se } x \in \,]1, 2] \end{cases}$$

Figura 4.9 | Gráfico da função (4.7)

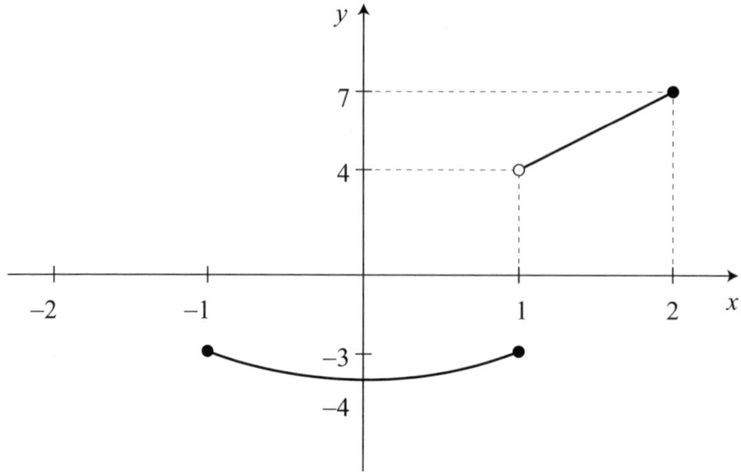


Vamos analisar se $f$ é contínua no ponto $a = 1$. Uma conta simples nos leva a:

$$\lim_{x\to 1^-} f(x) = \lim_{x\to 1^-} x^2 - 4 = -3$$
$$\lim_{x\to 1^+} f(x) = \lim_{x\to 1^+} 3x + 1 = 4$$

Logo, o limite $\lim_{x\to 1} f(x)$ não existe e, portanto, $f$ não é contínua no ponto 1. Por outro lado, não é difícil ver que não existe um valor $c \in [-1, 2]$ (domínio de $f$) tal que $f(c) = 0$ (observe que 0 é um valor intermediário entre $f(-1) = -3$ e $f(2) = 7$). Com isso, concluímos que nem todo valor intermediário é assumido pela função e também que a hipótese de continuidade é essencial para a validade do TVI.

Nas contas que fizemos no começo dessa seção utilizamos, na realidade, um caso particular do TVI. Dada a sua importância, vale a pena enunciá-lo como um resultado em separado. É o chamado Teorema do Anulamento que nos permite garantir a existência de raízes para certas funções.

**Teorema 4.5** (***Teorema do Anulamento***) Seja $f: [a, b] \to \mathbb{R}$ uma função contínua em todos os pontos do domínio. Se os valores $f(a)$ e $f(b)$ tiverem sinais opostos (um estritamente positivo e outro estritamente negativo), então existirá um valor $c \in [a, b]$ tal que $f(c) = 0$.

**EXEMPLO 4.13** Considere a função $f(x) = 2x^3 - 3x^2 - 12x + 12$. Observe que usando as conclusões da Seção 3.5, teremos que:

$$\lim_{x \to +\infty} 2x^3 - 3x^2 - 12x + 12 = \infty \quad \text{e} \quad \lim_{x \to -\infty} 2x^3 - 3x^2 - 12x + 12 = -\infty$$

e, então, para valores suficientemente grandes, a função $f$ assume valores positivos e, para valores suficientemente pequenos, a função assume valores negativos. Formalmente, existe um valor $a < 0$ tal que $f(a) < 0$ e um valor $b$ tal que $f(b) > 0$, (considere, por exemplo, os valores $a = -3$ e $b = 3$). Com isso, utilizando o Teorema do Anulamento, podemos concluir que $f$ tem uma raiz. Além de garantir a existência de uma raiz, esse resultado também é útil para se achar o valor aproximado dessa raiz. Para ver como isso é possível, vamos inicialmente calcular o valor de $f(x)$ para alguns valores de $x$ do domínio.

Tabela 4.3

| $x$ | $f(x)$ |
|---|---|
| −3 | −21 |
| −2 | 8 |
| −1 | 19 |
| 0 | 12 |
| 1 | −1 |
| 2 | −8 |
| 3 | 3 |

Observamos por essa tabela que entre os pontos −3 e −2, a função muda de sinal ($f(-3) < 0$ e $f(-2) > 0$). Com isso, usando o Teorema do Anulamento, deve existir uma raiz de $f$ no intervalo $[-3, -2]$. De maneira similar, deve existir uma raiz de $f$ no intervalo $[0, 1]$, (pois $f(0) > 0$ e $f(1) < 0$) e outra no intervalo $[2, 3]$, (pois $f(2) < 0$ e $f(3) > 0$). Como o polinômio considerado é de terceiro grau, essas devem ser todas as suas raízes (uma em cada um dos intervalos descritos acima). Dessa forma, podemos *localizar* de maneira aproximada as raízes de $f$. É claro que, dependendo da precisão que gostaríamos de alcançar, saber que existe uma raiz no intervalo [0, 1], por exemplo, pode não ser suficiente. No entanto, podemos repetir a análise acima para diminuir o intervalo em que a raiz está e conseguir uma estimativa mais precisa dela.

Vamos fazer isso com a raiz que está em [0, 1]. Se calcularmos $f$ no ponto 0,5, teremos $f(0{,}5)=\frac{11}{2}$. Como $f(0{,}5) > 0$ e $f(1) < 0$, então a raiz estará no intervalo [0, 5, 1] (e a raiz está localizada com *precisão* de 0,5). Vamos especificar um pouco mais. Ao calcular $f$ em 0,9, teremos $f(0{,}9) = 0{,}228 > 0$, e, como $f(1) < 0$, concluímos que essa raiz estará no intervalo [0, 9, 1] (e aqui a *precisão* que teremos para a raiz será de 0,1). Calculando $f$ nos pontos 0,91 e 0,92, temos $f(0{,}91) = 0{,}102842 > 0$ e $f(0{,}92) = -0{,}021824 < 0$, o que implica que a raiz está no intervalo [0,91, 0,92] (e a precisão aqui será de 0,01). Esse método de aproximações sucessivas pode ser feito indefinidamente e assim podemos localizar a raiz com qualquer precisão dada *a priori*.

Observemos que, para o Teorema do Anulamento, também é importante a hipótese de continuidade. Deixamos ao leitor como exercício mostrar um exemplo justificando a afirmação acima.

## Exercícios

**(4.9)** Encontre $f: [a, b] \to \mathbb{R}$ tal que $f(a) > 0$ e $f(b) < 0$ e tal que $f$ não contenha raízes nesse intervalo.

**(4.10)** Seja $f: \mathbb{R} \setminus \{-2\} \to \mathbb{R}$ a função dada por $f(x)=\frac{x^2-1}{x+2}$. Encontre, se possível, valores $c \in \mathbb{R} \setminus \{-2\}$ tais que: (i) $f(c) = 2$ ou (ii) $f(c) = -1$. Interprete geometricamente essas situações.

**(4.11)** Encontre intervalos de tamanho 1, 0,5 e 0,1 nos quais $f(x) = x^4 + 3x^3 -3$ tenha ao menos uma raiz.

**(4.12)** Identifique intervalos de tamanho 1 que contenham as raízes de $f(x) = -x^3 + 5x^2 -8$.

**(4.13)** Seja $f: \mathbb{R} \to \mathbb{R}$ a função polinomial dada por $f(x)=b_n x^n+\cdots+b_1 x+b_0$ onde $n$ é um número impar.

**(a)** Mostre que $f$ tem ao menos uma raiz.

**(b)** Dê um exemplo onde $n \geq 3$ e $f$ tenha uma única raiz.

**(c)** Pode-se afirmar o mesmo do item (a) se $n$ for um número par? Por que? (Dica: inspire-se pelo que fizemos acima no caso de um polinômio de grau 3).

## 4.5 Pontos de Máximo e de Mínimo e o Teorema de Weierstrass

Um problema corriqueiro em matemática é o de achar valores de máximo e de mínimo de funções que expressam situações concretas. Por exemplo, se uma função descreve o gasto de material para se produzir uma latinha de 500 ml de cerveja em termos de seu diâmetro, achar o valor mínimo (que corresponde ao menor gasto de material, portanto a forma mais econômica sob esse aspecto) irá trazer consequências práticas importantes (resolveremos esse problema específico no Capítulo 6). Do ponto de vista matemático, equivale a achar o valor mínimo que uma dada função assume em um certo intervalo.

Vamos ilustrar isso com outra situação. No Exemplo 2.19, consideramos a função custo de produção dada por $C(x) = 20 + 3x$ ($x$ em 1.000 unidades de uma certa mercadoria) e a equação de demanda dada por $p + 2x = 25$ ($x$ em 1.000 unidades e $p$ o preço em reais). Vimos que a função lucro de venda desse produto será, ao final, $L(x) = -2(x-1)(x-10)$. Com isso, calculamos o valor $x_0 = 5.500$ que é a quantidade de venda que dá o maior lucro (a um preço unitário correspondente de R$ 14,00). Nesse exemplo, a função considerada é polinomial de 2º grau e, portanto, o cálculo de seu valor máximo é fácil de ser feito. O que iremos fazer, principalmente no Capítulo 6, é olhar essa questão para funções mais gerais e ver como se calcula seus pontos de máximo e de mínimo. Para tal, necessitaremos do conceito de derivada que será feito no Capítulo 5. O que faremos agora será discutir um pouco mais a questão de máximos e mínimos locais e globais e comentar o Teorema de Weierstrass que garante a existência desses valores sob certas condições.

**EXEMPLO 4.14** Considere a função polinomial $f(x) = x^3 - 6x^2 + 9x$. É fácil ver que $x^3 - 6x^2 + 9x = x(x-3)^2$ e, portanto, os valores 0 e 3 são as raízes de $f$ (o valor 3 é raiz dupla). O gráfico dessa função será:

Figura 4.10 | Função $x\,(x-3)^2$

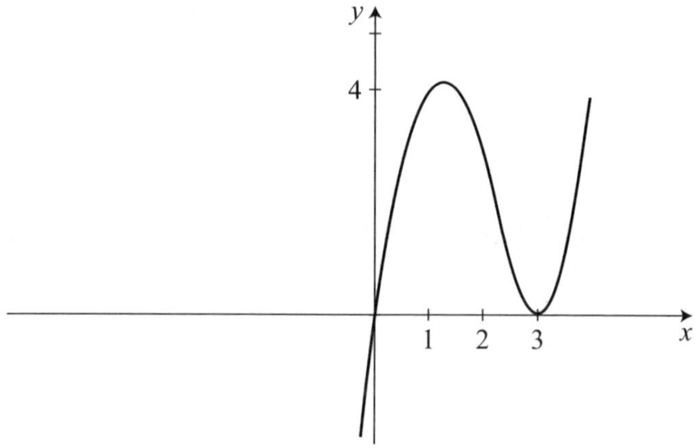


Se olharmos esse gráfico, fica claro que a função não tem valores de máximo (pois, quanto maior o valor de $x$ maior será o valor de $f(x)$) ou de mínimo (pois quanto menor o valor de $x$, menor será o de $f(x)$). No entanto, muitas vezes por conta de restrições no domínio, é importante sabermos os valores que assumem um máximo (ou um mínimo) localmente. Por exemplo, se restringirmos o domínio da função ao intervalo [0, 3], o seu gráfico ficaria:

Figura 4.11 | Função $x\,(x-3)^2$ no intervalo $[0,3]$

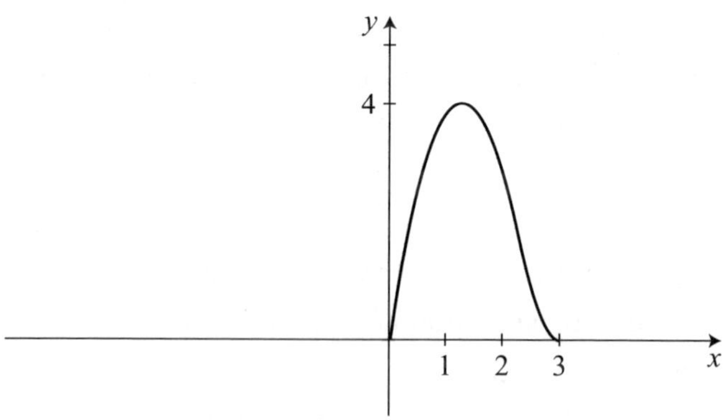

Visualmente, pode-se observar que, nesse intervalo, para $x = 1$, a função $f$ assume o seu maior valor, no caso $f(1) = 4$, e, para $x = 0$ ou $x = 3$, a função $f$ assume o seu menor valor, no caso $f(0) = f(3) = 0$ (não se preocupe agora como o valor 1 foi encontrado, isso será feito em detalhes no Capítulo 6). Por conta dessa propriedade *local* esses valores serão chamados de máximos e mínimos locais.

Deve ficar claro que, se mudarmos o intervalo, os valores de máximos e de mínimos locais poderão ser distintos. Por exemplo, no intervalo $[-1, 3]$, o máximo local continua sendo para $x = 1$, mas o mínimo local será agora correspondente ao valor $x = -1$. Se o intervalo considerado for $[-1, 5]$, o valor de máximo local agora corresponderá a $x = 5$ (e $f(5) = 50$). E assim por diante.

A próxima definição diz respeito a essa discussão.

**Definição 4.3** Sejam $f: A \to \mathbb{R}$, onde $A \subset \mathbb{R}$,uma função e $a \in A$.

**(a)** Dizemos que $a$ é um *ponto de máximo (global)* de $f$ se $f(a) \geq f(x)$, para todo $x \in A$.

**(b)** Dizemos que $a$ é um *ponto de máximo local* de $f$ se existir um intervalo ]b,c[ contendo $a$ em que $f(a) \geq f(x)$, para todo $x \in\ ]b,c[$.

**(c)** Dizemos que $a$ é um *ponto de mínimo (global)* de $f$ se $f(a) \leq f(x)$, para todo $x \in A$.

**(d)** Dizemos que $a$ é um *ponto de mínimo local* de $f$ se existir um intervalo $]b,c[$ contendo $a$ em que $f(a) \leq f(x)$, para todo $x \in\ ]b,c[$.

**EXEMPLO 4.15** Como já tínhamos visto, a imagem da função seno é o intervalo $[-1, 1]$. Com isso, o maior valor que ela assume é 1, e é fácil ver que ela assume tal valor em pontos como $\frac{\pi}{2}, \frac{5\pi}{2}, -\frac{3\pi}{2}, \cdots$ ou, de forma geral, em todos os pontos do tipo $\frac{\pi}{2} + 2k\pi$, em que $k \in \mathbb{Z}$. Esses pontos são os pontos de máximo da função. Os pontos de mínimo serão os pontos do tipo $\frac{3\pi}{2} + 2k\pi$, em que $k \in \mathbb{Z}$, que são os pontos nos quais a função seno assume o valor $-1$.

**EXEMPLO 4.16** Vamos olhar a função quadrática $f(x) = x^2 - x - 6$. Como vimos na Seção 2.2, o gráfico dessa função é uma parábola com a concavidade para cima.

Figura 4.12

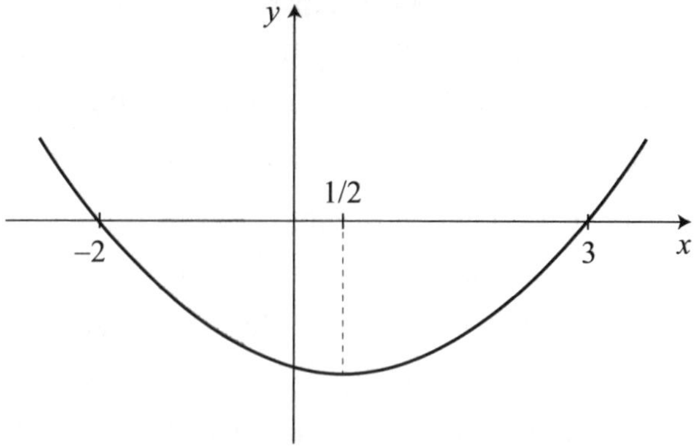


O seu valor de mínimo será $\frac{1}{2}$ e, como a imagem dessa função é o intervalo $\left[-\frac{25}{4},\infty\right[$, fica fácil ver que $f$ não tem pontos de máximo. Deixamos a cargo do leitor encontrar uma função que tenha pontos de máximo, mas não de mínimo, e outra que não possua nem pontos de máximo nem de mínimo.

**EXEMPLO 4.17** Vamos agora considerar $f: [1, 4] \to \mathbb{R}$ dada por $f(x) = x^2 - x - 6$ (a mesma regra de associação do exemplo acima). Com essa restrição no domínio, o seu gráfico será:

Figura 4.13

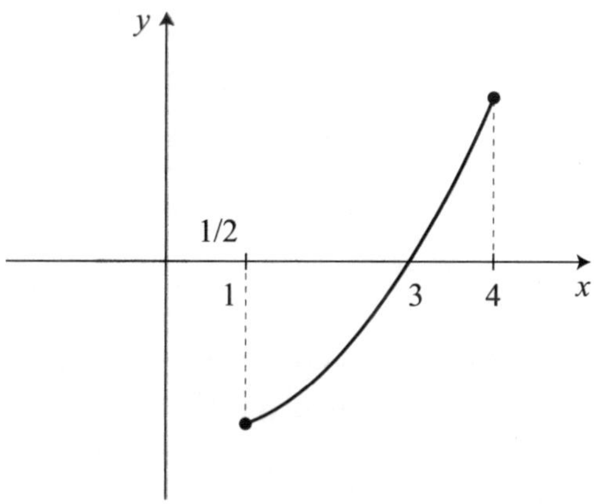


Agora, o valor de mínimo local será assumido para $x = 1$ e existirá um valor de máximo local, que será assumido em $x = 4$.

Na Seção 6.4, discutiremos mais a fundo a noção de máximo e de mínimo locais. Também veremos uma maneira de encontrar os candidatos a esses pontos utilizando derivadas. O que faremos agora é enunciar um resultado que garanta a existência de tais pontos para uma dada função.

**Teorema 4.6** (***Teorema de Weierstrass***) Seja $f$: $[a, b] \to \mathbb{R}$ uma função continua em $[a, b]$. Então $f$ admite valores de máximo e de mínimo.

Aqui também a continuidade é um elemento importante para a validade do resultado. Considere, por exemplo, a função $f$: $[-1, 1] \to \mathbb{R}$ dada por:

$$f(x) = \begin{cases} \dfrac{1}{x} & \text{se } x \in [-1,0[\cup]0,1] \\ 0 & \text{se } x = 0 \end{cases}$$

Como os limites

$$\lim_{x\to 0^-} f(x) = -\infty \qquad \text{e} \qquad \lim_{x\to 0^+} f(x) = \infty$$

não são finitos (e, ademais, diferem), concluímos que $f$ não é contínua no ponto 0. Devido a esses mesmos limites, podemos concluir que não existem pontos de máximo nem de mínimo para $f$.

Outro ponto importante para a validade do resultado é o fato do domínio ser um intervalo fechado (na realidade o resultado valerá mesmo se o domínio for uma união de intervalos fechados). Para ver a importância disso, vamos considerar a seguinte função $f$: $]-1, 1[$ dada por $f(x) = x^3$. O seu gráfico será:

Figura 4.14 | Função $x^3$

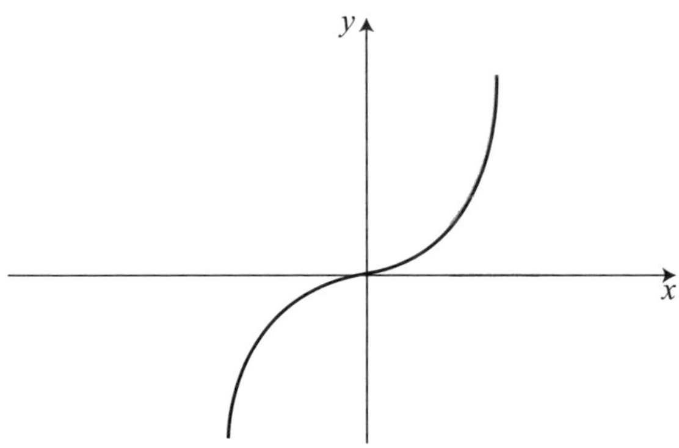

Observe que, se o valor $x = 1$ pertencesse ao domínio de $f$, esse seria o seu ponto de máximo, Mas, como 1 não pertence a $]-1, 1[$, não é difícil ver que não existe nenhum valor $a \in ]-1,1[$ tal que $f(a) \geq f(x)$, para todo $x \in ]-1, 1[$. Por exemplo, se $a = 0{,}9$, $f(0{,}95) > f(0{,}9)$, se $a = 0{,}98$, $f(0{,}99) > f(0{,}98)$, e assim por diante. Em geral, dado $a \in ]-1,1[, f\left(a + \frac{(1-a)}{2}\right) > f(a)$. Analogamente, a função $f$ não possui pontos de mínimo nesse intervalo.

## Exercícios

**(4.14)** Encontre, se existirem, os valores de máximo e de mínimo das funções trigonométricas seno, cosseno, tangente, secante, cossecante e cotangente.

**(4.15)** Encontre, se existirem, os valores de máximo e de mínimo das funções abaixo.

**(a)** $f: [0, 5] \to \mathbb{R}$ dada por $f(x) = e^x$.

**(b)** $f: \mathbb{R}_+ \to \mathbb{R}$ dada por $f(x) = \frac{1}{2^x}$.

**(c)** $f: [1, 4] \to \mathbb{R}$ dada por $f(x) = \log_2 x$.

**(4.16)** Exiba uma função que:

**(a)** não contenha pontos de máximo, mas que contenha pontos de mínimo.

**(b)** não contenha nem pontos de máximo nem de mínimo.

**(4.17)** Seja $f: [a, b] \to \mathbb{R}$ uma função contínua estritamente decrescente. Mostre que $a$ é ponto de máximo e que $b$ é ponto de mínimo.

**(4.18)** Sejam $f: A \to \mathbb{R}$ uma função e $x_0 \in A$. Mostre que $f$ é contínua em $x_0$ se e somente se $\lim_{h \to 0}(f(x_0 + h) - f(x_0)) = 0$.

# Derivadas

Capítulo 5

O conceito de derivada é bastante importante em matemática, pois com ele podemos modelar vários problemas de ordem prática. Iniciaremos este capítulo com três exemplos para ilustrar esse conceito e, principalmente, motivá-lo. A ideia que irá permear esses exemplos será a de medir a variação instantânea de uma função dada ou, em outras palavras, a sua taxa de variação. Por trás disso, irá aparecer naturalmente um limite e é, a partir dele, que iremos desenvolver a noção de derivada. Esperamos que, ao final do capítulo, o leitor esteja familiarizado com esse conceito e consiga utilizar as técnicas que desenvolveremos para o cálculo de inúmeras derivadas.

## 5.1 Alguns Exemplos

### 5.1.1 Exemplo de deslocamento

Consideremos um problema de deslocamento. Vamos supor que iremos sair da cidade de São Paulo para ir a Itu, percorrendo, portanto, 120km (na realidade, é menos, mas usaremos esse número para facilitar as contas...). Vamos imaginar que o tráfego não estava muito bom naquele dia (vias expressas congestionadas, pedágios na rodovia Castelo Branco etc.) e levamos 2 horas nesse percurso. Não é difícil calcular a velocidade média desenvolvida: será de 60km/h, isto é, 120km percorridos em 2 horas. Mas isso nos dá uma informação mais global, uma média que serviria para todo o percurso e a informação local se perde. Por exemplo, pode ser que nessas duas horas estivemos parados por um longo tempo em um congestionamento e, em outros momentos, pudemos desenvolver sem problemas 120km/h. O que gostaríamos é de ter uma medida mais local da velocidade.

Por exemplo, qual seria a velocidade instantânea depois de uma hora de viagem? Mais geralmente, dado um horário qualquer (entre 0 e 2 horas), é possível saber a velocidade nesse horário?

Vamos também supor que o velocímetro esteja quebrado, mas que tenhamos um hodômetro[1] funcionando e um relógio. E que, com esses dois instrumentos, descrevemos uma função $f$: $[0,2] \to [0,120]$ tal que, para cada $t \in [0,2]$, $f(t)$ irá indicar a distância percorrida desde que saímos de casa no intervalo de tempo $[0, t]$. A variável $t$ irá denotar o tempo e a sua unidade indicará 1 hora. Dessa forma, meia hora, por exemplo, será representado pelo valor $\frac{1}{2}$, um intervalo de 10 minutos será representado por $\frac{1}{6}$ (um sexto da hora), e assim por diante. O que tentaremos fazer é encontrar a velocidade no exato momento $t$.

Para ajudar o raciocínio, vamos supor que a função $f$ acima seja dada por uma regra simples como $f(t) = 30t^2$. Com isso, se $t = 0$, então $f(0) = 0$, o que é esperado, pois no instante inicial da viagem ($t = 0$), não tinha havido nenhum deslocamento ainda; se $t = 1$, então $f(1) = 30$, isto é, depois de uma hora, tínhamos percorrido 30 km; e se $t = 2$, então $f(2) = 120$, o que é quanto percorremos até chegarmos ao destino. O gráfico dessa função deslocamento é:

Figura 5.1 | Gráfico de $f(x) = 30t^2$

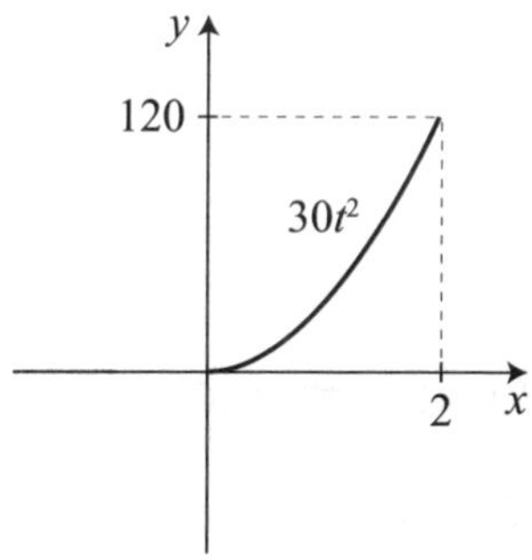


Fixemos agora $t_0 = 1$. Gostaríamos de saber a velocidade exata nesse instante a partir da função deslocamento. Poderemos começar medindo a velocidade média em um período que engloba o horário $t_0 = 1$. Por exemplo, a velocidade média

[1] Hodômetro é aquele aparelho que mede a distância percorrida.

do carro entre $t_0$ e, por exemplo, $t_0$ mais 15 minutos (o que significaria $t_0 + \frac{1}{4}$, pois a nossa unidade de tempo é uma hora) é dada da seguinte maneira (o deslocamento feito no intervalo de tempo dividido por este intervalo):

$$\frac{f\left(t_0 + \frac{1}{4}\right) - f\left(t_0\right)}{\left(t_0 + \frac{1}{4}\right) - t_0} = \frac{30\left(1 + \frac{1}{4}\right)^2 - 30\left(1\right)^4}{\frac{1}{4}} = 67{,}5$$

isto é, a velocidade média do carro entre os horários $t_0 = 1$ e $t_0 + \frac{1}{4} = 1 + \frac{1}{4}$ é de 67,5 km/h. Fazendo-se este mesmo cálculo para outros intervalos de tempo a partir de $t_0$, poderíamos construir a seguinte tabela (na primeira coluna um intervalo de tempo $\Delta$ a ser acrescido a $t_0$, na segunda coluna o quanto se andou desde $t_0$ até $t_0 + \Delta$ e na terceira coluna a velocidade média nesse intervalo em km/h).

Tabela 5.1

| $\Delta$ (tempo) | $f(1 + \Delta) - f(1)$ | velocidade média no intervalo $[t_0, t_0 + \Delta]$ |
|---|---|---|
| $\frac{1}{4}$ (= 15 min.) | 16,875 | 67,5 |
| $\frac{1}{6}$ (= 10 min.) | 10,8333... | 65 |
| $\frac{1}{12}$ (= 5 min.) | 5,20833... | 62,5 |
| $\frac{1}{60}$ (= 1 min.) | 1,00833... | 60,5 |
| $\frac{1}{3600}$ (= 1 seg.) | 0,016689... | 60,008... |
| $\vdots$ $\vdots$ | $\vdots$ | $\vdots$ |
| 0 0 | 0 | 60 |

À medida que $\Delta$ se aproxima de zero, nossa intuição nos diz que a velocidade média se aproxima da velocidade instantânea no ponto $t_0$. Ao analisar a tabela, podemos intuir que a velocidade média está se aproximando, em nosso caso, do valor 60 km/h. É claro que isso é uma evidência de que esse valor é a velocidade instantânea em $t_0 = 1$, mas formalmente não podemos garantir isso ainda. Mais abaixo, tentaremos convencer o leitor que é isso que realmente ocorre.

Observe que consideramos aqui apenas valores de $\Delta$ positivos, mas poderíamos ter considerado valores de $\Delta$ negativos, entendendo que estaríamos medindo a velocidade média entre um instante anterior a $t_0$ (deixamos ao leitor fazer uma tabela análoga à anterior para valores de $\Delta$ negativos). Em resumo, a discussão acima, podemos dizer que a velocidade instantânea $V_0$ no instante $t_0$ será:

$$V_0 = \lim_{\Delta \to 0} \frac{f(t_0 + \Delta) - f(t_0)}{\Delta}$$

Ao calcular esse limite com os dados acima, teremos:

$$\begin{aligned}\lim_{\Delta \to 0} \frac{f(t_0 + \Delta) - f(t_0)}{\Delta} &= \lim_{\Delta \to 0} \frac{30(1+\Delta)^2 - 30(1)^2}{\Delta} \\ &= \lim_{\Delta \to 0} \frac{30(\Delta^2 + 2\Delta + 1 - 1)}{\Delta} \\ &= \lim_{\Delta \to 0} \frac{30\Delta(\Delta + 2)}{\Delta} \\ &= \lim_{\Delta \to 0} 30(\Delta + 2) = 60\end{aligned}$$

Calculamos assim a velocidade instantânea no exato momento em que tínhamos uma hora de viagem. É claro que podemos fazer esse mesmo cálculo em outros momentos do trajeto. Indique, por exemplo, por $t_0$ um valor qualquer no intervalo [0,2]. Da mesma maneira como fizemos acima, teremos que a velocidade instantânea em $t_0$ será:

$$\begin{aligned}\lim_{\Delta \to 0} \frac{f(t_0 + \Delta) - f(t_0)}{\Delta} &= \lim_{\Delta \to 0} \frac{30(t_0+\Delta)^2 - 30(t_0)^2}{\Delta} \\ &= \lim_{\Delta \to 0} \frac{30(t_0^2 + 2\Delta t_0 + \Delta^2 - t_0^2)}{\Delta} \\ &= \lim_{\Delta \to 0} \frac{30\Delta(\Delta + 2t_0)}{\Delta} \\ &= \lim_{\Delta \to 0} 30(\Delta + 2t_0) = 60t_0\end{aligned}$$

Em outras palavras, a velocidade no instante $t_0$ será $60t_0$. Logo, a função $g(t) = 60t$ indicará a velocidade quando a função deslocamento for dada por $f(t) = 30t^2$.

## 5.1.2 Custo marginal

Vamos olhar uma outra situação que, a exemplo do problema físico acima, envolve um limite. Vimos, na Seção 2.4, a chamada função custo que nos fornece, por exemplo, o custo de produção de uma certa mercadoria em termos da quantidade produzida. Se indicamos por $x$ o número de unidades produzidas e por $C(x)$ o seu custo de produção, podemos também definir o *custo médio* por unidade como sendo $C_m(x) = \dfrac{C(x)}{x}$.

Analogamente ao que foi feito acima, esse número pode não representar de forma fiel o que acontece *localmente*. Se estamos, por exemplo, interessados em saber de quanto será o incremento no custo de produção ao aumentá-la um pouco, o custo médio não irá nos dar uma informação muito precisa. Para facilitar a discussão, vamos considerar um exemplo específico.

**EXEMPLO 5.1** Suponha que o custo de produção de um certo líquido seja $C(x) = 5000 + 20x - 0{,}01x^2$, onde os valores de $x$ estão em litros e os do custo em reais. Vamos também supor que a produção máxima seja de 500 litros. A tabela abaixo nos dá, para alguns valores específicos de $x$, o seu custo de produção $C(x)$ e o correspondente custo médio por litro.

Tabela 5.2

| $x$ | $C(x)$ | $\frac{C(x)}{x}$ |
|---|---|---|
| 100 | 6.900,00 | 69,00 |
| 101 | 6.917,99 | 69,18 |
| 200 | 8.600,00 | 43,00 |
| 201 | 8.615,99 | 42,86 |

Observe que, ao passar da produção de 100 litros para 101, o custo de produção desse litro extra (o 101°) foi de R$ 17,99 (6.917,99 menos 6.900,00), mas, ao passar de 200 para 201, o custo de produção do litro extra (o 201°) foi de R$ 15,99.

Com isso, podemos observar que o incremento no custo de uma unidade extra dependerá da produção inicial considerada (no caso, 100 ou 200). Isso porque o custo fixo se dilui quando a produção é maior.

Para estimar com mais precisão de quanto será o acréscimo no custo de produção a partir de um dado valor $x_0$, iremos usar o mesmo método utilizado para calcular a velocidade instantânea. Vamos considerar novamente um quociente cujo numerador apresente a diferença de custo de produção ao passar de $x_0$ litros para $x_0 + \Delta$ litros, isto é, o valor $C(x_0 + \Delta) - C(x_0)$, e o denominador apresente a diferença $(x_0 + \Delta) - x_0 = \Delta$ que representa o quanto estaríamos produzindo a mais. Esse quociente irá então medir o valor médio do aumento de custo de produção quando a aumentamos de $x_0$ para $x_0 + \Delta$ (consideramos aqui, por conveniência, a função custo como sendo uma função contínua em um intervalo real e não apenas definida em valores naturais como muitas vezes ocorre na prática). No limite, quando fizermos $\Delta$ tender a zero, teremos o aumento instantâneo do custo de produção em $x_0$. Esse valor é chamado de *custo marginal* em $x_0$. Dessa forma, o custo marginal em $x_0$ será:

$$\text{custo marginal em } x_0 = \lim_{\Delta \to 0} \frac{C(x_0 + \Delta) - C(x_0)}{\Delta}$$

Retomando nosso exemplo, teremos que o custo marginal para o valor de 100 litros será:

$$\lim_{\Delta \to 0} \frac{C(100 + \Delta) - C(100)}{\Delta} =$$

$$= \lim_{\Delta \to 0} \frac{5.000 + 20(100 + \Delta) - 0,01(100 + \Delta)^2 - [5.000 + 20(100) - 0,01(100)^2}{\Delta} =$$

$$= \lim_{\Delta \to 0} \frac{20\Delta - 0,01(200\Delta + \Delta)^2}{\Delta} = \lim_{\Delta \to 0} \frac{\Delta(18 - 0,01\Delta)^2}{\Delta} = \lim_{\Delta \to 0} 18 - 0,01\Delta = 18$$

o que corresponde, em nosso problema, ao valor R$ 18,00.

Comparando-se o custo marginal conseguido acima (R$ 18,00) com o valor de produção do 101° litro (que foi R$ 17,99), percebemos que eles estão bem próximos, mas não coincidem. Isso se deve ao fato de que o custo marginal mede o crescimento instantâneo, enquanto o valor R$ 17,99 mede a variação em um intervalo maior (quando a produção passa de 100 para 101 litros), a diferença sendo justificada pois consideramos que a produção não dá saltos de litro em litro mas pode assumir qualquer valor intermediário.

Um cálculo similar pode ser feito levando-se em conta o valor inicial de $x_0 = 200$. Deixamos ao leitor mostrar que o custo marginal para $x_0 = 200$ é R$ 16,00. Em geral, o custo marginal, nesse exemplo, para um certo valor $x_0$, será dado por:

$$\text{custo marginal em } x_0 = \lim_{\Delta \to 0} \frac{C(x_0 + \Delta) - C(x_0)}{\Delta} = 20 - 0{,}02x_0$$

Deixamos ao leitor verificar a conta acima.

## 5.1.3 Retas tangentes

Observemos que nos dois exemplos anteriores, o mesmo tipo de limite aparece naturalmente. Veremos que esse limite também será útil para se calcular as retas tangentes a curvas dadas por funções. Comecemos observando o que acontece com as seguintes retas.

Figura 5.2

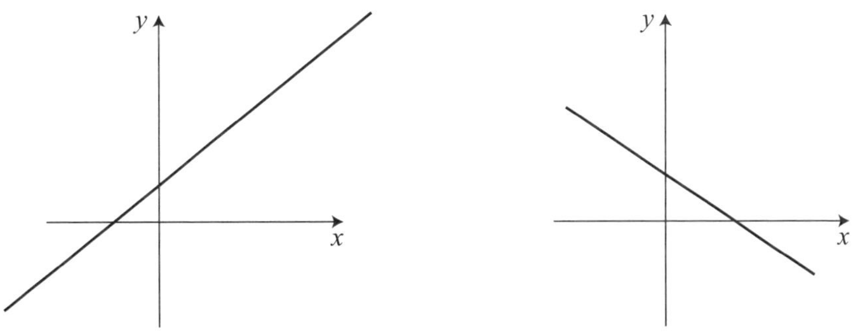


(a) Inclinação positiva, função crescente

(b) Inclinação negativa, função decrescente

Na reta desenhada à esquerda, a inclinação é positiva e ela descreve o gráfico de uma função (afim) crescente, enquanto na reta desenhada à direita, a situação se inverte: a inclinação é negativa e ela descreve o gráfico de uma função (afim) decrescente. Com isso, observamos que há uma relação direta entre o fato de uma função afim ser crescente e o sinal da inclinação da reta correspondente. Além disso, quanto maior a inclinação, maior o crescimento, como se pode ver na figura abaixo.

Figura 5.3

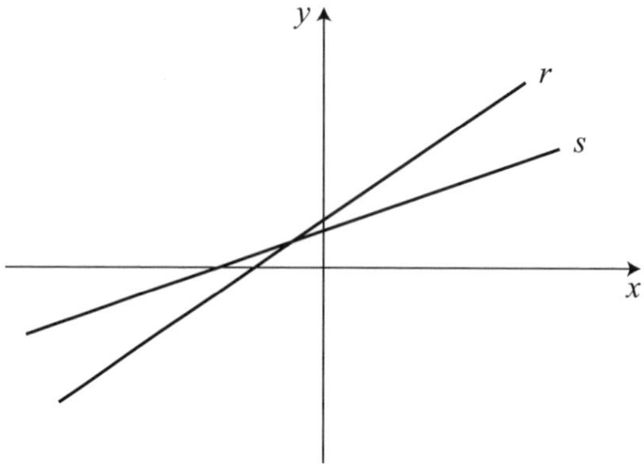


Inclinação da reta *r* maior do que a da reta *s*

Considere, em particular, a função $f(x) = ax + b$ e seja $x_0 \in \mathbb{R}$. Essa é uma função linear cujo gráfico é a reta com inclinação igual a $a$ e passando pelo ponto $(0, b)$. Ao calcularmos o limite que apareceu naturalmente nos exemplos discutidos acima, teremos:

$$\begin{aligned}\lim_{h\to 0}\frac{f(x_0+h)-f(x_0)}{h} &= \lim_{h\to 0}\frac{\left(a(x_0+h)+b\right)-\left((ax_0+b)\right)}{h}\\ &= \lim_{h\to 0}\frac{ah}{h}\\ &= \lim_{h\to 0} a\\ &= a\end{aligned}$$

Levando-se em conta o discutido no primeiro exemplo dessa seção, podemos interpretar o limite acima da seguinte maneira: se a função deslocamento for uma função linear do tipo $f(x) = ax + b$, então a velocidade no ponto $x_0$ será justamente a inclinação da reta definida pelo gráfico de $f$, no caso, o valor $a$. Isso nos sugere uma ligação bem estreita entre a taxa de variação de uma função (a velocidade no caso da função deslocamento ou o custo marginal no caso da função custo) e a inclinação de certas retas. Veremos como isso se dá.

Consideremos então uma função $f: \mathbb{R} \to \mathbb{R}$, o seu gráfico $G_f$ e $(a, b)$ um ponto em $G_f$. Ao olharmos a reta tangente a $G_f$ em $(a, b)$, se ela existir, teremos uma medida, por aproximação, do comportamento da variação da função em torno desse ponto, da mesma maneira que tínhamos no caso de função linear. Em outras palavras, a inclinação de uma curva deverá medir o seu comportamento com relação ao crescimento. Vamos olhar um exemplo específico. Seja $f: \mathbb{R} \to \mathbb{R}$ a função dada por $f(x) = x^4$. No intervalo $]-\infty, 0[$, a função é decrescente e não é difícil ver que para um ponto $(a, a^4)$, com $a < 0$, a reta tangente ao gráfico de $f$ passando por esse ponto terá inclinação negativa. Por outro lado, no intervalo $]0, \infty[$ , a função é crescente e para um ponto $(a, a^4)$, com $a > 0$, a reta tangente ao gráfico de $f$ passando por esse ponto terá inclinação positiva. Além disso, quanto menor o valor de $|a|$, menor será a inclinação dessa reta (o que, obviamente, traduz o comportamento da função).

Figura 5.4

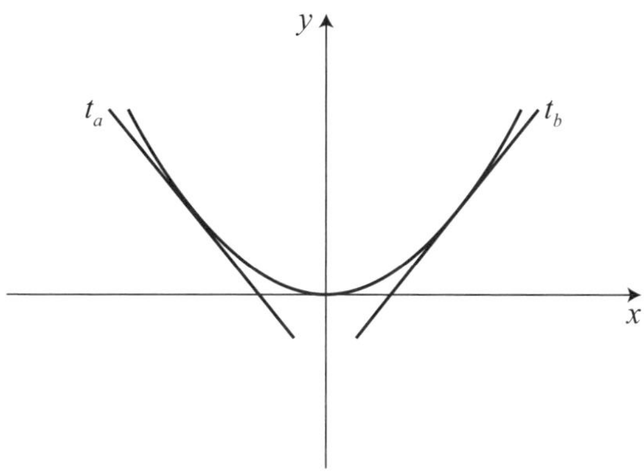


Em resumo, a reta tangente a um gráfico no ponto $(a, b)$ mede, de alguma forma, o comportamento da função em torno do ponto a. Veremos como calcular a inclinação dessa reta tangente.

Para achar a inclinação de uma reta, necessitamos em geral de dois de seus pontos. Em princípio, isso traria um problema se consideramos a reta tangente ao gráfico de uma função, pois tal reta intersecta (localmente) o gráfico em apenas um ponto. O que faremos aqui é lançar mão da mesma ideia que foi usada para calcular a velocidade ou o custo marginal nos exemplos acima. No primeiro, por exemplo, usando dois pontos, calculamos a taxa de variação nesse intervalo (a velocidade média, no caso) e fizemos os extremos *se aproximarem* por meio de um limite.

Aqui, usaremos dois pontos do gráfico, calcularemos a inclinação da reta que passa por esses pontos e depois *aproximaremos os pontos*. O limite das inclinações dessas retas, quando os pontos se aproximam, será então a inclinação da reta tangente. Voltemos ao nosso exemplo com $f(x) = x^4$ e calculemos a inclinação da reta tangente ao gráfico de $f$ no ponto com coordenadas $x = 2$ e $f(2) = 2^4 = 16$, isto é, o ponto (2,16).

Figura 5.5

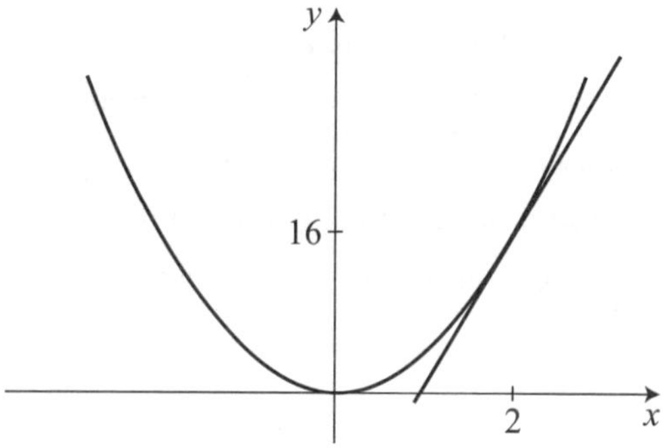


Consideremos o ponto (3,81), que também pertence ao gráfico de $f$. Observe que a reta que passa pelos pontos (2,16) e (3,81) tem inclinação $\dfrac{81-16}{3-2} = 65$. Vamos fazer uma tabela em que, na primeira coluna, consideraremos pontos $a$ próximos de 2 e, na segunda, a inclinação da reta que passa pelos pontos (2,16) e $(a, a^4)$, isto é, o valor $\dfrac{a^4-16}{a-2}$.

Tabela 5.3

| $x = a$ | $y = a^4$ | $\dfrac{a^4-16}{a-2}$ |
|---|---|---|
| 3,0000 | 81,0000 | 65,000 |
| 2,5000 | 39,0625 | 46,125 |
| 2,3000 | 27,9841 | 39,947 |
| 2,2000 | 23,4256 | 37,128 |
| 2,1000 | 19,4481 | 34,481 |
| 2,0100 | 16,4322 | 32,240 |
| 2.0010 | 16,0320 | 32,024 |
| 2,0001 | 16,0032 | 32,002 |
| ⋮ | ⋮ | ⋮ |
| 2 | 16 | 32 |

Tabela 5.4

| $x = a$ | $y = a^4$ | $\frac{a^4 - 16}{a - 2}$ |
|---|---|---|
| 1,0000 | 1,0000 | 15,000 |
| 1,5000 | 5,0625 | 21,875 |
| 1,7000 | 8,3521 | 25,493 |
| 1,8000 | 10,4976 | 27,512 |
| 1,9000 | 13,0321 | 29,679 |
| 1,9900 | 15,6823 | 31,760 |
| 1,9990 | 15,9680 | 31,976 |
| 1,9999 | 15,9968 | 31,997 |
| ⋮ | ⋮ | ⋮ |
| 2 | 16 | 32 |

Esperamos ter ficado claro que, à medida que o ponto $a$ se aproxima de 2 (ou, de outra forma, que a diferença $a - 2$ se aproxima de 0), a reta que passa pelos pontos (2,16) e ($a$, $a^4$) se aproxima da reta tangente ao gráfico em (2,16). Pelas tabelas acima, a inclinação dessa reta parece se aproximar do valor 32. Por outro lado, utilizando essa ideia de aproximação, da mesma forma como fizemos nos outros dois exemplos mais acima, pode-se concluir que a inclinação dessa reta deverá ser:

$$\lim_{\Delta \to 0} \frac{f(2+\Delta) - f(2)}{\Delta}$$

Calculando-se esse limite diretamente teremos:

$$\lim_{\Delta \to 0} \frac{f(2+\Delta) - f(2)}{\Delta} = \lim_{\Delta \to 0} \frac{(2+\Delta)^4 - 2^4}{\Delta}$$

$$= \lim_{\Delta \to 0} \frac{\left(2^4 + 4 \cdot 2^3 \cdot \Delta + 6 \cdot 2^2 \cdot \Delta^2 + 4 \cdot 2 \cdot \Delta^3 + \Delta^4\right) - 2^4}{\Delta}$$

$$= \lim_{\Delta \to 0} \frac{\Delta\left(32 + 24\Delta + 8\Delta^2 + \Delta^3\right)}{\Delta} = \lim_{\Delta \to 0}\left(32 + 24\Delta + 8\Delta^2 + \Delta^3\right) = 32$$

Chegamos assim ao valor que tinha aparecido intuitivamente nas tabelas 5.3 e 5.4.

Na realidade, não há nada de muito especial no ponto 2 e o argumento acima pode ser repetido a qualquer valor pertencente ao domínio da função.

Se considerarmos um valor arbitrário $x_0$ (no domínio de $f$) e repetirmos o cálculo acima, chegaremos a:

$$\lim_{\Delta\to 0}\frac{f(x_0+\Delta)-f(x_0)}{\Delta}=4x_0^3 \text{ (Verifique essa conta!)}$$

Esse valor indica, como vimos, que a inclinação da reta tangente ao gráfico $G_f$ no ponto $(x_0, x_0^4)$ será $4x_0^3$. Por exemplo, para o ponto $-1$, a inclinação da reta tangente ao gráfico de $f$ em $(-1, 1)$ será $-4$. Observe, finalmente, que, para essa função, se $x_0 < 0$, então a inclinação será negativa e se $x_0 > 0$, a inclinação será positiva.

## Exercícios

**(5.1)** Suponha que a função $f$: $[0, 2] \to [0, 120]$ dada por $f(t) = 10(t^3 - t^2)$ descreva o deslocamento de um objeto em função do tempo (o tempo marcado em horas e a distância percorrida em quilômetros). Calcule a velocidade instantânea desse objeto em $t_0 = 1$.

**(5.2)** Calcule o custo marginal das seguintes funções custo para os valores indicados:

(a) $C(x) = 0{,}02x^2 + x + 1000$ para $x_0 = 100$ e $x_1 = 1000$.

(b) $C(x) = 0{,}001x + 500$ para $x_0 = 1.000$ e $x_1 = 10.000$.

**(5.3)** Calcule a equação da reta tangente ao gráfico da função $f(x) = x^3 - x$ nos pontos $(0, 0)$, $(2, 6)$ e $\left(\frac{\sqrt{3}}{3}, \frac{-2\sqrt{3}}{9}\right)$.

# 5.2 O Conceito de Derivada

Nas três situações analisadas na Seção 5.1, o limite

$$\lim_{h\to 0}\frac{f(x_0+h)-f(x_0)}{h}$$

(para uma função $f$ e um ponto $x_0$ no domínio de $f$) aparece de forma significativa e, por isso, merece ser estudado mais de perto de uma forma geral, explorando assim as suas propriedades. Por trás dele, está o conceito de derivada de uma função e o nosso primeiro passo será nomeá-lo quando existir e for um valor finito.

**Definição 5.1** Sejam $f: A \to \mathbb{R}$, onde $A \subset \mathbb{R}$, e $x_0 \in A$. Dizemos que $f$ é *derivável em* $x_0$ se o limite $\lim\limits_{h\to 0}\dfrac{f(x_0+h)-f(x_0)}{h}$ existir e for finito. Nesse caso, o valor de tal limite será chamado de *derivada de* $f$ *em* $x_0$ e será denotado por $f'(x_0)$, isto é,

$$f'(x_0)=\lim_{h\to 0}\frac{f(x_0+h)-f(x_0)}{h}$$

Vamos inicialmente calcular as derivadas de algumas funções simples.

**EXEMPLO 5.2** Seja $f(x) - x^2 - x + 2$. Vamos calcular $f'(3)$, se existir:

$$\begin{aligned}
&\lim_{h\to 0}\frac{f(3+h)-f(3)}{h}\\
&=\lim_{h\to 0}\frac{((3+h)^2-(3+h)+2)-(3^2-3+2)}{h}\\
&=\lim_{h\to 0}\frac{(9+6h+h^2-3-h+2)-8}{h}\\
&=\lim_{h\to 0}\frac{h(6+h-1)}{h}=\lim_{h\to 0}(h+5)=5
\end{aligned}$$

Portanto, a derivada $f'(3)$, de $f$ no ponto 3, existe e é igual a 5. Em geral, se $x_0 \in \mathbb{R}$, a derivada $f'(x_0)$ será dada por:

$$\begin{aligned}
&\lim_{h\to 0}\frac{f(x_0+h)-f(x_0)}{h}\\
&=\lim_{h\to 0}\frac{((x_0+h)^2-(x_0+h)+2)-(x_0^2-x_0+2)}{h}\\
&=\lim_{h\to 0}\frac{x_0^2+2x_0h+h^2-x_0-h+2-x_0^2+x_0-2}{h}\\
&=\lim_{h\to 0}\frac{h(2x_0+h-1)}{h}=\lim_{h\to 0}(2x_0+h-1)=2x_0-1
\end{aligned}$$

Logo, $f'(x_0) = 2x_0 - 1$, para cada $x_0 \in \mathbb{R}$.

**EXEMPLO 5.3** Vamos aproveitar as contas feitas acima e calcular a equação da reta tangente ao gráfico da função $f(x) = x^2 - x + 2$ no ponto com a abscissa $x_0 = 2$.

Como $x_0 = 2$, $f(x_0) = x_0^2 - x_0 + 2 = 2^2 - 2 + 2 = 4$, e o ponto onde queremos calcular a reta tangente será (2,4). Por outro lado, como observado acima, a inclinação da reta tangente será $f'(x_0) = 2x_0 - 1$. Para $x_0 = 2$, teremos então a inclinação igual a $f'(2) = 2 \cdot 2 - 1 = 3$. A partir de um ponto na reta, no caso (2,4), e da inclinação, no caso igual a 3, chega-se à equação da reta em questão:

$$y - 4 = 3(x - 2), \text{ isto é, } y = 3x - 2$$

**EXEMPLO 5.4** Seja $\lambda \in \mathbb{R}$ e considere a função $f: \mathbb{R} \to \mathbb{R}$ dada por $f(x) = \lambda$ (uma função constante). Para $x_0 \in \mathbb{R}$, é fácil calcular a derivada $f'(x_0)$:

$$\lim_{h\to 0} \frac{f(x_0 + h) - f(x_0)}{h} = \lim_{h\to 0} \frac{\lambda - \lambda}{h} = \lim_{h\to 0} 0 = 0$$

Com isso, $f'(x_0) = 0$. De forma geral, se $f$ for uma função constante, então a sua derivada em qualquer ponto será sempre igual a 0.

**EXEMPLO 5.5** Vamos calcular a derivada da função seno no ponto 0. Para tanto, precisamos calcular o limite:

$$\lim_{h\to 0} \frac{f(x_0 + h) - f(x_0)}{h} = \lim_{h\to 0} \frac{\operatorname{sen}(0 + h) - \operatorname{sen}(0)}{h} = \lim_{h\to 0} \frac{\operatorname{sen}(h)}{h}$$

Vimos, na Seção 3.9, que o $\lim_{h\to 0} \frac{\operatorname{sen}(h)}{h} = 1$ e, portanto, concluímos que a derivada de seno no ponto 0 é igual a 1. Observe também que a equação da reta tangente ao gráfico da função seno no ponto 0 será igual a $y = x$ (faça as contas!). Calcularemos mais adiante (na Seção 5.4), a derivada da função seno em um ponto qualquer de $\mathbb{R}$.

**Exemplo 5.6** Vamos calcular agora a derivada da função $f(x) = x^n$ (com $n \geq 1$) em um ponto $x_0 \in \mathbb{R}$. Para tal, precisamos calcular o limite:

$$\lim_{h \to 0} \frac{\left((x_0 + h)^n - x_0^n\right)}{h}$$

Vamos usar o binômio de Newton para o termo $(x_0 + h)^n$:

$$(x_0 + h)^n = x_0^n + \binom{n}{1} x_0^{n-1} h + \binom{n}{2} x_0^{n-2} h^2 + \cdots + \binom{n}{n-1} x_0 h^{n-1} + h^n$$

onde,

$$\binom{n}{k} = \frac{n!}{k!(n-k)!} \text{ (lembre que } m! = m \cdot (m-1) \cdots 2 \cdot 1\text{).}$$

Com isso,

$$\lim_{h \to 0} \frac{(x_0 + h)^n - x_0^n}{h} = \lim_{h \to 0} \frac{\left[x_0^n + \binom{n}{1} x_0^{n-1} h + \cdots + \binom{n}{n-1} x_0 h^{n-1} + h^n\right] - x_0^n}{h} =$$

$$= \lim_{h \to 0} \frac{h\left(\binom{n}{1} x_0^{n-1} + \cdots + \binom{n}{n-1} x_0 h^{n-2} + h^{n-1}\right)}{h} =$$

$$= \lim_{h \to 0} \binom{n}{1} x_0^{n-1} + \cdots + \binom{n}{n-1} x_0 h^{n-2} + h^{n-1} = n x_0^{n-1}$$

Portanto, $f'(x_0) = n x_0^{n-1}$ para todo $x_0 \in \mathbb{R}$. Observe, especificamente, que, quando $n = 1$, a derivada de $f$ em qualquer ponto $x_0$ será igual a 1.

Nos exemplos acima, o limite:

$$\lim_{h \to 0} \frac{(f(x_0) + h) - f(x_0))}{h}$$

(e, consequentemente, a derivada correspondente) sempre existia nos pontos considerados. Mas isso pode não ser verdade, como nos mostra o exemplo seguinte.

**EXEMPLO 5.7** Seja $f(x) = |x|$ a função módulo, isto é, a função dada por

$$f(x) = \begin{cases} x \text{ se } x \geq 0 \\ -x \text{ se } x < 0 \end{cases}$$

Figura 5.6 | Gráfico da função (5.1)

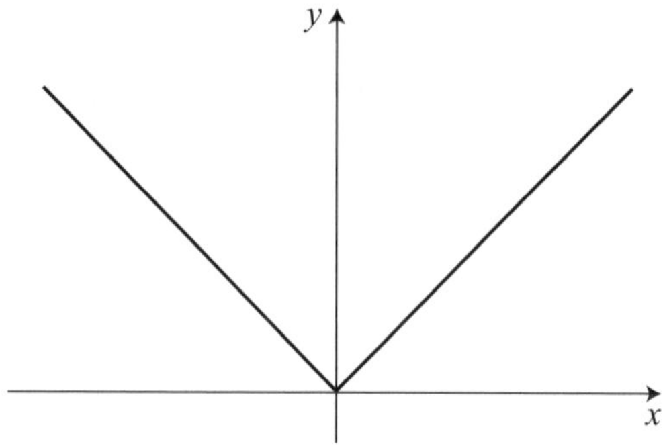


Vamos mostrar que, nesse caso, o limite

$$\lim_{h \to 0} \frac{f(x_0 + h) - f(x_0)}{h} \text{ não existe para } x_0 = 0$$

De fato, vamos calcular os limites laterais:

$$\lim_{h \to 0^+} \frac{f(x_0 + h) - f(x_0)}{h} \quad \text{e} \quad \lim_{h \to 0^-} \frac{f(x_0 + h) - f(x_0)}{h}$$

e ver que eles diferem entre si:

$$\begin{aligned} \lim_{h \to 0^+} \frac{f(x_0 + h) - f(x_0)}{h} &= \lim_{h \to 0^+} \frac{|0 + h| - 0}{h} \\ &= \lim_{h \to 0^+} \frac{h}{h} = \lim_{h \to 0^+} 1 \\ &= 1 \end{aligned}$$

$$\begin{aligned} \lim_{h \to 0^-} \frac{f(x_0 + h) - f(x_0)}{h} &= \lim_{h \to 0^-} \frac{|0 + h| - 0}{h} \\ &= \lim_{h \to 0^-} \frac{-h}{h} = \lim_{h \to 0^+} -1 \\ &= -1 \end{aligned}$$

(no primeiro limite, usamos o fato de $h > 0$ e, portanto, $|h| = h$, enquanto que, no segundo limite, $|h| = -h$, pois $h < 0$). Logo, como $\lim_{h\to 0^+} \frac{f(x_0+h)-f(x_0)}{h} = 1$ e $\lim_{h\to 0^-} \frac{f(x_0+h)-f(x_0)}{h} = -1$, a derivada de $f$ no ponto 0 não existe. Deixamos, no entanto, ao leitor verificar que a derivada $f'(x_0)$ existe para todos os pontos $x_0$ distintos de zero (e que vale $f'(x_0) = -1$ se $x_0 < 0$ e $f'(x_0) = 1$ se $x_0 > 0$ ).

**Observação 5.1** Retornando um pouco às motivações para o cálculo de derivadas dadas na Seção 5.1, é bom enfatizar que:

**(a)** a derivada de uma função deslocamento de um objeto é a correspondente função velocidade;

**(b)** a função que fornece o custo marginal é dada pela derivada da função custo, isto é, para uma função custo $C$, $C'(x_0)$ indica o custo marginal no valor $x_0$. Aqui, cabe também ressaltar que, como a derivada de uma constante é zero (como calculado no Exemplo 5.4), o custo marginal não depende da parcela do custo que é chamada de custo fixo.

**(c)** a inclinação da reta tangente ao gráfico de uma função em um ponto $(x_0, f(x_0))$, quando existir, é dada pelo valor da derivada da função no ponto $x_0$.

## 5.2.1 A função derivada

Vimos acima, no Exemplo 5.2, que a derivada da função $f(x) = x^2 - x + 2$ em um ponto $x_0 \in \mathbb{R}$ é dada por $f'(x_0) = 2x_0 - 1$. Com isso, podemos definir uma nova função que descreva a derivada dessa função em cada ponto onde ela seja derivável (nesse caso específico, em todo o conjunto $\mathbb{R}$), isto é, podemos definir a função $f'$: $\mathbb{R} \to \mathbb{R}$ dada por $f'(x) = 2x - 1$ (em cada ponto $x$, $f'(x)$ indica a derivada de $f$ no ponto $x$).

De uma forma mais geral, sejam $f: A \to \mathbb{R}$, onde $A \subset \mathbb{R}$, uma função e $x_0 \in A$. Se $f$ for derivável em $x_0$, então o valor $f'(x_0)$ está bem definido. Com isso, podemos definir uma função, denotada por $f'$, cujo domínio será o conjunto $A'$ formado por todos os pontos de $A$ nos quais $f$ é derivável (e contradomínio $\mathbb{R}$, por exemplo) que associa a cada valor $x \in A'$ o valor $f'(x)$. De outra maneira,

$$\begin{aligned} f: \ & A' \to \mathbb{R} \\ & x \mapsto f'(x) \end{aligned}$$

onde $A'$ é o conjunto dos pontos em que $f$ é derivável, isto é, $A' = \{a \in A : f$ é derivável em $a\}$.

Essa função $f'$ é chamada de *função derivada de* $f$ (ou simplesmente de *derivada* de $f$).

**Notação** Muitas vezes, para facilitarmos as contas, indicaremos a derivada de uma função $f$ por $(f(x))'$. Por exemplo, para indicar a derivada de $f(x) = x^2 - x + 2$, por vezes, escreveremos $(x^2 - x + 2)' = 2x - 1$.

**EXEMPLO 5.8** Usando-se os exemplos 5.2 a 5.7, podemos afirmar:

**(a)** derivada da função módulo $f(x) = |x|$ é a função $f\colon \mathbb{R}^* \to \mathbb{R}$ dada por:

$$f'(x) = \begin{cases} 1 & \text{se } x > 0 \\ -1 & \text{se } x < 0 \end{cases}$$

(como vimos, essa função **não** é derivável no ponto 0 e, por isso, o domínio da função $f'$ é $\mathbb{R}^*$).

**(b)** A derivada da função $f(x) = x^2 - x + 2$ é a função $f'\colon \mathbb{R} \to \mathbb{R}$ dada por $f'(x) = 2x - 1$ para todo $x \in \mathbb{R}$.

**(c)** A derivada de uma função constante é a função nula.

**(d)** A derivada da função $f(x) = x^n$ (com $n \geq 1$) é a função $f'\colon \mathbb{R} \to \mathbb{R}$ dada por $f'(x) = nx^{n-1}$, para todo $x \in \mathbb{R}$.

## Exercícios

**(5.4)** Para cada função $f\colon A \to \mathbb{R}$ abaixo, calcule a sua função derivada $f'\colon A' \to \mathbb{R}$, nos pontos em que for possível (exiba $A'$ e $f'$).

**(a)** $f\colon \mathbb{R} \to \mathbb{R}$ dada por $f(x) = x^3 - 2x$.

**(b)** $f\colon \mathbb{R} \to \mathbb{R}$ dada por $f(x) = x^{15}$.

**(c)** $f\colon \mathbb{R} \to \mathbb{R}$ dada por $f(x) = |x| + 5x$.

**(d)** $f\colon \mathbb{R} \to \mathbb{R}$ dada por $f(x) = |x - 1|$.

**(e)** $f\colon \mathbb{R} \to \mathbb{R}$ dada por $f(x) = |x - 1| + |x + 1|$.

### 5.2.2 Derivadas sucessivas

Antes de continuar, gostaríamos de observar que o processo de *derivação* pode ser repetido para se conseguir derivadas sucessivas. Com isso, a segunda derivada de uma função $f$ é a derivada da função $f'$, caso exista, e será denotada por $f''$; a *terceira derivada* de $f$ será, então, a derivada de $f''$ (também, se existir), ou a segunda derivada de $f$ e será denotada por $f'''$, e assim por diante.

**EXEMPLO 5.9** Consideremos de novo a função $f(x) = x^2 - x + 2$. Como vimos no Exemplo 5.2, a sua derivada é $f'\colon \mathbb{R} \to \mathbb{R}$ dada por $f'(x) = 2x - 1$ para todo $x \in \mathbb{R}$. Vamos calcular a segunda derivada de $f$, isto é, vamos calcular a derivada de $f'$ em $x$:

$$\lim_{h\to 0}\frac{f'(x+h)-f'(x)}{h}=\lim_{h\to 0}\frac{(2(x+h)-1)-(2x-1)}{h}=\lim_{h\to 0}\frac{2h}{h}=2$$

Portanto, a segunda derivada da função $f$ é dada pela função constante $f''(x) = 2$, para todo $x \in \mathbb{R}$.

Usando o Exemplo 5.4 que nos garante que a derivada de uma função constante é a função nula, inferimos que a terceira derivada de $f$ é a função dada por $f'''(x) = 0$, para todo $x \in \mathbb{R}$.

Nas próximas seções, iremos calcular as derivadas de algumas funções especiais e, ao mesmo tempo, ver algumas técnicas operatórias que nos permitirão, em conjunto, calcular as derivadas de uma boa variedade de funções. A tabela a seguir resume as derivadas de algumas funções especiais calculadas até agora.

Tabela 5.5

| $f(x)$ | $f'(x)$ |
|---|---|
| $\lambda(\in \mathbb{R})$ | 0 |
| $x^n(n \in \mathbb{N}^*)$ | $nx^{n-1}$ |

Para finalizar, iremos mostrar um resultado bastante importante na teoria e que relaciona os conceitos de derivabilidade e de continuidade.

**Teorema 5.1** Sejam $f\colon A \to \mathbb{R}$, onde $A \subset \mathbb{R}$, uma função e $x_0 \in A$. Se $f$ for derivável em $x_0$, então será contínua nesse ponto.

**Demonstração** Como $f$ é derivável em $x_0$, então existe (e é finito) o limite:

$$\lim_{h\to 0}\frac{f(x_0+h)-f(x_0)}{h}$$

Queremos mostrar que $f$ é contínua em $x_0$, isto é, que $\lim\limits_{h\to 0} f(x)$ é igual a $f(x_0)$. Observe que se escrevermos $h = x - x_0$, então teremos $f(x) = f(x_0 + h)$. Além disso, quando $x$ se aproximar de $x_0$ (isto e, quando $x \to x_0$), teremos que $h$ se aproxima do zero ($h \to 0$). Dessa forma, mostrar o limite acima equivale a mostrar que:

$$\lim_{h\to 0} f(x_0+h) = f(x_0).$$

Usando-se as propriedades do limite (Teorema 3.4) bastaria mostrar que $\lim\limits_{h\to 0}(f(x_0+h)-f(x_0)) = 0$. Vamos calcular tal limite:

$$\begin{aligned}
\lim_{h\to 0}(f(x_0+h)-f(x_0)) &= \lim_{h\to 0}\left(f(x_0+h)-f(x_0)\right)\frac{h}{h}\\
&= \lim_{h\to 0}\frac{f(x_0+h)-f(x_0)}{h}h \overset{T3.1}{=}\\
&= \left(\lim_{h\to 0}\frac{f(x_0+h)-f(x_0)}{h}\right)\cdot\left(\lim_{h\to 0} h\right)\\
&= f'(x_0)\cdot 0 = 0
\end{aligned}$$

Concluímos, então, que a função $f$ é contínua em $x_0$.

**Observação 5.2** A recíproca do teorema anterior não vale, isto é, se $f$ for uma função contínua em $x_0$, não vale necessariamente que $f$ é derivável em $x_0$. Um exemplo disso é dado pela função módulo $f(x) = |x|$. É fácil ver que $f$ é contínua no ponto 0, mas, como vimos no Exemplo 5.7, $f$ não é derivável em 0.

**EXEMPLO 5.10** Vamos considerar a mesma função do Exemplo 4.7, isto é, a função $f\colon \mathbb{R} \to \mathbb{R}$ dada por:

$$f(x) = \begin{cases} x^2+1 & \text{se} \le 1 \\ ax+\beta & \text{se} > 1 \end{cases}$$

onde $\alpha$ e $\beta$ são números reais. Já vimos que a função será contínua se e somente se $\alpha + \beta = 2$. Vamos agora analisar para quais valores de $\alpha$ e $\beta$ a função será derivável. Para valores distintos de 1, deixamos ao leitor verificar que a função é derivável em todos os pontos (analise separadamente os valores menores e os maiores do que 1) e vamos verificar o que acontece para o valor $x_0 = 1$. Para tanto, os limites laterais que precisaremos analisar serão:

$$\lim_{h\to 0^+} \frac{f(1+h)-f(1)}{h} \text{ e } \lim_{h\to 0^-} \frac{f(1+h)-f(1)}{h}$$

Vamos calculá-los:

$$\lim_{h\to 0^+} \frac{f(1+h)-f(1)}{h} = \lim_{h\to 0^+} \frac{(\alpha(1+h)+\beta)-(\alpha 1+\beta)}{h} = \lim_{h\to 0^+} \frac{\alpha h}{h} = \alpha$$

$$\lim_{h\to 0^-} \frac{f(1+h)-f(1)}{h} = \lim_{h\to 0^-} \frac{((1+h)^2+1)-(1^2+1)}{h} = \lim_{h\to 0^-} \frac{h(2+h)}{h} = 2$$

Concluímos, então, que, para a derivabilidade no ponto $x_0 = 1$, devemos ter $\alpha = 2$ (os dois limites laterais acima devem coincidir). E com relação ao valor $\beta$? Ele pode ser qualquer? Pelo teorema acima, para que a função seja derivável em $x_0 = 1$, então ela deve ser também contínua em $x_0 = 1$ e, para tal, deve valer a relação $\alpha + \beta = 2$ conseguida no Exemplo 4.7. Chegamos acima ao valor $\alpha = 2$ e, consequentemente, $\beta = 0$, valores que são a única possibilidade para a derivabilidade nesse ponto. Observe que, para quaisquer valores $\alpha$ e $\beta$ com $\alpha + \beta = 2$ mas $\alpha \neq 2$ (logo $\beta \neq 0$), as correspondentes funções serão contínuas, mas não deriváveis, no ponto $x_0 = 1$.

## Exercícios

**(5.5)** Calcule, pela definição, as derivadas das seguintes funções no ponto $x_0$ indicado:

**(a)** $f(x) = 3x - 2$ e $x_0 = -1$

**(b)** $f(x) = x^2 + 13x - 8$ e $x_0 = 4$.

**(c)** $f(x) = (x - 2)^3$ e $x_0$ arbitrário.

**(d)** $f(x) = x^4 + 1$ e $x_0 = -1$.

**(5.6)** Sejam $n \geq 1$ e $f: \mathbb{R} \to \mathbb{R}$ a função dada por $f(x) = x^{-n} = \dfrac{1}{x^n}$. Mostre, usando a definição, que a derivada de $f$ é dada por $f'(x) = -nx^{-n-1}$.

**(5.7)** Calcule a terceira derivada das seguintes funções:

**(a)** $f(x) = x^3$

**(b)** $f(x) = x^2 - 5$

**(c)** $f(x) = x^{10}$

**(5.8)** Mostre que a função $f: \mathbb{R} \to \mathbb{R}$ dada por:

$$f(x) = \begin{cases} -x^2+2 & \text{se } x \leq 1 \\ x & \text{se } x > 1 \end{cases}$$

não é derivável no ponto 1.

**(5.9)** Seja $f: \mathbb{R} \to \mathbb{R}$ a função dada por:

$$f(x) = \begin{cases} x^2 - 3 & \text{se } x \leq 0 \\ ax + \beta & \text{se } x > 0 \end{cases}$$

onde $\alpha$ e ß são números reais.

**(a)** Para quais valores de $\alpha$ e ß a função $f$ é contínua no ponto 0 ?

**(b)** Para quais valores de $\alpha$ e ß a função $f$ é derivável no ponto 0 ?

**(c)** Esboce o gráfico de $f$ para os valores encontrados em (b).

**(d)** Esboce o gráfico de $f$ para algum par de valores $\alpha$ e ß em que $f$ seja contínua no ponto 0 mas não derivável.

**(5.10)** Calcule as retas tangentes aos gráficos das funções abaixo:

**(a)** $f(x) = x^3$ nos pontos (1,1) e (–1,–1)

**(b)** $f(x) = x^2 - 5$ nos pontos (2,–1), e (0,–5)

**(5.11)** Calcule o custo marginal correspondente à função custo $C(x) = 8.000 + 30x - 0{,}01x^2$ quando a produção for $x = 100$ e $x = 200$.

## 5.3 Propriedades Operatórias da Derivada

Nosso objetivo agora é deduzir algumas regras para nos auxiliar no cálculo das derivadas de funções que são somas, produtos, quocientes e compostas de outras funções cujas derivadas já conhecemos.

### 5.3.1 Regra para a derivada de soma de funções

Sejam $f$ e $g$ duas funções com o mesmo domínio $A$. Lembramos que a soma $f+g$ de $f$ e $g$ é dada por $(f+g)(x)=f(x)+g(x)$, para cada $x \in A$. Seja $x_0 \in A$ e suponha que ambas funções $f$ e $g$ sejam deriváveis em $x_0$. Então a função soma $f+g$ será também derivável em $x_0$ e vale que:

$$(f+g)'(x_0)=f'(x_0)+g'(x_0).$$

Com isso, se $A'$ denotar o conjunto de pontos nos quais tanto $f$ quanto $g$ são deriváveis, então a função $f+g$ estaria definida em $A'$ e valeria $(f+g)'(x)=f'(x)+g'(x)$, para todo $x \in A'$. De maneira mais informal, dizemos que:

*A derivada da soma é a soma das derivadas*

Justificar a regra acima não é difícil.

**Justificativa** Como $f$ e $g$ são deriváveis em $x_0$, então teremos, em particular, que:

$$f'(x_0)=\lim_{h\to 0}\frac{f(x_0+h)-f(x_0)}{h}$$

$$g'(x_0)=\lim_{h\to 0}\frac{g(x_0+h)-g(x_0)}{h}$$

Com isso, e usando o Teorema 3.4, chega-se a:

$$\lim_{h\to 0}\frac{(f+g)(x_0+h)-f(x_0)}{h}$$

$$=\lim_{h\to 0}\frac{f\big((x_0+h)+g(x_0+h)\big)-\big(f(x_0)+g(x_0)\big)}{h}$$

$$=\lim_{h\to 0}\left(\frac{f(x_0+h)-f(x_0)}{h}+\frac{g(x_0+h)-g(x_0)}{h}\right)$$

$$\overset{T3.4}{=} f'(x_0)+g'(x_0)$$

Em outras palavras, o limite:

$$\lim_{h \to 0} \frac{(f+g)(x_0+h)-(f+g)(x_0)}{h}$$

existe e vale $f'(x_0) + g'(x_0)$. Portanto, $(f + g)$ é derivável em $x_0$ e vale a relação enunciada.

O que acabamos de fazer foi calcular a derivada da soma de duas funções deriváveis em um dado ponto $x_0$ do domínio das duas funções. É claro que podemos olhar tal regra de uma maneira mais geral utilizando a função derivada para chegarmos à regra *a derivada da soma é a soma das derivadas*. De maneira simplificada, costuma-se escrever:

$$(f+g)' = f' + g'$$

**EXEMPLO 5.11** Considere a função $f(x) = x^4 + x^2 + x + 15$. Observe que essa função é a soma de outras mais simples e que já sabemos derivar. De fato, vimos que, em geral, a derivada de $x^n$ (com $n \geq 1$) é $nx^{n-1}$ e que a derivada de uma função constante é a função nula (veja a Tabela 5.5). Com isso, a derivada de $x^4$ é $4x^3$, a de $x^2$ é $2x$, a de $x$ é 1 e a de 15 é 0. Usando-se agora a regra da soma que acabamos de discutir, teremos:

$$\begin{aligned} f'(x) &= \left(x^4 + x^2 + x + 15\right)' \\ &= \left(x^4\right)' + \left(x^2\right)' + (x)' + (15)' \\ &= 4x^3 + 2x + 1 + 0 \end{aligned}$$

Portanto, a derivada de $f$ será dada por $f'(x) = 4x^3 + 2x + 1$ para cada $x \in \mathbb{R}$.

**EXEMPLO 5.12** Vamos calcular a derivada de $f(x) = x^2 + \text{sen}(x)$ no ponto $x_0 = 0$. Não vimos ainda como calcular a derivada da função seno em geral, mas já o fizemos no ponto 0 (Exemplo 5.5). Como a derivada de $x^2$ é $2x$ e a de $\text{sen}(x)$ no ponto 0 é 1, segue que:

$$f'(0) = 2 \cdot 0 + 1 = 1$$

## 5.3.2 Regra para a derivada do produto por escalar

Considere uma função $f: A \to \mathbb{R}$, onde $A \subset \mathbb{R}$, e seja $\lambda \in \mathbb{R}$. Lembremos que a função $(\lambda f): A \to \mathbb{R}$ é dada por $(\lambda f)(x) = \lambda f(x)$, para cada $x \in A$. Se $f$ for derivável em um ponto $x_0 \in A$, então a função $\lambda f$ também será derivável em $x_0$ e valerá que $(\lambda f)'(x_0) = \lambda f'(x_0)$. Como vimos acima, podemos também escrever essa regra de forma simplificada como: $(\lambda f)' = \lambda f'$. Justificar essa afirmação não é complicado.

**Justificativa** Basta observar que, como $f$ é derivável em $x_0$, então existe e é finito o limite:

$$f'(x_0) = \lim_{h \to 0} \frac{f(x_0 + h) - f(x_0)}{h}$$

Agora, calculando-se o limite:

$$\begin{aligned}
\lim_{h \to 0} \frac{(\lambda f)(x_0 + h) - (\lambda f)(x_0)}{h} &= \lim_{h \to 0} \frac{\lambda f(x_0 + h) - \lambda f(x_0)}{h} = \lim_{h \to 0} \frac{\lambda(f(x_0 + h) - f(x_0))}{h} \overset{T.3.4}{=} \\
&= \lambda \lim_{h \to 0} \frac{f(x_0 + h) - f(x_0)}{h} \\
&= \lambda f'(x_0)
\end{aligned}$$

chega-se à asserção acima.

**EXEMPLO 5.13** Considere a função $15x^8$. Pelo visto acima, a derivada de $f$ em um ponto $x_0$ será $f'(x_0) = 15 \times 8\, x_0^7 = 120\, x_0^7$. Em particular, se $x_0 = 1$, então, $f'(1) = 120$.

**EXEMPLO 5.14** Em geral, se $f(x) = \lambda x^n$ (com $n \geq 1$ e $\lambda \in \mathbb{R}$), então a derivada $f'$ será dada por $f'(x) = \lambda(x^n)' = \lambda n x^{n-1}$.

## 5.3.3 Derivada de funções polinomiais

Utilizando-se as regras mostradas acima, é possível derivar qualquer função polinomial. Lembramos que uma função polinomial é dada por:

$$f(x) = a_n x^n + \cdots + a_1 x + a_0$$

onde os valores $a_i$ estão em $\mathbb{R}$. Utilizando-se repetidamente as regras acima (de soma de funções e de multiplicação por escalares), teremos:

$$
\begin{aligned}
f'(x) &= \left(a_n x^n + a_{n-1}x^{n-1} + \cdots + a_1 x + a_0\right)' \\
&= \left(a_n x^n\right)' + \left(a_{n-1}x^{n-1}\right)' + \cdots + \left(a_1 x\right)' + \left(a_0\right)' \\
&= a_n\left(x^n\right)' + a_{n-1}\left(x^{n-1}\right)' + \cdots + a_1\left(x\right)' + 0 \\
&= a_n\left(nx^{n-1}\right) + a_{n-1}\left(\left(n-1\right)x^{n-2}\right) + \cdots + a_1\left(1\right)
\end{aligned}
$$

Logo, $f'(x) = a_n nx^{n-1} + a_{n-1}(n-1)x^{n-2} + \cdots + a_1$

**EXEMPLO 5.15** Se $f(x) = 2x^5 - \pi x^3 + 8x^2 + 4$, então a sua derivada será:

$$f'(x) = 2\cdot 5x^4 - \pi\cdot 3x^2 + 8\cdot 2x + 0 = 10x^4 - 3\pi^2 + 16x$$

**EXEMPLO 5.16** Seja $g(x) = 10x^4 - 3\pi x^2 + 16x$ (isto é, $g$ é a função $f'$ do exemplo anterior). A derivada $g'$ será então $g'(x) = 40x^3 - 6\pi x + 16$ (verifique!). Como comentado anteriormente, a função $g'$ é a derivada segunda de $f$, isto é, $g'(x) = f''(x)$, visto que é obtida a partir de $f$, derivando-se duas vezes.

## Exercícios

**(5.12)** Calcule as derivadas das seguintes funções.

(a) $f(x) = x^{10} - 1$.

(b) $f(x) = x^4 - 3x^3 + 6x^2 - 4x + 1$.

(c) $f(x) = 5x^8 - 4x^5 + 10x^4 - 20x^2 + 7$.

### 5.3.4 Regra de derivação para o produto de funções

Vimos acima que a derivada da soma de funções é a soma das derivadas das funções e que a derivada do produto de uma função por um escalar é o produto desse escalar pela derivada da função. No entanto, **não** vale que a derivada do produto é o produto das derivadas e não é difícil perceber porquê. **Se tal regra valesse**, teríamos que a derivada da função $f(x) = x^3$ seria o produto das derivadas das funções $u(x) = x$ e $v(x) = x^2$, o que daria, ao final, $2x$. Mas sabemos que $f'(x) = 3x^2$. Com isso, podemos concluir que a derivada do produto **não** é o produto das derivadas.

No entanto, existe uma regra (não tão simples quanto a da soma, mas igualmente útil) para a derivada do produto de duas funções. É o que veremos a seguir.

Sejam duas funções $f: A \to \mathbb{R}$ e $g: A \to \mathbb{R}$ e assuma que ambas sejam deriváveis em um ponto $x_0 \in A$. Nessas condições, a função produto $f \cdot g$ será derivável em $x_0$ e valerá que:

$$(f \cdot g)'(x_0) = f'(x_0)\, g(x_0) + f(x_0)\, g'(x_0)$$

De forma sucinta, escrevemos:

$$(f \cdot g)' = f' \cdot g + f \cdot g'$$

Antes de justificarmos essa regra, vejamos alguns exemplos.

**EXEMPLO 5.17** Vamos calcular a derivada da função $h(x) = (x^8 - 3)(x^5 + x)$. É claro que poderíamos desenvolver o produto dos dois polinômios e derivar o polinômio resultante. Vamos, no entanto, usar a regra da derivada do produto enunciada acima, que irá nos fornecer uma forma alternativa para se efetuar tal cálculo. A função $h$ é, obviamente, o produto da função $f(x) = x^8 - 3$ pela função $g(x) = x^5 + x$. Para aplicar a regra já descrita, devemos, em primeiro lugar, calcular $f'$ e $g'$.

$$f'(x) = (x^8 - 3)' = 8x^7$$

$$g'(x) = (x^5 + x)' = 5x^4 + 1$$

Com isso, teremos:

$$h'(x) = f'(x)\, g(x) + f(x)\, g'(x) = 8x^7\,(x^5 + x) + (x^8 - 3)\,(5x^4 + 1) = 13x^{12} + 9x^8 - 15x^4 - 3$$

**EXEMPLO 5.18** Vamos calcular a derivada de $h(x) = (x^2 + 1)\,\mathrm{sen}(x)$ no ponto 0. Observe que $h$ é o produto de $f(x) = x^2 + 1$ por $g(x) = \mathrm{sen}(x)$. Não sabemos ainda calcular a derivada de $\text{sen}(x)$ em todos os pontos, mas já a calculamos no ponto $x_0 = 0$ (no Exemplo 5.5), o que nos bastará aqui. Teremos, então:

$$h'(0) = f'(0)g(0) + f(0)g'(0)$$

Como $g(0) = \text{sen}(0) = 0$, $g'(0) = \lim_{x\to 0} \frac{\text{sen}(0+h) - \text{sen}(0)}{h} = 1$ (calculado no Exemplo 5.5), $f(0) = 1$ e $f'(0) = 0$ (checar!), segue que $h'(0) = 0 \cdot 0 + 1 \cdot 1 = 1$.

**Justificativa da regra do produto** Para se justificar a regra do produto, sejam $f$ e $g$ duas funções com o mesmo domínio $A$ e $x_0 \in A$. Queremos calcular $(f \cdot g)'(x_0)$, isto é, calcular o limite:

$$\lim_{h\to 0} \frac{(f \cdot g)(x_0 + h) - (f \cdot g)(x_0)}{h} = \lim_{h\to 0} \frac{f(x_0 + h) \cdot g(x_0 + h) - f(x_0) \cdot g(x_0)}{h}$$

Somando e subtraindo o valor $f(x_0) \cdot g(x_0 + h)$ no numerador desse limite, chegamos a:

$$\lim_{h\to 0} \frac{f(x_0 + h) \cdot g(x_0 + h) - f(x_0) \cdot g(x_0)}{h}$$

$$= \lim_{h\to 0} \frac{f(x_0 + h) \cdot g(x_0 + h) - f(x_0) \cdot g(x_0 + h)}{h}$$

$$+ \frac{f(x_0) \cdot g(x_0 + h) - f(x_0) \cdot g(x_0)}{h}$$

$$= \lim_{h\to 0} \frac{(f(x_0 + h) - f(x_0)) \cdot g(x_0 + h)}{h} + \frac{f(x_0) \cdot (g(x_0 + h) - g(x_0))}{h}$$

$$= \lim_{h\to 0} \frac{f(x_0 + h) - f(x_0)}{h} \cdot \lim_{h\to 0} g(x_0 + h) + \lim_{h\to 0} f(x_0) \cdot \lim_{h\to 0} \frac{g(x_0 + h) - g(x_0)}{h}$$

$$= f'(x_0) \cdot g(x_0) + f(x_0) \cdot g'(x_0)$$

e a regra enunciada está provada.

## Exercícios

**(5.13)** Calcule, usando a regra do produto de funções, as derivadas das funções abaixo:

(a) $f(x) = (3x^5 - x)(x^6 + x^2 - 1)$.

(b) $f(x) = (x^{10} - 1)(x^{10} + 1)$.

(c) $f(x) = (x^7 - x^2 + 1)(x^3 + 3)$.

**(5.14)** Calcule a derivada da função $f(x) = (x^3 - x)\,\text{sen}(x)$ no ponto 0.

## 5.3.5 Regra de derivação para o quociente de funções

Da mesma maneira que, para o produto de funções, a regra da derivada de um quociente de funções não é tão imediata como a da soma. Mas, de modo semelhante, teremos uma regra de fácil utilização.

Seja $h: A \to \mathbb{R}$ uma função dada pelo quociente $\frac{f(x)}{g(x)}$ de duas funções $f: A \to \mathbb{R}$ e $g: A \to \mathbb{R}$. Considere $x_0 \in A$ tal que $g(x_0) \neq 0$ (para que o quociente $\frac{f(x_0)}{g(x_0)}$ esteja bem definido). Vamos assumir que ambas as funções $f$ e $g$ sejam deriváveis em $x_0$. Então a função $h$ será derivável em $x_0$ e valerá que:

$$h'(x_0) = \frac{f'(x_0)g(x_0) - f(x_0)g'(x_0)}{(g(x_0))^2}$$

Em geral, de forma sucinta, podemos escrever:

$$h' = \frac{f'g - f'g}{(g)^2}$$

**Exemplo 5.19** Seja $h(x) = \frac{1}{x^2}$. É claro que $h$ é um quociente de duas funções, isto é, o quociente da função constante $f(x) = 1$ pela função quadrática $g(x) = x^2$. As derivadas de $f$ e g são $f'(x) = 0$ e $g'(x) = 2x$, respectivamente. Utilizando-se a regra acima, seguirá que:

$$h'(x) = \frac{0 \cdot x^2 - 1 \cdot 2x}{(x^2)^2} = \frac{-2x}{x^4} = \frac{-2}{x^3}$$

**EXEMPLO 5.20** Em geral, utilizando-se a regra de derivação do quociente como foi feito, podemos derivar $h'(x) = \frac{1}{x^n}$ com $n \in \mathbb{N}^*$. Aqui, $h$ é o quociente da função constante $f(x) = 1$ pela função $g(x) = x^n$. Dessa forma,

$$h'(x) = \frac{0 \cdot x^n - 1 \cdot nx^{n-1}}{(x^n)^2} = \frac{-nx^{n-1}}{x^{2n}} = \frac{-n}{x^{n+1}}$$

Observe que essa regra de derivação estende a que fizemos para as funções do tipo $x^n$, com $n \in \mathbb{N}^*$, no Exemplo 5.6. Como a função $h(x) = \frac{1}{x^n}$ pode ser escrita como $h(x) = x^{-n}$, a regra a seguir engloba tanto o que fizemos no Exemplo 5.6 quanto o que fizemos acima, isto é, vale:

$$h(x) = x^n \;\; n \in \mathbb{Z}^* \Rightarrow h'(x) = nx^{n-1}$$

**EXEMPLO 5.21** Vamos calcular a derivada de $h(x) = \frac{\text{sen}(x)}{(x+1)}$ no ponto 0 (verifique os detalhes):

$$h'(0) = \frac{\text{sen}'(0) \cdot (0+1) - 1 \cdot \text{sen}(0)}{(0+1)^2} = 1$$

**Justificativa da regra do quociente** Para se justificar a regra do quociente, precisamos calcular o limite:

$$\lim_{h \to 0} \frac{\frac{f}{g}(x_0+h) - \frac{f}{g}(x_0)}{h} = \lim_{h \to 0} \frac{\frac{f(x_0+h)}{g(x_0+h)} - \frac{f(x_0)}{g(x_0)}}{h}$$

$$= \lim_{h \to 0} \frac{f(x_0+h)g(x_0) - f(x_0)g(x_0+h)}{g(x_0+h)g(x_0)h}$$

Vamos somar e subtrair o valor $f(x_0) \cdot g(x_0)$ ao numerador desse limite. Teremos então:

$$\lim_{h\to 0}\frac{f(x_0+h)g(x_0)-f(x_0)\cdot g(x_0+h)}{g(x_0+h)g(x_0)h}=$$

$$\lim_{h\to 0}\frac{f(x_0+h)g(x_0)-f(x_0)g(x_0)+f(x_0)g(x_0)-f(x_0)g(x_0+h)}{g(x_0+h)g(x_0)h}=$$

$$\lim_{h\to 0}\frac{(f(x_0+h)-f(x_0))g(x_0)-f(x_0)(g(x_0+h)-g(x_0))}{g(x_0+h)g(x_0)h}\overset{T.3.4}{=}$$

$$\frac{\lim\limits_{h\to 0}\dfrac{f(x_0+h)-f(x_0)}{h}\cdot\lim\limits_{h\to 0}g(x_0)-\lim\limits_{h\to 0}f(x_0)\cdot\lim\limits_{h\to 0}\dfrac{g(x_0+h)-g(x_0)}{h}}{\lim\limits_{h\to 0}g(x_0+h)g(x_0)}=$$

$$\frac{f'(x_0)g(x_0)-f(x_0)g'(x_0)}{(g(x_0))^2}$$

Com isso, teremos justificada a regra acima.

## Exercícios

**(5.15)** Calcule as derivadas das funções:

(a) $f(x)=\dfrac{x^2+1}{x}+\dfrac{1}{x^3}$

(b) $f(x)=\dfrac{\text{sen}(x)}{x^2}$ no ponto 0

(c) $f(x)=\dfrac{1}{x^2}+\dfrac{1}{x}+1$

**(5.16)** Calcule as retas tangentes aos gráficos das funções abaixo nos pontos indicados.

(a) $f(x)=\dfrac{(x^2+1)}{x}$ nos pontos $(1,2)$ e $(-1,-2)$

(b) $f(x)=\dfrac{1}{x^2}-\dfrac{1}{x}+1$ nos pontos $(1,1)$ e $(-1,-3)$

## 5.3.6 Derivada de funções racionais

Vimos como é simples derivar uma função polinomial. A partir disso e da regra de derivação de quocientes, iremos ver como se deriva uma função racional. Seja $f(x)=\dfrac{p(x)}{q(x)}$ uma função racional, isto é, um quociente onde as funções $p(x)$ e $q(x)$ são polinomiais. Usando-se a regra do quociente, chegamos a:

$$f'(x)=\frac{p'(x)q(x)-p(x)q'(x)}{(q(x))^2}$$

**EXEMPLO 5.22** Considere a função $f(x)=\dfrac{(x^3-2x^2+15)}{(x^2+3)}$. Podemos escrever $f(x)=\dfrac{p(x)}{q(x)}$ onde $p(x)=x^3-2x^2+15$ e $q(x)=x^2+3$. Para usar a regra do quociente, vamos calcular $p'$ e $q'$:

$$p'(x)=(x^3-2x^2+15)'=3x^2-4x \quad \text{e} \quad q'(x)=(x^2+3)'=2x$$

Com isso,

$$f'(x)=\frac{p'(x)q(x)-p(x)q'(x)}{(q(x))^2}=\frac{(x^2+3)(3x^2-4x)-(x^3-2x^2+15)2x}{(x^2+3)^2}=$$

$$=\frac{x^4+9x^2-42x}{(x^2+3)^2}$$

A tabela abaixo resume de forma sucinta as regras de derivação discutidas nesta seção.

Tabela 5.6 | Algumas regras de derivação

| Função | Derivada em $x_0$ |
|---|---|
| $(f+g)$ | $f'(x_0)+g'(x_0)$ |
| $(\lambda f),\ \lambda\in\mathbb{R}$ | $\lambda f'(x_0)$ |
| $(f\cdot g)$ | $f'(x_0)\cdot g(x_0)+f(x_0)\cdot g'(x_0)$ |
| $\dfrac{f(x)}{g(x)}$ | $\dfrac{f'(x_0)\cdot g(x_0)-f(x_0)g'(x_0)}{(g(x_0))^2}$ |

## Exercícios

**(5.17)** Calcule as derivadas das seguintes funções:

(a) $f(x) = -5x^9 + 7x^5 - 11x^2 + 1015$

(b) $f(x) = x^{1001} - x^2 - \pi$

(c) $f(x) = (x^5 - x^4 + x^3 + x^2 + x + 1)(x^8 - x^4 + 2)$

(d) $f(x) = \dfrac{(5x^4 - 3x + 2)}{(x^3 - 1)}$

(e) $f(x) = \dfrac{(x^3 - 1)}{(5x^4 - 3x + 2)}$

(f) $f(x) = \dfrac{(8x - 1)}{(5x + 2)}$

**(5.18)** Calcule as equações das retas tangentes aos gráficos das funções abaixo nos pontos indicados:

(a) $f(x) = x^4 - 4x^2 + 4$ no ponto $(1,1)$

(b) $f(x) = \dfrac{x^2 + x + 1}{x + 1}$ no ponto $\left(1, \dfrac{3}{2}\right)$ e ponto $(1,1)$

(c) $f(x) = \dfrac{(x^2 + 1)}{(x^2 - 1)}$ ponto $(0, -1)$

**(5.19)** Calcule a milésima derivada de $f(x) = x^{1000}$.

**(5.20)** Calcule as derivadas das seguintes funções no ponto 0:

(a) $f(x) = (\text{sen}\,(x))^2$

(b) $f(x) = \cos^2(x)$

(c) $f(x) = \text{tg}^2(x)$

**(5.21)***Sejam $g\colon A \to \mathbb{R}$, onde $A \subset \mathbb{R}$, e $x_0 \in A$. Assuma que $g$ seja derivável em $x_0$ e que $g(x_0) \neq 0$.

(a) Mostre, pela definição, que $\left(\dfrac{1}{g}\right)'(x_0) = -\dfrac{g'(x_0)}{(g(x_0))^2}$

**(b)** Usando essa relação e a regra da derivada do produto de funções, mostre, de forma alternativa, a regra da derivação do quociente de funções.

## 5.4 Derivada de Funções Trigonométricas

O objetivo dessa seção é calcular as derivadas das funções trigonométricas. Faremos, pela definição, as derivadas das funções seno e cosseno. Depois, utilizando-se as regras discutidas na seção anterior, faremos as derivadas das demais funções trigonométricas.

### 5.4.1 Derivadas das funções seno e cosseno

Vamos calcular inicialmente a derivada da função seno em um dado ponto $x_0 \in \mathbb{R}$. Já tínhamos feito esse cálculo para $x_0 = 0$ (veja o Exemplo 5.5). No caso geral, precisamos calcular o limite:

$$\lim_{h\to 0}\frac{f(x_0+h)-f(x_0)}{h} = \lim_{h\to 0}\frac{\operatorname{sen}(x_0+h)-\operatorname{sen}(x_0)}{h}$$

e ver se ele existe. A ideia é, usando certas relações trigonométricas, reescrever o quociente $\dfrac{\operatorname{sen}(x_0+h)-\operatorname{sen}(x_0)}{h}$ de tal maneira que o limite em questão seja mais fácil de ser calculado. Lembramos, para tanto, as seguintes relações

$$\operatorname{sen}(a+b) = \operatorname{sen}(a)\cos(b) + \operatorname{sen}(b)\cos(a)$$

$$\operatorname{sen}(a-b) = \operatorname{sen}(a)\cos(b) - \operatorname{sen}(b)\cos(a)$$

Ao escolhermos $a = x_0 + \dfrac{h}{2}$ e $b = \dfrac{h}{2}$, teremos $x_0 + h = a + b$ e $x_0 = a - b$. Com isso, segue que:

$$\begin{aligned}
\operatorname{sen}(x_0+h) &= \operatorname{sen}\left(x_0+\frac{h}{2}\right)\cos\left(\frac{h}{2}\right)+\operatorname{sen}\left(\frac{h}{2}\right)\cos\left(x_0+\frac{h}{2}\right)\\
\operatorname{sen}(x_0) &= \operatorname{sen}\left(x_0+\frac{h}{2}\right)\cos\left(\frac{h}{2}\right)-\operatorname{sen}\left(\frac{h}{2}\right)\cos\left(x_0+\frac{h}{2}\right)
\end{aligned}$$

Concluímos, então, que

$$\begin{aligned}
&\operatorname{sen}(x_0+h)-\operatorname{sen}(x_0)=\\
&=\operatorname{sen}\left(x_0+\frac{h}{2}\right)\cdot\cos\left(\frac{h}{2}\right)+\operatorname{sen}\left(\frac{h}{2}\right)\cdot\cos\left(x_0+\frac{h}{2}\right)-\\
&-\left(\operatorname{sen}\left(x_0+\frac{h}{2}\right)\cdot\cos\left(\frac{h}{2}\right)-\operatorname{sen}\left(\frac{h}{2}\right)\cdot\cos\left(x_0+\frac{h}{2}\right)\right)\\
&=2\operatorname{sen}\left(\frac{h}{2}\right)\cdot\cos\left(x_0+\frac{h}{2}\right)
\end{aligned}$$

Usando agora essas relações para calcular o limite, teremos

$$\begin{aligned}
f'(x_0)\quad &=\lim_{h\to 0}\frac{\operatorname{sen}(x_0+h)-\operatorname{sen}(x_0)}{h}\\
&=\lim_{h\to 0}\frac{2\operatorname{sen}\left(\frac{h}{2}\right)\cos\left(x_0+\frac{h}{2}\right)}{h}\\
&=\lim_{h\to 0}\frac{\operatorname{sen}\left(\frac{h}{2}\right)}{\frac{h}{2}}\cos\left(x_0+\frac{h}{2}\right)\\
&\overset{T3.4}{=}\lim_{h\to 0}\frac{\operatorname{sen}\left(\frac{h}{2}\right)}{\frac{h}{2}}\lim_{h\to 0}\cos\left(x_0+\frac{h}{2}\right)\\
&=1\cdot\cos(x_0)
\end{aligned}$$

Observe que usamos nessa última passagem o limite fundamental do seno (veja a Seção 3.9) e o Teorema 3.4.

O valor $x_0$ usado é arbitrário. Portanto, o que mostramos acima pode ser escrito da seguinte maneira: a derivada da função seno é a função cosseno ou, simplificadamente, que:

$$(\operatorname{sen})'(x)=\cos(x)$$

Segue de um cálculo similar feito para a função $\cos(x)$ que a sua derivada é $-\operatorname{sen}(x)$ (veja a dica no Exercício 5.24 abaixo).

A tabela seguinte resume as derivadas de funções trigonométricas que serão importantes em nosso texto. Para as derivadas das demais funções trigonométricas, vamos utilizar a regra do quociente, como ilustrado a seguir.

Tabela 5.7

| Função | Derivada |
|---|---|
| $\text{sen}(x)$ | $\cos(x)$ |
| $\cos(x)$ | $-\text{sen}(x)$ |

## Exercícios

**(5.22)** Calcule as derivadas das funções seno e cosseno nos pontos $x = 0, \frac{\pi}{6}, \frac{\pi}{4}, \frac{\pi}{3}, \frac{\pi}{2}$

**(5.23)** Calcule as equações das retas tangentes aos gráficos das funções abaixo nos pontos indicados:

**(a)** $f(x) = \text{sen}(x)$ no ponto $(\pi, 0)$

**(b)** $f(x) = \text{sen}(x)$ no ponto $\left(\frac{\pi}{2}, 1\right)$

**(c)** $f(x) = \cos(x)$ no ponto $\left(-\frac{\pi}{2}, 0\right)$

**(5.24)** Mostre, pela definição, que a derivada de $f(x) = \cos(x)$ é dada por $f'(x) = -\text{sen}(x)$ (Dica: utilize as relações $\cos(a + b) = \cos(a)\cos(b) - \text{sen(a)}\,\text{sen}(b)$ e $\cos(a - b) = \cos(a)\cos(b) + \text{sen}(a)\,\text{sen}(b)$ ).

## 5.4.2 Derivada da função tangente

Calculamos, no item anterior, as derivadas das funções seno e cosseno. Com isso, e, utilizando a regra para a derivada do quociente de funções, podemos calcular, facilmente, a derivada da função tangente, pois, $\text{tg}(x) = \dfrac{\text{sen}(x)}{\cos(x)}$. De fato,

$$(\text{tg}(x))' = \left(\frac{\text{sen}(x)}{\cos(x)}\right)' = \frac{(\cos(x))\cdot(\text{sen}(x))' - (\text{sen}(x))\cdot(\cos(x))'}{(\cos(x))^2}$$

$$= \frac{(\cos(x))^2 + (\text{sen}(x))^2}{(\cos(x))^2} = \frac{1}{(\cos(x))^2} = (\sec(x))^2$$

E, portanto, a derivada da função tangente é o quadrado da função secante. Lembramos que a função tangente está definida no conjunto dos pontos em que o cosseno não se anula, isto é, no conjunto $A = \{x \in \mathbb{R} : x \neq \frac{\pi}{2} + k\pi\}$. O domínio da função secante é, também, o conjunto $A$.

Enfatizamos que, com as derivadas das funções seno e cosseno juntamente com a regra de derivação do quociente de funções, podemos calcular as derivadas da função tangente $\text{tg}(x) = \frac{\text{sen}(x)}{\cos(x)}$ (feita acima), da cotangente $\text{cotg}(x)$, da função secante $\sec(x)$ e da função cossecante $\text{cossec}(x)$ (ver exercícios abaixo)

## Exercícios

**(5.25)** Calcule as derivadas das seguintes funções:

(a) $f(x) = \text{cotg}(x)$

(b) $f(x) = \sec(x)\left(= \frac{1}{\cos(x)}\right)$

(c) $f(x) = \text{cossec}(x)\left(= \frac{1}{\text{sen}(x)}\right)$

d) $f(x) = \frac{\text{sen}(x)}{x}$

(e) $f(x) = x^3 \cdot \text{sen}(x)$

(f) $f(x) = (x^2 - x + 3) \cdot \text{tg}(x)$

(g) $f(x) = x^4 - \text{sen}(x) + \cos(x)$

(h) $f(x) = x^9 + \text{sen}(x) \cdot \cos(x)$

(i) $f(x) = \text{sen}^2(x)$

(j) $f(x) = \cos^2(x)$

(k) $f(x) = \text{tg}^2(x)$

(l) $f(x) = \text{sen}^3(x)$

**(5.26)** Calcule as equações das retas tangentes aos gráficos das funções abaixo nos pontos indicados:

(a) $f(x) = \text{tg}(x)$ no ponto (0,0)

(b) $f(x) = (x^4 + 2) \cdot \cos(x)$ no ponto (0, 2)

## 5.5 Derivada de Funções Logaritmo

Vamos calcular, nesta seção, a derivada da função logarítmica dada por $f(x) = \log_a(x)$, na qual $a \in \mathbb{R}_+^*$, $a \neq 0$ (veja a Seção 3.8). Iremos, inicialmente, fazer o cálculo para o caso particular em que $a$ é a constante de Neper $e$ (relembre a discussão feita na Seção 3.1) pela definição de derivada e utilizando, para tal, o limite fundamental estudado na Seção 3.9. Mais adiante, usaremos propriedades de logaritmos e o cálculo acima para achar a derivada de uma função logarítmica em geral.

### 5.5.1 Derivada da função logaritmo neperiano

Lembremos que o logaritmo de um número $c$ na base $e$, isto é, o logaritmo $\log_e(c)$, é também chamado de *logaritmo natural* e é usualmente indicado como $\ln(c)$. A função correspondente será a função logaritmo neperiano $f(x) = \log_e(x)$, ou, com outra notação, $f(x) = \ln(x)$. Formalmente, ln é a função:

$$\begin{aligned} \ln :\ & \mathbb{R}_+^* \to \mathbb{R} \\ & x \mapsto f(x) = \log_e x \end{aligned}$$

Figura 5.7 | Gráfico da função (5.2)

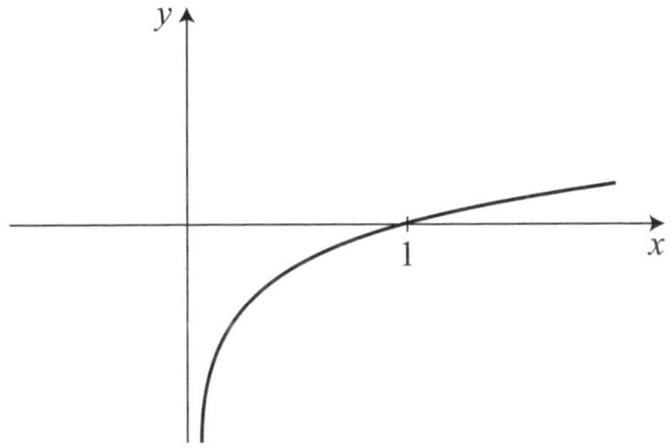


Em outras palavras, $\ln(x) = y$ se $e^y = x$. Para calcular a derivada de ln em um ponto $x_0 \in \mathbb{R}_+^*$, precisamos calcular o seguinte limite:

$$\lim_{h \to 0} \frac{\ln(x_0 + h) - \ln(x_0)}{h}$$

Utilizando as propriedades de logaritmo, observamos que:

$$\ln(x_0 + h) - \ln(x_0) = \ln\left(\frac{x_0 + h}{x_0}\right) = \ln\left(1 + \frac{h}{x_0}\right)$$

Portanto,

$$\frac{\ln(x_0 + h) - \ln(x_0)}{h} = \frac{1}{h}\ln\left(1 + \frac{h}{x_0}\right) = \ln\left(1 + \frac{h}{x_0}\right)^{\frac{1}{h}}$$

Com isso,

$$\lim_{h \to 0} \frac{\ln(x_0 + h) - \ln(x_0)}{h} = \lim_{h \to 0} \ln\left(1 + \frac{h}{x_0}\right)^{\frac{1}{h}}$$

Vamos calcular o limite lateral à direita $\lim\limits_{h \to 0^+} \ln\left(1 + \frac{h}{x_0}\right)^{\frac{1}{h}}$ e deixar como exercício mostrar que ele coincide com o limite lateral à esquerda correspondente.

Fazendo-se $y = \frac{x_0}{h}$, teremos que $y \to \infty$ quando $h \to 0^+$ e, portanto, o limite acima se transforma em:

$$\lim_{h \to 0^+} \ln\left(1 + \frac{h}{x_0}\right)^{\frac{1}{h}} = \lim_{y \to \infty} \ln\left(1 + \frac{1}{y}\right)^{\frac{y}{x_0}} = \frac{1}{x_0} \lim_{y \to \infty} \ln\left(1 + \frac{1}{y}\right)^{y}$$

$$= \frac{1}{x_0} \ln e = \frac{1}{x_0}$$

Na última passagem usamos o fato de que:

$$\lim_{y \to \infty}\left(1 + \frac{1}{y}\right)^{y} = e$$

(um dos limites fundamentais visto na Seção 3.9) e que $\ln e = 1$. Logo, a derivada da função $\ln(x)$ no ponto $x_0$ é $\frac{1}{x_0}$, ou $\ln'(x_0) = \frac{1}{x_0}$. Como o valor $x_0$ foi escolhido arbitrariamente em $\mathbb{R}_+^*$, podemos escrever $\ln' x = \frac{1}{x}$.

**EXEMPLO 5.23** Vamos calcular a derivada da função $f(x) = \ln(x^2)$. Basta observar que $\ln(x^2) = 2\ln(x)$ (veja a Seção 3.8). Segue então que:

$$f'(x) = (2\ln(x))' = 2(\ln(x))' = 2\frac{1}{x} = \frac{2}{x}$$

## Exercícios

**(5.27)** Calcule, pela definição, a derivada das seguintes funções:

**(a)** $f(x) = \ln(2x)$ em $x_0 \in \mathbb{R}_+^*$

**(b)** $f(x) = \ln(-x)$ em $x_0 \in \mathbb{R}_+^*$

**(c)** $f(x) = \ln(x+1)$

**(5.28)** Calcule a equação da reta tangente ao gráfico da função $f(x) = \ln(x)$ nos pontos $(e, 1)$ e $(1,0)$.

**(5.29)** Calcule a derivada de $f(x) = \ln(x^2(x+1))$ (dica: lembre-se que $\log_a b \cdot c = \log_a b + \log_a c$).

## 5.5.2 Derivada da função logaritmo

Sejam agora $a \in \mathbb{R}_+^*$, $a \neq 1$, e $f(x) = \log_a(x)$. Lembremos que se $b \in \mathbb{R}_+^*$, $b \neq 1$, então,

$$\log_a(x) = \frac{\log_b(x)}{\log_b(a)} \qquad \text{para todo } x \in \mathbb{R}_+^*$$

Vamos explorar essa relação e o cálculo feito acima para achar $f'(x)$. Para tanto, escolhemos $b = e$. Com isso,

$$f(x) = \log_a(x) = \frac{\log_e(x)}{\log_e(a)} = \frac{\ln(x)}{\ln(a)}$$

Portanto,

$$f'(x) = \left(\frac{\ln(x)}{\ln(a)}\right)' = \frac{1}{\ln(a)}(\ln(x))' = \frac{1}{x\ln(a)}$$

(na segunda igualdade utilizamos o fato de $\dfrac{1}{\ln(a)}$ ser um valor constante e o resultado da Seção 5.3). Logo, a derivada de $\log_a x$ é $\dfrac{1}{x \ln a}$.

### Exemplos 5.24

**(a)** A derivada de $\log_{10}(x)$ é

$$(\log_{10}(x))' = \frac{1}{x\ln(10)}$$

**(b)** A derivada de $\log_{e^2}(x)$ é (verifique!)

$$(\log_{e^2}(x))' = \frac{1}{x\ln(e^2)} = \frac{1}{2x}$$

**(c)** A derivada de $\log_{10} x^2$ é $\dfrac{2}{x\ln 10}$ (detalhes a cargo do leitor).

É claro que podemos olhar a derivada de $\ln(x)$ como caso particular da derivada de $\log_a(x)$ (com $a = e$), mas preferimos destacá-la em separado na tabela abaixo, que resume o principal desta seção.

Tabela 5.8 | Derivadas para a função $\log_a$, na qual $a \in \mathbb{R}_+^*$, $a \neq 1$,

| Função | Derivada |
|---|---|
| $\ln(x)$ | $\dfrac{1}{x}$ |
| $\log_a(x)$ | $\dfrac{1}{x\ln(a)}$ |

## Exercícios

**(5.30)** Calcule as derivadas das seguintes funções:

**(a)** $f(x) = x^2 \ln(x)$

**(b)** $f(x) = \dfrac{\ln(x)}{x^2}$

**(c)** $f(x) = \ln(x)\,\text{sen}(x)$

**(d)** $f(x) = \ln(x) + 3x^2$

**(e)** $f(x) = \log_3(x^3)$

**(f)** $f(x) = (\log_5(x))^2$

**(g)** $f(x) = \dfrac{\log_2(x)}{\text{sen}(x)}$

**(h)** $f(x) = \dfrac{\log_{e^2}(x)}{x^2}$

**(i)** $f(x) = (\log_3(x^2))(x^3+1)$

**(j)** $f(x) = \log_5(x^2)\log_7(x^3)$

**(5.31)** Calcule a reta tangente ao gráfico de $\log_{10} x$ no ponto $(10,1)$.

**(5.32)** Calcule a segunda e a terceira derivadas das funções $\log_{10} x$ e $\ln x$.

## 5.6 Regra da Cadeia

Vimos até agora como calcular a derivada de soma, produto e quocientes de funções em termos de suas parcelas. Vamos ver, nesta seção, a chamada *Regra da Cadeia* que nos permitirá calcular a derivada de funções compostas. Sejam $f$: $A \to \mathbb{R}$ e $g$: $B \to \mathbb{R}$ duas funções tais que $\text{Im} f \subset B$ (lembremos que essa condição é essencial para podermos calcular o valor $g(f(x))$ para $x$ em $A$) e consideremos a função composta $g \circ f$: $A \to \mathbb{R}$ dada por $(g \circ f)(x) = g(f(x))$ para cada $x \in A$. Seja também $x_0 \in A$.

**Regra da Cadeia** Com as notações acima, se $f$ for derivável no ponto $x_0$ e $g$ for derivável no ponto $f(x_0)$, então $g \circ f$ será derivável em $x_0$ e valerá a seguinte regra:

$$(g \circ f)'(x_0) = g'(f(x_0)) \cdot f'(x_0)$$

Observe que, quando $f$ e $g$ forem deriváveis em todos os pontos de seus domínios, então, é claro que teremos $(g \circ f)'(x) = g'(f(x)) \cdot f'(x)$ para todo $x \in A$.

**EXEMPLO 5.25** Sejam $f$ e $g$ funções dadas, respectivamente, por $f(x) = x^2$ e $g(y) = \text{sen}(y)$. A função composta $g \circ f$: $\mathbb{R} \to \mathbb{R}$ será:

$$(g \circ f)(x) = g(f(x)) = \text{sen}(f(x)) = \text{sen}(x^2), \text{ para cada } x \in \mathbb{R}.$$

Vamos calcular a derivada $(g \circ f)'$. Para tanto, calculemos, inicialmente, as derivadas de $f$ e de $g$:

$$\begin{aligned} f(x) = x^2 &\quad \to \quad f'(x) = 2x \\ g(y) = \text{sen}(y) &\quad \to \quad g'(y) = \cos(y) \end{aligned}$$

Pela Regra da Cadeia, teremos:

$$(g \circ f)'(x) = g'(f(x)) \cdot f'(x) = (\cos(f(x))) \cdot 2x = (\cos(x^2))2x$$

Com isso, a derivada da função $\text{sen}(x^2)$ é $2x \cos(x^2)$.

**EXEMPLO 5.26** Utilizando as mesmas funções $f$ e $g$ do exemplo acima, vamos calcular a derivada da composta $f \circ g$. Observe que $(f \circ g)(y) = f(g(y)) = (g(y))^2 = (\text{sen}\,(y))^2$, para cada $y \in \mathbb{R}$.

De novo, as derivadas de $f$ e $g$ serão $f'(x) = 2x$ e $g'(y) = \cos(y)$. Mas agora a derivada $(f \circ g)'$ será dada por:

$$(f \circ g)'(y) = f'(g(y)) \cdot g'(y) = 2(g(y)) \cdot \cos(y) = 2\text{sen}\,(y) \cdot \cos(y)$$

Dessa forma, a derivada de $(\text{sen}\,(y))^2$ é $2\,\text{sen}\,(y)\cos(y)$.

**EXEMPLO 5.27** Vamos calcular a derivada de $f(x) = (x^2 - 3)^{57}$. Essa função é a composta $(h \circ g)(x)$ das funções $g(x) = x^2 - 3$ e $h(y) = y^{57}$ (é preciso primeiro calcular $x^2 - 3$ para depois elevar à potência 57). Pela Regra da Cadeia:

$$f'(x) = (h \circ g)'(x) = h'(g(x)) \cdot g'(x)$$

Como as derivadas de $g$ e de $h$ são $2x$ e $57x^{56}$, respectivamente, segue então que:

$$f'(x) = h'(g(x)) \cdot g'(x) = 57(x^2 - 3)^{56} \cdot 2x = 104x(x^2 - 3)^{56}$$

**EXEMPLO 5.28** Calculemos a derivada de $f(x) = \ln(x^3 - 4x)$. Como as funções logarítmicas estão definidas só em valores positivos, precisamos que $x^3 - 4x > 0$ e, portanto, o domínio de $f$ é $]-2{,}0[\, \cup\, ]2, \infty[$. Tal função pode ser vista como a composta $f(x) = (h \circ g)(x)$, na qual temos: $y = g(x) = x^3 - 4x$ e $h(y) = \ln(y)$. Observe que, dado $x_0$, para se calcular $\ln(x_0^3 - 4x_0)$, precisamos calcular inicialmente o valor $x_0^3 - 4x_0$ e só depois calcular ln desse valor. Pela Regra da Cadeia, teremos que:

$$f'(x) = (h \circ g)'(x) = h'(g(x)) \cdot g'(x)$$

Vamos, em primeiro lugar, calcular as derivadas de $h$ e $g$.

$$g(x) = x^3 - 4x \quad \to \quad g'(x) = 3x^2 - 4$$
$$h(y) = \ln(y) \quad \to \quad h'(y) = \frac{1}{y}$$

Desse modo,

$$f'(x) = h'(g(x)) \cdot g'(x) = \frac{1}{g(x)} \cdot (3x^2 - 4) = \frac{3x^2 - 4}{x^3 - 4x}$$

Assim, a derivada de $\ln(x^3 - 4x)$ é $= \dfrac{3x^2 - 4}{x^3 - 4x}$.

**EXEMPLO 5.29** Vamos calcular a derivada de $r(x) = \cos(\ln(x^3 - 4x))$. Nesse caso, a função $r$ é a composta da função $c(x) = \cos(x)$ com a função $f$ do Exemplo 5.27, isto é, $r(x) = (c \circ f)(x)$, portanto, usando a Regra da Cadeia, a sua derivada será $r'(x) = c'(f(x)) \cdot f'(x)$. Precisamos, então, calcular as derivadas de $c$ e de $f$. A derivada de $c(x) = \cos(x)$ é, sabemos, $c'(x) = -\text{sen}(x)$ e a de $f$ foi calculada no exemplo anterior, isto é, $f'(x) = \dfrac{3x^2 - 4}{x^3 - 4x}$. Assim,

$$\begin{aligned} r'(x) &= (c \circ f)'(x) \\ &= c'(f(x)) \cdot f'(x) \\ &= -\text{sen}(f(x)) \cdot \frac{3x^2 - 4}{x^3 - 4x} \\ &= -\text{sen}(\ln(x^3 - 4x)) \cdot \frac{3x^2 - 4}{x^3 - 4x} \end{aligned}$$

Observe que, na realidade, a função $r(x)$ é a composta de três funções, especificamente, as funções $c$, $g$ e $h$ (usando as notações do exemplo anterior). Com isso,

$$r(x) = c(h(g(x))) = (c \circ (h \circ g))(x)$$

A sua derivada será então, utilizando-se duas vezes a Regra da Cadeia,

$$\begin{aligned} r' &= (c \circ (h \circ g))'(x) \\ &= c'((h \circ g)(x)) \cdot (h \circ g)'(x) \\ &= c'(h(g(x))) \cdot (h'(g(x)) \cdot g'(x)) \end{aligned}$$

Não é preciso memorizar a fórmula da composta de três (ou até mais) funções. É importante, isso sim, ter em mente como é a Regra da Cadeia e também o processo de construção de composta de funções e aplicá-la repetidamente, se necessário.

## Exercícios

**(5.33)** Calcule as derivadas das seguintes funções:

(a) $f(x) = (x^3 - 2x^2 + 4x - 9)^{101}$ (b) $f(x) = \operatorname{sen}\left(\frac{1}{x}\right)$

(c) $f(x) = \operatorname{tg}(x^2 + 1)$ (d) $f(x) = \cos(\ln(x))$

(e) $f(x) = \ln(\cos(x))$ (f) $f(x) = \sec(5x^2)$

**(5.34)***Sejam $f$ uma função derivável e $g$ dada por $g(x) = \ln(f(x))$. Mostre que $g'(x) = \dfrac{f'(x)}{f(x)}$, para todo $x \in \mathbb{R}$.

**(5.35)** Calcule as derivadas das seguintes funções:

(a) $f(x) = \operatorname{sen}(\cos(x))$ (b) $f(x) = \left(\dfrac{1}{(x^2+2)}\right)^{27}$

(c) $f(x) = \left(\dfrac{1}{(\operatorname{sen}(x^2+1)}\right)^{15}$ (d) $f(x) = \left(\ln\left(\dfrac{1}{x^2}\right)\right)^9$

**(5.36)** Achar as equações das retas tangentes ao gráfico de $f(x) = (\operatorname{sen}(x))^2$ nos pontos $(0,0)$ e $\left(\dfrac{\pi}{2}, 1\right)$.

**(5.37)** Calcular a segunda derivada de $f(x) = (x^2 + 7)^{13}$.

## 5.7 Derivada de Funções Exponenciais

Nessa, e na próxima seção, veremos aplicações da Regra da Cadeia. A seguir, usaremos essa regra para calcular a derivada de algumas funções exponenciais, em particular da função $f(x) = a^x$, onde $a \in \mathbb{R}_+^*$ e $a \neq 1$, discutida na Seção 3.8. Utilizando a mesma ideia desse cálculo, mostraremos, também, que a derivada de $f(x) = x^\alpha$, com $\alpha \in \mathbb{R}$ é igual a $\alpha x^{\alpha-1}$, generalizando o que já fora feito nos exemplos 5.6 e 5.20 para $\alpha \in \mathbb{Z}$.

O propósito, por trás do cálculo que faremos, é tentar transformar o nosso problema de derivar uma tal $f$ em derivação de uma função mais simples.

Sabemos que a função logaritmo é bastante útil quando queremos transformar produtos em somas (pois $\log_a (bc) = \log_a b + \log_a c$) e expoentes em produtos (pois $\log_a (b^c) = c \log_a b$). Vamos explorar essa última propriedade em nossas considerações da seguinte maneira: iremos compor a função que temos (que envolve um expoente) com uma função logaritmo e utilizar a propriedade enunciada acima para conseguir algo mais realizável do ponto de vista de derivação. Esse processo irá permitir calcular a derivada utilizando as técnicas que já temos à disposição. Iremos usar a função logaritmo na base $e$ (o logaritmo neperiano) por ter a derivada mais simples.

## 5.7.1 Derivada da função $f(x) = a^x$

Vamos começar a nossa discussão com uma situação bem simples, isto é, com a função $f(x) = a^x$, onde $a \in \mathbb{R}_+^*$ e $a \neq 1$. Seja $g(y) = \ln(y)$ a função logaritmo neperiano. Vamos fazer a composta $g \circ f$. Teremos então:

$$(g \circ f)(x) = g(f(x)) = \ln(f(x)) = \ln(a^x) = x \cdot \ln(a)$$

Derivando-se essa função, temos por um lado,

$$(g \circ f)'(x) = g'(f(x)) \cdot f'(x) = \frac{f'(x)}{f(x)}$$

(lembre-se de que, como $g(y) = \ln(y)$, então $g'(y) = \frac{1}{y}$). Por outro lado, teremos:

$$(x \cdot \ln(a))' = \ln(a)\,(x)' = \ln(a)$$

(observe que o valor $a$ está fixo, portanto, $\ln(a)$ é uma constante). Igualando-se as duas derivadas acima, segue que:

$$\frac{f'(x)}{f(x)} = \ln(a)$$

Portanto,

$$f'(x) = f(x) \cdot \ln(a) = a^x \ln(a)$$

Logo, a derivada da função $a^x$ é $a^x \ln(a)$.

## Exemplos 5.30

**(a)** Por exemplo, a derivada de $3^x$ é $3^x \ln(3)$.

**(b)** A derivada de $e^x$ é $e^x$. Aqui caberia uma observação a mais: como acabamos de ver, a função $e^x$ tem a sua derivada igual a si mesma, que é mais uma característica importante relacionada ao número $e$.

**(c)** Vamos calcular a derivada de $f(x) = 3^{(x^2+1)}$. Claramente, $f$ é uma composta de funções (é preciso primeiro calcular $x^2 + 1$ e só depois, calcular 3 elevado a esse valor). Formalizando, $f(x) = (g \circ h)(x)$, onde $h(x) = x^2 + 1$ e $g(x) = 3^y$. Com isso, vamos usar a Regra da cadeia. Calculemos as derivadas das funções $g$ e $h$. A derivada $g'(y)$ será, como vimos no item (a) acima, igual a $3^y \ln(3)$, enquanto que a derivada de $h$ será igual a $2x$.

Daí, segue, usando a Regra da Cadeia, que:

$$f'(x) = (3^{(x^2+1)} \ln(3))2x = 2\ln(3)x3^{(x^2+1)}$$

## Exercícios

**(5.38)** Calcule as derivadas das funções.

**(a)** $f(x) = 10^x$ **(b)** $f(x) = 5^{(x^2-1)}$

**(c)** $f(x) = e^{x^3}$ **(d)** $f(x) = e^x \cdot \cos(x)$ **(e)** $f(x) = \dfrac{e^x}{\text{sen}(x)}$

**(5.39)** Calcule a primeira e a segunda derivadas das funções $f(x) = 10^x$ e $g(x) = e^{x^2}$.

**(5.40)** Calcule a milésima derivada de $f(x) = e^x$ e de $f(x) = e^{2x}$.

**(5.41)** Calcule as retas tangentes ao gráfico de $f(x) = e^{3x}$ nos pontos $(0,1)$ e $(1, e^3)$.

## 5.7.2 Derivada da função $f(x) = x^\alpha$

Sejam $\alpha \in \mathbb{R}$ e $f: \mathbb{R}_+^* \to \mathbb{R}$ dada por $f(x) = x^\alpha$, para todo $x \in \mathbb{R}_+^*$. Até agora, vimos a derivada dessa função quando $\alpha \in \mathbb{Z}$, isto é, funções do tipo $x^2$, $x^7$ ou do tipo $x^{-1} = \dfrac{1}{x}$, $x^{-3} = \dfrac{1}{x^3}$ (veja os exemplos 5.6 e 5.20). Vamos ver o caso geral para $\alpha \in \mathbb{R}$ utilizando a técnica acima. O primeiro passo é compor $f$ com a função $g(y) = \ln(y)$, logo $(g \circ f)(x) = g(f(x)) = \ln(f(x))$. Como acima, ao derivarmos $\ln(f(x))$ chegamos a $(g \circ f)'(x) = \dfrac{f'(x)}{f(x)}$

Por outro, como $f(x) = x^\alpha$, segue que:

$$(g \circ f)(x) = \ln(x^\alpha) = \alpha \ln(x)$$

Logo,

$$(g \circ f)'(x) = (\alpha \ln(x))' = \alpha \frac{1}{x}$$

Igualando-se essas duas expressões para a derivada de $(g \circ f)(x)$, teremos então $\dfrac{f'(x)}{f(x)} = \alpha\dfrac{1}{x}$ e, com isso, $f'(x) = f(x)\left(\alpha\dfrac{1}{x}\right) = x^\alpha\left(\alpha\dfrac{1}{x}\right) = \alpha x^{\alpha-1}$

Como $\alpha$ é qualquer número real, essa regra que acabamos de deduzir será bastante útil e generaliza uma similar que foi feita para números inteiros (nos exemplos 5.6 e 5.20).

**EXEMPLO 5.31** Seja $f(x) = \sqrt{x}$. Podemos escrever $f$ como sendo $f(x) = x^{\frac{1}{2}}$. Dessa forma,

$$f'(x) = \left((x)^{\frac{1}{2}}\right)' = \frac{1}{2}\left((x)^{\frac{1}{2}-1}\right) = \frac{1}{2}\left((x)^{-\frac{1}{2}}\right) = \frac{1}{2\sqrt{x}}$$

**EXEMPLO 5.32** Considere agora a função $f(x) = \sqrt[5]{x^3} = x^{\frac{3}{5}}$. A sua derivada será

$$f'(x) = \left(\sqrt[5]{x^3}\right)' = (x^{\frac{3}{5}})' = \frac{3}{5}x^{\frac{3}{5}-1} = \frac{3}{5}x^{-\frac{2}{5}} = \frac{3}{5\sqrt[5]{x^2}}$$

**EXEMPLO 5.33** Vamos derivar $f(x)=\sqrt[3]{x^7+4}=\left(x^7+4\right)^{\frac{1}{3}}$. Como $f$ é a composta da função $g(x) = x^7 + 4$ com $h(y)=y^{\frac{1}{3}}$, a sua derivada será, usando a Regra da Cadeia,

$$\begin{aligned} f'(x) &= (h\circ g)'(x) = h'(g(x))\cdot g'(x) \\ &= \frac{1}{3}\left(x^7+4\right)^{\frac{1}{3}-1}\cdot\left(7x^6\right) = \frac{7x^6}{3\sqrt[3]{\left(x^7+4\right)^2}} \end{aligned}$$

**EXEMPLO 5.34** Vamos terminar essa seção calculando a derivada de $f(x) = x^x$, com $x \in \mathbb{R}_+^*$ com a mesma técnica usada acima. O primeiro passo, na discussão feita, foi compor com a função logaritmo neperiano. Faremos o mesmo aqui. Nesse exemplo teremos, então, a função:

$$(g\circ f)(x) = g(f(x)) = \ln(f(x)) = \ln\left(x^x\right) = x\cdot\ln(x)$$

Derivando-se da mesma maneira que anteriormente, teremos, por um lado, que,

$$(g\circ f)'(x) = g'(f(x))\cdot f'(x) = \frac{f'(x)}{f(x)}$$

e, por outro,

$$\left(x\cdot\ln(x)\right)' = 1\cdot\ln(x) + x\cdot\frac{1}{x} = \ln(x)+1$$

(usamos a derivação do produto aqui). Portanto,

$$f'(x) = f(x)\cdot\left(\ln(x)+1\right) = x^x\cdot\left(\ln(x)+1\right)$$

Logo, a derivada da função $f(x) = x^x$ é a função $f'(x) = x^x\,(\ln(x) + 1)$.

É possível achar uma fórmula geral para a derivada de funções do tipo $f(x) = u(x)^{v(x)}$ em termos das derivadas de $u$ e de $v$. No entanto, deixaremos ao leitor interessado fazer isso inspirando-se no que foi feito acima.

A tabela abaixo resume as principais derivadas estudadas nesta seção.

Tabela 5.9 | Tabela de derivadas, com $a \in \mathbb{R}_+^*$, $\alpha \neq 0$, $\alpha \in \mathbb{R}^*$

| Função | Derivada |
|---|---|
| $a^x$ | $a^x \ln(a)$ |
| $x^\alpha$ | $\alpha x^{\alpha-1}$ |

## Exercícios

**(5.42)** Calcule as derivadas das seguintes funções:

**(a)** $f(x) = 3^{2x}$

**(b)** $f(x) = \dfrac{5^x}{(x^2+1)}$

**(c)** $f(x) = \sqrt{\operatorname{sen}(x)}$

**(d)** $f(x) = \sqrt[3]{e^x \operatorname{tg}(x)}$

**(e)** $f(x) = \sqrt{\dfrac{(x^2-1)}{(x+5)}}$

**(f)** $f(x) = 2^{x^2-1}$

**(g)** $f(x) = \ln(3^x)$

**(h)** $f(x) = e^{x^2+1}$

**(i)** $f(x) = 5^{4x+1}$

**(j)** $f(x) = \ln(7^x)$

**(k)** $f(x) = \log_5 e^x$

**(l)** $f(x) = \operatorname{sen}(2^x)$

**(m)** $f(x) = e^{\operatorname{sen}(x^2)}$

**(n)** $f(x) = 3^{x^2+x+1} \cdot e^{x^3}$

**(5.43)** Calcule as derivadas das seguintes funções:

**(a)** $f(x) = e^x x^x$, $x \in \mathbb{R}_+^*$

**(b)** $f(x) = x^{\operatorname{sen}(x)}$, $x \in \mathbb{R}_+^*$

# 5.8 Derivada da Função Inversa

Definimos, na Seção 2.6, o conceito de função inversa. Vamos agora relacionar as derivadas de uma função invertível com o de sua inversa. Seja $f$: $A \to B$ uma função invertível com inversa dada por $g$: $B \to A$. Isso significa que $(g \circ f)(x) = x$, para todo $x \in A$ e $(f \circ g)(y) = y$ para todo $y \in B$. Usaremos agora a Regra da Cadeia para o cálculo da derivada de função $g$ em termos da derivada da função $f$.

Vamos começar o cálculo e ver que condições precisamos impor para poder seguir adiante. É claro que, para usar a Regra da Cadeia, as funções $f$ e $g$ têm que ser deriváveis. Derivando-se a função $(f \circ g)(y) = y$ acima, segue que:

$$1 = (y)' = (f \circ g)'(y) = f'(g(y)) \cdot g'(y)$$

Se $f(g(y)) \neq 0$, para $y \in B$, teremos então que:

$$g'(y) = \frac{1}{f'(g(y))}$$

Observe que, para a validade da relação acima, precisamos que $f'(g(y)) \neq 0$, para todo $y \in B$, o que ocorre se $f'(x) \neq 0$ para todo $x \in A$. Isso acontece, por exemplo, se $f'(x) > 0$ para todo $x \in A$, ou se $f'(x) < 0$, para todo $x \in A$ (essas são condições normalmente encontradas na literatura). Formalizando essa observação, teremos, por exemplo, o seguinte resultado.

**Teorema 5.2** Seja $f$: $A \to B$ uma função invertível com inversa dada por $g : B \to A$. Se $f$ for derivável em $A$ e $f'(x) > 0$, para todo $x \in A$, então $g$ será derivável em $B$ e valerá $g'(y) = \dfrac{1}{f'(g(y))}$.

**EXEMPLO 5.35** Seja $f$: $\mathbb{R}_+^* \to \mathbb{R}_+^*$ dada por $f(x) = x^2$. Com esse domínio, a função $f$ é invertível com inversa $g$: $\mathbb{R}_+^* \to \mathbb{R}_+^*$ dada por $g(y) = \sqrt{y}$. (É claro que, ao escrever $g(y) = \sqrt{y}$, a sua derivada é facilmente calculável utilizando-se o Exemplo 5.31: $g'(y) = \frac{1}{2} y^{-\frac{1}{2}} = \frac{1}{2\sqrt{y}}$ mas faremos esse cálculo utilizando o resultado acima). Observe que $f'(x) = 2x > 0$ para $x$ no domínio de $f$. Utilizando a fórmula acima, teremos:

$$g'(y) = \frac{1}{f'(g(y))} = \frac{1}{2g(y)} = \frac{1}{2\sqrt{y}}$$

e, portanto, a derivada de $g(y) = \sqrt{y}$ é $g'(y) = \dfrac{1}{2\sqrt{y}}$

**EXEMPLO 5.36** Vamos agora fazer a derivada da inversa da função seno, isto é, da função arcseno (veja o Exemplo 2.32). Para tanto, precisamos restringir o domínio de $f(x) = \text{sen}(x)$ de tal sorte que a função seja invertível. Vamos escolher como domínio $\left]-\frac{\pi}{2},\frac{\pi}{2}\right[$. Esse domínio é conveniente, pois se $x \in \left]-\frac{\pi}{2},\frac{\pi}{2}\right[$, então $f'(x) = \cos(x) > 0$. Vamos denotar a inversa de $f$ por $g(y) = \text{arcsen}(y)$. A função $g$ terá então domínio $]-1,1[$ e contradomínio $\left]-\frac{\pi}{2},\frac{\pi}{2}\right[$. Observe também que arcsen(sen($x$)) = $x$, para todo $x \in \left]-\frac{\pi}{2},\frac{\pi}{2}\right[$, enquanto que sen(arcsen($y$)) = $y$, para todo $y \in\ ]-1,1[$. A derivada de $g$ será então:

$$g'(y)=\frac{1}{f'(g(y))}=\frac{1}{\cos(g(y))}=\frac{1}{\cos(\text{arcsen}(y))}$$

É usual simplificarmos um pouco essa derivada. Observemos que, como $\cos(x) > 0$ no intervalo $\left]-\frac{\pi}{2},\frac{\pi}{2}\right[$, então $\cos(x)=\sqrt{1-\text{sen}^2(x)}$ (lembre-se que $\text{sen}^2(x) + \cos^2(x) = 1$). Portanto,

$$\cos(\text{arcsen}(y))=\sqrt{1-(\text{sen}(\text{arcsen}(y)))^2}=\sqrt{1-y^2}$$

Com isso, segue que:

$$(\text{arcsen})'(y)=\frac{1}{\sqrt{1-y^2}} \qquad (\text{em que } y\in\ ]-1,1[)$$

**EXEMPLO 5.37** Seja $a \in \mathbb{R}_+^*$, $a \neq 1$. Para efeito de ilustração, vamos (re)calcular a derivada da função $\log_a(x)$, usando aqui a derivada de sua inversa, isto é, a função exponencial $a^x$ (calculada na seção anterior). Vamos escrever $f(x) = \log_a(x)$, para $x \in \mathbb{R}_+^*$ e $g(y) = a^y$, para $y \in \mathbb{R}$. Vimos, na Seção 3.8, que:

$$a^{\log_a(x)}=x, \forall x\in\mathbb{R}_+^* \text{ e } \log_a(a^y)=y, \forall y\in\mathbb{R}$$

Vimos, também, acima que $g'(y) = a^y \ln(a) > 0$, para todo $y \in \mathbb{R}$. Com isso, teremos:

$$f'(y) = \frac{1}{g'(f(y))} = \frac{1}{a^{f(x)}\ln(a)} = \frac{1}{a^{\log_a(x)}\ln(a)} = \frac{1}{x\ln(a)}$$

Portanto, a derivada de $\log_a(x)$ é $\frac{1}{x\ln(a)}$.

Observe que se $a = e$, então teremos que a derivada de $\ln(x)$ é $\frac{1}{x}$ (como antes).

A tabela abaixo resume mais duas derivadas que vamos assumir de agora em diante. Observe, no entanto, que nela incluímos a derivada de $\text{arctg}(x)$, mesmo sem tê-la calculado. Deixamos isso como exercício ao leitor, com a dica de utilizar as mesmas ideias discutidas acima.

Tabela 5.10

| Função | Derivada, |
|---|---|
| $\text{arcsen}(x)$ | $\frac{1}{\sqrt{1-x^2}}$ |
| $\text{arctg}(x)$ | $\frac{1}{1+x^2}$ |

## Exercícios

**(5.44)** Calcule as derivadas das seguintes funções:

**(a)** $f(x) = \arccos(x)$

**(b)** $f(x) = \text{arctg}(x)$

**(c)** $f(x) = \text{arcsen}(x^3)$

**(d)** $f(x) = \text{arctg}(3x^2)$

# 5.9 Regras de L'Hôpital

Na Seção 3.7, estudamos alguns limites envolvendo, por exemplo, quocientes de funções e vimos que nem todos podem ser resolvidos *algebricamente* (limites do tipo $\frac{0}{0}$ ou do tipo $\frac{\infty}{\infty}$). O objetivo desta seção é estudar uma regra em que tais limites podem ser calculados utilizando-se a derivada. Tal regra é chamada de *regra de L'Hôpital*.

## 5.9.1 Regra de L'Hôpital para limites do tipo $\frac{0}{0}$

Sejam $f$ e $g$ duas funções que sejam deriváveis em $a \in \mathbb{R}$ tais que os limites $\lim\limits_{x \to a} f(x)$ e $\lim\limits_{x \to a} g(x)$ sejam nulos. Se o limite $\lim\limits_{x \to a} \frac{f'(x)}{g'(x)}$ existir e valer $\alpha \in \mathbb{R}$, então o limite $\lim\limits_{x \to a} \frac{f(x)}{g(x)}$ existe e também vale $\alpha$. Observemos que, como anteriormente, o valor $a$ nos limites acima pode ser substituído por $a^+$, $a^-$, ou por $\pm\infty$.

Não iremos demonstrar a regra acima, mas sim exemplificar como ela pode ser utilizada.

**Exemplo 5.38** Vamos calcular o limite $\lim\limits_{x \to 0} \frac{\text{sen}(x)}{x}$. Não é difícil ver que $\lim\limits_{x \to 0} \text{sen}(x) = 0 = \lim\limits_{x \to 0} x$. Por outro lado,

$$\lim_{x \to 0} \frac{(\text{sen}(x))'}{(x)'} = \lim_{x \to 0} \frac{\cos(x)}{1} = 1$$

Logo, pela regra de *L'Hôpital*, chegamos ao limite fundamental discutido no Seção 3.9: $\lim\limits_{x \to 0} \frac{\text{sen}(x)}{x} = 1$.

**Exemplo 5.39** Vamos calcular $\lim\limits_{x \to -1} \frac{(x^2 - 1)}{(x^3 - 2x^2 - 3x)}$. Como $-1$ é raiz tanto de $x^2 - 1$ quanto de $x^3 - 2x^2 - 3x$, teremos que $\lim\limits_{x \to -1} x^2 - 1 = 0 = \lim\limits_{x \to -1} x^3 - 2x^2 - 3x$. Para podermos usar a regra de *L'Hôpital*, calculamos:

$$\lim_{x \to -1} \frac{(x^2 - 1)'}{(x^3 - 2x^2 - 3x)'} = \lim_{x \to -1} \frac{2x}{3x^2 - 4x - 3} = -\frac{1}{4}$$

Logo,

$$\lim_{x\to -1}\frac{x^2-1}{x^3-2x^2-3x}=-\frac{1}{4}$$

**Observação** Não é demais enfatizar que, para calcular $\lim\limits_{x\to a}\dfrac{f(x)}{g(x)}$ como foi feito acima, não calculamos $\lim\limits_{x\to a}\left(\dfrac{f(x)}{g(x)}\right)'$ e sim $\lim\limits_{x\to a}\dfrac{f'(x)}{g'(x)}$.

## 5.9.2 Regra de L'Hôpital para limites do tipo $\frac{\infty}{\infty}$

A regra aqui é idêntica à vista acima. Sejam $f$ e $g$ duas funções que sejam deriváveis e $a \in \mathbb{R}$ tais que os limites $\lim\limits_{x\to a} f(x)$ e $\lim\limits_{x\to a} g(x)$ sejam $\pm\infty$ (em qualquer uma das quatro possibilidades). Se o limite $\lim\limits_{x\to a}\dfrac{f'(x)}{g'(x)}$ existir e valer $\alpha \in \mathbb{R}$, então o limite $\lim\limits_{x\to a}\dfrac{f(x)}{g(x)}$ existe e também vale $\alpha$.

Aqui, também, o valor $a$ nos limites acima pode ser substituído por $a^+$, $a^-$, ou por $\pm\infty$.

**Exemplo 5.40** Vamos calcular o limite $\lim\limits_{x\to\infty} f(x)$ onde $f$ é a função $f(x)=\dfrac{\ln(x)}{x^2}$. Como $\lim\limits_{x\to\infty}\ln(x)=\infty$ e $\lim\limits_{x\to\infty}x^2=\infty$, podemos usar a regra de *L'Hôpital*. Com isso, temos:

$$\lim_{x\to\infty}\frac{(\ln(x))'}{(x^2)'}=\lim_{x\to\infty}\frac{\frac{1}{x}}{2x}=\lim_{x\to\infty}\frac{1}{2x^2}=0$$

e portanto $\lim\limits_{x\to\infty}\dfrac{\ln(x)}{x^2}=0$

**EXEMPLO 5.41** Já vimos como calcular o limite $\lim\limits_{x\to\infty}\dfrac{x^3-4x^2+2}{-x^2-5x}$ na Seção 3.7. Vamos agora refazer esse cálculo usando a regra de *L'Hôpital*. Como $\lim\limits_{x\to\infty}\left(x^3-4x^2+2\right)=\infty$ e $\lim\limits_{x\to\infty}\left(-x^2-5x\right)=-\infty$, podemos utilizar essa regra. Agora, o limite:

$$\lim_{x\to\infty}\frac{\left(x^3-4x^2+2\right)'}{\left(-x^2-5x\right)'}=\lim_{x\to\infty}\frac{3x^2-8}{-2x-5}$$

é também da forma $\dfrac{\infty}{-\infty}$. Podemos, então, usar a mesma regra para o novo quociente. Com isso, $\lim\limits_{x\to\infty}\dfrac{\left(3x^2-8x\right)'}{(-2x-5)'}=\lim\limits_{x\to\infty}\dfrac{6x-8}{-2}=-\infty$

Portanto,

$$\lim_{x\to\infty}\frac{3x^2-8x}{-2x-5}=-\infty$$

Logo,

$$\lim_{x\to\infty}\frac{x^3-4x^2+2x}{-x^2-5x}=-\infty$$

## Exercícios

**(5.45)** Calcule os seguintes limites

**(a)** $\lim\limits_{x\to 0}\dfrac{\operatorname{tg}(x)}{x}$

**(b)** $\lim\limits_{x\to 2}\dfrac{x^4-2x^3+x-2}{x^5-2x^4}$

**(c)** $\lim\limits_{x\to\infty}\dfrac{x-\operatorname{sen}(x)}{x^3}$

**(d)** $\lim\limits_{x\to+\infty}\dfrac{\ln(x)}{x^9}$

## 5.10 Resumo

Na primeira tabela a seguir, fazemos um apanhado das derivadas de certas funções básicas que calculamos ao longo do capítulo, enquanto a segunda tabela resume as principais regras de derivação.

| $f(x)$ | $f'(x)$ |
|---|---|
| $\lambda$ | $0$ |
| $x^n$ | $nx^{n-1}$ |
| $x^\alpha, x > 0$ | $\alpha x^{\alpha-1}$ |
| $\operatorname{sen}(x)$ | $\cos(x)$ |
| $\cos(x)$ | $-\operatorname{sen}(x)$ |
| $\ln(x)$ | $\frac{1}{x}$ |
| $\log_a(x)$ | $\frac{1}{x\ln(a)}$ |
| $a^x$ | $a^x \ln(a)$ |

Tabela 5.12 | Nesta tabela, temos que $\lambda \in \mathbb{R}$

| Função | Derivada em $x_0$ |
|---|---|
| $f+g$ | $f'(x_0) + g'(x_0)$ |
| $\lambda f$ | $\lambda f'(x_0)$ |
| $f \cdot g$ | $f'(x_0) \cdot g(x_0) + f(x_0)g'(x_0)$ |
| $\frac{f}{g}$ | $\frac{f'(x_0) \cdot g(x_0) - f(x_0)g'(x_0)}{(g(x_0))^2}$ |
| $f \circ g$ | $f'(g(x_0))\, g'(x_0)$ |

## Exercícios

**(5.46)** Deduza uma fórmula para o cálculo da derivada do produto de três funções $f(x) = u(x) \cdot v(x) \cdot w(x)$.

**(5.47)** Calcule as derivadas de:

**(a)** $f(x) = \ln(x) \cdot \text{sen}(x) \cdot (x^2 - 3x)$ **(b)** $f(x) = e^x \cdot \frac{1}{x} \cdot \text{sen}(x)$

**(c)** $f(x) = \text{tg}(x) \cdot \ln(x) \cdot \frac{x^3}{x+5}$ **(d)** $f(x) = \frac{x^2+1}{x^2-3} \cdot e^x \cdot 2^x$

**(5.48)** Calcule a segunda derivada das funções abaixo:

**(a)** $f(x) = x^4 - 4x^2 + 4$ **(b)** $f(x) = \text{sen}(x) + x - 16$

**(c)** $f(x) = \frac{1}{x^2}$ **(d)** $f(x) = \frac{\text{sen}(x)}{x^3+1}$

**(e)** $f(x) = e^{x^2+3x}$ **(f)** $f(x) = \log_7 x$

**(g)** $f(x) = \text{arcsen}(x)$ **(h)** $f(x) = 3^x \cdot 2^x$

**(5.49)** Calcule a terceira derivada da função $f(x) = \ln(x)$.

**(5.50)** Calcule a décima sexta derivada das funções seno e cosseno.

**(5.51)** Calcule a milésima derivada das seguintes funções:

**(a)** $f(x) = x^{1000} + x^{897}$ **(b)** $f(x) = \text{sen}(x)$

**(c)** $f(x) = x^{957}$ **(d)** $f(x) = e^x$

**(e)** $f(x) = 5^x$ **(f)** $f(x) = \frac{1}{x}$

**(5.52)** Seja $f(x) = (x - a)^n$, com $n \geq 2$.

**(a)** Mostre que $f'(a) = 0$.

**(b)** Mostre que, se $a$ for uma raiz múltipla de um polinômio $p(x)$, então $a$ é raiz de $p'(x)$.

# Estudo de Funções

Capítulo 6

Nesse capítulo, iremos utilizar o que desenvolvemos até agora para estudarmos o comportamento de uma função. Isso será feito visando construirmos o seu gráfico.

O objetivo principal neste capítulo será olhar como informações sobre a primeira e a segunda derivadas de uma função podem ser usadas para se conseguir informações sobre essa função. Veremos, por exemplo, que o sinal da primeira derivada $f'$ de uma função $f$ nos dará informações sobre os intervalos de crescimento e decrescimento de $f$, enquanto a segunda derivada $f''$ nos dará informações sobre as concavidades da função $f$. Também veremos que informações sobre $f'$ e $f''$ nos fornecem critérios para se achar pontos de máximo e de mínimo de $f$.

Usaremos todos esses dados e também o cálculo de certos limites para esboçar o gráfico de $f$. Vamos, porém, analisar inicialmente cada uma dessas questões separadamente. Comecemos com o importante Teorema do Valor Médio.

## 6.1 Teorema do Valor Médio

O Teorema do Valor Médio (TVM), que enunciaremos mais abaixo, é bastante útil para se justificar as regras de crescimento (e decrescimento) de uma função, um dos tópicos que iremos explorar em nosso estudo de funções. Antes de formalizá-lo, vamos fazer alguns comentários, visando a sua motivação.

Vimos, no Exemplo 5.4, que a derivada de uma função constante em um intervalo real é igual a zero. Mas, e a recíproca dessa afirmação? Em outras palavras, se a derivada de uma função definida em um intervalo real for igual a zero, é verdade que a função original é constante? Essa afirmação é verdadeira e será facilmente justificável, uma vez que tivermos em mãos o TVM.

Um problema correlato diz respeito ao crescimento de uma função em um dado intervalo. Seja então $f: [a, b] \to \mathbb{R}$, uma função contínua em $[a, b]$, derivável em todos os pontos de $]a, b[$ e estritamente crescente. O seu gráfico terá, então, o seguinte formato.

Figura 6.1

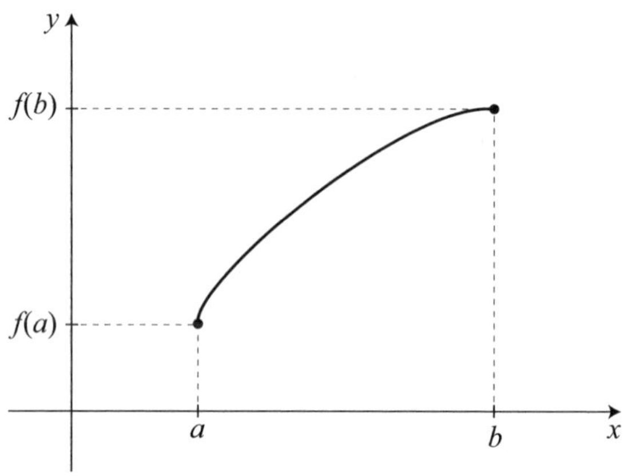


Como $f$ é estritamente crescente em $[a, b]$, então, $f(b) > f(a)$ ou, de outra forma, $f(b) - f(a) > 0$. Como $b > a$, segue então que a média $\frac{f(b)-f(a)}{b-a}$ será um valor positivo. Por outro lado, não é difícil se convencer, graficamente, que as retas tangentes a pontos $(c, f(c))$, com $c \in\ ]a, b[$ tem inclinação positiva.

Figura 6.2 | Gráfico de f

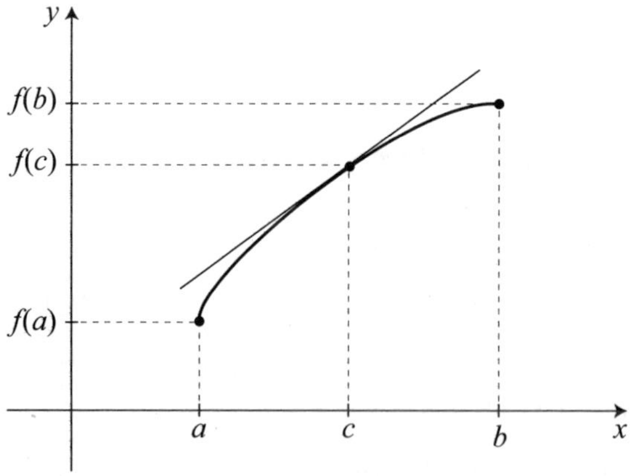

Mas, sabemos, tal inclinação será igual a $f'(c)$ e, com isso, $f'(c) > 0$. Veremos também, usando o TVM, como os fatos de $\frac{(f(b)-f(a))}{(b-a)}$ e $f'(c)$, para algum $c \in ]a, b[$, serem positivos estão relacionados. Observemos também que a média $\frac{(f(b)-f(a))}{(b-a)}$ nada mais é do que a inclinação da reta $r$ que passa pelos pontos $(a, f(a))$ e $(b, f(b))$. Ao considerarmos retas paralelas à reta $r$ vemos, ao menos intuitivamente, que vai existir uma tal reta $s$ que será também tangente ao gráfico de $f$. Indiquemos o ponto de tangência da reta $s$ ao gráfico $G_f$ por $(c, f(c))$. Como $f$ é derivável em $c$, a inclinação da reta $s$ será $f'(c)$. Como $r$ e $s$ são paralelas, elas terão a mesma inclinação, isto é, $f'(c)=\frac{(f(b)-f(a))}{(b-a)}$.

É claro que, por enquanto, estamos apenas tentando ser *convincentes* em relação a essa situação, a argumentação acima é apenas intuitiva. O que ocorre é que de fato sempre existirá um valor $c \in ]a, b[$ , tal que $f'(c)=\frac{(f(b)-f(a))}{(b-a)}$ (nas condições impostas inicialmente). É o que diz o Teorema do Valor Médio. Veremos, mais adiante, como ele poderá ser útil ao nosso estudo. Mas antes vamos fazer alguns exemplos mais específicos.

**EXEMPLO 6.1** Considere a função $f: [-1, 2] \to \mathbb{R}$ dada por $f(x) = -x^2 + 2x + 8$. O seu gráfico é:

Figura 6.3 | Gráfico de $f(x) = -x^2 + 2x + 8$

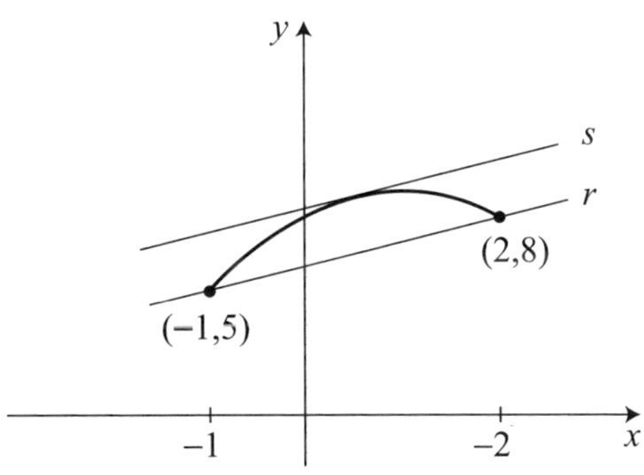

É claro que $f$ é contínua em $[-1, 2]$ e derivável em $]-1, 2[$ (sua derivada será igual a $-2x + 2$). Vamos considerar a reta $r$ que passa pelos pontos $(-1, f(-1))$ e $(2, f(2))$. Como $f(-1) = 5$ e $f(2) = 8$, estamos interessados na reta que passa pelos pontos $(-1, 5)$ e $(2, 8)$. A inclinação dessa reta será $\dfrac{(f(2)-f(-1))}{(2-(-1))}=1$. Queremos agora achar um ponto $c \in\ ]-1,2[$ tal que a reta $s$ tangente ao gráfico de $f$ em $(c, f(c))$, seja paralela à reta $r$, isto é, uma reta $s$ que tenha a mesma inclinação 1. Como a inclinação da reta tangente ao gráfico de uma função no ponto $(c, f(c))$ é igual a $f'(c)$, precisamos encontrar um valor $c$ tal que $f'(c) = 1$. Como $f'(x) = -2x + 2$, segue que $-2c + 2 = 1$ se e só se $c=\frac{1}{2}$ Em resumo, a reta tangente ao gráfico de $f$ no ponto $\left(\frac{1}{2}, f\left(\frac{1}{2}\right)\right)=\left(\frac{1}{2},\frac{35}{4}\right)$ tem inclinação $f'\left(\frac{1}{2}\right)=1$ e, portanto, é paralela à reta $r$ que passa pelos pontos $(-1, f(-1))$ e $(2, f(2))$. A equação dessa reta é $y=x+\frac{33}{4}$ (verifique!).

**EXEMPLO 6.2** Veremos agora que o ponto $c$ com as propriedades discutidas acima pode não ser único. Considere a função $f: [-2, 2] \to \mathbb{R}$ dada por $f(x) = x^3 - 9x$. O seu gráfico é:

Figura 6.4 | Gráfico de $f(x)=x^3-9x$

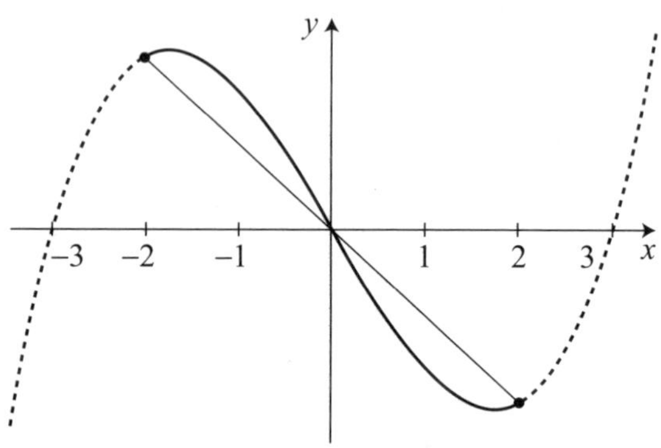


A reta $r$ que passa por $(-2, f(-2)) = (-2, 10)$ e $(2, f(2)) = (2, -10)$ tem inclinação $\dfrac{(-10-10)}{(2-(-2))}=-5$. Para chegar a um ponto $c$ tal que a reta tangente a $(c, f(c))$

seja paralela a $r$, basta encontrar $c$ tal que $f'(c) = -5$, isto é, satisfazendo $3c^2 - 9 = -5$. Resolvendo-se essa equação chegamos a dois valores:

$$c' = \frac{2\sqrt{3}}{3} \approx 1{,}1547\ldots \text{ e } c' = -\frac{2\sqrt{3}}{3} \approx -1{,}1547\ldots$$

Teremos, então, aqui duas retas tangentes a $G_f$ paralelas à reta $r$.

Estamos agora em condições de enunciar o Teorema do Valor Médio.

**Teorema 6.1 (Teorema do Valor Médio – TVM).** Seja $f: [\,a, b\,] \to \mathbb{R}$ uma função contínua em todos os pontos de seu domínio e que seja derivável nos pontos do intervalo $]a, b[$. Então, existe um valor $c \in\ ]a, b[$ tal que $f'(c) = \dfrac{(f(b) - f(a))}{(b-a)}$.

Veremos, na próxima seção, como esse teorema pode ser utilizado para se estudar os intervalos de crescimento e decrescimento de uma função. O resultado a seguir é uma consequência importante do TVM.

**Corolário 6.2** Seja $f$: $[a, b] \to \mathbb{R}$ uma função contínua e derivável em todos os pontos de $]a, b[$. Se $f'(x) = 0$ para todo $x \in\ ]a, b[$, então $f$ é uma função constante.

**Demonstração** Seja, então, $d \in [a, b]$. Vamos mostrar que $f(d)$ será igual a $f(a)$, o que implicará o resultado que queremos. Para tal, vamos assumir que $d \neq a$ (não há nada a mostrar se $a = d$!). Deve estar claro que a restrição da função ao intervalo $[a, d]$ satisfaz as condições do TVM. Usando-o, concluímos que existe um valor $c \in\ ]a, d[$ tal que $\dfrac{f(d) - f(a)}{d - a} = f'(c)$. Como $f'(x) = 0$, para todo $x \in\ ]a, b[$ , seguirá então que $f(d) - f(a) = 0$, portanto, $f(a) = f(d)$, como queríamos.

## Observações 6.1

**(a)** Esse último resultado vale se o domínio de $f$ for um dos intervalos do $|a, b|$, onde $a$ pode ser $-\infty$ e $b$ pode ser $\infty$ (relembre a notação $|a, b|$ usada na Seção 3.2). Deixaremos ao leitor provar o resultado nesses casos.

**(b)** Observe, porém, que o resultado acima pode não valer se o domínio da função for uma união de intervalos. Por exemplo, considere $f$: $[-1, 0[\cup]0, 1] \to \mathbb{R}$ dada por:

$$f(x)=\begin{cases}-1 & \text{se } x\in[-1,0[\\ 1 & \text{se } x\in\,]0,1]\end{cases}$$

A função $f$ é contínua em todos os pontos do domínio, é derivável em $]-1, 0[\cup]0, 1[$ e $f'(x)=0$, para todo $x \in [-1, 0[ \cup ]0, 1]$. No entanto, ela não é uma função constante.

## Exercícios

**(6.1)** Encontre a equação de uma reta tangente ao gráfico de cada função $f: [a, b] \to \mathbb{R}$ abaixo que seja paralela à reta passando por $(a, f(a))$ e $(b, f(b))$ nos seguintes casos:

**(a)** $f: [-2, 2] \to \mathbb{R}, f(x) = x^3 - 4x$

**(b)** $f: [-5, 5] \to \mathbb{R}, f(x) = x^4 - 4x$

**(c)** $f: [-1, 2] \to \mathbb{R}, f(x) = e^x$

**(d)** $f: [0, 3] \to \mathbb{R}, f(x) = 5^x$

***(6.2)** Seja $f: [a, \infty[ \to \mathbb{R}$ uma função contínua e derivável em todos os pontos de $]a, \infty[$. Utilizando o TVM, mostre que se $f'(x) = 0$, para todo $x \in ]a, \infty[$, então $f$ é uma função constante.

**(6.3)** Sejam $f: |a, b| \to \mathbb{R}$ e $g: |a, b| \to \mathbb{R}$ duas funções tais que $f'(x) = g'(x)$ para todo $x \in |a, b|$. Mostre que existe um valor $\lambda \in \mathbb{R}$ tal que $f(x) = g(x) + \lambda$ para todo $x \in |a, b|$ (em outras palavras, duas funções com a mesma derivada diferem por um valor constante).

# 6.2 Intervalos de Crescimento e Decrescimento

Vamos utilizar agora o Teorema do Valor Médio para estabelecer uma condição que seja suficiente para identificar os intervalos de crescimento de uma dada função.

**Proposição 6.3** Seja $f: A \to \mathbb{R}$, onde $A \subset \mathbb{R}$, uma função continua em todos os pontos do domínio e derivável nos pontos internos de $A$ e seja $]a, b[$ um intervalo contido em $A$.

**(a)** Se $f'(x) > 0$ para todo $x \in\ ]a, b[$ , então a função $f$ será (estritamente) crescente no intervalo $[a, b]$.

**(b)** Se $f'(x) < 0$ para todo $x \in\ ]a, b[$ , então a função $f$ será (estritamente) decrescente no intervalo $[a, b]$.

**Demonstração** Para provar o primeiro caso, mostraremos que, se $x_1$ e $x_2$ são dois pontos em $[a, b]$ tais que $x_1 < x_2$, então, $f(x_1) < f(x_2)$. Consideremos agora $x_1$ e $x_2$ nessas condições. A partir das hipóteses impostas sobre $f$, concluímos que a restrição de $f$ ao intervalo $]x_1, x_2[$ está nas condições do TVM. Logo, existe um valor $c \in\ ]x_1, x_2[$ tal que $f'(c) = \dfrac{f(x_2) - f(x_1)}{x_2 - x_1}$. Por hipótese, teremos que $f'(c) > 0$ e, portanto, o quociente $\dfrac{f(x_2) - f(x_1)}{x_2 - x_1}$ é um valor positivo. Como $x_2 - x_1 > 0$, temos então que $f(x_2) - f(x_1) > 0$. Logo, $f(x_2) > f(x_1)$ como queríamos.

A demonstração para o segundo caso é muito similar à feita acima e deixamos como exercício ao leitor escrever a argumentação.

O resultado acima nos dá a seguinte regra para se descobrir os intervalos de crescimento e decrescimento de uma função $f$: primeiro calculamos a sua derivada $f'$, identificamos os intervalos nos quais $f'$ tem sinal positivo ou negativo e usamos os critérios estabelecidos nos itens (a) e (b) acima. Em resumo:

| Crescimento de uma função $f$ em um intervalo $[a, b]$ | |
|---|---|
| $f'(x) > 0$ | Função crescente (↗) |
| $f'(x) < 0$ | Função decrescente (↘) |

**EXEMPLO 6.3** Seja $f: \mathbb{R} \to \mathbb{R}$ dada por $f(x) = x^2 - 8x + 4$. Vamos descrever os intervalos de crescimento e decrescimento. Para tanto, vamos derivar $f$: $f'(x) = 2x - 8$. Observe que:

$$f'(x) > 0 \Leftrightarrow 2x - 8 > 0 \Leftrightarrow x > 4;$$

$$f'(x) < 0 \Leftrightarrow 2x - 8 < 0 \Leftrightarrow x < 4.$$

Logo, $f'(x) > 0$ para $x \in \,]4, +\infty[$ e, portanto, $f$ é crescente em $[4, +\infty[$ . Por outro lado, $f'(x) < 0$ para $x \in \,]-\infty, 4[$. Logo, $f$ é decrescente em $[4, +\infty[$. Esquematicamente, teremos a figura seguinte:

Figura 6.5

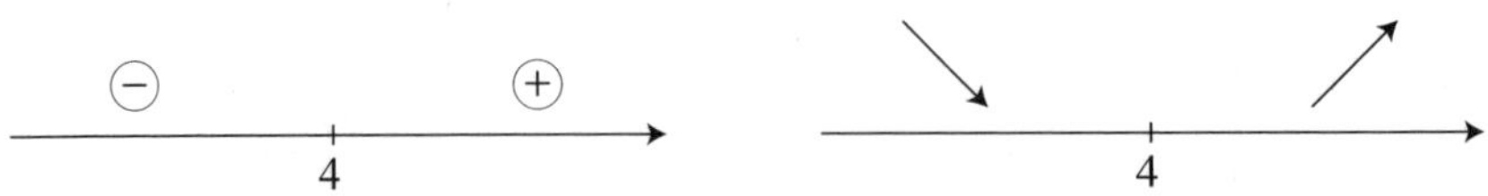


(a) Sinal de $f'$ (b) Crescimento de $f$

Usamos os símbolos ↗ e ↘ para indicar que no intervalo em questão, a função $f$ cresce ou decresce, respectivamente. O seu gráfico será:

Figura 6.6

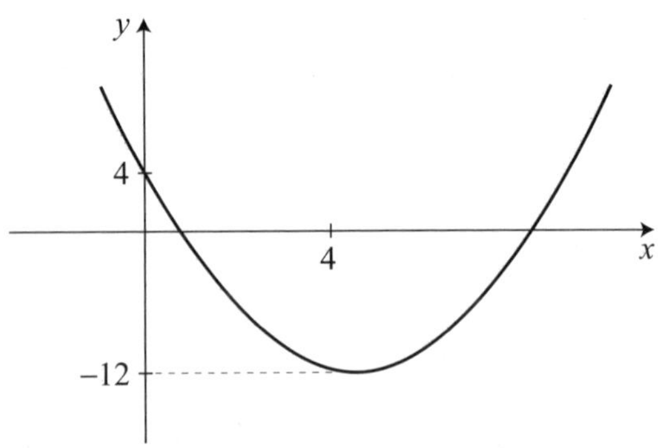


Observando-se o comportamento de $f$ em torno do ponto 4, podemos concluir que, nesse ponto, a função assume o seu menor valor, por isso será um ponto de mínimo. Também, $f'(4) = 0$. Voltaremos à questão de se achar os pontos de mínimo (e também os de máximo) mais adiante.

**EXEMPLO 6.4** Seja agora $f : \mathbb{R} \to \mathbb{R}$ dada por $f(x) = 2x^3 - 3x^2 - 12x + 12$. A sua derivada é:

$$f'(x) = 6x^2 - 6x - 12 = 6\,(x + 1)\,(x - 2).$$

Vamos analisar o sinal de $f'$ ao longo da reta real. Se $x < -1$, então $(x + 1) < 0$ e $(x - 2) < 0$. Logo, $f'(x) = 6\,(x + 1)\,(x - 2) > 0$ para valores $x \in\ ]-\infty, -1[$.

No caso em que $x$ satisfaz as desigualdades $-1 < x < 2$, então $(x + 1) > 0$ e $(x < 2) < 0$, portanto, $f'(x) = 6\,(x + 1)\,(x - 2) < 0$ para $x \in\ ]-1, 2[$.

Por fim, se $x > 2$, então $(x + 1) > 0$ e $(x - 2) > 0$ e, com isso, $f'(x) = 6\,(x + 1)$ $(x - 2) > 0$ no intervalo $]2, \infty[$.

Teremos assim a figura seguinte:

Figura 6.7

(a) Sinal de $f'$ (b) Crescimento de $f$

O gráfico de $f$ é:

Figura 6.8

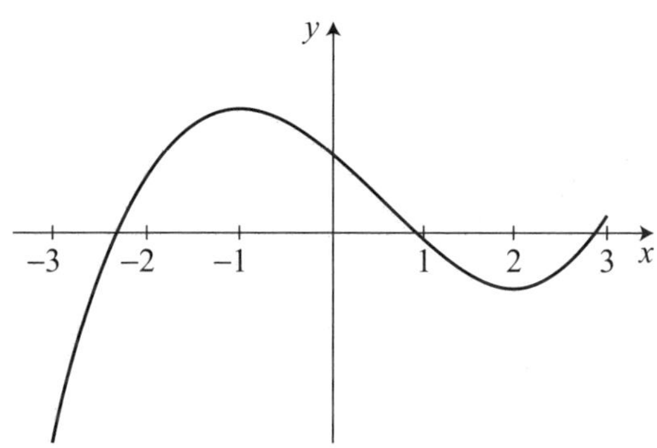


Lembre-se de que, no Exemplo 4.13, fizemos um estudo da *localização* das raízes desse polinômio. Observando-se o comportamento de $f$, podemos ver que no ponto $-1$, a função $f$ assume *localmente* o seu valor máximo $f(-1) = 19$, ou seja, é o maior valor que a função assume em uma vizinhança do ponto $-1$ (por exemplo, no intervalo $]-3,0[$ , isso é verdade). Tal ponto não fornece, porém, o maior valor que a função assume em seu domínio: por exemplo, $f(10) = 1592 > 19 = f(-1)$. Por conta disso, $-1$ será um ponto de máximo local (veja discussão na Seção 4.5). De forma análoga, o ponto 2 é um *ponto de mínimo*

*local*, isto é, $f(2)$ é o menor valor que $f$ assume em algum intervalo aberto contendo o ponto 2, considere, por exemplo, o intervalo $]0,3[$.

É importante, ao analisar o sinal de uma derivada, *separar as* informações nos intervalos do domínio e tirar as conclusões nesses vários intervalos. Crescimentos em intervalos disjuntos podem não significar crescimento global em todo o domínio. Vamos exemplificar tal observação.

**EXEMPLO 6.5** Consideremos a função $f(x)=\frac{1}{x}$. O seu domínio, já vimos, é $\mathbb{R}^* = ]-\infty,0[ \cup ]0,\infty[$.

Figura 6.9 | Gráfico de $f(x) = \left(\frac{1}{x}\right)$, onde $\text{Im } f = \mathbb{R}^*$

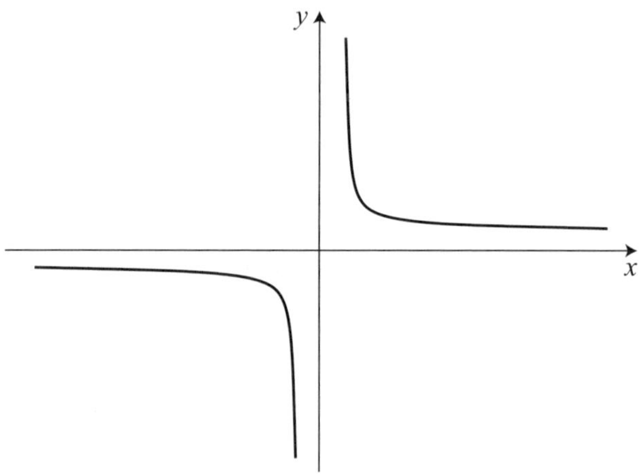


A derivada de $f$ é, então, $f'(x)=-\frac{1}{x^2}$. Como $x^2 > 0$ para todo $x \in \mathbb{R}^*$, inferimos facilmente que $f'(x)=-\frac{1}{x^2}<0$ para todo $x \in \mathbb{R}^*$. Mas, para analisar o crescimento ou decrescimento de $f$, teremos que olhar separadamente para cada um dos dois intervalos $]-\infty,0[$ e $]0,\infty[$ que compõem o domínio da $f$.

Figura 6.10

(a) Sinal de $f'$ (b) Crescimento de $f$

Com isso, concluímos que $f$ decresce no intervalo $]-\infty,0[$ e decresce no intervalo $]0,\infty[$ , mas **não** podemos concluir que $f$ é uma função decrescente (note, por exemplo, que $-2 < 1$, mas $f(-2) = -\frac{1}{2} < 1 = f(1)$). Isso fica mais claro quando olhamos o seu gráfico.

EXEMPLO 6.6 Vamos analisar agora a função $f(x) = \frac{1}{x^2}$. A sua derivada é $f'(x) = \frac{-2}{x^3}$ e, portanto, $f$ cresce no intervalo $]-\infty,0[$ (pois $f'(x) > 0$ nesse intervalo) e decresce no intervalo $]0,\infty[$ (pois $f'(x) < 0$ nesse intervalo). No entanto, **não** podemos concluir nada a respeito do ponto 0 ser um ponto de máximo (o ponto 0 não está nem no domínio de $f$). Observe o gráfico a seguir:

Figura 6.11 | Gráfico de $f(x) = \left(\frac{1}{x^2}\right)$, onde $\text{Im} f = \mathbb{R}_+^*$

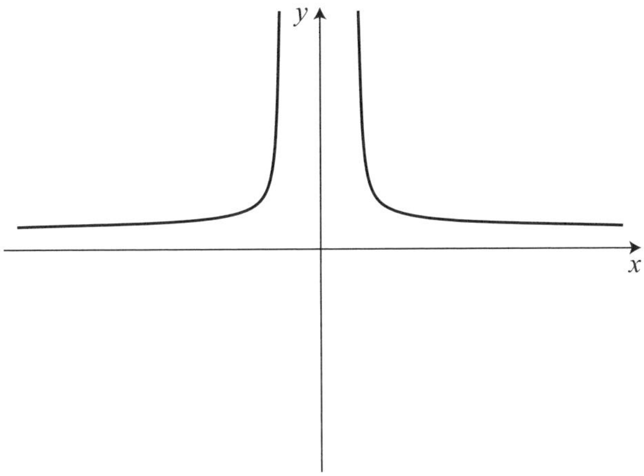


Queremos, com isso, enfatizar que nem sempre o fato de uma função ser crescente em um intervalo $]a, b[$ e decrescente em um intervalo $]b,c[$ pode produzir um ponto de máximo em $b$.

EXEMPLO 6.7 Seja $f(x) = \text{tg}(x)$ a função tangente. O seu domínio, visto na Seção 2.3, é $A = \left\{x \in \mathbb{R} : x \neq \frac{\pi}{2} + k\pi, k \in \mathbb{Z}\right\}$. Como calculado na Seção 5.4, a sua derivada é $f'(x) = \sec^2(x)$. Logo, $f'(x) > 0$ para todo $x \in A$ e, portanto, $f$ será crescente em cada intervalo do tipo $\left]\frac{\pi}{2} + k\pi, \frac{\pi}{2} + (k+1)\pi\right[$, com $k \in \mathbb{Z}$.

Mas, como vemos no gráfico da função tangente abaixo, ela não é uma função crescente.

Figura 6.12 | Gráfico da função tg $(x)$

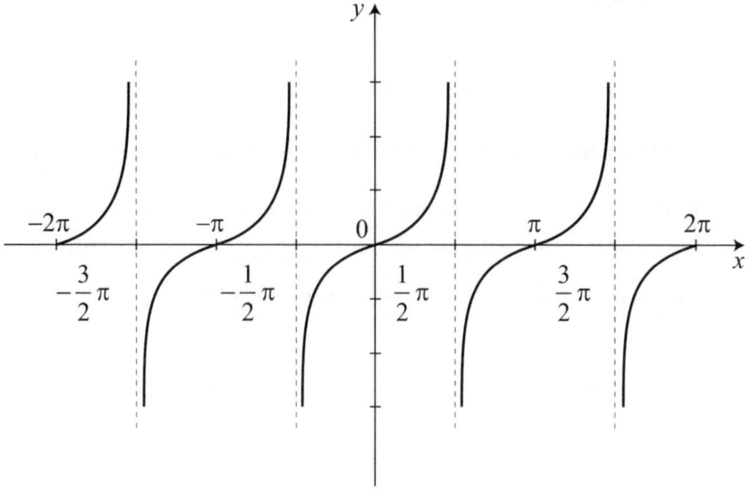


No entanto, se restringirmos o seu domínio para um intervalo, por exemplo, para $\left]-\frac{\pi}{2}, \frac{\pi}{2}\right[$, a função tangente será crescente (nesse intervalo). Deixamos ao leitor determinar em quais intervalos a função tangente é crescente.

## Exercícios

**(6.4)** Encontre os intervalos de crescimento e decrescimento das seguintes funções:

**(a)** $f(x) = x + \frac{1}{x}$

**(b)** $f(x) = \frac{x^2}{(x-2)^2}$

**(c)** $f(x) = \frac{x^3}{(x-1)}$

**(d)** $f(x) = \text{tg}\,(x^3)$

**(e)** $f(x) = \text{sen}\left(\frac{1}{x}\right)(1 \leq x \leq 10)$

**(f)** $f(x) = \ln(x^2)$

**(g)** $f(x) = 7x$

**(h)** $f(x) = 7 - x$

**(i)** $f(x) = \cos(x)$

**(j)** $f(x) = 3x^5 + 25x^3 + 90x + 47$

**(6.5)** Seja $f: A \to \mathbb{R}$, onde $A \subset \mathbb{R}$, uma função continua em todos os pontos do domínio e derivável nos pontos internos de $A$ e seja $]a, b[$ um intervalo contido em $A$. Mostre que, se $f'(x) < 0$ para todo $x \in\ ]a, b[$ , então a função $f$ será (estritamente) decrescente no intervalo $[a, b]$. (Dica: baseie-se na demonstração da Proposição 6.3).

## 6.3 Concavidades

Assim como a primeira derivada de uma função $f$ nos dá informações sobre os intervalos de crescimento e decrescimento de $f$, a sua segunda derivada nos informará sobre as concavidades da função. Antes de formalizarmos o conceito de concavidades, vamos comentar um par de exemplos. Comecemos olhando a função $f(x) = x^2$. Se calcularmos as retas tangentes ao gráfico $G_f$ de $f$, é fácil ver que todas elas estão abaixo dele como se vê abaixo.

Figura 6.13 | Função $x^2$

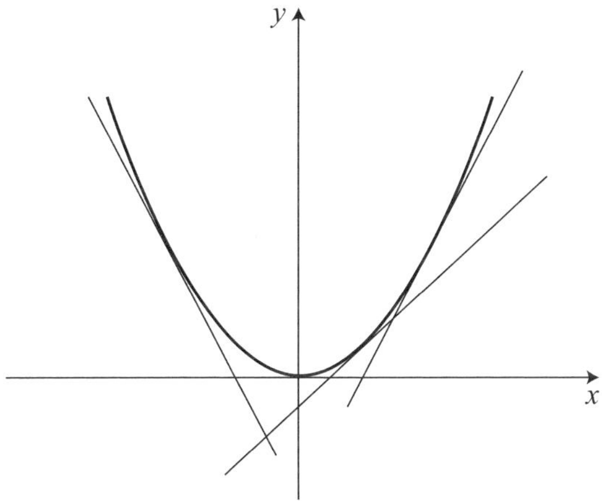


Visualmente, a concavidade de $f$ está voltada para cima. Por outro lado, para a função $f(x) = -x^2$, acontece que todas as retas tangentes a $G_f$ estão acima de $G_f$ e, também, a sua concavidade é para baixo (ver gráfico a seguir).

Figura 6.14 | Função $-x^2$

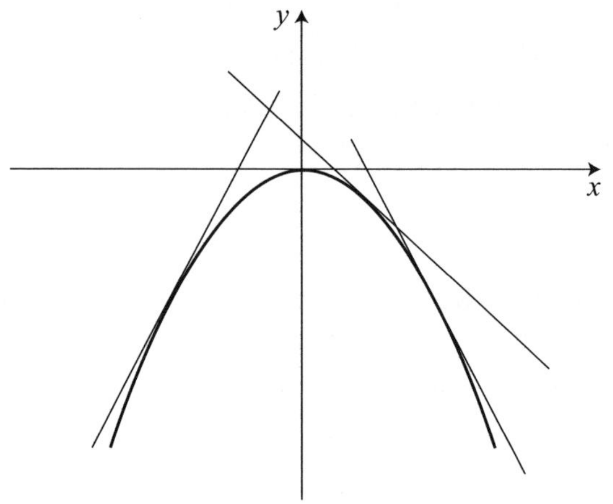


Usaremos isso como definição de concavidades.

**Definição 6.1** Sejam $f: A \to \mathbb{R}$ uma função e $[a, b] \subset A$.

- Dizemos que $f$ tem *concavidade para cima* no intervalo $[a, b]$, se as retas tangentes ao gráfico de $f$ em todo ponto de $]a, b[$ estão sobre $G_f$ ou abaixo dele.
- Dizemos que $f$ tem *concavidade para baixo* no intervalo $[a, b]$, se as retas tangentes ao gráfico de $f$ em todo ponto de $]a, b[$ estão sobre $G_f$ ou acima dele.

Figura 6.15

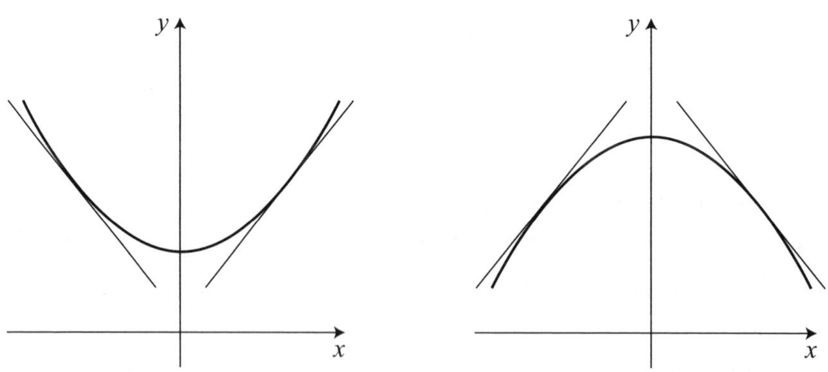


(a) Concavidade para cima (b) Concavidade para baixo

**EXEMPLO 6.8** Seja $f: \mathbb{R} \to \mathbb{R}$ a função dada por $f(x) = x^3 - 4x$, cujo gráfico é:

Figura 6.16

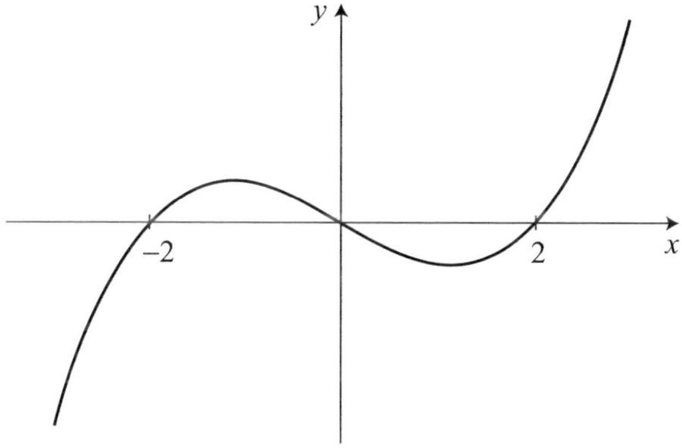


Não é difícil ver que a concavidade de $f$ no intervalo $]-\infty, 0]$ é para baixo, enquanto a concavidade de $f$ no intervalo $[0, \infty[$ é para cima.

Figura 6.17

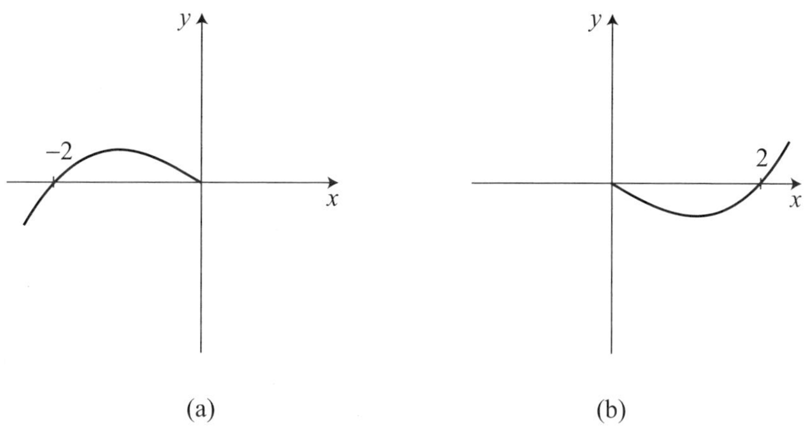


Vamos calcular a primeira e a segunda derivadas de $f$: $f'(x) = 3x^2 - 4$ e $f''(x) = 6x$. Observe que $f''(x) < 0$ se $x < 0$ e que $f''(x) > 0$ se $x > 0$.

Nosso próximo passo será estabelecer a relação entre o fato de a concavidade ser para cima (ou para baixo) e o sinal de $f''$ ser positivo (ou negativo, respectivamente). Vimos, na Seção 6.2, que o sinal da derivada de uma função nos indica o comportamento da função quanto ao crescimento. O sinal de $f''$ deve, então, indicar o comportamento quanto ao crescimento da função $f'$ (que mede a inclinação da reta tangente ao gráfico de $f$). Em nosso exemplo, $f''(x) < 0$ se $x < 0$ e, portanto, a função $f'$ é decrescente no intervalo $]-\infty, 0]$. Concluímos, com isso, que a inclinação da reta tangente ao gráfico de $f$ decresce em $]-\infty,0]$. Não é difícil perceber que, nesse caso, as retas tangentes ao gráfico têm que ficar acima dele e, pela nossa definição, a concavidade de $f$ é para baixo. Uma análise similar pode ser feita com o intervalo $[0, \infty[$ para concluir que a concavidade é, nesse intervalo, voltada para cima. De forma esquemática teremos:

Figura 6.18

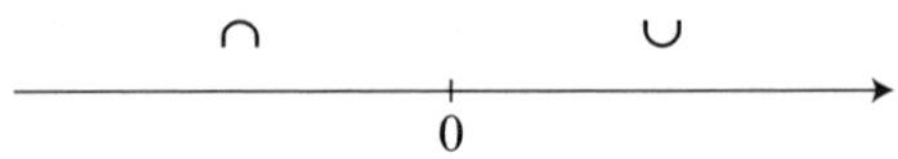


onde usamos os símbolos $\cup$ e $\cap$ para indicar as concavidades para cima e para baixo, respectivamente.

**Proposição 6.4** Seja $f: A \to \mathbb{R}$ uma função que admite primeira e segunda derivadas e seja $]a, b[ \subset A$.

(a) Se $f''(x) > 0$ para $x \in ]a, b[$, então a concavidade de $f$ no intervalo $]a, b[$ é para cima.

(b) Se $f''(x) < 0$ para $x \in ]a, b[$, então a concavidade de $f$ no intervalo $]a, b[$ é para baixo.

| Concavidades de uma função $f$ em um intervalo $[a, b]$ | |
|---|---|
| $f''(x) > 0$ | Concavidade para cima ($\cup$) |
| $f''(x) < 0$ | Concavidade para baixo ($\cap$) |

Antes de prosseguirmos com essa discussão, vamos fazer mais uma definição.

**Definição 6.2** Seja $f: A \to \mathbb{R}$ uma função contínua. Se $c \in A$ for um ponto tal que $f$ tem concavidades distintas nos intervalos $]a,c[$ e $]c, b[$, então dizemos que $c$ é um *ponto de inflexão* de $f$.

Não é difícil ver que um ponto de inflexão $c$ satisfaz $f''(c) = 0$. No Exemplo 6.8, o ponto 0 é um ponto de inflexão. Enfatizamos que os pontos de inflexão devem pertencer ao domínio da função. Por exemplo, ao considerarmos a função $f(x) = \dfrac{1}{x}$, o ponto 0 não pertence a seu domínio. Por outro lado, como a segunda derivada de $f$ é $f''(x) = \dfrac{2}{x^3}$, o gráfico de $f$ terá concavidades distintas nos intervalos $]-\infty,0[$ e $]0, \infty[$ mas, nem por isso, o ponto 0 será um ponto de inflexão.

**Exemplo 6.9** Consideremos a função do Exemplo 6.4, isto é, a função dada por $f(x) = 2x^3 - 3x^2 - 12x + 12$ para cada $x \in \mathbb{R}$. Derivando-a duas vezes, teremos: $f'(x) = 6x^2 - 6x - 12$ e $f''(x) = 12x - 6$. Vamos analisar o sinal de $f''$. É claro que $12x - 6 > 0$ se e só se $x > \dfrac{1}{2}$, com isso, teremos que: (i) $f''(x) < 0$ se $x \in \left]-\infty, \dfrac{1}{2}\right[$ e, nesse intervalo, a concavidade é para baixo; e (ii) $f''(x) > 0$ se $x \in \left]\dfrac{1}{2}, \infty\right[$ e, nesse intervalo, a concavidade é para cima. O ponto $\dfrac{1}{2}$ é, portanto, um ponto de inflexão. Esquematicamente, teremos:

Figura 6.19

(a) Sinal de $f''$ (b) Concavidade de $f$

## Exercícios

**(6.6)** Encontre as concavidades das funções abaixo e os seus pontos de inflexão, caso existam (atenção para o domínio da função).

**(a)** $f(x) = x + \dfrac{1}{x}$ **(b)** $f(x) = \log_5 (x^2)$

**(c)** $f(x) = 3x^5 - 10x^3 - 60x + \pi$ **(d)** $f(x) = \ln(x^3)$

## 6.4 Pontos de Máximo e de Mínimo Locais

Na Seção 4.3, definimos pontos de máximo e de mínimo *globais* e *locais* e, na Seção 6.2, discutimos com informalidade as noções de pontos de máximo e de mínimo locais. Vamos dedicar essa seção para discutirmos mais essas noções, agora com o auxílio do que desenvolvemos ao longo do Capítulo 6.

**Exemplo 6.10** Seja $f$: $[-5, 5] \to \mathbb{R}$ dada por $f(x) = 2x^3 - 3x^2 - 12x + 12$ (a mesma regra do Exemplo 6.4, mas com um domínio distinto). Como $f'(x) = 6x^2 - 6x - 12 = 6(x + 1)(x - 2)$, podemos concluir que os intervalos de crescimento de $f$ são:

Figura 6.20 | Crescimento de $f$. Compare com o Exemplo 6.4

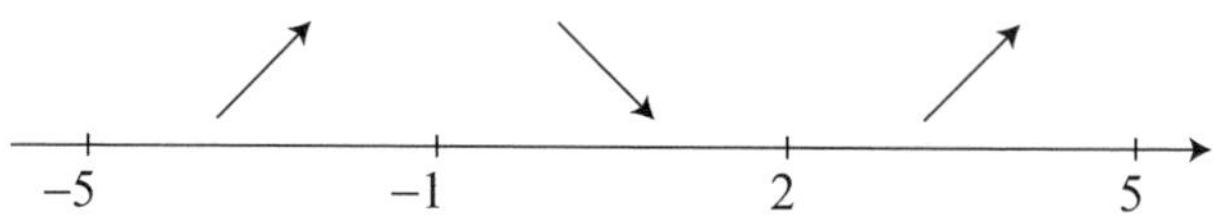


Observando-se o comportamento de $f$ no intervalo $]-5, 2[$, podemos concluir que $-1$ é um ponto de máximo local, pois $f(-1) \geq f(x)$, para todo $x \in ]-5, 2[$ (a função cresce no intervalo $]-5, -1[$ e decresce no intervalo $]-1, 2[$). No entanto, $-1$ não é um ponto de máximo global pois, por exemplo, $f(5) = 127$ é maior do que $f(-1) = 19$. Nesse caso, 5 é ponto de máximo global (por quê?). Fazendo um raciocínio similar, podemos concluir que 2 é um ponto de mínimo local (pois, por exemplo, $f(2) \leq f(x)$ para todo $x$ no intervalo $]-1, 5[$). O ponto de mínimo global será $-5$ (justifique!).

**Exemplo 6.11** Vamos modificar um pouco o exemplo acima e considerar a função $f$: $]-5, 5] \to \mathbb{R}$ dada por $f(x) = 2x^3 - 3x^2 - 12x + 12$ (é basicamente a *mesma* função, mas excluímos o ponto $-5$ do domínio). Uma análise semelhante à feita anteriormente nos mostra que $-1$ é ponto de máximo local, 5 é ponto de máximo global e 2 é ponto de mínimo local. Mas não existe ponto de mínimo global (tente justificar melhor essas afirmações!).

**Definição 6.4** Sejam $f$: $A \to \mathbb{R}$, onde $A \subset \mathbb{R}$, uma função derivável e $c \in A$. Dizemos que o ponto $c$ é *interno* a $A$ se existir um intervalo $]a, b[$ contido em $A$ e tal que $c \in ]a, b[$.

No caso em que um ponto interno $c$ (ao domínio de uma função) for também um ponto de máximo local ou de mínimo local, não é difícil ver que a reta tangente ao gráfico no ponto $(c, f(c))$ tem que ser paralela ao eixo $O_x$.

Figura 6.21 | $M$: ponto de máximo local, $m$: ponto mínimo local

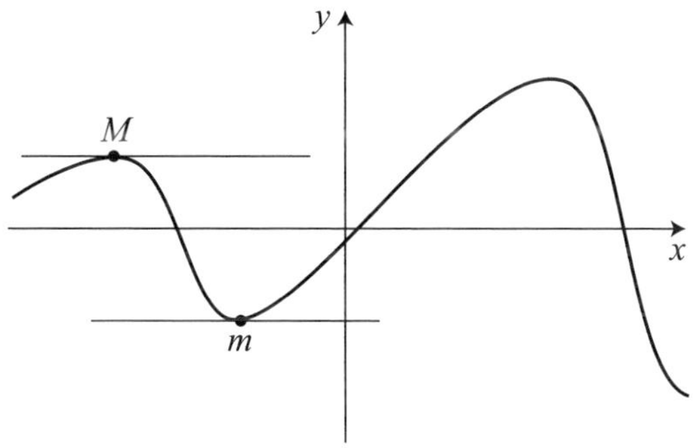


Portanto, nesse ponto, vale que $f'(c) = 0$. Essa observação nos permite achar *candidatos* a pontos de máximo e de mínimo dentre os pontos internos ao domínio de uma função. Antes de continuar, vamos observar que o fato de $f'(c) = 0$ **não** implica que o ponto $c$ seja de máximo ou de mínimo. Um exemplo simples é dado pela função $f(x) = x^3 + 1$. A sua derivada $f'(x) = 3x^2$ tem 0 como raiz, mas, no entanto, 0 não é nem ponto de máximo nem de mínimo, pois se $x \geq 0$, $f'(x) \geq 0$ e, se $x \leq 0, f'(x) \leq 0$. Observe, entretanto, que a reta tangente nesse ponto é paralela ao eixo. Veja o gráfico dessa função:

Figura 6.22 | Reta tangente no ponto $(0,1)$ é dada por $y = 1$

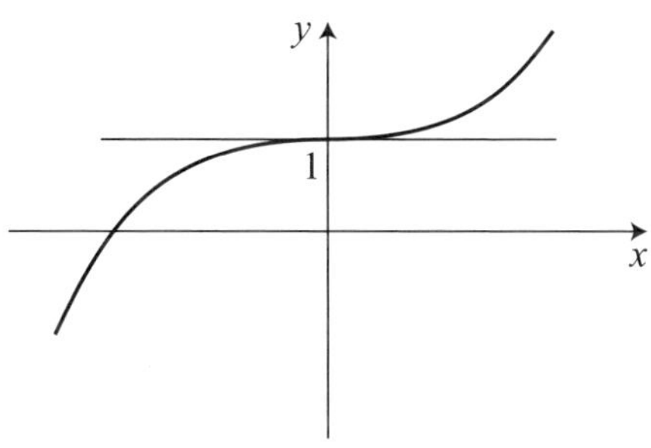


Em resumo, se $c$ for ponto de máximo ou de mínimo de uma função, então $f'(c) = 0$, mas não vale a recíproca dessa afirmação.

**Exemplo 6.12** Seja $f: \mathbb{R} \to \mathbb{R}$ a função dada por $f(x) = x^3 - 3x$. A sua derivada é $f'(x) = 3x^2 - 3 = 3(x - 1)(x + 1)$. Logo, as raízes de $f'$ são $-1$ e $1$ (são pontos internos ao domínio de $f$) e esses pontos serão os candidatos a pontos de máximo e de mínimo locais de $f$. Olhando-se os intervalos de crescimento e decrescimento de $f$ observamos que

Figura 6.23

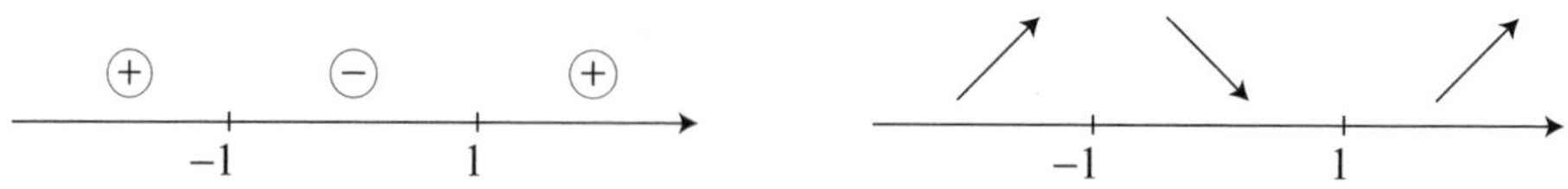


(a) Sinal de $f'$ (b) Crescimento de $f$

Concluímos, então, que $-1$ é ponto de máximo local pois, por exemplo, para $x \in \,]-\infty, 1[$, $f(-1) \geq f(x)$. Também, 1 é ponto de mínimo local pois $f(1) \leq f(x)$ para todo $x \in \,]-1, \infty[$. Nesse exemplo, $f$ não tem pontos de máximo globais nem pontos de mínimo globais pois,

$$\lim_{x \to \infty} x^3 - 3x = \infty \qquad \text{e} \qquad \lim_{x \to -\infty} x^3 - 3x = -\infty$$

Uma outra maneira de se decidir se um ponto $c$ com $f'(c) = 0$ é um ponto de máximo ou de mínimo da função $f$, é por meio das concavidades de $f$ em torno desse ponto $c$. Não é difícil perceber que uma função tem a sua concavidade para baixo perto de seus pontos de máximo e a concavidade para cima perto de seus pontos de mínimo.

Com isso, temos a seguinte regra para nos auxiliar sobre os pontos de máximo e de mínimo.

**Proposição 6.5** Sejam $f: A \to \mathbb{R}$, onde $A \subset \mathbb{R}$, uma função admitindo primeira e segunda derivadas e $c \in A$:

**(a)** Se $f'(c) = 0$ e $f''(c) > 0$, então c é um ponto de mínimo local.

**(b)** Se $f'(c) = 0$ e $f''(c) < 0$, então c é um ponto de máximo local.

Observamos que se $f'(c) = 0$ e $f''(c) = 0$, então nada se pode concluir sobre o ponto $c$ como se pode ver nos exemplos a seguir.

**EXEMPLO 6.13** Seja $f: \mathbb{R} \to \mathbb{R}$ dada por $f(x) = x^3$. Como $f'(x) = 3x^2$ e $f''(x) = 6x$, segue que $f'(0) = 0$, $f''(0) = 0$. Também é fácil ver que a concavidade de $f$ é para baixo no intervalo $]-\infty, 0]$ e para cima no intervalo $[0, \infty[$ (basta analisar o sinal de $f''(x) = 6x$). Logo, 0 é um ponto de inflexão de $f$.

**EXEMPLO 6.14** Seja agora $f: \mathbb{R} \to \mathbb{R}$ dada por $f(x) = x^4$. As suas derivadas serão $f'(x) = 4x^3$ e $f''(x) = 12x^2$ e aqui, também, $f'(0) = 0$ e $f''(0) = 0$, mas, nesse caso, o ponto 0 é um ponto de mínimo (global, inclusive).

**EXEMPLO 6.15** Por fim, seja $f: \mathbb{R} \to \mathbb{R}$ dada por $f(x) = -x^4$. Como acima, $f'(0) = 0$ e $f''(0) = 0$, mas, aqui, o ponto 0 é um ponto de máximo (global).

Nos três exemplos anteriores, $f'(0) = 0 = f''(0)$ e vimos que 0 pode tanto ser um ponto de máximo como um ponto de mínimo ou, mesmo, um ponto de inflexão. Por isso não se pode concluir nada sobre o comportamento de um ponto quando a primeira e a segunda derivadas de uma função se anulam nele.

Vamos agora fazer alguns exemplos para achar valores de máximo e de mínimo em alguns problemas concretos.

**EXEMPLO 6.16** (*Problema da cervejinha*) Achar as dimensões de uma latinha de cerveja cilíndrica com volume de 500ml de tal forma que o gasto de material seja o menor possível.

Figura 6.24

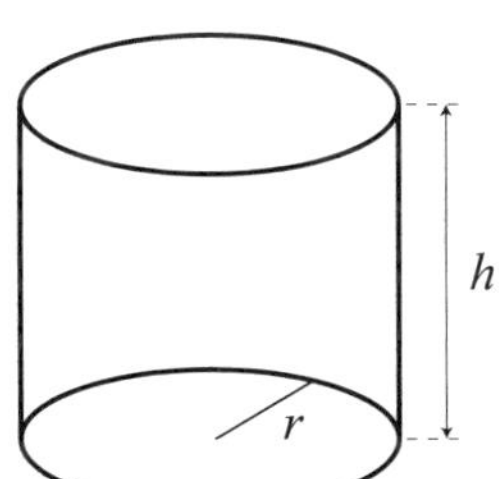


Vamos supor que a altura da latinha seja $h$ e que o raio da base (circular) seja $r$. Queremos achar tais valores. O volume de um cilindro é o produto da área da base pela altura. Como a base é circular de raio $r$, a sua área valerá $\pi r^2$ e o volume será então $V = (\pi r^2)\, h$. Estabelecemos que o volume seja 500ml, portanto, teremos a relação $\pi r^2 h = 500$. Isolando-se uma das variáveis, teremos uma relação entre elas. Isolemos $h$:

$$h = \frac{500}{\pi r^2} \, (*)$$

Nosso problema é minimizar o gasto de material e, para tanto, vamos equacionar a área de material utilizado para produzir uma latinha. Em primeiro lugar, a área da lateral da latinha será $2\pi rh$ (*corte* a latinha e estique-a: será um retângulo com dimensões dadas pela altura e pelo comprimento da base (circular de raio $r$)). A área da base é, vimos, $\pi r^2$ e, como temos que considerar a base (para a cerveja não vazar!) e a tampa (para ela não evaporar!), a área total do material será então $2\pi rh + 2(\pi r^2)$. Utilizando a equação (*), podemos colocá-la em termos de uma única variável:

$$\text{Área total} = 2\pi rh + 2\left(\pi r^2\right) = 2\pi r \frac{500}{\pi r^2} + 2\pi r^2 = \frac{1000}{r} + 2\pi r^2$$

É natural, então, considerarmos a função $f(r) = \frac{1000}{r} + 2\pi r^2$ que nos fornece a área do material utilizado na fabricação de uma latinha em função de $r$!

Nosso problema se transforma, então, em achar um ponto de mínimo de $f$. Para tanto, vamos analisar as suas derivadas. Observe que:

$$f'(r) = \frac{-1000}{r^2} + 4\pi r \qquad \text{e} \qquad f''(r) = \frac{2000}{r^3} + 4\pi$$

Igualando-se $f'(c)$ a zero, teremos:

$$f'(c) = \frac{-1000}{c^2} + 4\pi c = 0 \Rightarrow c = \sqrt[3]{\frac{1000}{4\pi}}$$

Portanto, o valor $c = \sqrt[3]{\frac{1000}{4\pi}} \sim 4{,}301\ldots$ é um candidato a ponto de mínimo.

Se calcularmos $f''$ nesse valor, veremos que resulta em um valor positivo. Portanto, pela Proposição 6.5, $c$ é um ponto de mínimo e esse valor indica, em nosso problema, o raio da base da latinha. Para se calcular a altura $h$ da latinha, bastaria substituir $c$ na equação (*) acima.

**EXEMPLO 6.17** Vamos agora considerar um exemplo de maximização de lucro. Suponha que um certo produto tenha como função receita $R(x) = 100x$, e como função custo total $C(x) = 2x^3 + 6x^2 - 110x + 60$. Queremos achar a quantidade $x$ que é preciso vender para maximizar o lucro. A função lucro é:

$$\begin{aligned} L(x) &= R(x) - C(x) = 100x - (2x^3 + 6x^2 - 110x + 60) \\ &= -2x^3 - 6x^2 + 210x - 60 \end{aligned}$$

Precisamos calcular o valor máximo dessa função. Para tanto, calculemos a sua derivada $L'$:

$$L'(x) = -6x^2 - 12x + 210 = -6(x^2 + 2x - 35) = -6(x + 7)(x - 5)$$

Os candidatos a pontos de máximo e de mínimo serão, então, 5 e −7. No contexto em que estamos trabalhando, o único valor possível será 5. Ao calcular a segunda derivada $L''$ em 5, teremos que $L''(5) = -12 \cdot 5 - 12 = -72 < 0$. Logo, o ponto 5 é o ponto de máximo dessa função (pela Proposição 6.5) e corresponde ao valor que procurávamos.

## Exercícios

**(6.7)** Encontre os pontos de máximo e de mínimos (locais e globais) das funções abaixo, se existirem.

**(a)** $f(x) = (x-3)^2 (x+1)^3$

**(b)** $f(x) = 2\text{sen}(x)$

**(c)** $f(x) = \cos(2x)$

**(d)** $f(x) = 2x^3 - 15x^2 + 36$

**(6.8)** Considere uma caixa com altura $x$ e base quadrada de lado $y$. Suponha que o material da base custe 3 reais por metro ao quadrado enquanto que o material do resto da caixa custe 1 real por metro ao quadrado e que o custo total seja 8 reais. Quais devem ser os valores de $x$ e de $y$ para que o volume seja o maior possível?

## 6.5 Estudo de Funções

Vamos, nesta seção, utilizar a discussão feita até agora para entender melhor o comportamento global de uma função e aplicar esse conhecimento na construção do seu gráfico. Comecemos com um exemplo.

**EXEMPLO 6.18** Consideremos a função do Exemplo 6.4, isto é, a função dada por $f(x) = 2x^3 - 3x^2 - 12x + 12$, para todo $x \in \mathbb{R}$. Vimos, nos exemplos 6.4 e 6.9, que os intervalos de crescimento e concavidades dessa função são:

Figura 6.25

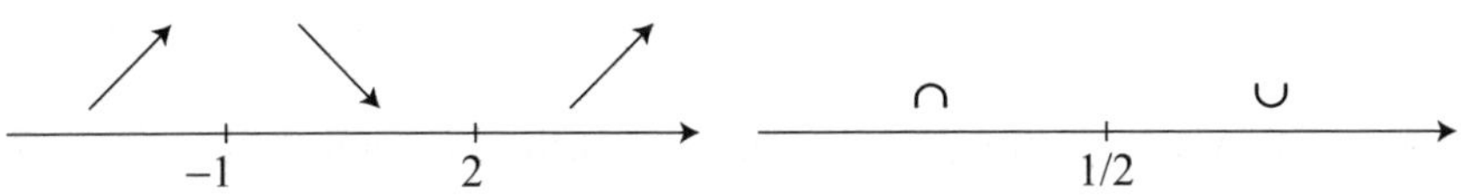


(a) Crescimento de $f$ (b) Concavidade de $f$

Vimos também que −1 é um ponto de máximo local e que 2 é um ponto de mínimo local. Observe que $f(0) = 12$, com isso, inferimos que a intersecção do gráfico $G_f$ de $f$ com o eixo $O_y$ é no ponto (0, 12). Não determinaremos com precisão as interseções de $G_f$ com o eixo $O_x$ (as raízes de $f$) mas, pelo Teorema do Anulamento, podemos concluir que $G_f$ cruza $O_x$ em três lugares: (i) no intervalo ]−3, −2[; (ii) no intervalo ]0, 1[; e (iii) no intervalo ]2, 3[.

Por fim, um cálculo simples nos leva a:

$$\lim_{x \to \infty} 2x^3 - 3x^2 - 12x + 12 = \infty \quad \text{e} \quad \lim_{x \to -\infty} 2x^3 - 3x^2 - 12x + 12 = -\infty$$

Com todas essas informações, podemos esboçar o gráfico de $f$:

Figura 6.26

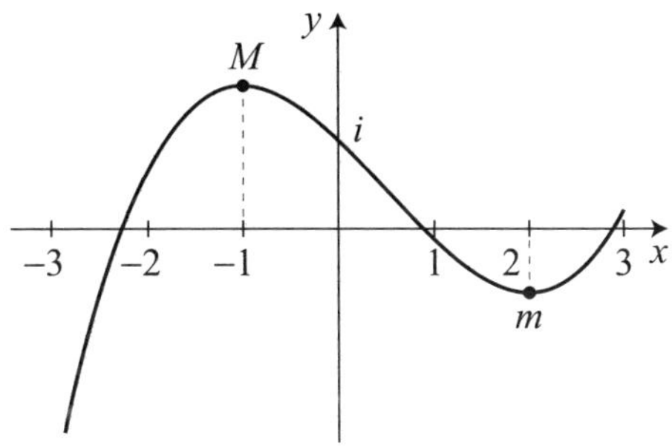


No exemplo acima, para se desenhar o gráfico de uma função, usamos uma série de informações (que no exemplo em questão, já tínhamos conseguido anteriormente). Vamos organizar quais informações são necessárias. Seja $f : A \to \mathbb{R}$, onde $A \subset \mathbb{R}$, uma função. Para estudar $f$ usaremos o seguinte *roteiro*:

1. Achar o domínio da função, se ele não for especificado de início. O domínio será então, como tínhamos convencionado, o maior subconjunto de $\mathbb{R}$ no qual a função faz sentido.
2. Achar as intersecções com os eixos $O_x$ e $O_y$ se isso for possível. A intersecção com $O_y$ será $f(0)$, se o ponto 0 estiver no domínio de $f$.
3. Determinar os intervalos de crescimento e decrescimento de $f$. Para isso, analisaremos o sinal da derivada $f'$.
4. Determinar as concavidades de $f$. Para tanto, analisaremos o sinal da segunda derivada $f''$.
5. Determinar os possíveis pontos de máximo locais e globais, de mínimo locais e globais, e de inflexão.
6. Determinar os limites nos extremos do domínio $\infty$ e $-\infty$ (se cabíveis) e possíveis assíntotas horizontais.
7. Determinar os possíveis limites laterais nos pontos excluídos do domínio. Ver se existem assíntotas verticais.
8. Esboçar o gráfico de $f$ e achar o conjunto imagem de $f$.

**EXEMPLO 6.19** Vamos considerar a função $f(x)=\sqrt{x^2-2}$ Estudaremos tal função seguindo o roteiro acima:

- Achar o Domínio de $f$.

A função $f$ só faz sentido quando $\sqrt{x^2-2}$ estiver definida, isto é, quando $x^2 - 2 \geq 0$, o que equivale a dizer que $x \leq -\sqrt{2}$ ou $x \geq \sqrt{2}$. Logo, o seu domínio é $]-\infty, -\sqrt{2}\,]\cup[\,\sqrt{2}, \infty[$.

- Intersecção com os eixos e $O_x$ e $O_y$.

Intersecção com $O_x$. Basta ver quando $f(x) = 0$. Teríamos, então, $0=\sqrt{x^2-2}$, o que implicaria que $x^2 - 2 = 0$ e concluímos que o gráfico $G_f$ de $f$ intersecta o eixo $O_x$ nos pontos $(-\sqrt{2}, 0)$ e $(\sqrt{2}, 0)$.

Intersecção com $O_y$. Como 0 não está no domínio de $f$, $G_f$ não intersecta o eixo $O_y$.

- Determinar os intervalos de crescimento de $f$.

Vamos derivar $f$:

$$f'(x)=(\sqrt{x^2-2})'=\left((x^2-2)^{\frac{1}{2}}\right)'=\frac{1}{2}(x^2-2)^{-\frac{1}{2}}(2x)=\frac{x}{\sqrt{x^2-2}}$$

Como $\sqrt{x^2-2}>0$ para $x \in \,]-\infty, -\sqrt{2}\,]\cup[\,\sqrt{2}, \infty[$, o sinal de $f$ é determinado pelo sinal do numerador $x$. Teremos então:

Figura 6.27

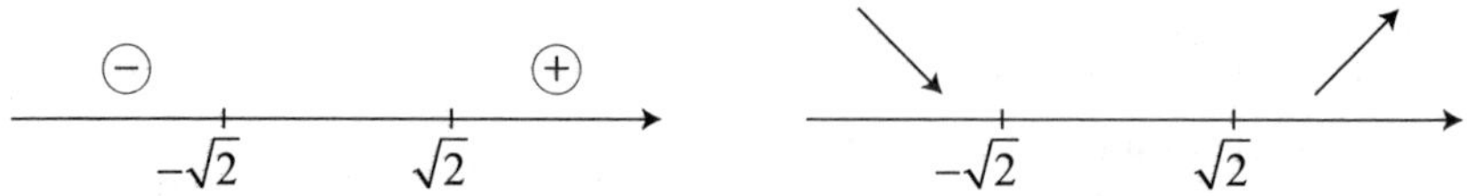


(a) Sinal de $f'$ (b) Crescimento de $f$

- Determinar as concavidades de $f$.

Precisamos da segunda derivada:

$$f''(x) = \left( \frac{x}{\sqrt{x^2-2}} \right)' = \frac{1\sqrt{x^2-2} - x\dfrac{x}{\sqrt{x^2-2}}}{x^2-2}$$

$$= \frac{x^2-2-x^2}{\sqrt{x^2-2}(x^2-2)} = \frac{-2}{\sqrt{x^2-2}(x^2-2)}$$

O sinal de $f''$ aqui será sempre negativo, pois $\sqrt{x^2-2}(x^2-2) \geq 0$ , para todos os valores do domínio de $f$. Com isso,

Figura 6.28

(a) Sinal de $f''$ (b) Concavidade de $f$

e a concavidade de $f$ será para baixo nos dois intervalos do domínio.

## ▪ Pontos de máximo locais e globais, de mínimo locais e globais, e de inflexão.

Como vimos acima, $f'(x) \neq 0$, para todos os pontos do domínio e não teremos candidatos a pontos de máximo e de mínimo que sejam internos ao domínio de $f$. Por outro lado, como $f(\sqrt{2}) = 0$ e $f(-\sqrt{2}) = 0$, a imagem da função é $\text{Im}f = \mathbb{R}_+$. Logo, concluímos que $\sqrt{2}$ e $-\sqrt{2}$ são pontos de mínimo.

## ▪ Determinar os limites nos extremos do domínio $\infty$ e $-\infty$ .

Observe que:

$$\lim_{x \to \infty} \sqrt{x^2-2} = \infty \quad \text{e} \quad \lim_{x \to -\infty} \sqrt{x^2-2} = \infty$$

(observe também que, a partir desses limites, podemos concluir que não existirão pontos de máximo).

- Determinar os possíveis limites laterais nos pontos excluídos do domínio.

Como o intervalo $]-\sqrt{2}\,,\ \sqrt{2}\,[$ está excluído do domínio, os limites laterais que precisaríamos calcular seriam:

$$\lim_{x \to -\sqrt{2}^-} \sqrt{x^2 - 2} = 0 \quad \text{e} \quad \lim_{x \to -\sqrt{2}^+} \sqrt{x^2 - 2} = 0$$

- Esboçar o gráfico de *f* e achar a sua imagem.

Como vimos anteriormente, $\text{Im}(f) = \mathbb{R}_+$. O seu gráfico será:

Figura 6.29

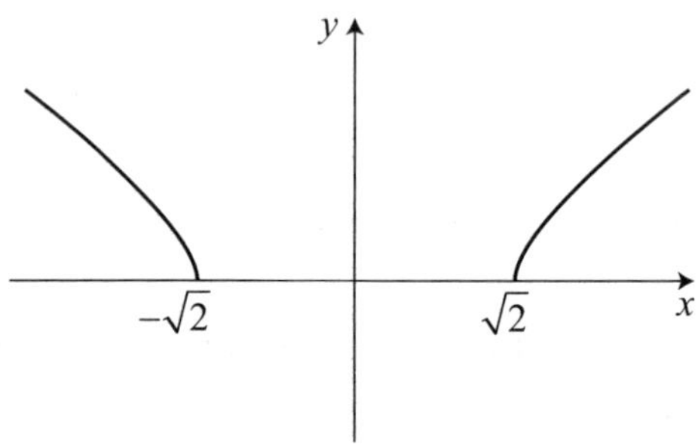


**EXEMPLO 6.20** Vamos considerar a função $f(x) = x + \dfrac{1}{x}$. Estudaremos tal função seguindo o roteiro acima:

- Achar o domínio de *f*.

É claro que $f(x)$ faz sentido apenas para $x \neq 0$. Logo, o seu domínio $\mathbb{R}^*$.

- Intersecção com os eixos $O_x$ e $O_y$.

Intersecção com $O_x$, basta ver quando $f(x) = 0$. Teríamos, então, $0 = x + \dfrac{1}{x} = \dfrac{(x^2+1)}{x}$, o que implicaria que $x^2 + 1 = 0$, que não tem solução em $\mathbb{R}$. Logo, o gráfico $G_f$ de *f* não intersecta o eixo $O_x$.

Intersecção com $O_y$, como 0 não está no domínio de *f*, $G_f$ não intersecta o eixo $O_y$.

## ■ Determinar os intervalos de crescimento de *f*.

Precisamos, em primeiro lugar, derivar *f*:

$$f'(x) = \left( x + \frac{1}{x} \right)' = 1 - \frac{1}{x^2} = \frac{x^2 - 1}{x^2}$$

Como $x^2 \geq 0$ para $x \in \mathbb{R}$, o sinal de *f* é determinado pelo sinal de $x^2 - 1$. Teremos então:

Figura 6.30

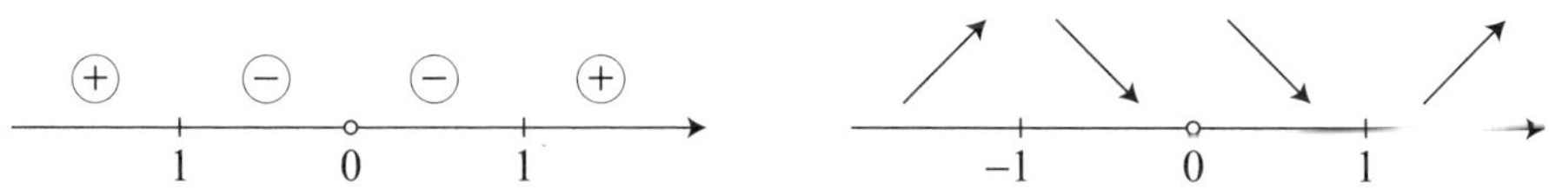


(a) Sinal de *f*'

(b) Crescimento de *f*

(lembramos que o ponto 0, por estar excluído do domínio da *f*, deve ser também levado em consideração na hora da análise do crescimento da função).

## ■ Determinar as concavidades de *f*.

Precisamos da segunda derivada:

$$f''(x) = \left( 1 - \frac{1}{x^2} \right)' = \frac{2}{x^3}$$

O sinal de $f''$ depende, obviamente, apenas do sinal do denominador $x^3$. Com isso,

Figura 6.31

(a) Sinal de $f''$

(b) Concavidade de *f*

- **Pontos de máximo locais e globais, de mínimo locais e globais, e de inflexão.**

Observa-se facilmente que $-1$ é um ponto de máximo local. Isso pode ser mostrado de duas maneiras, ou por meio de uma análise do crescimento e decrescimento da função perto desse ponto ou porque $f'(-1) = 0$ e $f''(-1) < 0$ (ver critério dado na Proposição 6.5). De maneira similar, teremos que o ponto 1 é um ponto de mínimo local.

- **Determinar os limites nos extremos do domínio $\infty$ e $-\infty$.**

Observe que

$$\lim_{x\to\infty} x + \frac{1}{x} = \infty \quad \text{e} \quad \lim_{x\to-\infty} x + \frac{1}{x} = -\infty$$

- **Determinar os possíveis limites laterais nos pontos excluídos do domínio.**

Como 0 está excluído do domínio, precisamos calcular os limites laterais a esse ponto. Teremos:

$$\lim_{x\to0^-} x + \frac{1}{x} = -\infty \quad \text{e} \quad \lim_{x\to0^+} x + \frac{1}{x} = \infty$$

Portanto, $x = 0$ é uma assíntota vertical.

- **Esboçar o gráfico de $f$ e achar a sua imagem.**

Figura 6.32

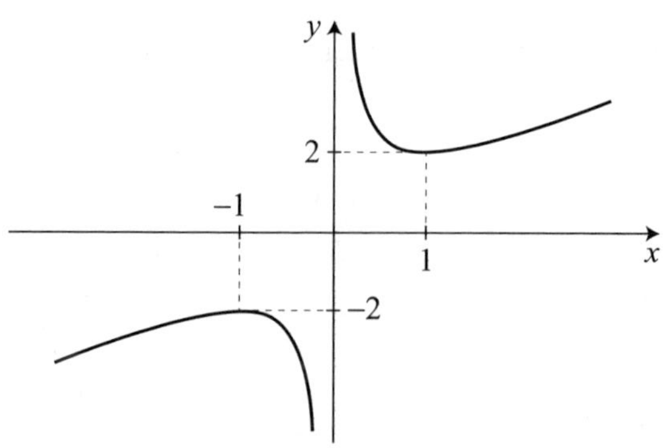


Não é difícil ver que $\mathrm{Im}(f) = ]-\infty, -2] \cup [2, \infty[$.

**EXEMPLO 6.21** Vamos agora estudar a função $f(x) = \dfrac{x^2}{\left(x^2 - 1\right)}$.

## ■ Achar o Domínio de $f$.

É claro que $f(x)$ só faz sentido quando $x \neq \pm 1$. Portanto, o seu domínio é $\mathbb{R} \setminus \{-1, +1\}$.

## ■ Intersecção com os eixos $O_x$ e $O_y$.

Intersecção com $O_x$ Basta ver quando $f(x) = 0$. Teríamos, então, $0 = \dfrac{x^2}{\left(x^2 - 1\right)}$, o que implicaria que $x^2 = 0$, portanto, $x = 0$. Logo, o ponto de intersecção $G_f$ de com $O_x$ é o ponto $(0, 0)$.

Intersecção com $O_y$ Como $f(0) = 0$, a intersecção $G_f$ de com o eixo $O_y$ se dá no ponto $(0, 0)$.

## ■ Determinar os intervalos de crescimento de $f$.

Calculemos a derivada de $f$:

$$f'(x) = \left(\frac{x^2}{x^2 - 1}\right)' = \frac{(x^2 - 1)(2x) - x^2(2x)}{(x^2 - 1)^2} = \frac{-2x}{(x^2 - 1)^2}$$

Como $(x^2 - 1)^2 > 0$ para $x$ no domínio de $f$, o sinal de $f'$ é determinado pelo sinal de $-2x$. Teremos então:

Figura 6.33

(a) Sinal de $f'$ (b) Crescimento de $f$

(lembramos que os pontos $-1$ e $1$, por estarem excluídos do domínio da $f$, devem ser também levados em consideração na hora da análise de seu crescimento).

- Determinar as concavidades de $f$.

Precisamos da segunda derivada:

$$f''(x) = \left(\frac{-2x}{(x^2-1)^2}\right)' = \frac{(-2)(x^2-1)^2 - (-2x)(2(x^2-1)(2x)}{(x^2-1)^4}$$
$$= \frac{(x^2-1)(6x^2+2)}{(x^2-1)^4}$$

Como $\dfrac{(6x^2+2)}{(x^2-1)^4} > 0$ para todo $x$ no domínio de $f$, o sinal de $f''$ depende obviamente apenas do sinal de $(x^2 - 1) = (x - 1)(x + 1)$. Com isso,

Figura 6.34

(a) Sinal de $f''$

(b) Concavidade de $f$

- Pontos de máximo locais e globais, de mínimo locais e globais, e de inflexão.

Observa-se facilmente que 0 é um ponto de máximo local. Isso pode ser mostrado de duas maneiras, ou por meio de uma análise do crescimento e decrescimento da função perto desse ponto ou porque $f'(0) = 0$ e $f''(0) < 0$ (veja critério dado na Proposição 6.5).

- Determinar os limites nos extremos do domínio $\infty$ e $-\infty$

Observe que:

$$\lim_{x\to\infty} \frac{x^2}{x^2-1} = 1 \quad \text{e} \quad \lim_{x\to-\infty} \frac{x^2}{x^2-1} = 1$$

Logo, $y = 1$ é uma assíntota horizontal.

- **Determinar os possíveis limites laterais nos pontos excluídos do domínio.**

Como os pontos $-1$ e $1$ estão excluídos do domínio, precisamos calcular os limites laterais a esses pontos. Teremos

$$\lim_{x\to-1^-}\frac{x^2}{x^2-1}=\infty \quad \text{e} \quad \lim_{x\to-1^+}\frac{x^2}{x^2-1}=-\infty$$

$$\lim_{x\to1^-}\frac{x^2}{x^2-1}=-\infty \quad \text{e} \quad \lim_{x\to1^+}\frac{x^2}{x^2-1}=\infty$$

Portanto, as retas $x = 1$ e $x = -1$ são assíntotas verticais.

- **Esboçar o gráfico de $f$ e achar a sua imagem.**

Figura 6.35

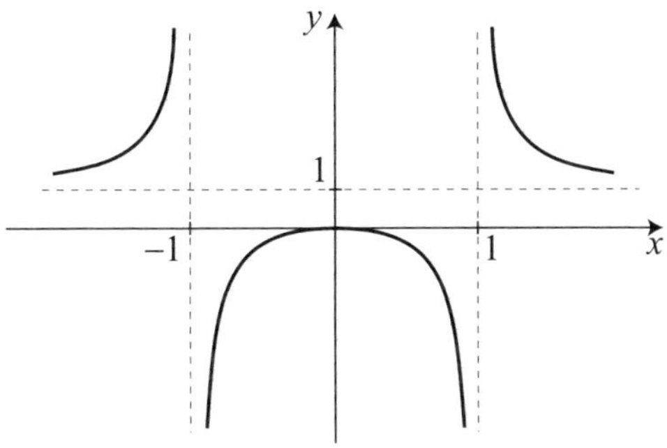


A imagem de $f$ será o conjunto $\mathbb{R}_-\cup]1, \infty[$.

## Exercícios

**(6.9)** Estude as seguintes funções (determine o domínio, intersecções com os eixos, intervalos de crescimento e decrescimento, concavidades, pontos de máximo, de mínimo e de inflexão, limites nos extremos do domínio...) e desenhe os seus gráficos.

**(a)** $f(x)=\dfrac{1}{x}+\dfrac{x}{4}$ **(b)** $f(x)=3x+\dfrac{1}{2x}$

**(c)** $f(x) = e^{-x^2}$

**(d)** $f(x) = x^3 - 3x^2 + 9x - 20$

**(e)** $f(x) = x^4 - 3x^2$

**(f)** $f(x) = \dfrac{x}{x^2 + 1}$

**(g)** $f(x) = \dfrac{x^2}{(x-1)^2}$

**(h)** $f(x) = 1 - \dfrac{1}{(x+1)^2}$

**(i)** $f(x) = \dfrac{(x-1)}{(x^2-1)(x+2)}$

**(j)** $f(x) = \dfrac{x^2}{(x-2)^2}$

# INTEGRAÇÃO

Capítulo 7

O cálculo de áreas em regiões delimitadas por gráficos de funções é muito útil no cotidiano. Por exemplo, se uma função $f$ descreve, em termos do tempo decorrido, o aporte financeiro recebido pela venda de algum produto, então a área abaixo desse gráfico em um dado intervalo dará o volume total recebido nesse intervalo. Para muitas funções, a área abaixo do gráfico é facilmente calculável mas, em geral, é preciso lançar mão de técnicas mais avançadas. Para tal, usaremos o conceito de integração.

A integração é o *processo* inverso da derivação. Nessa última, dada uma função $f$, calculamos a sua derivada $f'$. Na integração, dada uma função $g$, queremos achar uma função $f$ tal que a sua derivada $f'$ coincida com a função $g$. Nesse caso, a função $f$ será chamada de primitiva de $g$. Neste capítulo estaremos interessados em estudar técnicas que nos permitam calcular as primitivas de certas funções. Relacionada com isso, está a chamada integral definida que, como veremos, irá nos auxiliar no cálculo de áreas mencionado acima. Comecemos com o estudo de primitivas.

## 7.1 Primitivas

Vamos começar a nossa discussão com um exemplo. Seja $f(x) = 2x$. Devemos encontrar uma função $F$ tal que $F'(x) = f(x) = 2x$. Uma possibilidade para uma tal $F$ é a função $F(x) = x^2$ (não é difícil ver que $F'(x) = 2x$). É claro, porém, que podem existir outras possibilidades, por exemplo, a função $x^2 + 1$ também tem derivada igual a $2x$. Na realidade, qualquer função do tipo $x^2 + \lambda$, com $\lambda \in \mathbb{R}$, tem derivada $2x$. Decorre do Exercício 6.3, que, se $F(x)$ é tal que $F'(x) = 2x$, então $F(x) = x^2 + \lambda$ para algum $\lambda \in \mathbb{R}$.

Consequentemente, existe um número infinito de funções (uma para cada número real $\lambda$) com derivada igual a $2x$.

Seja agora $f(x) = \cos(x)$. Aqui também não é difícil achar uma função $F$ tal que $F'(x) = \cos(x)$. Considere, por exemplo, $F(x) = \text{sen}(x)$. De maneira similar à feita acima, toda função da forma $\text{sen}(x) + \lambda$, com $\lambda$ um número real qualquer, tem derivada igual a $\cos(x)$.

**Definição 7.1** Sejam $f : A \to \mathbb{R}$ e $F : A \to \mathbb{R}$, onde $A \subset \mathbb{R}$, duas funções. Dizemos que $F$ é uma *primitiva* de $f$ se $F' = f$.

Como vimos no Exercício 6.3 já citado, duas primitivas de uma função $f$ diferem por uma constante, isto é, se $F_1$ e $F_2$ são duas primitivas de $f$, então existe $\lambda \in \mathbb{R}$ tal que $F_2 = F_1 + \lambda$. Portanto, quando $f$ admitir uma primitiva $F$, então toda a família de funções $F + \lambda$, com $\lambda \in \mathbb{R}$, também será formada por primitivas de $f$. Para a situação acima usaremos a seguinte notação:

$$\int f(x)dx = F(x) + \lambda, \qquad \text{onde } \lambda \in \mathbb{R}.$$

Diremos também que $\int f(x)dx$ é a *integral indefinida* de $f$.

**EXEMPLO 7.1** Pelo visto acima,

$$\int 2x dx = x^2 + \lambda \qquad \text{e} \qquad \int \cos(x)dx = \text{sen}(x) + \lambda \qquad (\lambda \in \mathbb{R})$$

Usando a tabela de derivadas estabelecida no Capítulo 5 (tabelas 5.11 e 5.12), podemos chegar à tabela de primitivas básicas (Tabela 7.1).

Tabela 7.1: Tabela de primitivas básicas, onde $\lambda \in \mathbb{R}$

| $f(x)$ | $\int f(x)dx$ |
|---|---|
| $1$ | $x + \lambda$ |
| $x^n$ $(n \neq -1)$ | $\dfrac{x^{n+1}}{n+1} + \lambda$ |
| $x^\alpha$ $(\alpha \in \mathbb{R} \setminus \{-1\}, x > 0)$ | $\dfrac{x^{\alpha+1}}{\alpha+1} + \lambda$ |

continua

continuação

| $f(x)$ | $\int f(x)dx$ |
|---|---|
| $\text{sen}(x)$ | $-\cos(x) + \lambda$ |
| $\cos(x)$ | $\text{sen}(x) + \lambda$ |
| $e^x$ | $e^x + \lambda$ |
| $a^x\ (a \in \mathbb{R}_+^*, a \neq 1)$ | $\dfrac{a^x}{\ln(a)} + \lambda$ |
| $\dfrac{1}{x}$ | $\ln(\lvert x \rvert) + \lambda$ |
| $\dfrac{1}{\sqrt{1-x^2}}$ | $\text{arcsen}(x) + \lambda\ (-1 < x < 1)$ |
| $\dfrac{1}{1+x^2}$ | $\text{arctg}(x) + \lambda \quad (-1 < x < 1)$ |

De agora em diante, usaremos essa tabela sem maiores justificativas.

Gostaríamos, no entanto, de fazer um comentário sobre as primitivas da função $\frac{1}{x}$. Como vimos, a derivada de $\ln(x)$ é $\frac{1}{x}$ mas, como já foi enfatizado, a função $\ln(x)$ está definida para os valores reais positivos. Se nos restringirmos aos valores positivos, uma primitiva de $\frac{1}{x}$ será $\ln(x)$. Suponha agora $x < 0$. Observamos que, nesse caso, a função $\ln(-x)$ está definida e tem derivada igual a $\frac{1}{x}$ (verifique!). Com isso, uma primitiva de $\frac{1}{x}$, com $x < 0$, é $\ln(-x)$. Juntando-se esses dois casos, podemos dizer que uma primitiva de $\frac{1}{x}$ é $\ln|x|$.

Um ponto importante nessa discussão diz respeito à existência de primitivas de uma dada função. Vejamos um exemplo. Ao considerar a função $f: \mathbb{R} \to \mathbb{R}$ dada por

$$f(x) = \begin{cases} 1 & \text{se} \quad x \geq 0 \\ -1 & \text{se} \quad x < 0 \end{cases}$$

observamos que a função $F$ dada por:

$$F(x)=\begin{cases} x & \text{se} \quad x>0 \\ -x & \text{se} \quad x<0 \end{cases}$$

é tal que $F'(x) = f(x)$, para todo $x \neq 0$ (veja a Seção 5.2). Portanto, essa $F$ é uma candidata a ser uma primitiva de $f$. No entanto, para fazer sentido, precisamos definir $F(0)$. Deixamos como exercício ao leitor mostrar que, independente do valor escolhido para $F(0)$, não existirá $F'(0)$ (compare com que foi feito nos exemplos 5.7 e 5.8). Com isso, é fácil ver que a função $f$ acima não possui primitivas. O resultado seguinte nos garante a existência de primitivas para uma importante classe de funções. Não discutiremos outros resultados nesta mesma direção, pois, para nossos objetivos, este bastará.

**Teorema 7.1** Toda função contínua admite primitivas.

## Exercícios

**(7.1)** Mostre que vale:

**(a)** $\displaystyle\int \frac{2x}{x^2+1}dx = \ln(x^2+1)+\lambda \qquad (\lambda \in \mathbb{R})$

**(b)** $\displaystyle\int \frac{2x}{x^2-1}dx = \ln\left|x^2+1\right|+\lambda \qquad (\lambda \in \mathbb{R})$

**(c)** $\displaystyle\int e^{-x}dx = -e^{-x}+\lambda \qquad (\lambda \in \mathbb{R})$

**(d)** $\displaystyle\int \cos(x^2)\cdot 2xdx = \text{sen}(x^2)+\lambda \qquad (\lambda \in \mathbb{R})$

**(e)** $\displaystyle\int \frac{2x}{\sqrt{1-x^4}}dx = \text{arcsen}(x^2)+\lambda \qquad (\lambda \in \mathbb{R})$

**(f)** $\displaystyle\int 2\text{sen}(x)\cos(x)dx = \text{sen}^2(x)+\lambda \qquad (\lambda \in \mathbb{R})$

**(7.2)** Mostre que $\displaystyle\int f'(x)dx = f(x)+\lambda \qquad (\lambda \in \mathbb{R})$

**(7.3)** Encontre uma função primitiva para $f: \mathbb{R} \to \mathbb{R}$ dada por:

$$f(x) = \begin{cases} x & \text{se} \quad x \leq 1 \\ 1 & \text{se} \quad x > 1 \end{cases}$$

**(7.4)** Mostre que $f: \mathbb{R} \to \mathbb{R}$ dada por:

$$f(x) = \begin{cases} 2x & \text{se } x \leq 1 \\ -1 & \text{se } x > 1 \end{cases}$$

não admite primitivas.

# 7.2 Propriedades Básicas da Integração

Vimos, no Capítulo 5, que a derivação tem um *bom comportamento* com relação à soma de funções (*a derivada da soma é a soma das derivadas*) e com relação ao produto por escalar (*a derivada de um produto de uma função por um escalar é o produto desse escalar pela derivada da função*). Como a integração é o inverso da derivação, esse *bom comportamento* também irá valer para a integração. É o que veremos a seguir.

## 7.2.1 Integração da soma de funções

**Proposição 7.2** Sejam $f_1$ e $f_2$ duas funções (com o mesmo domínio $A$) que admitem primitivas. Então a soma $f_1 + f_2$ também admite uma primitiva e vale,

$$\int (f_1 + f_2)(x)\,dx = \int f_1(x)\,dx + \int f_2(x)\,dx$$

**Demonstração** Não é difícil justificar essa regra. Suponha que:

$$\int f_1(x)\,dx = F_1(x) + \lambda_1 \quad \text{e} \quad \int f_2(x)\,dx = F_2(x) + \lambda_2 \quad (\lambda_1, \lambda_2 \in \mathbb{R})$$

Isso significa que $F'_1 = f_1$ e que $F'_2 = f_2$. Usando a regra de derivação para a soma de funções, chegamos a:

$$(F_1 + F_2)'(x) = F'_1(x) + F'_2(x) = f_1(x) + f_2(x) = (f_1 + f_2)(x)$$

para cada $x \in A$. Portanto $F_1 + F_2$ é uma primitiva de $f_1 + f_2$ e o resultado está provado.

**Exemplo 7.2** Vamos calcular a integral indefinida de $f(x) = x^4 + x^2$. Como $\int x^4 dx = \frac{x^5}{5} + \lambda_1$ e $\int x^2 dx = \frac{x^3}{3} + \lambda_2$, $(\lambda_1, \lambda_2 \in \mathbb{R})$, seguirá:

$$\int \left[x^4 + x^2\right] dx = \int x^4 dx + \int x^2 dx = \frac{x^5}{5} + \frac{x^3}{3} + \lambda \qquad (\lambda \in \mathbb{R})$$

**Exemplo 7.3** Seja $f(x) = e^x + \text{sen}(x)$. Como conhecemos as integrais das funções $e^x$ e $\text{sen}(x)$, separadamente, a integral de $f(x)$ será:

$$\int f(x)dx = \int \left(e^x + \text{sen}(x)\right)dx = \int e^x dx + \int \text{sen}(x)dx = e^x - \cos(x) + \lambda \qquad (\lambda \in \mathbb{R})$$

## 7.2.2 Integração de um produto de uma função por escalar

**Proposição 7.3** Sejam $f: A \to \mathbb{R}$, onde $A \subset \mathbb{R}$, uma função e $\alpha \in \mathbb{R}$. Se $f$ admitir primitivas, então a função $\alpha f$ também irá admitir primitivas e valerá:

$$\int \alpha f(x)dx = \alpha \int f(x)dx$$

A justificativa dessa regra também é fácil de ser feita e será deixada a cargo do leitor.

**Exemplo 7.4** Seja $f(x) = 13 \cdot 5^x$. Como uma primitiva de $5^x$ é $\dfrac{5^x}{\ln 5}$, então, a integral de $f$ será:

$$\int 13 \cdot 5^x dx = 13 \int 5^x dx = 13 \frac{5^x}{\ln(5)} + \lambda \qquad (\lambda \in \mathbb{R})$$

## 7.2.3 Integração de funções polinomiais e afins

Usando o que foi visto nas proposições 7.2 e 7.3, podemos calcular a integral de qualquer função polinomial e de algumas racionais. Comecemos com alguns exemplos.

**EXEMPLO 7.5** Vamos calcular $\int\left[x^3-3x^2+6\right]dx$:

$$\begin{aligned}\int\left[x^3-3x^2+6\right]dx &= \int x^3dx+\int -3x^2dx+\int 6dx\\ &= \int x^3dx+(-3)\int x^2dx+6\int 1dx\\ &= \frac{x^4}{4}-3\frac{x^3}{3}+6x+\lambda\\ &= \frac{x^4}{4}-x^3+6x+\lambda \quad (\lambda\in\mathbb{R})\end{aligned}$$

**EXEMPLO 7.6** Calculemos a integral $\int\left[\frac{4}{x}-\frac{13}{x^2}\right]dx$:

$$\begin{aligned}\int\left[\frac{4}{x}-\frac{13}{x^2}\right]dx &= \int\frac{4}{x}dx+\int\frac{-13}{x^2}dx=4\int\frac{1}{x}dx-13\int\frac{1}{x^2}dx=\\ &= 4\ln|x|-13\frac{-1}{x}+\lambda=4\ln|x|+\frac{13}{x}+\lambda \quad (\lambda\in\mathbb{R})\end{aligned}$$

**EXEMPLO 7.7** Consideremos agora $f(x)=\frac{x^3-8x+7x}{x^2}$. A sua integral será:

$$\begin{aligned}\int\frac{x^3-8x^2+7x}{x^2}dx &= \int\left(x-8+\frac{7}{x}\right)dx\\ &= \int xdx-8\int 1dx+7\int\frac{1}{x}dx\\ &= \frac{x^2}{2}-8x+7\ln|x|+\lambda \quad (\lambda\in\mathbb{R})\end{aligned}$$

O próximo resultado resume o que acontece para a integração de uma função polinomial.

**Corolário 7.4** Se $f(x) = a_n x^n + a_{n-1} x^{n-1} + \cdots + a_1 x + a_0$ for uma função polinomial, então:

$$\int f(x)\,dx = \frac{a_n x^{n+1}}{n+1} + \frac{a_{n-1}x^n}{n} + \cdots + a_0 x + \lambda \qquad (\lambda \in \mathbb{R})$$

## Exercícios

**(7.5)** Calcule as seguintes integrais:

(a) $\int \left[3e^x - \text{sen}(x)\right] dx$

(b) $\int 4x^3 - 8x^2 + 17x - 3\,dx$

(c) $\int \left[\frac{1}{\sqrt{1-x^2}} + x^2\right] dx$

(d) $\int \left[\sqrt{x} + \frac{1}{x^3}\right] dx$

(e) $\int \left[\frac{1}{x^3} + \frac{2}{x^2} + \frac{3}{x} + 4\right] dx$

(f) $\int 13\sqrt[3]{x^2}\,dx$

(g) $\int x^2\sqrt{x}\,dx$

(h) $\int \left[5^x - \cos(x)\right] dx$

(i) $\int -e^x\,dx$

(j) $\int \frac{x^2 - 1}{x^4 - 1}\,dx$

(k) $\int 101x^{100} - 1\,dx$

(l) $\int 7\sqrt[5]{x^3}\,dx$

## 7.3 Integração por Partes

Como vimos acima, a integração possui propriedades bastante boas com relação à soma de funções e ao produto de uma função por escalar. No que diz respeito ao produto de funções, a relação entre a derivada de um produto de duas funções e as derivadas de cada parcela não é tão direta, mas, mesmo assim, temos uma fórmula para calcular essa derivada do produto (dada na Seção 5.3). Usaremos essa fórmula para deduzir outra envolvendo integrais, que será de grande valia em muitos casos (essa técnica é chamada de *integração por partes*).

Comecemos recordando a regra da derivação de um produto de funções. Dadas duas funções deriváveis $f$ e $g$, sabemos que o produto $f \cdot g$ também será derivável e valerá a relação:

$$(f \cdot g)'(x) = f'(x)\, g(x) + f(x)\, g'(x) \qquad \text{para todo } x \in A$$

Reescrevendo, teremos:

$$f'(x) \cdot g(x) = (f(x) \cdot g(x))' - f(x) \cdot g'(x)$$

Calculando-se as integrais de ambos os lados dessa igualdade, segue que,

$$\begin{aligned} \int f'(x) \cdot g(x)\, dx &= \int [(f(x) \cdot g(x))' - f(x) \cdot g'(x)] dx \\ &= \int (f(x) \cdot g(x))' dx - \int f(x) \cdot g'(x) dx \\ &= f(x) \cdot g(x) - \int f(x) \cdot g'(x) dx \end{aligned}$$

(observe: usamos que uma primitiva de $(f(x) \cdot g(x))'$ é $f(x) \cdot g(x)$ (veja o Exercício 7.2). Com isso, temos a regra da integração por partes:

$$\text{(IP)} \qquad \int f'(x) g(x) dx = f(x) \cdot g(x) - \int f(x) \cdot g'(x) dx$$

A utilização dessa regra se dará a partir da seguinte ideia: suponha que gostaríamos de calcular a integral de uma função que é o produto de duas funções podendo ser escrita como $f'(x) \cdot g(x)$ e que a integral $\int f(x) \cdot g'(x) dx$ seja *mais fácil* de ser calculada. Se tivermos isso, podemos usar a regra acima e *reduzir* o problema a um cálculo mais simples. A melhor maneira de se convencer da utilidade dessa regra é por meio de exemplos.

**EXEMPLO 7.8** Vamos calcular $\int xe^x dx$. Não temos ideia de uma primitiva de $h(x) = xe^x$, diretamente, e, também, não é possível calcular tal integral a partir das técnicas vistas até a seção anterior. Vemos, no entanto, que $xe^x$ é um produto de duas funções simples dadas por $h_1(x) = x$ e $h_2(x) = e^x$, das quais conhecemos tanto as suas derivadas quanto as suas primitivas. Essa é uma situação em que a integração por partes pode dar certo. A questão de se escolher qual das funções irá fazer o papel de $f'$ e qual o de $g$ na relação (IP) ficará mais fácil a partir de certa prática na sua utilização. Uma *dica geral* é escolher como função $g$ aquela cuja derivada $g'$ seja *mais simples* que $g$. No caso, podemos escolher $g(x) = x$ e

$f(x) = e^x$. É claro, também, que devemos escolher como $f'$ a função em que conhecemos sua primitiva. E o caso de nossa escolha.

$$g(x) = x \quad \leadsto \quad g'(x) = 1 \quad \text{e} \quad f'(x) = e^x \quad \leadsto \quad f'(x) = e^x$$

Com isso, teremos (usando (IP)):

$$\begin{aligned} \int xe^x dx &= f(x)g(x) - \int f'(x)g(x)dx \\ &= xe^x - \int 1 \cdot e^x dx = xe^x - e^x + \lambda \qquad (\lambda \in \mathbb{R}) \end{aligned}$$

Logo,

$$\int xe^x = xe^x - e^x + \lambda \qquad (\lambda \in \mathbb{R})$$

Antes de prosseguirmos, gostaríamos de fazer um comentário de ordem geral. Vale a pena, para verificarmos a correção de nossas contas, derivarmos a função que conseguimos para ver se o resultado é igual à função inicial. No caso, acima, deve valer que a derivada de $xe^x - e^x + \lambda$ deve ser igual a $h(x) = xe^x$. Observe que:

$$\left(xe^x - e^x + \lambda\right)' = 1 \cdot e^x + xe^x - e^x = xe^x$$

como queríamos.

**EXEMPLO 7.9** Vamos calcular agora a integral $\int x \ \ln(x) \ dx$. De maneira análoga à feita acima, poderíamos ter um primeiro impulso de escolher $g(x) = x$, pois, nesse caso, $g'(x) = 1$, é uma função bem simples. Mas, teríamos $f'(x) = \ln(x)$, cuja primitiva $f$ não conhecemos. A saída é, então, escolher as funções ao contrário, isto é, escolher $g(x) = \ln(x)$, cuja derivada conhecemos e $f'(x) = x$, cuja primitiva também conhecemos. Com essa escolha, segue que:

$$g(x) = \ln(x) \quad \leadsto \quad g'(x) = \frac{1}{x}$$

$$f'(x) = x \quad \leadsto \quad f(x) = \frac{x^2}{2}$$

E, utilizando (IP), teremos

$$\begin{aligned}\int x\ln(x)dx &= \frac{x^2}{2}\ln(x) - \int \frac{x^2}{2}\frac{1}{x}dx \\ &= \frac{x^2\ln(x)}{2} - \int \frac{x}{2}dx \\ &= \frac{x^2\ln(x)}{2} - \frac{x^2}{4} + \lambda \qquad (\lambda \in \mathbb{R})\end{aligned}$$

Portanto,

$$\int x\ln(x)dx = \frac{x^2}{4}(2\ln(x) - 1) + \lambda \qquad (\lambda \in \mathbb{R})$$

**EXEMPLO 7.10** No exemplo anterior, vimos que não conhecemos ainda nenhuma primitiva de $\ln(x)$. Vamos aproveitar, então, e calcular $\int \ln(x)dx$. Para usar a relação (IP), precisamos de um produto de funções, o que, a princípio, não é aparente. Podemos, obviamente, olhar $\ln(x)$ como sendo o produto $1 \cdot \ln(x)$ e com ele usar a regra de integração por partes. E claro que se escolhermos $f'(x) = \ln(x)$, teremos o mesmo problema do início (pois nos falta uma primitiva da função ln). Com isso, então, a escolha possível é a seguinte:

$$\begin{aligned} g(x) = \ln(x) &\quad\rightsquigarrow\quad g'(x) = \frac{1}{x} \\ f'(x) = 1 &\quad\rightsquigarrow\quad f(x) = x \end{aligned}$$

Um cálculo simples agora nos fornece:

$$\begin{aligned}\int \ln(x)dx &= x\ln(x) - \int x\frac{1}{x}dx = x\ln(x) - \int 1dx \\ &= x\ln(x) - x + \lambda \qquad (\lambda \in \mathbb{R})\end{aligned}$$

Logo,

$$\int \ln(x)dx = x(\ln(x) - 1) + \lambda \qquad (\lambda \in \mathbb{R})$$

EXEMPLO 7.11 Vamos agora calcular $\int e^x \text{sen}(x)dx$. A função em questão é o produto de duas funções, $e^x$ e $\text{sen}(x)$, cujas derivadas e primitivas conhecemos. Vamos fazer uma escolha para $f'$ e $g$ e usar (IP).

$$g(x) = e^x \quad \rightsquigarrow \quad g'(x) = e^x$$
$$f'(x) = \text{sen}(x) \quad \rightsquigarrow \quad f(x) = -\cos(x)$$

Usando (IP), segue:

$$\begin{aligned}\int e^x \text{sen}(x)dx &= e^x(-\cos(x)) - \int e^x(-\cos(x))dx \\ &= -e^x \cos(x) + \int e^x \cos(x)dx\end{aligned}$$

Nesse caso, a regra (IP) transformou o problema de calcular a integral $\int e^x \text{sen}(x)$ na integral $\int e^x \cos(x)dx$, o que, na prática, tem a mesma dificuldade. Observemos, no entanto, que as funções seno e cosseno têm um comportamento *cíclico* com relação à derivação: ao calcular a quarta derivada de $\text{sen}(x)$, teremos de novo $\text{sen}(x)$ e, ao calcular a sua segunda derivada, chegaremos a um múltiplo dela, a saber, a função $-\text{sen}(x)$. O mesmo ocorre com a função cosseno. Se repetirmos o procedimento feito acima para a integral $\int e^x \cos(x)dx$, deveremos chegar a uma integral envolvendo a função seno. Façamos isto:

$$g(x) = e^x \quad \rightsquigarrow \quad g'(x) = e^x$$
$$f'(x) = \cos(x) \quad \rightsquigarrow \quad f(x) = \text{sen}(x)$$

Usando (IP), segue:

$$\begin{aligned}\int e^x \cos(x)dx &= e^x(\text{sen}(x)) - \int e^x(sen(x))dx \\ &= e^x \text{sen}(x) - \int e^x sen(x)dx\end{aligned}$$

Juntando-se os dois cálculos, teremos:

$$\begin{aligned}\int e^x \operatorname{sen}(x)dx &= -e^x\cos(x) + \int e^x\cos(x)dx\\ &= -e^x\cos(x) + (e^x\operatorname{sen}(x) - \int e^x\operatorname{sen}(x)dx)\\ &= e^x(\operatorname{sen}(x) - \cos(x)) - \int e^x\operatorname{sen}(x)dx\end{aligned}$$

Assim, segue que

$$2\int e^x\operatorname{sen}(x)dx = e^x(\operatorname{sen}(x) - \cos(x)) + \lambda \qquad (\lambda \in \mathbb{R})$$

ou ainda,

$$\int e^x\operatorname{sen}(x)dx = \frac{e^x}{2}(\operatorname{sen}(x) - \cos(x)) + \lambda \qquad (\lambda \in \mathbb{R})$$

## Observações 7.1

**(a)** Devido às características das funções $e^x$ e $\operatorname{sen}(x)$, a escolha inicial para $g$ e $f'$ não faz muita diferença. Incentivamos o leitor a refazer o cálculo com $g(x) = \operatorname{sen}(x)$ e $f'(x) = e^x$ e ver o que se passa.

**(b)** Uma segunda observação é que precisamos de uma coerência entre as escolhas das funções $f'$ e $g$ nos cálculos de $\int e^x\operatorname{sen}(x)dx$ e $\int e^x\cos(x)dx$ acima. Tente calcular essa segunda integral usando a escolha $f'(x) = e^x$ e $g(x) = \cos(x)$ e substitua na primeira relação (calculada do jeito que foi feita). Veremos que, apesar de não chegar a nenhuma contradição, não conseguiremos calcular $\int e^x\operatorname{sen}(x)dx$.

# Exercícios

**(7.6)** Calcule as seguintes integrais:

**(a)** $\int x\cos(x)dx$ **(b)** $\int \cos^2(x)dx$ **(c)** $\int \operatorname{sen}^2(x)dx$

**(d)** $\int x^3e^x dx$ **(e)** $\int x^n\ln(x)dx$ **(f)** $\int e^x\cos(x)dx$

**(g)** $\int 7^x\operatorname{sen}(x)dx$ **(e)** $\int 5^x e^x dx$

## 7.4 Integral Definida

Seja $f : A \to \mathbb{R}$, onde $A \subset \mathbb{R}$, uma função que admite primitivas e seja $\int f(x)dx = F(x) + \lambda \ (\lambda \in \mathbb{R})$. Se o intervalo $[a, b]$ estiver contido no domínio $A$ de $f$, então podemos denominar a *integral definida de* $f$ em $[a,b]$ como sendo o valor real:

$$\int_a^b f(x)dx = F(b) - F(a)$$

Observe que o valor $F(b) - F(a)$ independe da escolha da primitiva $F$ de $f$, pois, como duas primitivas de $f$ diferem por um escalar real (veja a Seção 7.1), quando fizermos a diferença $F(b) - F(a)$, esse escalar se anulará. Veremos, na próxima seção, o significado desse valor. Antes de fazermos alguns exemplos, vamos introduzir uma notação. Indicaremos a diferença $F(b) - F(a)$ também por $F(x)\big|_a^b$. Com isso,

$$\int_a^b f(x) = F(b) - F(a) = F(x)\big|_a^b$$

**Exemplo 7.12** Vamos calcular $\int_{-1}^{2} x^2 dx$. Podemos fazer isso em dois estágios. Primeiro, achamos uma primitiva de $x^2$ e depois a calculamos nos extremos da integral definida em questão. É fácil ver que $\int x^2 dx = \frac{x^3}{3} + \lambda \quad (\lambda \in \mathbb{R})$. Assim,

$$\int_{-1}^{2} x^2 dx = \frac{2^3}{3} - \frac{(-1)^3}{3} = 3$$

Logo, $\int_{-1}^{2} x^2 dx = 3$

**Exemplo 7.13** Calculemos $\int_1^2 \frac{1}{x} dx$. De uma maneira direta, podemos escrever

$$\int_1^2 \frac{1}{x} dx = \ln(x)\big|_1^2 = \ln(2) - \ln(1) = \ln(2)$$

portanto, $\int_1^2 \frac{1}{x} dx = \ln(2)$

**Exemplo 7.14** Vamos calcular $\int_{-\pi}^{\pi} \operatorname{sen}(x)dx$

$$\begin{aligned}\int_{-\pi}^{\pi} \operatorname{sen}(x)dx &= -\cos(x)\Big|_{-\pi}^{\pi} = -\cos(\pi) - (-\cos(-\pi)) \\ &= -(-1) - (-(-1)) = 0\end{aligned}$$

Desse modo, a integral $\int_{-\pi}^{\pi} \operatorname{sen}(x)dx$ é igual a 0

**Observação 7.2** Seja $f: A \to \mathbb{R}$, onde $A \subset \mathbb{R}$, uma função que admite primitivas e $[a, b] \subset A$, $b > a$.

- Definimos $\int_{b}^{a} f(x)dx = -\int_{a}^{b} f(x)dx (= F(a) - F(b))$
- Vale que $\int_{a}^{a} f(x)dx = 0$
- Se $c \in [a, b]$, então $\int_{a}^{b} f(x)dx = \int_{a}^{c} f(x)dx + \int_{c}^{b} f(x)dx$

## Exercícios

**(7.7)** Calcule as seguintes integrais definidas:

(a) $\int_{0}^{\pi} x\cos(x)dx$ (b) $\int_{1}^{4} x^2\sqrt{x}\,dx$ (c) $\int_{0}^{\pi} x\cos(x)dx$

(d) $\int_{-\frac{\pi}{2}}^{\frac{\pi}{2}} \cos(x)dx$ (e) $\int_{1}^{e} \ln(x)dx$ (f) $\int_{1}^{2}\left(\sqrt{x} - \left(\frac{3}{\sqrt{x}}\right)\right)dx$

(g) $\int_{2}^{1}\left(\sqrt{x} - \left(\frac{3}{\sqrt{x}}\right)\right)dx$ (h) $\int_{-1}^{1}\left(x^4 - 1\right)dx$ (i) $\int_{1}^{0} x^3 - xdx$

**(7.8)** Seja $f: A \to \mathbb{R}$, onde $A \subset \mathbb{R}$, uma função que admite primitivas e $[-a, a] \subset A$, $a > 0$.

(a) Mostre que se $f$ for uma função par, $\int_{-a}^{a} f(x) = 2\int_{0}^{a} f(x)dx$ (veja a Definição em 2.3). Exemplifique.

(b) Mostre que se $f$ for uma função ímpar, então $\int_{-a}^{a} f(x) = 0$ (veja a Definição em 2.3). Exemplifique.

## 7.5 Integral Definida e Áreas

Vamos interpretar, nesta seção, o significado da integral definida. Comecemos com a seguinte situação. Seja $f: A \to \mathbb{R}$, onde $A \subset \mathbb{R}$, uma função que admite primitivas e $[a, b] \subset A$ e vamos assumir que $f$ é contínua e que $f(x) \geq 0$, para todo $x \in [a, b]$. Consideremos a área delimitada pelas retas $x = a$, $x = b$, pelo eixo $O_x$ e pelo gráfico de $f$, que tem um significado especial em muitos problemas (veja os exemplos adiante):

Figura 7.1

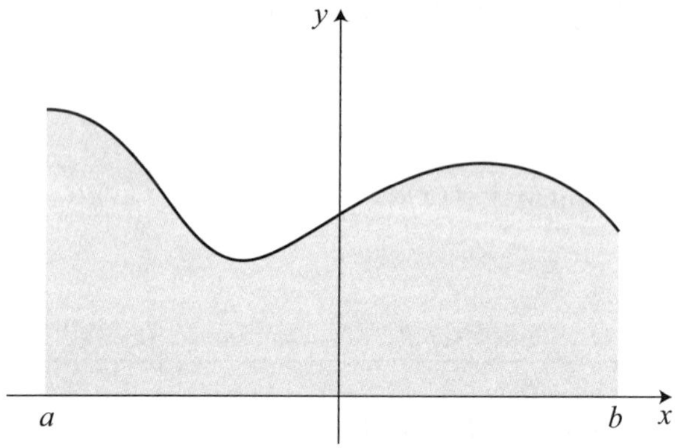


Uma maneira de calcular tal área é por aproximação a partir de áreas de retângulos convenientes. Por exemplo, podemos escolher $c \in [a, b]$ e calcular a área do retângulo formado pelas retas $x = a$, $x = b$, $y = f(c)$ e o eixo $O_x$, isto é, o valor $(b - a)f(c)$.

Figura 7.2

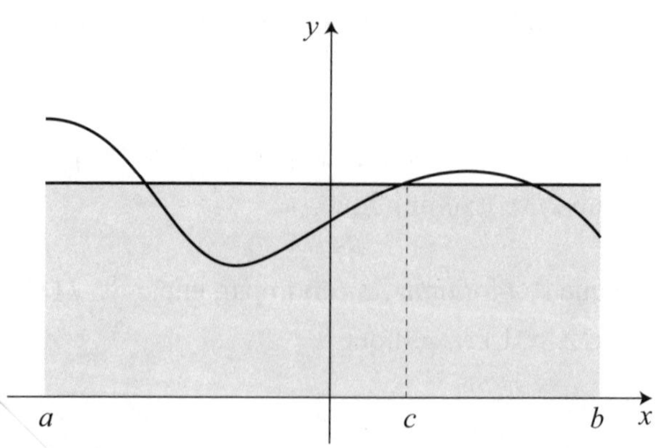

É claro que, dependendo da escolha do valor $c$, essa área pode ser uma aproximação muito grosseira da área na qual estamos interessados. Para facilitar nossa discussão, suponhamos que $f$ seja $f: [-1, 3] \to \mathbb{R}$ dada por $f(x) = x^2$. O seu gráfico é:

Figura 7.3

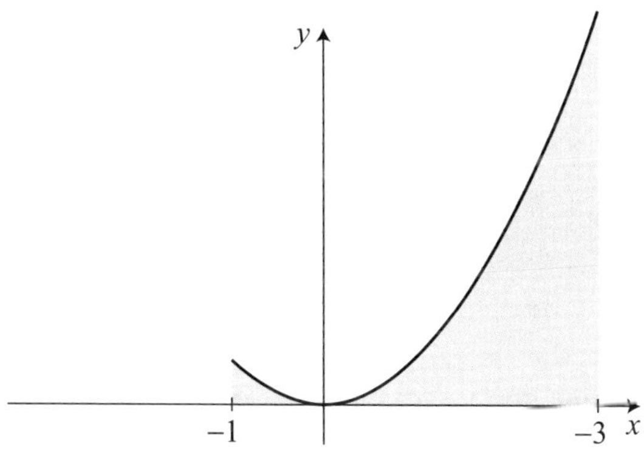


A tabela abaixo indica o valor de $(b - a)f(c)$ para alguns valores de $c$. Compare esses valores com o valor da área hachurada que é $\frac{28}{3} \approx 9{,}34$ (com o que faremos a seguir, será fácil calcular esse valor).

Tabela 7.2

| $c$ | $(b-a)f(c)$ |
|---|---|
| −1 | 4 |
| 0 | 0 |
| 1 | 4 |
| 2 | 16 |
| 3 | 36 |

É evidente, então, que não podemos depender tanto da escolha do ponto $c$. Mas observe que, se dividirmos o nosso intervalo $[a, b]$ em vários subintervalos de tamanhos iguais e calcularmos áreas de retângulos com base em cada um desses subintervalos, o resultado, ao menos intuitivamente, deverá estar mais próximo do valor que estamos procurando.

Figura 7.4

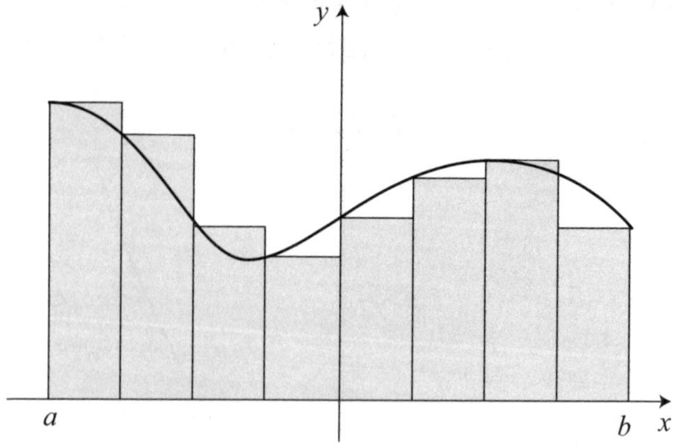


Na medida em que formos diminuindo o tamanho dos subintervalos (ou, equivalentemente, aumentando o número deles), a tendência é que a soma das áreas dos retângulos correspondentes se aproxime do valor que gostaríamos de achar. No *limite* desse processo, a soma dessas áreas de retângulo deverá ser a área procurada. Não entraremos nos detalhes técnicos dessa construção, mas gostaríamos de enfatizar que ela utiliza novamente o conceito de limite, que temos trabalhado desde o início deste livro. O que irá nos interessar, aqui, é o resultado que relaciona a área acima com a integral definida $\int_a^b f(x)dx$.

**Teorema 7.5** (Teorema Fundamental do Cálculo) Seja $f$: $[a,b] \to \mathbb{R}$ uma função contínua tal que $f(x) \geq 0$, para todo $x \in [a,b]$. Então, a integral definida:

$$\int_a^b f(x)dx$$

indica a área delimitada pelas retas $x = a$, $x = b$, $y = 0$ e pelo gráfico de $f$.

Observemos que o fato de $f$ ser positiva no intervalo $[a,b]$ é essencial para a sua validade. Para vermos isso, considere a área delimitada pelas retas $x = \pi$, $x = -\pi$, $y = 0$ e o gráfico da função seno.

Figura 7.5 | Função seno restrita ao intervalo $[-\pi, \pi]$

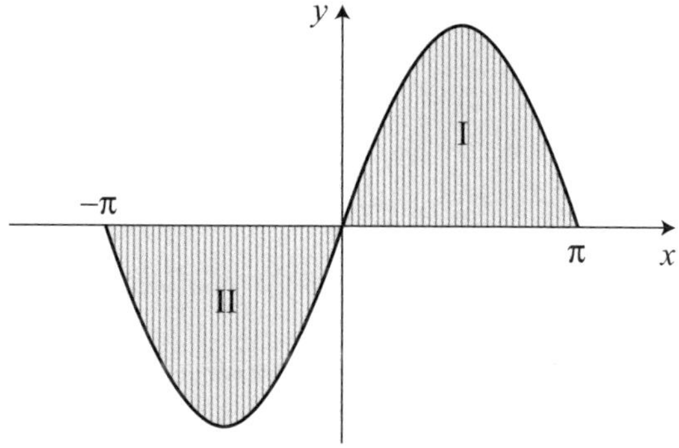


Veremos, no Exemplo 7.20, que essa área vale 4. No entanto, no Exemplo 7.14, vimos que $\int_{\pi}^{\pi} \operatorname{sen}(x)dx = 0$ e é claro que essa integral então não representa a área em questão. Veremos, mais adiante, como calcular a área delimitada por uma função no caso geral.

**EXEMPLO 7.15** Seja $f$: $[-1, 2] \to \mathbb{R}$. dada por $f(x) = x^2 + 4$. Vamos calcular a área delimitada pelas retas $x = -1$, $x = 2$, $y = 0$ (o eixo $O_x$ ) e o gráfico de $f$:

Figura 7.6

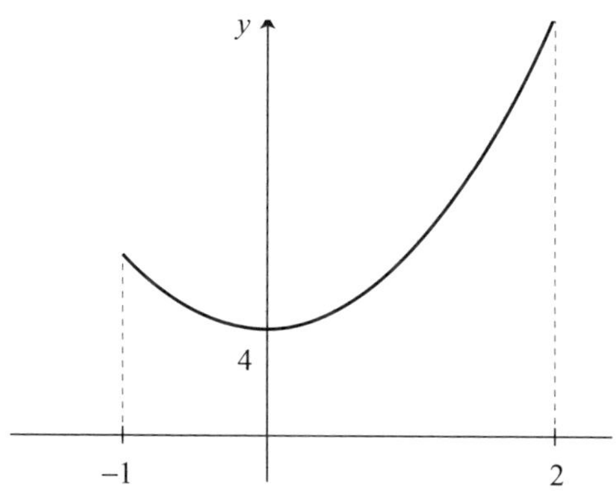


Para tanto, basta calcular a integral $\int_{-1}^{2}\left[x^2 + 4\right]dx$

$$\int_{-1}^{2}\left[x^2+4\right]dx=\left[\frac{x^3}{3}+4x\right]\Bigg|_{-1}^{2} = \left[\frac{2^3}{3}+4\cdot 2\right]$$

$$-\left[\frac{(-1)^3}{3}+4\cdot(-1)\right]=\frac{45}{3}=15$$

Portanto, a área delimitada vale 15.

**EXEMPLO 7.16** Considere agora $f$: $[0,5] \to \mathbb{R}$ dada por $f(x) = e^x$. Vamos calcular a área delimitada pelas retas $x = 0$ (o eixo $O_y$), $x = 5$, $y = 0$ (o eixo $O_x$) e o gráfico de $f$:

Figura 7.7

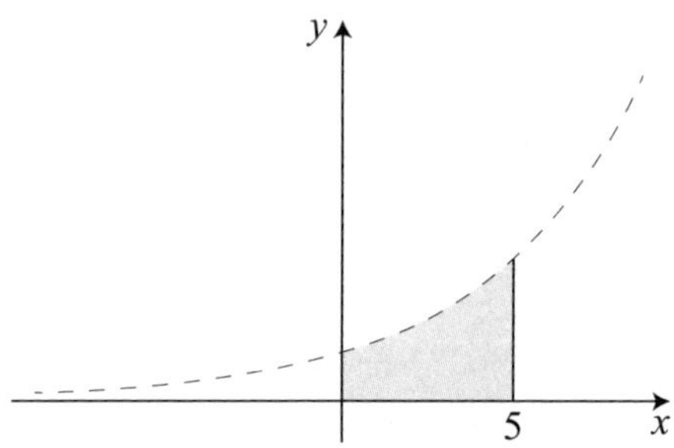


Para isso, temos que calcular a integral $\int_0^5 e^x dx = e^x\Big|_0^5 = e^5 - e^0 = e^5 - 1$. Logo, a área delimitada é $e^5 - 1$.

**EXEMPLO 7.17** Vamos agora considerar o seguinte problema de economia. Suponha que a receita de venda de uma mercadoria seja dada por meio da função $p(t) = \dfrac{-t^2}{100} + 8t + 2000$, na qual $t$ é o tempo medido em meses. Gostaríamos de saber quanto se arrecadou após 2 anos. E quanto, após 10 anos?

Para resolver o problema, pensemos inicialmente o que aconteceria se a receita fosse constante ao longo do tempo. Com isso, a arrecadação seria o produto desse valor constante pelo tempo que temos em mente, o que pode ser colocado na área abaixo do gráfico da função constante dada pela receita. Com isso, a área abaixo do gráfico da função $p(t)$ acima (e limitada pelos valores de tempo correspondentes) deve representar o valor que queremos. Em outras palavras, para calcular o valor arrecadado depois de 2 anos, bastaria calcular $\int_0^{24}\left(\frac{-t^2}{100}+8t+2000\right)dt$ (lembre que a variável $t$ está medida em meses). Dessa forma,

$$\int_0^{24}\left(\frac{-t^2}{100}+8t+2000\right)dt=\left(\frac{-t^3}{300}+4t^2+2000t\right)\Bigg|_0^{24}=50.257,92$$

Se a função preço $p(t)$ estiver dada em reais, a resposta ao nosso problema é que, após dois anos, o valor arrecadado será R$ 50.257,92. Após 10 anos, a conta é similar:

$$\int_0^{120}\left(\frac{-t^2}{100}+8t+2000\right)dt=\left(\frac{-t^3}{300}+4t^2+2000t\right)\Bigg|_0^{120}=303.360$$

Portanto, o valor arrecadado seria R$ 303.360,00.

**EXEMPLO 7.18** Considere a região delimitada a seguir:

Figura 7.8 | $f = x^2 + 1$ e $g = 3 - x^2$

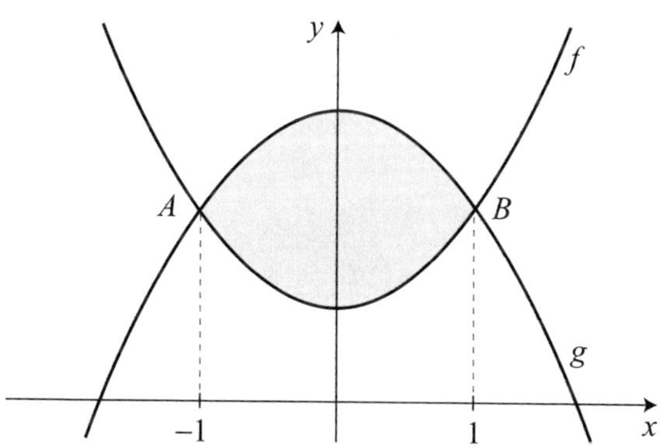


$f(x) = x^2 + 1$ e $g(x) = 3 - x^2$

Queremos calcular a sua área. Vamos, em primeiro lugar, encontrar as coordenadas dos pontos $A$ e $B$ marcados. Como eles são as intersecções das curvas dadas pelos gráficos das funções $f(x) = x^2 + 1$ e $g(x) = 3 - x^2$, basta igualá-las:

$$x^2 + 1 = 3 - x^2 \quad \Rightarrow \quad x = 1 \text{ ou } x = -1$$

Logo, os pontos serão $A = (-1, 2)$ e $B = (1,2)$. Não é difícil perceber que a região demarcada é a diferença das regiões descritas abaixo.

Figura 7.9 | Regiões Parciais

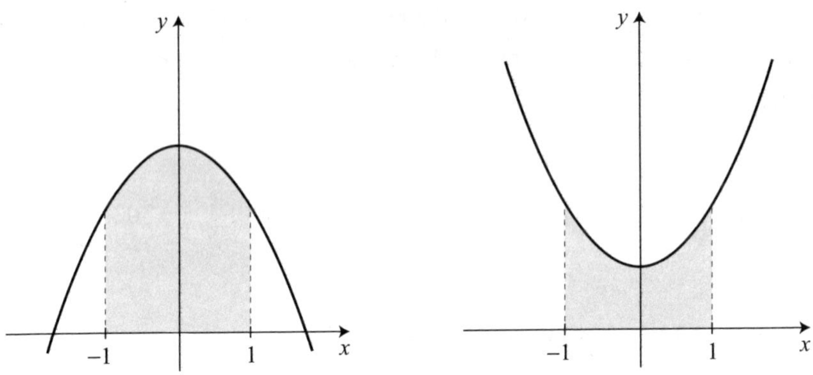

(a) $3 - x^2$ (b) $x^2 + 1$

A região (I) tem área dada por $\int_{-1}^{1}(3 - x^2)dx$, enquanto a região (II) tem área dada por $\int_{-1}^{1}(x^2+1)dx$. Concluindo, a região inicialmente demarcada terá área igual à diferença $\int_{-1}^{1}(3-x^2)dx - \int_{-1}^{1}(x^2+1)dx$. Portanto, a área em questão vale:

$$\int_{-1}^{1}(3-x^2)dx - \int_{-1}^{1}(x^2+1)dx = \left(3x - \frac{x^3}{3}\right)\Bigg|_{-1}^{1} - \left(\frac{x^3}{3} + x\right)\Bigg|_{-1}^{1}$$

$$= \left(3 - \frac{1}{3}\right) - \left(-3 + \frac{1}{3}\right) - \left[\left(\frac{1}{3} + 1\right) - \left(-\frac{1}{3} - 1\right)\right] = \frac{8}{3}$$

Portanto, a área em questão vale $\frac{8}{3}$.

**EXEMPLO 7.19** Consideremos a região

Figura 7.10 | $f(x) = x^4$ e $g(x) = x$

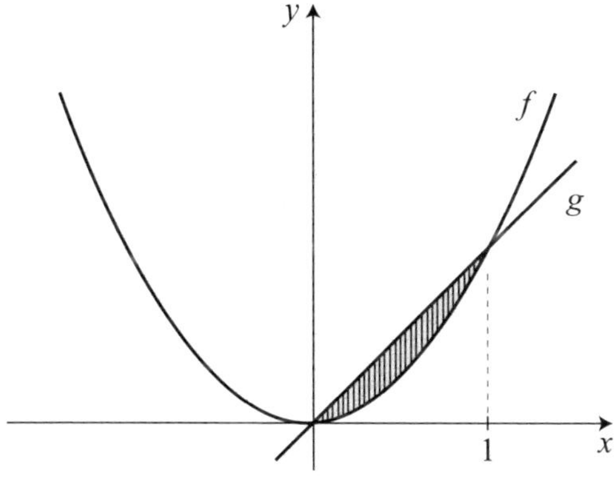


De forma análoga à feita anteriormente, a área da região em questão será dada pela diferença $\int_0^1 xdx - \int_0^1 x^4 dx = \int_0^1 x - x^4 dx$. Um cálculo simples nos dá:

$$\int_0^1 (x - x^4)dx = \left(\frac{x^2}{2} - \frac{x^5}{5}\right)\Bigg|_0^1 = \left(\frac{1}{2} - \frac{1}{5}\right) = \frac{3}{10}$$

Vamos agora fazer a discussão geral, isto é, sem nos restringirmos a funções positivas. Comecemos com um exemplo.

**EXEMPLO 7.20** Seja $f : \mathbb{R} \to \mathbb{R}$ a função $f(x) = \text{sen}(x)$. Tínhamos calculado a integral $\int_{-\pi}^{\pi} \text{sen}(x)dx$ no Exemplo 7.14 e vimos que ela é igual a 0. Calcularemos agora as integrais $\int_{-\pi}^{0} \text{sen}(x)dx$ e $\int_0^{\pi} \text{sen}(x)dx$ :

$$\int_{-\pi}^{0} \text{sen}(x)dx = (-\cos(x))\Big|_{-\pi}^{0} = (-\cos(0)) - (-\cos(-\pi)) = -2$$

$$\int_0^{\pi} \text{sen}(x)dx = (-\cos(x))\Big|_0^{\pi} - (-\cos(\pi)) - (-\cos(0)) = 2$$

Como vimos acima, a integral $\int_0^{\pi} \text{sen}(x)dx$ representa a área da região (I) abaixo, pois $\text{sen}(x) \geq 0$ para $x \in [0,\pi]$. Por simetria, a área da região (II) também deveria ser igual a 2. Observe que, no intervalo [–π, 0], a função seno é negativa e a integral $-\int_{-\pi}^{0}\text{sen}(x)dx$ vale –2.

Figura 7.11 | Função seno restrita ao intervalo [–π, π]

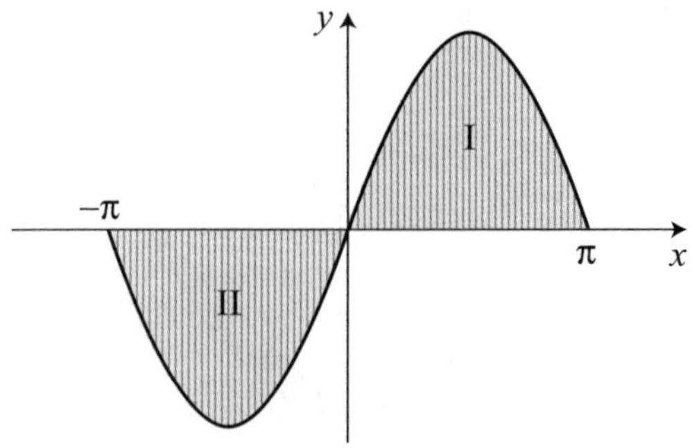


É natural, então, esperar que a área da região (II) seja o oposto de $\int_{-\pi}^{0}\text{sen}(x)dx$, isto é, igual ao valor $-\int_{-\pi}^{0}\text{sen}(x)dx$. É isso que acontece realmente. Vamos formalizar essa ideia mais geralmente.

**Proposição 7.6** Seja $f$: $[a,b] \to \mathbb{R}$ uma função contínua e tal que $f(x) \leq 0$, para todo $x \in [a,b]$. Então, a área delimitada pelas retas $x = a$, $x = b$, $y = 0$ e pelo gráfico de $f$ é igual $a$.

$$-\int_{a}^{b} f(x)dx$$

**EXEMPLO 7.21** Seja $f(x) = x^2 - 1$. Vamos agora calcular a área da região delimitada pelas retas $x = -1$, $x = 1$, $y = 0$ (o eixo ) e o gráfico da função

Figura 7.12

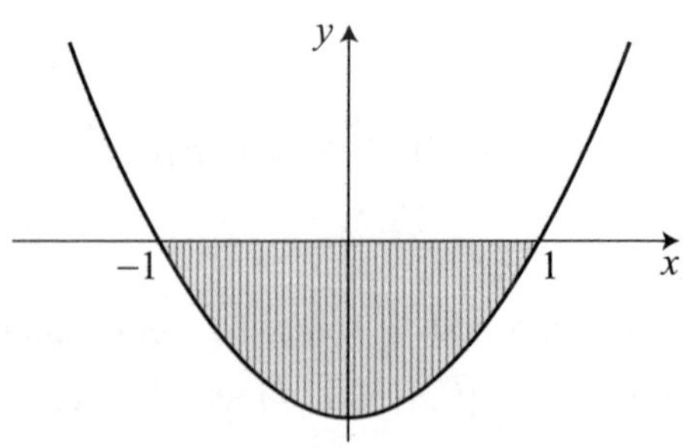

Como a função só assume valores negativos no intervalo [–1, 1], então a área demarcada será, usando a proposição acima, igual a $-\int_{-1}^{1}\left(x^2-1\right)dx$. Um cálculo simples nos dá:

$$\begin{aligned}-\int_{-1}^{1}(x^2-1)dx &= -\left(\frac{x^3}{3}-x\right)\Bigg|_{-1}^{1}\\ &= -\left[\left(\frac{1}{3}-1\right)-\left(-\frac{1}{3}+1\right)\right]=\frac{4}{3}\end{aligned}$$

e a área vale $\frac{4}{3}$.

Em geral, dada uma função $f$: $[a,b] \to \mathbb{R}$, para calcular a área delimitada pelas retas $x = a$, $x = b$, $y = 0$ (o eixo $O_x$) e o gráfico de $f$, teremos que dividir o intervalo $[a, b]$ em subintervalos onde $f$ for positiva e onde $f$ for negativa e calcular as áreas correspondentes separadamente.

**EXEMPLO 7.22** Seja $f$: $[-1,3] \to \mathbb{R}$, dada por $f(x) = x^2 - 2$. Vamos calcular a área da região delimitada:

Figura 7.13

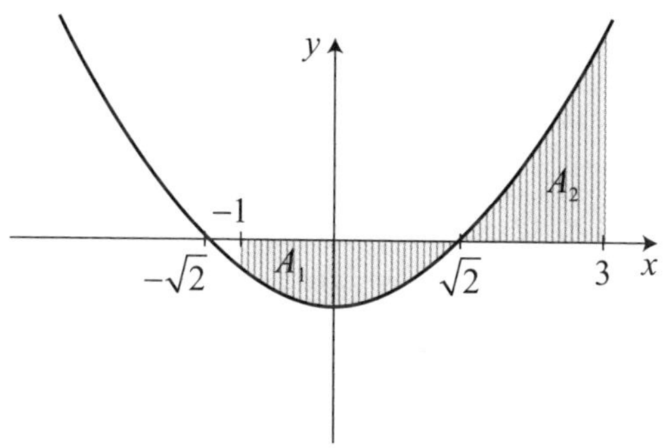


Observe que $\sqrt{2}$ é a raiz da função $f$ que pertence ao intervalo [–1, 3]. Portanto, para o cálculo da área temos que calcular, separadamente, a área $A_1$ intervalo $\left[-1,\sqrt{2}\right]$, no qual $f$ é negativa e a área $A_2$ no intervalo $\left[\sqrt{2},3\right]$, no qual $f$ é positiva. Pelo discutido anteriormente:

$$A_1 = -\int_{-1}^{\sqrt{2}} (x^2 - 2)\,dx = -\left(\frac{x^3}{3} - 2x\right)\Bigg|_{-1}^{\sqrt{2}} = \frac{5 + 4\sqrt{2}}{3}$$

$$A_2 = \int_{\sqrt{2}}^{3} (x^2 - 2)\,dx = \left(\frac{x^3}{3} - 2x\right)\Bigg|_{\sqrt{2}}^{3} = \frac{9 + 4\sqrt{2}}{3}$$

a área total será então $A_1 + A_2 = \dfrac{(14 + 8\sqrt{2})}{3}$.

Vamos ver como o cálculo da área pode ser útil ao se analisar certos problemas de economia.

**EXEMPLO 7.23** Vamos supor que, em um hipotético país, a inflação mensal seja de 1% e que o salário seja reajustado uma vez ao ano, no mês de maio. Vamos supor que um trabalhador receba líquidos R$ 1.000,00 a partir desse mês do dissídio. Por doze meses, ele irá receber esse valor mas, com a inflação de 1% haverá, é claro, uma desvalorização em seu poder de compra. Vamos fazer uma comparação entre o que esse trabalhador recebeu efetivamente e o que deveria receber no caso hipotético e improvável em que o seu salário fosse reajustado continuamente pela mesma taxa da inflação. Caso quiséssemos reajustar o valor do salário de forma contínua utilizando a taxa da inflação, teríamos uma função dada por $f(x) = 1.000(1{,}01)^x$, na qual $x$ mediria o tempo percorrido (em meses). Compare com o Exemplo 2.6. Em contraposição, o valor do salário recebido pode ser descrito pela função constante $g(x) = 1.000$. Desenhando os gráficos de $f$ e $g$ no mesmo plano cartesiano, teremos:

Figura 7.14

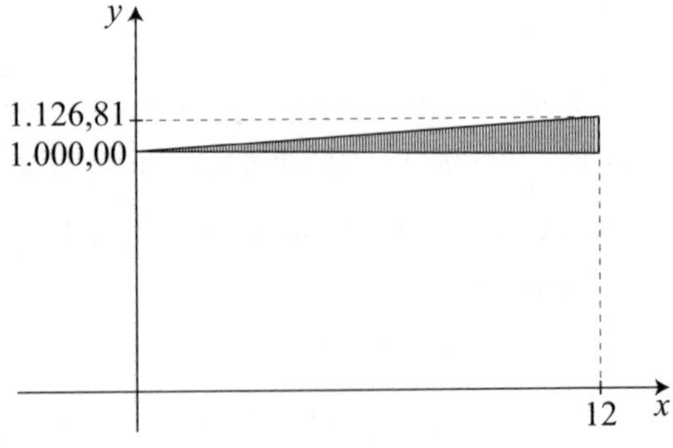

Como podemos ver, caso o reajuste no salário fosse efetuado de forma constante, ao final de 12 meses, o trabalhador receberia R$ 1.126,83 em vez de R$ 1.000,00. A diferença entre o valor efetivamente recebido e o que o trabalhador poderia ter recebido, caso houvesse reajuste, é a área da região hachurada na figura acima. Vamos calculá-la. Pelo visto acima, essa área pode ser expressa por uma diferença de integrais dadas pelas funções $f$ e $g$:

$$\int_0^{12} f(x)dx - \int_0^{12} g(x)dx = \int_0^{12} [f(x) - g(x)]dx$$

Observe que o intervalo [0, 12] representa um ano em nossa convenção para $x$. Calculando:

$$\int_0^{12} [f(x) - g(x)]dx = \int_0^{12} \left[1.000(1,01)^x - 1.000\right]dx =$$
$$= 1.000\int_0^{12} \left[(1,01)^x - 1\right]dx = 1.000\left[\frac{(1,01)^x}{\ln(1,01)} - x\right]_0^{12}$$
$$= \frac{1.000}{\ln(1,01)}\left[(1,01)^x - \ln(1,01)x\right]_0^{12} =$$
$$= \frac{1.000}{\ln(1,01)}\left[((1,01)^{12} - \ln(1,01)12) - ((1,01)^0 - 0)\right] =$$
$$= 100.499,1708[1,12683 - 0,11940397 - 1] \sim 746,31$$

Com isso, o trabalhador deixou de receber, ao longo do ano, o equivalente a $\frac{3}{4}$ de um salário mensal por causa da inflação.

**EXEMPLO 7.24** Vamos agora considerar as equações de oferta e de demanda de uma mercadoria como sendo dadas, respectivamente, por $f(x) = 0,004x^2 + 40$ e $g(x) = 100 - x$ (quantidade em 1.000 unidades e preço em reais). Os seus gráficos serão:

Figura 7.15

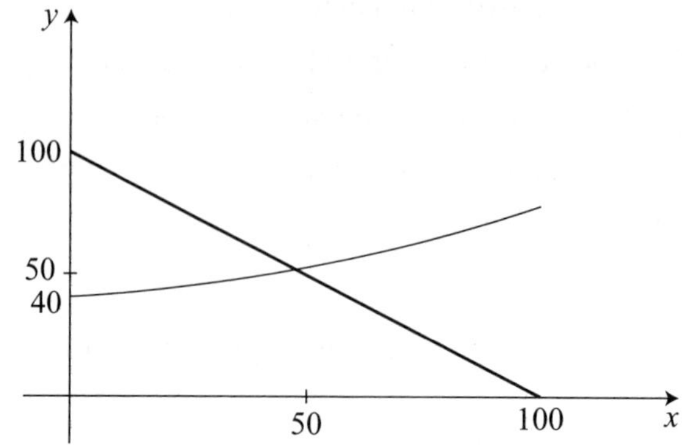


Igualando-se $f$ e $g$, teremos $0{,}004x^2 + 40 = 100 - x$ cuja solução nos dará o ponto de equilíbrio. Não é difícil ver que será o ponto (50, 50). Como vimos, esse ponto indica a quantidade a ser vendida (em milhares de unidades) e o respectivo preço (em reais) onde a demanda se equipara com a oferta. Vamos comparar as curvas de demanda com a reta que irá indicar o preço de equilíbrio $y = 50$:

Figura 7.16

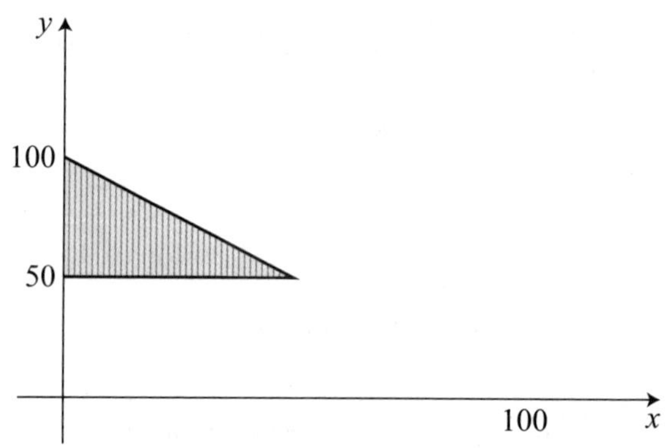


A área hacharuda é chamada de *excedente do consumidor* e indica o montante que os consumidores deixariam de pagar se o preço fosse o do equilíbrio. Por exemplo, para uma quantidade demandada de 30.000 unidades, o preço deveria ser 70 reais, que, em comparação com o preço de equilíbrio, nos dá uma diferença de 20 reais. Para se calcular a área da região hachurada, lançamos mão da integral, como antes. Ela será:

$$\int_0^{50}[g(x)-50]=\int_0^{50}[100-x-50]dx=\int_0^{50}[50-x]dx=$$

$$=\left[50x-\frac{x^2}{2}\right]_0^{50}=\left(50^2-\frac{50^2}{2}\right)-0=1.250$$

Logo, o excedente do consumidor, nesse caso, será de R$ 1.250,00. De forma análoga, pode-se calcular o *excedente do produtor* que pode ser descrito como sendo a diferença entre o preço de equilíbrio e o valor correspondente ao preço dado pela curva de oferta. Esse excedente é a área da seguinte região hachurada.

Figura 7.17

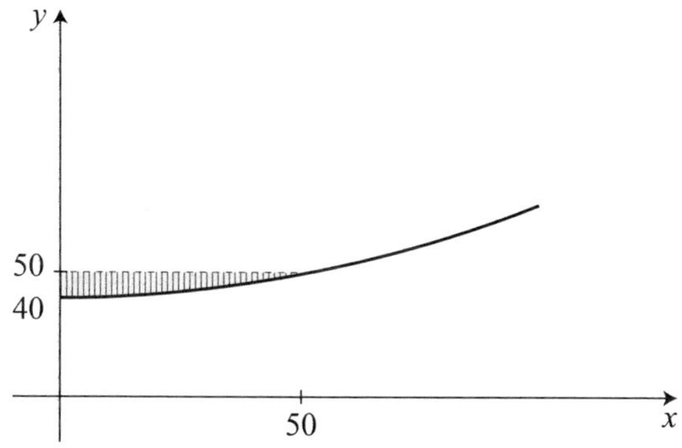


Como acima, essa área pode ser calculada por meio de uma integral.

$$\int_0^{50}[50-f(x)]dx =\int_0^{50}\left[50-(0,004x^2+40)\right]dx=$$

$$=\int_0^{50}\left[10-0,004x^2\right]dx=\left[10x-\frac{0,004x^3}{3}\right]_0^{50}=$$

$$=500-\frac{0,004(50)^3}{3}-0\sim 333,34$$

e o valor correspondente ao excedente do produtor será, aproximadamente, R$ 333,34.

## Exercícios

**(7.9)** Desenhe as regiões determinadas pelos conjuntos abaixo e calcule as suas áreas:

(a) $\{(x, y) \in \mathbb{R}^2 : 0 \leq x \leq 2 \text{ e } 1 \leq y \leq 2^x\}$

(b) $\{(x, y) \in \mathbb{R}^2 : -1 \leq x \leq 1 \text{ e } x^2 - 1 \leq y \leq x^2 + 1\}$

(c) $\{(x, y) \in \mathbb{R}^2 : \frac{1}{2} \leq x \leq 4 \text{ e } -1 \leq y \leq \frac{2}{x}\}$

**(7.10)** Calcule a área da região delimitada pelas retas $x = a$, $x = b$, o eixo $O_x$ e o gráfico da função $f$ nos seguintes casos:

(a) $a = 0$, $b = \frac{3\pi}{2}$, $f$ dada por $f(x) = \cos(x)$.

(b) $a = 0$, $b = 3$, $f$ dada por $f(x) = x^2 - 3x$

**(7.11)** Desenhe as regiões delimitadas pelos gráficos das funções $f$ e $g$ abaixo e calcule as suas áreas:

(a) $f(x) = \sqrt{x}$ e $g(x) = x^3$

(b) $f(x) = 5x$ e $g(x) = x^2$

(c) $f(x) = -8x$ e $g(x) = x^2$

**(7.12)** Suponha que uma instituição financeira pague juros de 1% ao mês para um investidor disposto a investir R$ 10.000,00 em um fundo de investimento e cobre juros de 5% ao mês a um empréstimo pessoal do mesmo valor. Qual será o valor total da diferença entre o que o banco receberá e o que pagará após um ano ? (imagine que nesse período não haverá inflação ou que os valores de 1% e 5% acima são contabilizados após a correção monetária do dinheiro).

**(7.13)** Calcule quanto um trabalhador que recebe RS 1.000,00 por mês deixará de ganhar, se não houver reajuste em seu salário ao longo de 3 anos e assumindo uma inflação de 1% ao mês. E se a inflação for de 2% ao mês ?

**(7.14)** Considere as equações de oferta $p = 0{,}2\,x^2 + 10$ e de demanda $p = -0{,}1\,x^2 + 40$ de uma mercadoria. Calcule o ponto de equilíbrio e os excedentes do consumidor e do produtor.

**(7.15)** Considere as equações de oferta $p = 0{,}1\,x + 10$ e de demanda $p = -0{,}01\,x^2 + 120$ de um certo produto. Calcule o ponto de equilíbrio e os excedentes do consumidor e do produtor.

## 7.6 Integração por Substituição

Vimos, na Seção 7.3, como a regra da derivação do produto de duas funções induziu uma regra para o auxílio da integração de certas funções (a integração por partes). Veremos, aqui, como usar a Regra da Cadeia para conseguir uma nova técnica de integração.

Sejam $f$ e $g$ duas funções tais que $\text{Im}(g) \subset \text{Dom}(f)$ (para garantir que exista a composta $f \circ g$) e vamos assumir que $f$ tenha uma primitiva $F$, isto é, que $F'(x) = f(x)$ para todo $x \in \text{Dom}(f)$. Observemos que a composta $F \circ g$ é uma primitiva da função $(f \circ g)(x) \cdot g'(x)$. De fato,

$$(F \circ g)'(x) = F'(g(x)) \cdot g'(x) = f(g(x)) \cdot g'(x) = (f \circ g)(x) \cdot g'(x)$$

(na qual usamos, na primeira igualdade, a Regra da Cadeia). Em outras palavras, teremos:

$$\int f(g(x)) \cdot g'(x)dx = F(g(x)) + \lambda \qquad (\lambda \in \mathbb{R})$$

Essa *fórmula* é bastante útil no cálculo de uma série de integrais. Até o final desta seção iremos exemplificar como ela poderá ser usada. Observemos, inicialmente, que, ao indicar $y = g(x)$, a relação acima pode ser escrita como:

$$\int f(g(x)) \cdot g'(x)dx = \int f(y)dy = F(y) + \lambda = F(g(x)) + \lambda \qquad (\lambda \in \mathbb{R})$$

O que fizemos foi substituir a variável na qual estamos considerando a função a ser integrada. E claro que, ao fazer tal substituição, teremos que ter o cuidado de relacionar as (duas) variáveis envolvidas aqui, a saber $x$ e $y$. Como $y = g(x)$, podemos escrever $dy = g'(x)dx$ (compare com a notação de Leibniz, discutida no Apêndice A)[1] e é essa substituição que irá nos auxiliar no cálculo.

**EXEMPLO 7.25** Vamos calcular $\int 2x \operatorname{sen}(x^2)dx$. A função $\operatorname{sen}(x^2)$ é a composta da função quadrática $g(x) = x^2$ com a função seno. Se escrevermos $y = g(x) = x^2$ e $f(y) = \operatorname{sen}(y)$, teremos, então, que $\operatorname{sen}(x^2) = f(g(x)) = f \circ g(x)$. Vamos agora utilizar a regra já vista acima. Nesse exemplo, teremos que $dy = g'(x)dx = 2xdx$. Logo, como:

$$\int \operatorname{sen}(y)dy = -\cos(y) + \lambda \qquad (\lambda \in \mathbb{R})$$

Segue que:

$$\int 2x \operatorname{sen}(x^2)dx = \int \operatorname{sen}(y)dy = -\cos(y) + \lambda = -\cos(x^2) + \lambda \qquad (\lambda \in \mathbb{R})$$

e a família de primitivas de $2x \operatorname{sen}(x^2)$ será $F(x) = -\cos(x^2) + \lambda \quad (\lambda \in \mathbb{R})$.

**EXEMPLO 7.26** Vamos calcular $\int x^2 e^{x^3} dx$. Como visto anteriormente, podemos olhar a função $e^{x^3}$ como uma composta, no caso da função $g(x) = x^3$ com $f(y) = e^y \left(e^{x^3} = f(g(x))\right)$. A substituição, nesse caso, pode ser feita da seguinte maneira:

$$y = x^3 \text{ e } dy = 3x^2dx \text{ ou } \frac{dy}{3} = x^2 dx$$

Logo,

$$\int x^2 e^{x^3} dx = \int \frac{e^y}{3} dy = \frac{e^y}{3} + \lambda = \frac{e^{x^3}}{3} + \lambda \qquad (\lambda \in \mathbb{R})$$

[1] O Apêndice A encontra-se no site do livro: www.saraivauni.com.br.

**EXEMPLO 7.27** Vamos achar as primitivas de $h(x) = \text{sen}^2(x)\cos(x)$. Observe que ao escolhermos $y = \text{sen}(x)$, teremos $dy = \cos(x)dx$ e, assim,

$$\int \text{sen}^2 x(x)\cos(x)dx = \int y^2 dy = \frac{y^3}{3} + \lambda = \frac{\text{sen}^3(x)}{3} + \lambda \qquad (\lambda \in \mathbb{R})$$

e a família de primitivas de $\text{sen}^2(x)\cos(x)$ será:

$$\frac{\text{sen}^3(x)}{3} + \lambda \qquad (\lambda \in \mathbb{R})$$

Nos exemplos acima, fizemos uma mudança de variável com o objetivo de usar diretamente a fórmula que deduzimos a partir da Regra da Cadeia. Muitas vezes, porém, mudanças de variáveis também são úteis, mesmo que a função a ser integrada não seja o resultante de uma composta. Veremos alguns exemplos.

**EXEMPLO 7.28** Calculemos agora $\int x^2\sqrt{x-2}\ dx$. Vamos tentar eliminar a raiz quadrada da função que queremos integrar. Escrevendo $y = x - 2$, teremos $dy = dx$ e, portanto,

$$\int x^2\sqrt{x-2}\ dx = \int (y+2)^2\sqrt{y}\ dy$$

A vantagem dessa mudança é que agora podemos escrever:

$$(y+2)^2\sqrt{y} = \left(y^2+4y+4\right)y^{\frac{1}{2}} = y^{\frac{5}{2}} + 4y^{\frac{3}{2}} + 4y^{\frac{1}{2}}$$

o que implica:

$$\begin{aligned}\int (y+2)^2\sqrt{y}\ dy &= \int y^{\frac{5}{2}} + 4y^3 2 + 4y^{\frac{1}{2}}\ dy \\ &= \frac{2}{7}y^{\frac{7}{2}} + \frac{8}{5}y^{\frac{5}{2}} + \frac{8}{3}y^{\frac{3}{2}} + \lambda \qquad (\lambda \in \mathbb{R})\end{aligned}$$

Regressando à variável $x$, teremos:

$$\int x^2\sqrt{x-2}\ dx = \frac{2}{7}(x-2)^{\frac{7}{2}} + \frac{8}{5}(x-2)^{\frac{5}{2}} + \frac{8}{3}(x-2)^{\frac{3}{2}} + \lambda =$$

$$\frac{2}{7}\sqrt{(x-2)^7} + \frac{8}{5}\sqrt{(x-2)^5} + \frac{8}{3}\sqrt{(x-2)^3} + \lambda \qquad (\lambda \in \mathbb{R})$$

**EXEMPLO 7.29** Vamos agora conseguir uma família de primitivas de $f(x)=\sqrt{1-x^2}$. Observe, em primeiro lugar, que o domínio de $f$ será o intervalo $[-1, 1]$. A mudança de variável $y = x^2$ não irá funcionar, pois aqui $dy = 2xdx$ e não conseguiríamos efetivar essa mudança. No entanto, é possível fazer uma outra substituição. Como vimos na Seção 2.6.3, para cada valor no intervalo $x \in [-1, 1]$, existe um ângulo $y$ tal que $\text{sen}(y) = x$. Por conveniência, vamos usar a seguinte restrição da função seno: $\text{sen} : \left[-\frac{\pi}{2}, \frac{\pi}{2}\right] \to \mathbb{R}$ e fazer a substituição $x = \text{sen}(y)$. Com isso, $dx = \cos(x)dy$ e,

$$\sqrt{1-x^2} = \sqrt{1-\text{sen}^2(y)} = \sqrt{\cos^2(y)} = |\cos(y)| = \cos(y)$$

$\left(\text{observe que } \cos(y) \geq 0 \text{ no intervalo} \left[-\frac{\pi}{2}, \frac{\pi}{2}\right]\right)$. Dessa forma, teremos:

$$\int \sqrt{1-x^2}\ dx = \int \cos(y)\cos(y)\ dy$$

Essa última integral pode ser calculada usando-se a integração por partes (veja Exercício 7.6(b)). Com a escolha abaixo:

$$g(y) = \cos(y) \quad \rightsquigarrow \quad g'(y) = -\text{sen}(y)$$

$$f'(y) = \cos(y) \quad \rightsquigarrow \quad f(y) = \text{sen}(y)$$

a integral $\int \cos(y)\cos(y)\ dy$ será:

$$\begin{aligned}\int \cos(y)\cos(y)\ dy &= \cos(y)\text{sen}(y) - \int -\text{sen}(y)\text{sen}(y)\ dy \\ &= \cos(y)\text{sen}(y) + \int 1-\cos^2(y)\ dy \\ &= \cos(y)\text{sen}(y) + \int 1\ dy - \int \cos^2(y)\ dy\end{aligned}$$

Com isso, segue que:

$$2\int \cos^2(y)\ dy = \cos(y)\text{sen}(y) + \int 1\ dy$$

Logo,

$$\int \cos^2(y)\,dy = \frac{\cos(y)\operatorname{sen}(y) + y}{2} + \lambda \qquad (\lambda \in \mathbb{R})$$

Retornando à variável $x$, teremos:

$$\int \sqrt{1-x^2}\,dx = \frac{\operatorname{arcsen}(\cos(x))x + \operatorname{arcsen}(x)}{2} + \lambda \ (\lambda \in \mathbb{R})$$

## Exercícios

**(7.16)** Calcule as seguintes integrais indefinidas.

**(a)** $\int \operatorname{tg}(x)\,dx$ **(b)** $\int \frac{\operatorname{sen}(x)}{\cos^2(x)}\,dx$ **(c)** $\int \operatorname{cotg}(x)\,dx$

**(d)** $\int \operatorname{tg}(x)\sec^2(x)\,dx$ **(e)** $\int \operatorname{sen}^3(x)\,\cos^3(x)\,dx$ **(f)** $\int \frac{2x}{\sqrt{1-x^4}}\,dx$

**(g)** $\int 2x\ln(x^2)\,dx$ **(h)** $\int x^4\cos(x^5)\,dx$ **(i)** $\int \frac{\log_7(\sqrt{x})}{\sqrt{x}}\,dx$

**(7.17)** Sabendo-se que $\int \frac{1}{(1+x^2)}\,dx = \operatorname{arctg}(x) + \lambda \quad (\lambda \in \mathbb{R})$, calcule:

**(a)** $\int \frac{1}{2+x^2}\,dx$ **(b)** $\int \frac{3}{2+5x^2}\,dx$ **(c)** $\int \frac{x}{1+x^4}\,dx$ **(d)** $\int \frac{x+1}{x^2+1}\,dx$

**(7.18)** Calcule as seguintes integrais definidas.

**(a)** $\int_0^1 4x^3\sqrt{1+x^4}\,dx$ **(b)** $\int_1^2 x^2\sqrt{x-1}\,dx$ **(c)** $\int_0^2 xe^{x^2}\,dx$

**(7.19)** Ache a área da região delimitada pelas retas $x = a$, $x = b$, o eixo $O_x$ e o gráfico da função $f$ nos seguintes casos:

**(a)** $a=-1,\ b=1,\ f(x)=\frac{x}{x^2+3}$ **(b)** $a=-2,\ b=0,\ f(x)=\frac{x}{\sqrt{x^2+1}}$

## 7.7 Integração de Funções Racionais

Discutiremos, nessa seção, como calcular a integral de certas funções racionais $\frac{p}{q}$ (onde $p$ e $q$ são funções polinomiais). Vamos começar com alguns exemplos.

EXEMPLO 7.30 Consideremos $f(x)=\frac{3}{2x+1}$ $\left(\text{com domínio } \mathbb{R}\setminus\left\{-\frac{1}{2}\right\}\right)$ e vamos calcular $\int \frac{3}{2x+1}\,dx$. Fazendo-se a substituição $y = 2x + 1$, teremos $dy = 2\,dx$ e, portanto,

$$\int \frac{3}{2x+1}dx=\int \frac{3}{2y}dy=\frac{3}{2}\int \frac{1}{y}dy=\frac{3}{2}\ln|y|+\lambda \qquad (\lambda \in \mathbb{R})$$

Retornando à variável $x$, segue que:

$$\int \frac{3}{2x+1}dx=\frac{3}{2}\ln|2x+1|+\lambda \qquad (\lambda \in \mathbb{R})$$

Antes de prosseguirmos, observe que o feito acima pode ser *repetido* para todas as funções do tipo $f(x)=\frac{a}{bx+c}$ para chegarmos a:

$$\int \frac{a}{bx+c}dx=\frac{a}{b}\ln|bx+c|+\lambda \qquad (\lambda \in \mathbb{R})$$

Deixamos ao leitor escrever os detalhes dessa última conta.

EXEMPLO 7.31 Vamos agora calcular:

$$\int \frac{x^2-5x}{2x+1}dx$$

Observe que, como o grau do polinômio do numerador é maior ou igual ao do denominador, é possível simplificarmos o quociente $\frac{x^2-5x}{2x+1}$ por meio da divisão de $2x^2 - 5x$ por $2x + 1$. Se efetuamos tal divisão, teremos:

$$2x^2 - 5x = (2x + 1)(x - 3) + 3$$

e, portanto,

$$\frac{2x^2-5}{2x+5}=\frac{(2x+1)(x-3)+3}{2x+1}=(x-3)+\frac{3}{(2x+1)}$$

Logo,

$$\int\frac{2x^2-5}{2x+5}dx=\int(x-3)+\frac{3}{2x+1}dx=\int x-3dx+\int\frac{3}{2x+1}dx=$$
$$=\frac{x^2}{2}-3x+\frac{3}{2}\ln|2x+1|+\lambda \qquad (\lambda\in\mathbb{R})$$

## ■ Funções racionais do tipo $\frac{p(x)}{ax+b}$ com $a\neq 0$.

Esses exemplos nos mostram um método geral para calcularmos a integral de funções racionais do tipo $f(x)=\frac{p(x)}{ax+b}$ com a $\neq$ 0. O primeiro passo será dividirmos $p(x)$ por $ax + b$ para conseguirmos:

$$p(x)=(ax+b)\,p_1(x)+r(x)$$

onde $r(x) = 0$ ou tem grau menor do que o de $ax + b$ , isto é, grau 0. Em ambos os casos, podemos escrever $r(x) = m$, onde $m \in \mathbb{R}$. Dessa forma,

$$\int\frac{p(x)}{q(x)}\,dx=\int\frac{(ax+b)\,p_1(x)+m}{ax+b}\,dx=\int p_1(x)\,dx+\int\frac{m}{ax+b}\,dx$$

e a integral fica fácil de ser calculada como mostrado nos exemplos acima.

## ■ Funções racionais do tipo $\frac{p(x)}{ax^2+bx+c}$ com $a\neq 0$.

Vamos analisar agora o caso em que a função racional do tipo $\frac{p(x)}{ax^2+bx+c}$ com $a \neq 0$. Para facilitar nossa discussão, vamos assumir, inicialmente, que o grau de $p(x)$ seja menor ou igual a 1, isto é, que seja do tipo $p(x) = dx + e$, com $d$, $e \in \mathbb{R}$ (e depois faremos o caso geral).

Quanto ao polinômio $ax^2 + bx + c$, ele poderá ter uma ou duas raízes reais ou não as ter, dependendo do sinal do discriminante $\Delta = b^2 - 4ac$. Iremos analisar o que fazer em cada um desses três casos e exemplificaremos a seguir.

**Caso 1: $\Delta > 0$** Nesse caso, o polinômio $q(x)$ terá duas raízes distintas, digamos $r$ e $s$, isto é, $ax^2 + bx + c = a(x - r)(x - s)$. A técnica aqui será escrever o quociente da seguinte maneira:

$$\frac{dx+e}{ax^2+bx+c} = \frac{dx+e}{a(x-r)(x-s)} = \frac{m}{(x-r)} + \frac{n}{(n-s)}$$

onde $m$ e $n$ são números reais. Isso é sempre possível (mostre isso). Com isso,

$$\int \frac{dx+e}{ax^2+bx+c}dx = \int \frac{m}{(x-r)}dx + \int \frac{n}{(n-s)}dx$$

e a integral que queremos calcular pode ser escrita como a soma de duas integrais do tipo que discutimos acima.

**Caso 2: $\Delta = 0$** Aqui, $ax^2 + bx + c$ tem uma única raiz, digamos $r$, podendo ser escrita como $ax^2 + bx + c = a(x - r)^2$. Nesse caso, a ideia é fazer uma substituição $y = x - r$ e resolver como já fizemos anteriormente (veja exemplo abaixo).

**Caso 3: $\Delta < 0$.** Aqui, $ax^2 + bx + c$ não terá raízes reais e a técnica se baseará no fato de que $ax^2 + bx + c$ poderá ser escrita como uma soma de quadrados, o que nos permitirá usar o que foi feito na Seção 7.6 (veja exemplo abaixo).

**EXEMPLO 7.32** Vamos achar uma família de primitivas da função $f(x) = \frac{(5x+1)}{(x^2-1)}$. Como $x^2 - 1 = (x - 1)(x + 1)$ tem duas raízes distintas, 1 e $-1$, podemos escrevê-la como uma soma:

$$\frac{5x+1}{x^2-1} = \frac{m}{x-1} + \frac{n}{x+1}$$

Precisamos apenas achar os valores de $m$ e $n$:

$$\frac{5x+1}{x^2-1}=\frac{m}{x-1}+\frac{n}{x+1}=\frac{m(x+1)+n(x-1)}{x^2-1}=\frac{(m+n)x+(m-n)}{x^2-1}$$

o que nos leva ao sistema:

$$\begin{cases} m+n=5 \\ m-n=1 \end{cases} \quad \text{portanto,} \quad \begin{cases} m=3 \\ n=2 \end{cases}$$

logo,

$$\frac{5x+1}{x^2-1}=\frac{3}{x-1}+\frac{2}{x+1}$$

Com isso, sua integral será:

$$\begin{aligned}\int \frac{5x+1}{x^2-1}\,dx &= \int \frac{3}{x-1}\,dx + \int \frac{2}{x+1}\,dx \\ &= 3\ln(|x-1|)+2\ln(|x-1|)+\lambda \qquad (\lambda \in \mathbb{R})\end{aligned}$$

**EXEMPLO 7.33** Vamos agora calcular a integral dada por $\int \frac{x-1}{x^2-4x+4}dx$. Aqui, o polinômio do denominador tem uma raiz dupla real igual a 2, isto é, $x^2-4x+4=(x-2)^2$. Nesse caso, fazendo a substituição $y=x-2$ (portanto, $x=y+2$ e $dy=dx$), segue que:

$$\begin{aligned}\int \frac{x-1}{x^2-4x+4}\,dx &= \int \frac{y+1}{y^2}\,dy = \int \frac{1}{y}\,dy + \int \frac{1}{y^2}\,dy \\ &= \ln|y| - \frac{1}{y} + \lambda = \ln|x-2| - \frac{1}{x-2} + \lambda \qquad (\lambda \in \mathbb{R})\end{aligned}$$

**EXEMPLO 7.34** Calculemos $\int \frac{(2x+5)}{(x^2+4x+5)}dx$. Não é difícil perceber que o polinômio $x^2+4x+5$ não tem raízes reais. Assim, é possível escrevê-lo como a soma de dois quadrados: basta *completar os quadrados*, isto é, escrever:

$$x^2+4x+5=(x^2+4x+4)+1-(x+2)^2+1$$

O segundo passo é fazer uma substituição $y = x + 2$ (portanto, $x = y - 2$ e $dy = dx$) e chegaremos a:

$$\int \frac{2x+5}{x^2+4x+5} = \int \frac{2x+5}{(x+2)^2+1}\,dx = \int \frac{2y+1}{1+y^2}\,dy$$

$$= \int \frac{2y}{1+y^2}\,dy + \int \frac{1}{1+y^2}\,dy$$

$$= \ln\left(\left|1+y^2\right|\right) + \operatorname{arctg}\left(1+y^2\right) + \lambda \ln\left(x^2+4x+5\right) + \operatorname{arctg}\left(x^2+4x+5\right) + \lambda \qquad (\lambda = \mathbb{R})$$

Fizemos, no caso anterior, uma restrição no grau do polinômio do numerador como sendo no máximo 1. No entanto, essa restrição não é tão importante pois, utilizando um pequeno artifício (já utilizado no primeiro exemplo desta seção) podemos calcular integrais de funções racionais com numeradores com graus maiores. Observe o exemplo a seguir, no qual ilustramos essa observação para uma função do Caso 1, acima. A mesma ideia, porém, pode ser usada nos outros casos.

**Exemplo 7.35** Vamos calcular $\int \frac{\left(x^3+3x-5\right)}{\left(x^2-x-2\right)}dx$. O primeiro passo é dividir $x^3 - 3x - 5$ por $x^2 - x - 2$, o que nos dá:

$$x^3 - 3x - 5 = (x^2 - x - 2)(x + 1) - 3$$

Portanto,

$$\frac{x^3-3x-5}{x^2-x-2} = x + 1 - \frac{3}{x^2-x-2}$$

Logo,

$$\int \frac{x^3-3x-5}{x^2-x-2}\,dx = \int x + 1 - \frac{3}{x^2-x-2}\,dx$$

$$= \int x+1\,dx + \int \frac{-3}{x^2-x-2}\,dx = \left(x^2+x\right) + \int \frac{-3}{x^2-x-2}$$

Como $x^2 - x - 2 = (x + 1)(x - 2)$, estamos no Caso 1 discutido acima.Um cálculo, como no Exemplo 7.31, nos leva a:

$$\frac{-3}{x^2-x-2} = \frac{-3}{(x+1)(x-2)} = \frac{1}{x+1} + \frac{-1}{x-2}$$

Com isso,

$$\begin{aligned}
\int \frac{x^3-3x-5}{x^2-x-2}\,dx &= (x^2+x) + \int \frac{-3}{x^2-x-2} \\
&= (x^2+x) + \int \frac{1}{x+1} + \frac{-1}{x-2}\,dx \\
&= (x^2+x) + \int \frac{1}{x+1}\,dx + \int \frac{-1}{x-2}\,dx \\
&= (x^2+x) + \ln(|x+1|) - \ln(|x-2|) + \lambda
\end{aligned}$$

Analisamos anteriormente como se calcular a integral de funções racionais $\frac{p}{q}$ onde o denominador $q$ tinha grau 1 ou 2. Isso pode ser generalizado para muitos casos. Não o faremos aqui, mas, para efeito de ilustração, veremos o que acontece com funções racionais nas quais o grau de $q(x)$ é 3 e $p(x)$ é um polinômio de grau no máximo dois (como já visto, essa restrição pode ser superada ao utilizarmos a divisão de polinômios). A Tabela 7.3 resume o procedimento a ser tomado nesse caso. No último caso, o problema é reduzido a um caso já discutido no Exemplo 7.32.

Tabela 7.3: Tabela de técnicas de integração, na qual $l$, $m$, $n \in \mathbb{R}$; $r$, $s$, $t$ são números distintos e $b^2 - 4ac < 0$

| Raízes de $q(x)$ | Técnica |
|---|---|
| $q(x) = (x-r)(x-s)(x-t)$ | $\frac{p(x)}{q(x)} = \frac{l}{x-r} + \frac{m}{x-s} + \frac{n}{x-t}$ |
| $q(x) = (x-r)(x-s)^2$ | $\frac{p(x)}{q(x)} = \frac{l}{x-r} + \frac{m}{x-s} + \frac{n}{(x-s)^2}$ |
| $q(x) = (x-r)^3$ | fazer substituição $y = x - r$ |
| $q(x) = (x-r)(ax^2+bx+c)$ | $\frac{p(x)}{q(x)} = \frac{l}{x-r} + \frac{mx+n}{ax^2+bx+c}$ |

## Exercícios

**(7.20)** Calcule as seguintes integrais.

(a) $\int \frac{3x^3 + x^2 + 3x - 1}{3x + 1}\, dx$

(b) $\int \frac{8}{x^2 - 4}\, dx$

(c) $\int \frac{2x}{x^2 - 4}\, dx$

(d) $\int \frac{x}{(x+1)^2}\, dx$

(e) $\int \frac{x}{x^2 - 2x + 3}\, dx$

(f) $\int \frac{2x^2 - 4x + 1}{(x-1)(x+1)(x-2)}\, dx$

(g) $\int \frac{3x^2 + x}{(x-1)(x+1)^2}\, dx$

(h) $\int \frac{x^2 - 2x + 2}{(x-1)^3}\, dx$

(i) $\int \frac{2x^2 + x + 3}{(x-1)(x^2 + 2x + 3)}\, dx$

(j) $\int \frac{x^2 + 2x + 2}{(x+1)^4}\, dx$

(k) $\int \frac{1}{(x^2 - 1)(x^2 - 4)}\, dx$

(l) $\int \frac{x+1}{x^2 + x + 1}\, dx$

**(7.21)** Seja $f(x) = \frac{a}{bx + c}$ uma função racional, onde $a, b, c \in \mathbb{R}$. Mostre que:

$$\int \frac{a}{bx + c}\, dx = \frac{a}{b} \ln|bx + c| + \lambda \qquad (\lambda \in \mathbb{R})$$

**(7.22)** Sejam $dx + e$ e $ax^2 + bx + c$ dois polinômios com $a \neq 0$. Mostre que existem $m$ e $n$ reais tais que:

$$\frac{dx + e}{ax^2 + bx + c} = \frac{dx + e}{a(x - r)(x - s)} = \frac{m}{(x - r)} + \frac{n}{(x - s)}$$